The
FATE
of
ROME

罗马的命运

Climate, Disease, and the End of an Empire

气候、疾病和帝国的终结

Kyle Harper

[美] **凯尔·哈珀** 著

李一帆 译

北京联合出版公司
Beijing United Publishing Co., Ltd.

献给西尔维、奥古斯特和布莱斯

在我的开始中是我的结束。隆替演变

屋宇建起又倒坍、倾圮又重新扩建，

迁移，毁坏，修复，或在原址

出现一片空旷的田野，或一座工厂，或一条间道。

旧石筑新楼，古木升新火，

旧火变灰烬，灰烬化黄土，

而黄土如今已化为肉，毛，粪，

人和兽的骨，麦秆和绿叶。

　　　　——T. S.艾略特，《东科克》（汤永宽译文）

时间线

公元前 200 年	公元前 100 年	公元 1 年	公元 100 年	公元 200 年

气候历史

罗马气候最优期 公元前 200—公元 150	罗马过渡

疾病历史

安东尼瘟疫 165

帝国历史

吉本的"最幸福的时代" 96—180

帕提亚战争 161—166

马可·奥勒留统治 时期 161—180

塞维鲁王朝 193—235

历史人物

埃利乌斯·阿里斯蒂德斯 117—181

马可·奥勒留 121—180

福斯蒂娜 130—175

帕加马的盖伦 130—210

塞普提米乌斯·塞维鲁 145—211

| 公元 300 年 | 公元 400 年 | 公元 500 年 | 公元 600 年 | 公元 700 年 |

时期 150—450　　　　　　　　　　晚古小冰期 450—700

查士丁尼瘟疫
第一次暴发 541—543
后续暴发直到 749

西普里安瘟疫 249—262

君士坦丁皈依基督教 312　　　　　　　　　　与波斯的战争 602—628
阿德里安堡战役 378　　　　　　　　　　希拉克略统治期 610—641
洗劫罗马 410　　　　　　　　穆罕默德从麦加逃亡 622
匈人王阿提拉去世 453　　　　　亚蒙克战役 636
最后一位西方皇帝 476

千年竞技会 248　　　　　　　　　　查士丁尼统治期 527—565
3 世纪危机 250—270　　　　　　　再次征服非洲 533—534

阿拉伯人菲利普 204—249　　狄奥多西一世 347—395　　西奥德里克 454—526　　莫里斯 539—602
迦太基的西普里安 200—258　斯提利科 359—408　　　查士丁尼 482—565　　教皇格列高利一世 540—604
克劳狄二世 210—270　　　　　克劳迪安 370—404　　西奥多拉 500—548　　穆罕默德 570—632
戴克里先 244—312　　　　　阿拉里克 370—410　　普罗科皮乌斯 500—554　希拉克略 575—641
君士坦丁 272—337　　　　　阿提拉 406—453　　以弗所的约翰 507—588

目　录

中文版序

赖建诚

我长期从事经济史研究，对罗马经济史一无所知，常感愧疚。著名计量经济学家雨宫健（1935—），长期在加利福尼亚州斯坦福大学任教，2007 年出版《古希腊的经济与经济学》(*Economy and Economics of Ancient Greece*)。虽然希腊史专家对此书颇有意见，但也够让我印象深刻，中文经济史界也该往此方向迈出一小步了。

2018 年 4 月，我在美国经济史学会的网络书评 (Eh.net Book Review)，看到麻省理工学院的经济史学者彼得·特曼 (Peter Temin) 写了 3 页书评推介凯尔·哈珀的《罗马的命运》(2017)。我长期关注特曼的著作，很少见他这么正面的评价。特曼在《经济展望杂志》(*Journal of Economic Perspectives*) 刊了一篇《早期罗马帝国的经济》(The Economy of the Early Roman Empire [2006, 20:33-51])，2012 年在普林斯顿大学出版了一本《罗马的市场经济》(*The Roman Market Economy*)，显示他是此领域的专家。能让他高度评价的著作，自然引起我高度的兴趣。

正想找哈珀的书来看，没想到北京的后浪出版公司已译得差不多了。2018 年 9 月至 10 月，我在北京大学人文社会研究院驻访，9 月中就收到中译初稿，印出粗读一遍，参阅特曼的评论与相近的文献（列在文末），当作对此书的初步理解。罗马经济史的著作，英文的研究成果已很丰硕，本书末的文献多到让人惊奇，够我们学习很久了。中文读书界对此题材所知较少，我这篇推介是综述性的，不是研究性的层次，以下综述特曼对此书的评价。

整体而言，本书有两大优点：1）对罗马帝国的衰亡提出崭新视角：着重瘟疫和气候变迁这两项过去较少关注的角度；2）文字简明，条理清晰，证据充分，佐证十足。作者是美国俄克拉何马大学的古典与文学教授，兼任副校长。他长期耕耘此领域，从书末的参考文献可看出，他已有丰富的著作经验，才能写出这本可读性很高的新见解。

过去认为影响罗马命运的主角是：皇帝、蛮族、将军、军士、奴隶。现在换个角度，认知到"非人因素"其实更有决定性：细菌、病毒、火山、太阳黑子周期。换言之，气候变迁与疾病瘟疫，才是决定剧本的匿名作者，将相英雄只是棋子。棋盘的变化决定了棋子的命运，过去的"棋子史观"恐怕要重新思考了。细菌、病毒、气候的威力，远比过去认知的更深刻，也就是说：大自然与生物学的角度，能对历史的理解产生新视野。

开篇先谈罗马经济的兴起，主要表现在人口增加、实质所得上升。为何能突破马尔萨斯陷阱（粮食或实质所得的增加率，超过人口的增加率）？主因是帝国扩大了与地中海域的贸易，扩展了航线，也减少海上往来的风险。贸易的好处，甚至在埃及都可明显见到：实质工资（购买力）增得比小麦价格（粮价）快。帝国在地中海域的贸易，创造出多边皆赢的成果。

然而福祸相倚、利弊互生，地中海的经济整合，也为细菌和瘟疫的整合提供了绝佳机会。第一场大瘟疫称为安东尼瘟疫，约是公元160年之后的第2世纪。依现代知识判断，应该是天花大暴发，这给帝国敲了警钟。紧接着瘟疫的是物价上涨（通货膨胀），显现的场景就是：帝王将相更替频繁，人物的起伏变化更快。

第二场称为西普里安瘟疫，约在第3世纪，可能就是近年来在非洲肆虐的埃博拉病毒。天花是细菌性的（另有一说是天花病毒），埃博拉是病毒性的，两者都会引发瘟疫。第二场瘟疫使通膨问题更恶化，也激化了政治与社会问题。

第三波大动荡源于气候变迁，与瘟疫无涉。帝国早期几世纪间气候稳定温和，约从第4世纪末起转劣，干旱与低温逼迫帝国东北方的邻国，开始向南迁徙成为日后的西罗马。过去认为的"南侵"，本质上更属于"迁徙"，因为那是族群性的移动，携家带眷妇孺同行。匈人凌驾罗马士兵，哥特人侵入意大利，公元410年洗劫了罗马。这些戏剧性的事件，标志了帝国的衰落。

第三场瘟疫史称查士丁尼瘟疫，也是本书所称的第四场大劫难，从第6世纪持续了约两个世纪。这是病菌性的感染（鼠疫杆菌），表现为腺鼠疫（黑死病），杀伤力不言而喻。较特别的是，历史学界要很久之后，才确定这场瘟疫的主因。

在查士丁尼统治期间，气候变冷是史诗级的，范围是全球性的，公元6世纪中期，有好些年完全没有夏季。本书作者怀疑，冷天气让细菌附上了鼠类，以及鼠类身上的蚤类，在人群中快速散布。这是个复杂的过程，不能以线性的方式理解。这段寒冷期也开启了晚古小冰期，对罗马帝国造成了混乱，也强化了瘟疫的破坏力。

瘟疫摧残的同时，伊斯兰也开始向欧洲推进。罗马帝国逐渐崩解，无法抵挡伊斯兰的扩张势力。换言之，这几场瘟疫与气候变迁，不只引发帝国的衰败，也让伊斯兰在欧洲有了扩张的空间，此事持续了好几个世纪。

本书的新意是把帝国的兴衰，和生物性因素（细菌与病毒造成的灾难性瘟疫）、气候变迁连结起来。书内的地图与表格众多，证据十足。更有佐证力的是书末附录，详载公元558—749年间的鼠疫扩散事件，说服力十足。书末的各章注释相当可观，参考文献也多到叹为观止。以下的参考书目，是进一步探索罗马经济史的简要门道。

参考书目

Amemiya, Takashi (2007): *Economy and Economics of Ancient Greece*, London: Routledge.

Harper, Kyle (2017): *The Fate of Rome: Climate, Disease, and the End of an Empire*, Princeton University Press.《罗马的命运：气候、疾病和帝国的终结》，北京联合出版公司，2019。

Manning, J.G. (2014): "'Getting things done in the world:' new perspectives on history and theory"，*Journal of Economic History*, 74(1):282-6.（此文评介近年出版的四本古代经济史著作，讨论与现代经济学的关系）

Temin, Peter (2006): "The economy of the Early Roman Empire"，*Journal of Economic Perspectives*, 20(1):133-51.

Temin, Peter (2012): *The Roman Market Economy*, Princeton University Press.

Temin, Peter (2018): Reviewed of *The Fate of Rome: Climate, Disease, and the End of an Empire*, Eh.net Book Review, April 2018（Eh.net Book Review 授权使用此文内容，2018年10月9日电邮）。

引　言

自然的胜利

公元 400 年初，罗马皇帝和他的执政官抵达了罗马。当时的人们已经不记得，上一次有皇帝居住在帝国的这个古老首都是什么时候的事了。一百多年来，帝国的统治者一直驻守在靠近北方边界的城镇里，罗马军团在那里守卫着罗马人眼中的文明与野蛮之界。

在这个时代，皇帝正式造访罗马已经成为一种举办盛大仪式的借口。因为，即使皇帝不在，罗马城和她的居民仍然是帝国最佳的象征。约有 70 万人居住在这里，他们享受着一座古典城市所能拥有的一切便利设施，并且，这些设施都是以帝国首都的规模建造的。一份 4 世纪的清单骄傲地显示，罗马城拥有 28 个图书馆、19 座引水渠、2 座竞技场、37 个城门、423 个居民区、46602 座公寓楼、1790 座豪华宅邸、290 个谷仓、856 个浴场、1352 个贮水池、254 家面包房、46 家妓院，还有 144 座公共厕所。从任何角度来看，罗马都是一座非凡的城市。[1]

皇帝的到来启动了一系列精心策划的公共仪式，这些仪式是为了彰显罗马在帝国中的卓越地位，同时，也是为了彰显帝国在世界各国中的卓越地位。罗马的百姓自豪地守护着帝国传统，对这类庆典充满热情。因为他们乐于在仪典中再次感受到，罗马"超越了地球上被空气包围的任何一座城市，她的辉煌让人眼花缭乱，她的魅力让人意乱神迷"。[2]

　　盛大的帝国游行队伍向着罗马广场蜿蜒行进。在这个广场上，加图（Cato）、格拉古（Gracchus）、西塞罗（Cicero）和恺撒（Caesar）创造了他们的政治财富。在这一天，人们聚集起来聆听对执政官斯提利科（Stilicho）的赞颂的时候，他们很乐意回忆起这里的历史遗迹。斯提利科是位杰出的人物，在权力顶峰时是帝国总司令（generalissimo）。他威严的驾临宣告着帝国又重新获得了和平与秩序。这种信心满满的表现让人心安。因为就在一代人之前，378 年，罗马军团在阿德里安堡遭遇了他们引以为豪的历史中最惨痛的失败。从那时起，世界似乎就在它的轴心上摇摆不定。哥特人集体闯入帝国版图，对罗马人来说，他们是敌人和盟友的复杂混合体。395 年，皇帝狄奥多西一世（Theodosius I）之死开启了帝国东部和西部的分裂，就像大陆板块的分离一样无声无息且意义重大。由于内乱波及阿非利加行省，帝国的粮食供应受到威胁。但是，就当前而言，执政官已经平息了这些风浪，恢复了"世界的平衡"。[3]

　　向执政官致辞的是一位叫克劳迪安（Claudian）的诗人，他出生于埃及，母语是希腊语。他是古典拉丁诗歌的最后一批巨匠之一。他的文字流露出一位造访者对于罗马发自内心的敬畏之情。罗马是这样一座城市，"从微小的起点，延伸至两极，从一个无名小城，拓展自己的权势直至与太阳的光辉同在"。她是"武器与法律之母"，"经历过千场战役"并延伸"她的统治到全世界"。只有罗马，"将战败的对手揽入她的胸怀，像一位母亲而不是女王，用一个共同的名字保护着人类，召唤那些战败者享受她的公民权利"。[4]

　　这并不是诗意的幻想。在克劳迪安的时代，从叙利亚到西班牙，从上埃及的沙漠到不列颠北部寒冷的边界，到处都能见到自豪的罗马人。无论是地域的大小，还是整体凝聚力，罗马帝国在历史上几乎都是独一无二的。没有人能像罗马人一样，把规模与统一性结合起来——至于帝国的寿命就更不用提了。也没有哪个帝国像罗马一样，能够回首多个世纪中从未间断的辉煌。而这些辉煌的印证，在罗马广场目之所及的地方，随处可见。

　　在将近一千年的时间里，罗马人一直使用执政官的名字来纪年：斯提利科的名字因此被"写进了天上的年表中"。为了表达对这份不朽荣誉的感激之情，执政官通常会用罗马传统的方式来款待民众，也就是说，举办昂贵而血腥的竞技会。

　　根据克劳迪安的演讲我们得知，当时呈现在民众面前的，是一场充满异国情调的动物展览，足以配得上一个拥有全球抱负的帝国。有来自欧洲的野猪和熊、非洲的豹子和狮子，还有来自印度的象牙，尽管不是大象本身。克劳迪安想象着这些载满奇珍异兽的帆船漂洋过海时的情景。（他还写到一些意外却饶有趣味的细节：知道要与非洲狮子一起乘船，水手全都吓坏了。）当表演开始的时候，这些"森林之荣耀""南国之珍奇"会在搏斗中被全部屠杀。让自然界中最凶猛的动物血溅大竞技场，是罗马主宰地球以及地球上一切生灵的一种尖锐象征。如此血淋淋的场面对罗马的居民来说，却有令人欣慰的亲切感，因为这场面能将他们与建造并维持这个帝国的无数先辈联系在一起。[5]

　　克劳迪安的致辞让他的听众心满意足。元老院投票通过为他建立一尊雕像以示荣誉。然而，他讲演时信心满满的腔调，很快就被淹没了。罗马城先是被野蛮地围攻，跟着就发生了不可思议

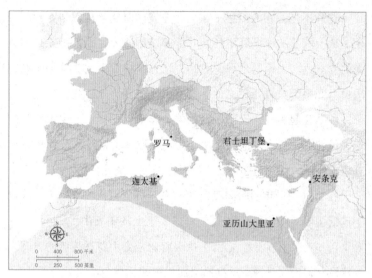

地图 1　罗马帝国版图及公元 4 世纪时的主要城市
※ 本书地图均系原书地图。

的事。410 年 8 月 24 日，一支哥特军队洗劫了罗马。八百年来，这座永恒之城第一次遭受如此厄运，成为罗马帝国衰亡史上最戏剧性的一刻。"在一座城市里，地球自身消亡了"。[6]

　　这是如何发生的？回答这样的问题时，答案主要依赖于聚焦的尺度。从较小的尺度上来看，人的选择性失误赫然显现。在这场灾难发生的前几年中，罗马人的战略决策一直被事后纸上谈兵的将军们批判。当我们把视野放宽，就会发现帝国机器的一些结构性缺陷，例如消耗性的内战，或是承受重压的财政机构。如果进一步将目光放远，我们会认为罗马的兴衰是所有帝国不可避免的命运。伟大的英国历史学家爱德华·吉本（Edward Gibbon），在他的字里行间给出了关于罗马帝国衰亡的最终结论。

　　引用他著名的文字："罗马的衰落是其无节制的扩张

（immoderate greatness）带来的自然而无可避免的结果。繁荣滋养了腐朽；毁灭的缘由随着征服的范围而成倍增加；一旦时间或意外消除了人为的支撑，这座巨大的建筑就会被其自身重量所压垮。"人类创造物并不具备永恒性，罗马的灭亡就是一个例子。世界的荣光就这样消散了（*Sic transit gloria mundi*）。[7]

所有这些答案可以同时都是正确的。但是，本书想要论证的是，要想了解罗马帝国衰落的漫长历程，我们必须更加仔细地观察一个自欺欺人的非凡举动，它就发生在帝国狂欢仪式的中心：在血腥的动物猎杀表演中，罗马人表现出了对驯服自然野性力量的能力的过度自信。从罗马人自己难以理解也无法想象的尺度上来看——从微观到全球——帝国的衰落是自然战胜人类野心的胜利。罗马的命运是由皇帝和蛮族、元老和将军、士兵和奴隶共同构筑的。但是，细菌和病毒、火山和太阳周期也起着同样重要的作用。直到近些年，我们才拥有了一些科学工具，让我们得以窥见（通常只是一瞥）环境变化上演的宏大戏剧，而罗马人在其中只是一个不知情的演员。

《埃涅阿斯纪》是一部讲述罗马起源的伟大民族史诗，书中的名言宣称这是一部关于"战争和人"的诗歌。罗马终结的故事同样也是关于人的。在一些紧要关头，人的行为决定了胜利与失败。还有一些更深层以及物质上的动力——农业生产和税收、民主斗争和社会演化——决定了罗马权力的范围和成就。但是，在《埃涅阿斯纪》的第一幕场景中，主人公被卷入狂暴的暴风雨中上下翻飞，被自然力量玩弄于股掌之间。我们近年来的研究成果，让裹挟着罗马帝国不断上下翻飞的自然力量得到空前的显现。罗马人在称为全新世的气候时期中一个特殊的时刻，建立了一个巨

图 P.1 3 世纪的浮雕：船上关在笼子里的狮子（DEA PICTURE LIBRARY /Getty Images ）

大的地中海帝国。这个特殊的时刻悬于自然气候产生重大变化的边缘。更重要的是，罗马人建立了一个相互连通、城市化的帝国，帝国与热带接壤，触须蔓延到已知世界的各个地方。罗马人在无意中与大自然合谋，创造了一种疾病生态，释放了病原体进化的潜在力量。罗马人很快就被我们今天所说的新兴传染病的巨大力量吞噬。因此，在罗马帝国终结的故事里，人类和环境因素无法分割。或者更确切地说，在人类与环境的关系中，罗马的终结只是其中 个章节，故事仍在继续。罗马的命运可以提醒我们，人自然是狡猾而且反复无常的。进化的强大力量可以在瞬间改变世界。惊奇和悖论就潜伏在进步的中心。

本书将要讲述的是，人类历史上最杰出的文明之一，如何发现自己支配自然的能力远不及想象中的强大。

第一章

环境与帝国

罗马帝国的形态

罗马的崛起让我们感到震惊，尤其是因为罗马在地中海强权政治中属于后来者。根据惯例，罗马的古老历史被分为三个时期：王政、共和国和帝国。王政的若干个世纪如今早已落入时间的迷雾中变得模糊不清，只留下令人神往的起源神话为后辈们讲述他们的来历。考古学家在罗马附近发现了公元前两千纪的青铜时代人类曾短暂栖居的物证。按罗马人自己的说法，城市的建立，以及第一任国王罗穆路斯（Romulus）的统治始于公元前750年前后。事实上，就在克劳迪安在罗马广场上站立的地方不远处，在所有的这些砖块和大理石下面，曾经是一片杂乱而简陋的木屋聚集区。在当时看来，这个小村庄并没有受到上天特别的眷顾。[1]

几个世纪以来，罗马人一直生活在邻居伊特鲁利亚人的阴影之下，而伊特鲁利亚人又被其东边和南边的文明所实践的政治实验所超越。希腊人和腓尼基人主导了古典早期的地中海世界。当罗马还是一座小村庄，住着一些不识字的偷牛贼的时候，希腊人已经在撰写史诗、抒情诗，尝试民主政治，发明我们现在所知的戏剧、哲学和历史了。在更近的海岸上，当罗马人还不会操纵船帆的时候，迦太基的布匿人已经建立了野心勃勃的帝国。沿台伯河湿软的河岸进入内陆 15 英里，就是罗马的所在，对于早期古典世界的创造力来说，罗马只是一个位置闭塞的旁观者。[2]

公元前 509 年前后，罗马人摆脱了国王，建立了共和国。自此，罗马人一步步走入了历史舞台。自我们所知的年代以来，罗马的政治和宗教就表现为一种本土和舶来的混合机制。罗马人对于借用和引入他人的东西毫不掩饰，以至于他们曾自豪地承认，十二铜表法就是从雅典抄袭而来的。罗马的共和制是古典地中海世界中众多以公民权为基础的政治实验之一。不过，罗马人在准平等主义政体的概念中，加入了自己的特点：对宗教非同寻常的虔诚、公民牺牲精神的激进意识形态、狂热的军国主义，以及能够化敌人为盟友或本国公民的法律和文化机制。虽然，罗马人自己认为他们是众神许诺的"没有边界的帝国"（*imperium sine fine*），但罗马并没有什么注定拥有的命运，也没有什么不为人知的地理或技术上的优势。罗马在历史上成为一个帝国的首都，也仅有一次。

在耶稣基督出生前的几个世纪里，泛地中海地区曾经历过一段地缘政治的混乱时期，而罗马刚好在这时崛起。共和制与军国主义价值观使得罗马人能够在这样的历史机遇面前，集中起空前的国家暴力。罗马军团将对手一个一个地消灭，用鲜血构筑起自己的帝国。战争机器刺激着自身的食欲，士兵们被安置在四四方方的罗马殖民地中，而这些殖民地是通过野蛮的暴力强加在地中海各地的。在这段肆无忌惮的征服时期的最后一个世纪中，莎士比亚式的光辉人物主宰了历史舞台。西方的历史意识失衡地集中在共和国最后几代人身上，并不是偶然的。罗马帝国的诞生过程在历史上前所未见。财富和发展水平突然间朝着现代化迈进，超越了人类以往经历中的任何东西。摇摇欲坠的共和政体激发了人们对于自由、美德和社群意义的深刻反思。帝国获取的强大权力，引发了一场关于如何正当使用权力的持久讨论。人们依据罗马法律制定出统治规范，即使是帝国的统治者也会被约束。然而，权力的扩张也导致了灾难性的内战，导致独裁时代的到来。用玛丽·比尔德（Mary Beard）贴切的说法，"帝国造就了皇帝——而不是反之"。[3]

当奥古斯都（统治期为公元前27—公元14年）对罗马版图进行最后一次有意义的扩张时，罗马人称地中海为"我们的海"（*mare nostrum*），并不是在虚张声势。要充分了解罗马人的成就，以及古代帝国的运作机制，我们必须要知道古代社会生活的一些基本事实。古代社会生活缓慢、有机、脆弱，而且颇受限制。时间随着脚步和马蹄的单调节奏慢慢流逝。水路是帝国真正的循环系统，但在寒冷和风暴的季节，海面无法航行时，每个城镇都变成了一座孤岛。能源非常稀缺，动力来自人和动物的肌肉力量，燃料则取自木材和灌木。人们的生活和土地密切相关。有八成的人口生活在城市之外，而且即便是城市，也比我们想象中更有乡村特点，那些四条腿的居民的叫声，还有它们刺鼻的气味，让城市生活显得生机勃勃。人们的生存依赖于并不稳定的自然环境所提供的降雨。对绝大多数人来说，食物的主要来源是谷类。"我们每日的面包，今日赐给我们"是个真诚的诉求。死亡如影随形。在传染病肆虐的世界里，出生时的预期寿命只有20多年，大概在25岁左右。所有这些无形的束缚都像地心引力一样真实，定义了罗马人所知的世界运行法则。[4]

这些限制条件凸显了罗马帝国在空间上取得的成就。在没有电子通信和机动交通的情况下，罗马人建立了一个连接全球不同地区的广袤帝国。北边向上穿过北纬56°，南边向下越过北纬24°。"在前现代历史上地理连续的帝国中，只有蒙古、印加和沙皇俄国能够企及或超越罗马在南北方向上的统治范围。"只有极少数几个帝国，控制了从中高纬度到热带边缘的大面积地区，像罗马这样长寿的，更是独一无二。[5]

帝国的北部和西部地区处于大西洋气候控制之下。地中海是帝国的生态中心。地中海气候脆弱、喜怒无常的特性——温度相对适中、夏季干旱、冬季潮湿——使它成为一种独特的气候。一个巨大内陆海的动态机制，加上嶙峋起伏的内陆地形，在小范围内形成了极端多样性的气候。在帝国南部和东部的边界地区，副热带高压占据优势，将土地变成准沙漠，然后是真正的沙漠。埃及作为帝国的粮仓，又将罗马人带入了一种完全不同的气候机制：季风带来的雨水落在埃塞俄比亚高原，形成了尼罗河下游孕育生命的洪水。这一切都在罗马人的统治之下。[6]

罗马人不可能只依靠暴力，将他们的意愿强加于如此广阔的领土。帝国的维护需要有合理的军力部署，以及与国界内外部族持续不断的协商。在帝国漫长的生命进程中，帝国权力的内在逻辑、军事安排和内外协议，都改变过许多次。

奥古斯都建立了我们所谓的"盛期罗马帝国"（high Roman Empire）。他是一位政治天才，惊人地长寿，终结了共和体制的垂死挣扎。在他的统治时期，被共和晚期的精英竞争所推动的征服运动开始减缓。他的统治期被宣传为和平时期。罗马城内雅努斯神殿的大门在战时会保持开启，700年来只关闭过两次。而现在，奥古斯都一人就关闭了三次。他解散了历史悠久的公民军团，以

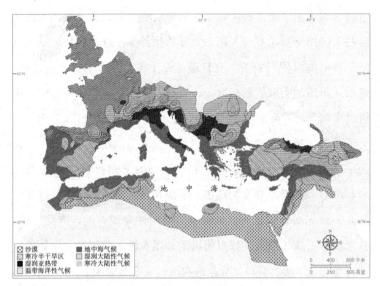

地图 2 罗马帝国生态区域图

职业军队取而代之。*在被征服的领土上，共和晚期仍然是一个无偿掠夺的时代，然而现在，缓慢但肯定的是，统治规范和法律制度开始逐渐推行。掠夺变形为常态化的税收政策。抵抗运动爆发时，会被惊人的武力所扑灭，就像在尤地亚（Judea）和不列颠发生的那样。在各个行省，居民被授予罗马公民权，一开始只有少数人受益，但随后这种行为变得越来越多，越来越快。

在 1 至 2 世纪，一项重大而关键的交易定义了帝国制度，这就是帝国与"各大城市"之间达成的默认协议。罗马人通过各大城市和城市中的贵族来实行统治，将地中海世界的城市权贵引入

---

* 罗马的公民军团是一种义务兵役，拥有公民身份的罗马人自费购买武器装备，因此兵种通常由个人的财富来决定，例如富裕的公民通常为骑兵。人们视服兵役为一种荣誉，而不是生存手段。职业军队则由国家提供装备并提供薪水，雇用无产市民，或想通过军队晋升从而实现阶级跨越的年轻人，退伍后通常可以在殖民地得到一块土地安居，军人由此变为一种职业。——译者注。本书脚注皆为译者或编者加，后面不再标出。

帝国治理方案。通过将税收工作留给当地贵族，并且慷慨地授予这些人公民身份，罗马人把三大洲的精英揽入统治阶层，从而只靠几百名高级罗马官员，就管理了一个庞大的帝国。现在想来，帝国从单纯的索取机制变为一种利益共同体，所经历的时间之短暂，实在令人称奇。[7]

帝国的持久性取决于这一"重大交易"（grand bargain）。这是一种策略，并且收效甚好。在"罗马治下的和平"时期（*pax Romana*），随着掠夺变为统治，帝国和其统治下的许多民族繁荣起来。最先增长的是人口，用最简单的话来说，人口成倍增长。从来没有过这么多人。城市超出了其惯有的人口限度；定居地内的密度明显增加。森林变成新的农田，原有的农场延伸到山坡上。在罗马帝国的阳光下，似乎所有的有机物都在茁壮生长。大约在这个时代的第一个世纪里，罗马城的居民很可能超过了 100 万。罗马是第一个达到这个数字的城市，并且在 1800 年左右的伦敦之前，是唯一达到这个数字的西方城市。在 2 世纪中叶的鼎盛时期，大约共有 7500 万人生活在罗马的统治下，占全球人口总数的四分之一。[8]

在生活节奏缓慢的社会里，这样的持续增长——以这种规模、在如此短的时间内——很容易带来厄运。土地是最重要的生产要素，而且非常有限。随着人口激增，人们被推向越来越贫瘠的土地，越来越艰难地从环境中汲取能量。托马斯·马尔萨斯（Thomas Malthus）很了解人类社会与其食物供应之间的内在和矛盾关系。"人口增加的能力远远大于土地生产人类生活资料的能力，因而人类必然会在这种或那种情况下过早地死亡。人类的各种罪恶积极而有力地起着减少人口的作用。它们是破坏大军的先锋，往往自行完成这种可怕的行为。如果它们在这消灭人口的战争中失败了，疾病流行季节、时疫、传染病和黑死病就会以吓人的队形进击，杀死无数的人。如果仍不能完全成功，严重而不可避免的饥馑就会从背后潜步走近，以强有力的一击，使世界的人口与食物得到平衡。"[9]

然而……罗马人显然没有毁灭于大规模饥荒。我们可以从这个事实中发现帝国成功的隐性逻辑。面对人口的飞速增长，罗马人非但没有陷入悲惨的境地，还实现了人均经济增长。帝国能够无视，或至少是推迟了"马尔萨斯压力"的残酷逻辑。

在现代世界，我们习惯于经济每年增长2至3个百分点，我们的希望和养老金都系于此。在古代，情况却并非如此。由于自身的性质，工业化前的经济在能源方面受到很大限制，在任何可持续的基础上更有效地提取和交换能源的能力受到局限。但是，前现代历史既不是一个缓慢地、稳步地通往现代化的过程，也不是俗话所说的曲棍球棒——直到工业革命非凡的能源突破之前，一直一成不变地维持在生存水平线上。事实上，它的特点是脉冲似的扩张和解体。杰克·戈德斯通（Jack Goldstone）提出了"全盛期"（efflorescence）的说法，用于形容一些扩张阶段，这些扩张阶段的背景条件有利于在一段较长时间内实现真实的增长。随着人口成倍增加，并将更多的资源用于生产，这种增长是粗放型的，但是正如马尔萨斯所说，这种增长的空间最终会耗尽；更有希望的是，当贸易和技术使从环境中获取能源变得更有效率时，可以实行集约型增长。[10]

罗马帝国为一段有历史意义的"全盛期"奠定了基础。早在共和时代晚期，意大利在社会发展方面就已经经历了超前的飞跃。

在某种程度上，意大利的繁荣可能会被误认为是单纯掠夺的结果，是作为征服成果的政治租金。但是，在掠夺而来的财富外表之下，真正的增长正在进行。这种增长不仅在武力扩张达到极限之后继续，并且开始在所有被征服的土地上散播。罗马人不只是统治领土，将外围地区生产的盈余运送到帝国中心。实际上，帝国的结合是一种催化反应。罗马的统治缓慢而稳定地改变了其治下社会的面貌。商业、市场、技术、城市化：帝国及其境内许多民族都抓住了发展的杠杆。在 150 多年的时间里，在广阔的地理范围内，帝国显然同时实现了集约型和粗放型的增长。罗马帝国既延缓了马尔萨斯的审判，又赢得了极大的政治资本。[11]

这种繁荣是帝国辉煌成就的前提，也是其结果，这是一种迷人的循环。帝国的稳定是人口和经济增长的有利背景；人民和繁荣反过来又是帝国权力的有效保障。国家兵源充足，税率虽然不高，但收税对象足够丰富。皇帝们慷慨大方。帝国与城市精英阶层达成的重大交易成就了双赢的局面。似乎到处都有足够的财富。驻守边界的罗马军队在战术、战略和后勤方面都优于敌人。罗马人达到了一种有利的平衡，尽管比他们想象中的或许更脆弱一些。吉本伟大的著作《罗马帝国衰亡史》，就是从描写 2 世纪阳光灿烂的日子开始的。引用他著名的见解："如果要一个人指出在世界历史的哪一段光阴中，人类的生存状况最幸福最繁荣，他会毫不犹豫地说，是从图密善去世（96 年）到康茂德即位（180 年）之间的这段时间。"[12]

罗马人向外拓展了一个前现代社会在有机条件下所能到达的极限。如此庞然大物的陨落（被吉本称为"这场可怕的革命"）能够成为人们一直痴迷的对象，也就不足为奇了。

我们变幻无常的星球

到了 650 年，罗马帝国已经不过是昔日的影子，只剩下由君士坦丁堡、安纳托利亚，还有地中海另一边零星散落的领地组成的残存的拜占庭国家。西欧被分裂成许多好斗的日耳曼王国。前帝国的一半领土被来自阿拉伯的信士军队迅速占领。地中海世界曾经拥有 7500 万的人口，现在可能稳定在这个数字的一半左右。罗马城只剩下约 2 万居民，但他们却没有因此变得更富有。7 世纪时，一条不太起作用的主干航线仍然连接着东部和西部地中海。货币体系如同中世纪早期的政治马赛克一样支离破碎。所有金融机构都消失了，只剩下最原始的那些。无论在基督教世界，还是正在形成的伊斯兰世界，都弥漫着对末日的恐惧。世界末日就要临近了。

这段时期在过去被称为黑暗时代。我们最好把这个标签放在一边。它让人不可救药地回想起文艺复兴和启蒙时代的偏见，并且，它完全低估了被称为"古代晚期"（late antiquity）令人印象深刻的文化活力和不朽的精神遗产。但与此同时，我们也不必委婉地表述帝国解体、经济崩溃和社会简化的现实。这些都是需要解释的残酷事实，就像电费单一样客观存在，并且也用类似的单位来衡量。从物质方面来说，罗马帝国的衰落是"全盛期"的一种反过程，人们获取和交换能源的能力越来越弱。我们所凝视的是国家衰败和停滞的重要一幕。在伊恩·莫里斯（Ian Morris）经过不懈努力创造出的一种衡量社会发展的通用准则中，罗马帝国的衰落被看作是人类历史上最大的倒退。[13]

从来都不缺少关于罗马衰落的解释，有一大堆互相竞争的理论。一位德国古典学者曾对 210 种假设进行了分类。有些理论比其他的更经得住推敲，在大尺度解释理论的队伍中，最优秀的两个竞争者所分别强调的是，帝国体系内在不可持续的机制，以及在帝国边界上积聚的外部压力。第一位皇帝奥古斯都建立了君主制度的框架，但继承规则有意地悬而未决，因此命运的意外在其中扮演着重要而危险的角色。随着时间推移，对于权力与合法性的角逐演变成了争夺军权的自我毁灭的战争。与此同时，日益壮大的帝国行政管理队伍取代了地方精英的管理网络，使国家变得更官僚化，也更脆弱。不断增长的财政压力对整个系统更是不断火上浇油。[14]

在这期间，罗马帝国的疆界跨越不列颠北部，沿着莱茵河、多瑙河和幼发拉底河前行，向南穿过撒哈拉沙漠的边缘。在军队所到之处的外围，妒忌又饥饿的部族梦想着自己的命运。时间是他们的盟友；几个世纪以来，在我们现在所谓"二级国家的形成"的过程中，罗马的对手们变得更复杂更强大。这些威胁无情地耗尽了边境以及中心地区的所有资源。上述因素与皇权斗争结合在一起，给帝国带来了致命的打击。

这些熟悉的理论有很多可取之处，并且也是这本书所要呈现的故事中不可或缺的组成部分。然而近年来，历史学者越来越多地遭遇到所谓"自然档案"的对质。这些自然档案有许多种形式。冰芯、洞穴石、湖泊沉积物和海洋沉积物，都用地球化学的语言保存了气候变化的记录。树轮和冰川是环境历史的记录。这些物理介质保存了关于地球过去的加密记录。同样，进化和生物学历史也留下了痕迹供我们追踪。人类骨骼的大小、形状和伤痕，保留了有关健康和疾病的细微记录。骨骼和牙齿的化学同位素可以讲述关于饮食和迁徙的故事，对沉默的大多数来说，这些是他们的生物学传记。最伟大的自然档案可能要数我们称为基因的长链核酸。基因证据可以阐明我们自己物种的历史，还有那些与我们共享地球的盟友和对手的历史。具有活性的 DNA 是进化史的有机记录。从考古现场的背景中提取古代 DNA 并进行测序的能力，使我们得以重构生命之树，追溯回遥远的过去。在某些情况下，法医鉴定手段能让我们指认历史上一些大屠杀的微生物凶手，就像激动人心的确凿法庭证据一样。科技正在彻底改变我们对微生物和人类进化的故事的认知。[15]

大部分讲述罗马衰落的历史都建立在一个巨大的默认假设之上，即环境是一个稳定、惰性的故事背景。作为我们迫切了解地球系统历史的副产品，并且由于获取古气候和基因历史数据的能力取得了极大进步，我们得知这个假设是错误的。不仅仅是错误，而且是大错特错。对于人类活动来说，地球曾经是，而且现在仍然是一个波澜不定的平台，就像在猛烈的风暴中的船甲板一样摇摇摆摆。地球的物理和生物系统是不断变化的环境，从成为人类那天起，我们就开启了约翰·布鲁克（John Brooke）所说的"一段艰难的旅程"。[16]

可以理解的是，我们关注气候变化，主要是由于温室气体排放正在以令人担忧且前所未有的速度改变着地球大气层。但是，人为气候变化只是一个近期的问题——并且坦白地说，只是问题的一部分。早在人类开始向大气层排放能吸收热量的化学物质很久以前，气候系统就已经由于自然原因而摇摆和变化。在人类约20万年的历史中，我们的祖先大部分时间都生活在一个呈锯齿状振荡的气候时期，即更新世。地球运行轨道的细微变动，还有轴心倾斜角度和自转时的微小变化，都在不断改变着从距离我们最近的恒星接收到的能量总量和分布。在更新世，这些被称为"轨道驱动"的机制创造了许多持续数千年的冰期。随后，大约在12 000 年前，冰雪融化，气候进入了温暖而稳定的间冰期，即全新世。全新世是农业兴起和复杂政治结构发展的必要背景。但事实证明，全新世实际上是一个急剧变化的气候时期，这对人类活动来说至关重要。[17]

虽然轨道机制仍然推动着全新世的主要气候变化，但在更短的时间维度上，其他一些重要因素也改变了来自太阳的能量。太阳本身就是一颗不稳定的恒星，每 11 年的太阳黑子周期只不过是一系列周期变化中我们最熟悉的一个，其中一些严重影响了地球的日照。我们的星球也在自然气候变化中扮演了角色：火山喷发将硫酸盐浮质喷射到大气中，阻隔了来自太阳的热量。即使在温和的全新世，轨道、太阳和火山与地球固有的变化机制也在相互作用，使气候比我们想象中的更加不稳定。[18]

表格 1.1　罗马气候时期

罗马气候最优期	约公元前 200—公元 150 年
罗马过渡期	约公元 150—450 年
晚古小冰期	约公元 450—700 年

发现全新世气候的快速变化给我们带来了启示。我们开始了解到，从地球的视角来看，罗马人非常幸运。罗马帝国达到其最大版图和最繁荣的时间，是在全新世晚期的一段气候时期，该时期被称为"罗马气候最优期"（Roman Climate Optimum，以下或简称"气候最优期"）。气候最优期在横跨帝国地中海中心地带的

大部分地区，表现为一种温暖、潮湿、稳定的气候。在金字塔式的政治和经济结构下，这是一个建立农业帝国的好时机。在帝国和繁荣看似良性的循环中，除了贸易和技术，气候也是一种无声的合作力量。当罗马人把帝国扩张到极限时，他们并不了解所建立的帝国的环境基础的偶然性和危险性。

从 2 世纪中叶起，罗马人的运气就没那么好了。我们研究的这几个世纪见证了整个全新世最剧烈的气候变化之一。首先是一段持续了三个世纪（150—450）的气候混乱期，我们建议称之为"罗马过渡期"（Roman Transitional Period）。在一些关键的节点上，气候不稳定对帝国的力量储备造成了压力，在很大程度上干预了事态的发展进程。然后，从 5 世纪后期开始，我们察觉到一段关键的气候重整活跃期，它在古代晚期小冰期（Late Antique Little Ice Age）时达到顶峰。6 世纪 30 年代和 40 年代一系列剧烈的火山活动，导致了整个全新世晚期最寒冷的一段时间。与此同时，来自太阳的能量水平降到了几千年中的最低点。正如我们将看到的，自然气候的恶化与空前的生物灾难同时发生，击溃了当时的罗马帝国。

本书想要论证的是，气候对罗马历史的影响时而难以察觉，时而势不可挡，有时是建设性的，有时是毁灭性的。但是，气候变化从来都是一个外部因素，一张超越了所有游戏规则的真正的百搭牌 *。它从外部重塑了由人口和农业构成的基础，复杂的社会和国家结构就建立在这些基础之上。古人有充分的理由来敬畏可怕的命运女神福尔图纳，因为他们认识到，在这个世界里，至高

---

* 牌戏中的"百搭牌"，由持牌人任意定值的一张牌，指无法预料之事。

无上的权力本质上是变幻无常的。[19]

　　大自然手中还挥舞着另外一件可怕的武器：传染性疾病。它可以像夜行军一样，突然间向人类社会发动袭击。在决定罗马命运的时候，生物学上的变化甚至比自然气候更为有力。当然，无论过去还是现在，这两种因素都不是孤立的。气候变化和传染病不是相继单独发生的，它们是两种相互重叠的自然力量。有时候，气候变化和大规模流行病所产生的影响是协同作用的。而在其他时候，它们的出现并不仅仅是短暂的巧合，因为物理气候中的扰动可以激发生态或进化上的改变，从而导致疾病发生。在我们将要审视的几个世纪中，它们通常齐心协力地影响着罗马帝国的命运。[20]

　　气候变化和传染病之间有一个显著的差异。在近代之前，气候系统按照自己的节奏和方式波动，不受人类影响。相比之下，传染病和人类活动的关系要密切得多。实际上，人类社会创造了一种可供致命微生物生存、传播和繁衍的生态环境。从许多方面来说，这种致命的微生物环境，正是罗马帝国雄心勃勃的社会发展所培育出的意外而吊诡的结果。在构建困扰着其人口结构的疾病生态中，罗马人不经意间成了共犯。

　　要了解罗马人是如何生活和死亡的，以及他们帝国的命运，我们必须要尝试重建罗马人所面对的人类文明与疾病历史的特定结合点。掌控人类生死的病原体并不是一连串相同的敌人。细菌的生物学特性是历史上难以驾驭的决定性事实。关于细菌的历史研究一直被 20 世纪 70 年代发明的优秀模型所主导，最著名的是威廉·麦克尼尔（William McNeill）的经典著作《瘟疫与人》中的表述。在麦克尼尔看来，故事的关联线索是新石器时代各个细菌池的兴起以及随后各细菌池的融合。农业使我们与家畜密切接触；城市创造了细菌传播所必需的人口密度；贸易网络的扩张让地方性病原体肆无忌惮地传播到其他处女地，导致了"文明疾病池的汇聚"。[21]

近年来，经典理论的光环开始褪去。理论基础在不知不觉中已经发生了明显改变。20世纪70年代是西方医学全胜时代的顶峰。科学进步击败了一个又一个过去的苦难。有人自信地认为这是一个转折点，从此传染病将会成为过去……但是，一份骇人的新兴传染病名单——艾滋病、埃博拉、拉沙热、西尼罗、尼帕、严重急性呼吸道综合征（SARS）、中东呼吸综合征（MERS），以及现在的寨卡病毒，这些只是几百个名字中的一小部分——表明大自然创造性的破坏力还远远没有枯竭。所有这些新兴传染病都有一个共同特点：它们都来自野生动物，而不是驯化物种。目前，来自野外的病原体进化和人畜共患疾病，在新兴传染病的动态机制中比以前占了更大的比重。[22]

这些见解尚未完整一致地运用于历史研究中，但是对于我们如何看待罗马文明在疾病历史上的地位，影响是革命性的。我们应该尝试把罗马世界想象成微生物的生态环境。首先，罗马帝国拥有超前的城市化，整个帝国像是一个由城市组成的忙碌的电话接线总机。罗马城是土木工程的奇迹，厕所、下水道和自来水系统，无疑都减轻了废物处理的最可怕影响。但是，这些环境控制措施要面对的是压倒性的力量，就像一道又薄又漏水的防波堤要面对整个细菌的海洋。城里到处是老鼠和苍蝇，小巷子和庭院里回荡着小动物的叫声。罗马没有细菌理论，人们很少洗手，因此食物不可避免地受到污染。这座古代城市是一个不卫生的居所。

通过粪–口传播从而引发致命腹泻的一些普通疾病，很可能是罗马帝国的头号杀手。

在城市外面，地貌改变使罗马人面临同样危险的威胁。罗马人不只是改造地形，而且会将自己的意志强加于自然。他们砍伐树木，烧毁森林，改道河流，抽干湖泊，还在最棘手的沼泽中修建道路。人类对新环境的入侵是一种危险的游戏。它不仅让我们接触到陌生的寄生虫，还能引发连锁的生态变化，带来不可预知的后果。在罗马帝国，自然实施了残酷的报复，其主要手段是疟疾。通过蚊子叮咬传播，疟疾成了罗马文明无法摆脱的痛苦。在罗马城中，山丘下面的大片沼泽*，还有河谷，更不用提遍布全城的水池和喷泉，都是携菌蚊虫的避风港，使这座永恒之城变成了疟疾的泥沼。无论在城市还是乡村，只要是疟蚊能够繁衍的地方，疟疾都是一个恶毒的杀手。[23]

帝国的连通性也造就了罗马的疾病环境。帝国建立了一个史无前例的内部贸易和移民区域。四通八达的陆路和海路不仅运送了人、思想和货物，也运送了细菌。我们可以看到这种情况以不同的速率发生。我们能够跟踪像肺结核和麻风病这种迟缓的杀手，它们像火山岩浆一样缓慢地燃烧到帝国全境。然而，当一些快速传播的传染病最终搭上连接整个国家的巨大传送带时，就形成了电流一样的后果。

我们将重点强调罗马的社会发展与帝国疾病生态之间的矛盾。尽管和平与繁荣带来了好处，但即使按照前现代的标准来看，帝国的居民也是不健康的。他们矮小的身材就是身体健康水平低

---

* 罗马城中有七座山丘，其余地方多为沼泽，早期的罗马人一般住在山上，后来人口增加，部分沼泽被排干来修建新的居民区。

下的一个标志。像尤利乌斯·恺撒这样传言中的高个子，只有在男性平均身高不足 1.65 米的社会里，才显得出类拔萃。压在罗马人身上的传染病负担有明显的影响。但在这里，我们需要更加密切地注意罗马疾病池的特征。如果我们仔细观察死亡率在空间和时间上的规律，我们就会注意到，罗马世界存在一种显著的缺失。这里没有大规模、跨区域的流行病暴发。绝大多数流行病在空间上受到限制，是局部或地区性的事件。这种缺失的原因在于细菌本身的生理极限。依赖于粪 – 口传播或寄生于节肢动物体内的微生物的传播距离和速度都是有限的。不过，从 2 世纪开始，罗马帝国的生态与病原体进化相结合，造就了一种新的风暴，即全帝国甚至全球性的大规模流行病。[24]

　　罗马历史的最后几个世纪可以被看作大规模流行病的时代。帝国曾经三次受到大范围死亡事件的冲击。165 年，可能由天花引起的，被称为安东尼瘟疫（Antonine Plague）的事件暴发。249 年，一种不明病原体席卷了罗马治下的领土。最后，在 541 年，鼠疫杆菌（*Yersinia pestis*）第一次大规模流行，这是一种引发淋巴腺鼠疫的病原体，自此在帝国境内逗留了超过 200 年之久。这些生物灾难的规模几乎是不可思议的。按死亡人数计算，三次大规模流行病中死亡人数最少的可能是安东尼瘟疫。我们以后会论证，它夺走了大约 700 万受害者的性命。这比其他一些估算要低得多。帝国历史上最血腥的一场战役，要数罗马人在阿德里安堡的溃败，当时一支孤注一掷的哥特侵略军横扫了罗马东部战区的主体部队。在那一天的灾难中，最高统计有 2 万罗马人阵亡。尽管由于死去的都是士兵，问题要更严重，但这一对比得到的教训是一样的：细菌远比日耳曼人更致命。

罗马帝国的头号杀手都是大自然的产物。它们是来自帝国之外的致命入侵者。因此，只局限于帝国境内的历史是一种井蛙之见。罗马的兴衰与全球环境历史密不可分。在罗马时期，全球连通性有了巨大的飞跃。罗马人对丝绸、香料、奴隶和象牙的需求推动了跨越边境狂热的贸易活动。商人们越过撒哈拉沙漠，沿着丝绸之路行进，最重要的是穿越印度洋，进入由帝国建造的红海港口。被送往罗马参与屠杀盛宴的异国野兽就像是宏观尺度的追踪器，为我们指明了罗马人接触到新的疾病领域的途经。纬度上的物种梯度，是全球生物多样性最基本的事实，即生命形态在越靠近赤道的地方会越丰富。在温带和极地地区，反复出现的冰期周期性地清除了进化实验的成果，而且在寒冷的气候下，能量更少，生物间的相互作用也更少。热带地区是生物多样性的"博物馆"，在那里，更多的演化时间和更多的太阳能共同编织了一幅描绘生物复杂性的极其密集的织锦。这种规律也适用于包括病原体在内的微生物。在罗马帝国，人造连接网络在大自然构建的区域间，无拘无束地蔓延。罗马人帮助建立了一个世界，在这里，星火可以燎原，而且是跨越洲际的荒原。罗马历史在更长远的人类历史中，是一个关键的篇章。[25]

有关细菌进化的历史，我们才刚刚开始有所了解。但在这里，我们可以认真地将罗马历史看作是病原体进化的更久远的全球故事中的一章，或许是非常重要的一章。在罗马人参与创造的微生物环境中，基因突变的随机游戏开展了巧妙的实验。如果罗马的命运是由大规模流行病的压倒性力量所导致的，那么，这是一种结构与偶然的离奇结合。

地球科学和基因革命的迫切研究告诉我们，气候变化和新兴传染病一直是人类历史的一部分。现在的问题不是是否要，而是如何将自然环境的影响嵌入到因果关系的序列中。

人的故事

自然、社会、人文科学等不同领域的知识整合被称为融会贯通（consilience）。整合意味着历史学家不仅仅是新科学数据的被动接受者。事实上，这本书所呈现的解释就依赖我们对叙述中完全是人类的部分的更多了解。几个世纪以来持续不断的人文研究，帮助我们理解了罗马帝国的压力和张力——真实的自然作用和内部运转，这些信息的细致程度足以让吉本感到嫉妒。这本书就试图建立在这些洞见的基础之上，这些见解像最新的基因研究或古气候档案一样，新颖、巧妙，而且令人惊奇。[26]

在马可·奥勒留（Marcus Aurelius）时代（161—180），罗马帝国是一个完整、人口众多、繁荣、复杂的帝国，五个世纪后帝国变得面目全非，我们的问题是如何解释这一长串的重大变革。这是一个关于国家衰败和停滞的错综复杂的故事。罗马帝国建立在一个能源受到限制的马尔萨斯式世界里，但罗马人通过贸易和技术进步这令人兴奋的结合跨越了这些限制。帝国的实力是人口和经济增长的前提，也是结果。国家和社会发展是相辅相成的。气候变化和传染病的活跃力量不断作用于这个复杂的系统，而且一些作用是双向的。即使在完全不受人类控制的自然环境中，气候变化的影响也取决于农业经济与帝国机器的具体安排。而传染病的历史则一直完全依赖于人类文明所构建的生态环境。

　　我们不会回避自然力量在因果影响中起到的巨大作用，但我们努力避免以简化的方式将事件的肌理抹平。环境与社会秩序之间的关系从来都不是规整和线性的。我们在这本书中将要遇到一些人，即使面对最尖锐的挑战，他们在逆境中做出的反应也会使我们感到惊讶。我们用韧性的概念来衡量吸收和适应压力的能力。帝国可以被理解为一种机体，它拥有大量储存能量和冗余层，能够承受环境的冲击并从中恢复。然而，韧性是有限的。在古代社会中寻找韧性的限度，我们需要留意持续压力的标志和忍耐力的阈值，越过了这些阈值，帝国就会发生一连串变革和系统重组。[27]

　　正如这里所设想的，罗马帝国的终结，并不是一个连续的衰落最终导致不可避免的毁灭的过程，而是一个漫长的、迂回曲折且充满偶然的故事。在这个故事里，一个有韧性的政治结构对自身进行维护和重组，直到帝国开始解体，首先在西部，然后在东部。变化的模式总是会呈现为一种非常偶然的相互作用，作用的因素包括自然、人口、经济、政治，还有我们将会讨论的信仰体系，在这几个世纪中，这些虚无缥缈的信仰体系反复地动摇和重构。历史的责任就是怀着对自由和偶然性的适当尊重，以及对那些在所处环境中生活的人们的强烈同情，以正确的方式将这些故事的线索编织到一起。

　　在我们开始探索这一系列重大事件时，有必要事先说明一下故事的主要轮廓。这个故事中有四个关键的转折点，都发生在事件加速发展、破坏性的转变即将爆发的时间点。在盛期帝国向中世纪早期过渡的每一个转折点，我们将设法找出自然系统和人类系统之间具体而错综复杂的联系。

（1）第一个转折点发生在马可·奥勒留时代，一种大规模流行病引发了多方面危机，中断了经济和人口的增长。在此之后，帝国并没有崩溃或解体，而是恢复了以前的形态，只是统治地位已不同往日。

（2）随后，在3世纪中叶，一连串由干旱、瘟疫和政治困局组成的连锁反应导致帝国突然解体。在所谓的罗马帝国"第一次衰落"中，帝国系统的完整幸存是一次刻意的重塑，一场险胜。帝国被重建起来，然而是在一种新的伪装下——有了一种新的皇帝、新的政府、新的货币，以及一种新的宗教信仰。

（3）这个新帝国随后又重新活跃起来。但是，跨越4世纪末和5世纪初的几十年，是一段关键而戏剧性的时期，帝国的凝聚力最终被彻底打破了。欧亚大草原的全部重量似乎以一种新的不可持续的方式向罗马势力的大厦上倾斜。凑巧的是，此时帝国的西半部瓦解了。这场灾难正是斯提利科努力想要避免的，它可能是罗马的衰落最为人所熟知的版本。在5世纪时，西部的罗马帝国解体了。但是，这并不是罗马帝国的大结局。

（4）在东部，复苏的罗马帝国重新获得了权力、繁荣和人口增长。这次复兴被历史上最严重的环境灾难之一——黑死病和小冰期的双重打击——猛然中断了。在帝国缓慢衰败的过程中，人口不断减少，在伊斯兰军队占领大片领土时达到高潮。不仅罗马帝国的剩余疆土沦为残存的拜占庭国家，而且，幸存者只能居住在一个人口和财富锐减的世界里，这个世界中还有各种相互竞争的末日论宗教（包括基督教和伊斯兰教）无休止的冲突。

罗马的兴衰提醒我们，人类文明的故事完全是一部环境上演的戏剧。平静的2世纪时帝国的繁荣；来自罗马世界之外遥远地方的新型病毒；大规模流行病导致帝国与城市权贵之间重大交易的破裂；3世纪气候与健康的灾难中帝国的崩溃；一种新的皇帝统治下帝国的复兴；4世纪时横跨欧亚大草原的大规模人口迁徙；古代晚期东方社会的振兴；黑死病扔下的核弹；新冰期的险恶开端；罗马帝国残余势力的最终崩溃，以及圣战军队的闪电征服。如果这本书达到了它的目的，那么我们很难不把这些历史转折理解为人文和自然环境的对位运动，有时相向，有时相对，但是完全不可分割，就像巴洛克赋格中华丽的复调。[28]

知识增长的速度既令人兴奋，又让人气馁。当这本书墨迹未干时，学术成果一定又有所进展。不过这是一个愉快的难题，值得让我们冒险去创建一幅临时地图，根据探索进展不断进行增补和修改。关于文明的命运，是时候该重新考虑大自然神秘而让人敬畏的力量了。它一直让我们惊叹又着迷，我们需要一些想象力和耐心，以便回到过去并假装不知道结局。我们将从罗马时代最伟大的医生开始我们的故事。他在和平与繁荣的环境中长大，他无法想象，太阳的周期活动或遥远森林中某个病毒的偶然变异，能够动摇一个统治着世界的繁华帝国的根基，在那个帝国里，他正寻找自己的命运。

第二章

最幸福的时代

伟大的医生与伟大的城市

帕加马的医生盖伦（Galen）出生于 129 年 9 月，哈德良（Hadrian）皇帝统治时期。盖伦虽然不是上流社会出身，但属于"上层中产阶级"，对于这个阶层的人来说，帝国意味着繁荣和机遇。盖伦的出生地帕加马坐落于距爱琴海不远的内陆，小亚细亚的群山之中，是那种在罗马统治下繁荣的城镇，也是培养盖伦这种医学奇才的福地。帕加马是希腊传统的重镇，让盖伦接触到丰富的希腊医学文献，包括庞大的《希波克拉底文集》，任何其他地方都无法与之相提并论。帕加马有一座为治愈之神阿斯克勒庇俄斯（Asclepius，阿波罗的儿子，他的权杖被一条蛇缠绕，是医学最著名的符号）修建的著名神殿，是疾病康复者的灯塔。在盖伦的时代，这座神殿已经有 500 多年历史了，并且正处于它最辉煌的时代。"所有亚洲人"蜂拥而至，并且就在盖伦出生的五年前，哈德良本人也亲自造访了神殿。[1]

在帕加马，盖伦的天才为他赢得了受人尊敬的角斗士医生的职位。但帝国的和平为盖伦提供了更广阔的视野。他游历了地中海东部，穿越了塞浦路斯、叙利亚和巴勒斯坦，四处搜寻当地的药物和疗法。他还在埃及的亚历山大里亚学习过，在那里，看到真实人类骨骼的机会给他留下了深刻印象："那里的医生在给学生讲授骨骼学时采用了直观演示的方法。即使没有其他原因，只为了这个，也要来拜访亚历山大里亚。"在医学技艺上，罗马帝国在各个方面都为盖伦提供了非比寻常的丰富经验。一个拥有惊人天赋的人必然会忍不住要到伟大的首都去试试运气。[2]

盖伦在 162 年来到罗马，这是皇帝马可·奥勒留和皇帝卢修斯·韦鲁斯（Lucius Verus）共同统治的第一年。盖伦喜欢引用一句话："罗马是整个世界的缩影。"希波克拉底（活跃于前 400 年前后）从没见过的罕见疾病，对盖伦来说却是家常便饭，"因为罗马城里的人是如此之多"。"每天可以发现一万人患有黄疸，一万人患有水肿。"这个大都会是人类苦难的实验室，对于像盖伦这样有抱负的智者来说，也是一座大舞台。他的事业发展得极快。[3]

来到罗马后不久，他治好了一位哲学家的发烧，"尽管曾被嘲笑"，因为他在冬天"想要治好一个老人"；他因此声名鹊起。一位名叫弗拉维乌斯·波提乌斯（Flavius Boethus）的叙利亚人，曾做过代表帝国最高荣誉的执政官，他热衷于观看盖伦"演示声音和呼吸是如何产生的"。盖伦对于视觉盛宴有很高的品味，在罗马人面前活体解剖了一头猪，用大师的手法，通过阻断神经来开启和关闭猪的喊叫，让他的观众看得如痴如醉。盖伦治好了波提乌斯患重病的儿子和妻子；这位有权势的人给了盖伦一小笔财富，更重要的是，成了盖伦的保护人。从此，盖伦进入了上流社会。一个个轰动一时的成功接踵而至。一位著名作家的奴隶受了伤，在肋骨下形成了致命的脓肿。在手术中，盖伦切除了受感染的组织，使跳动的心脏暴露在视线中；虽然盖伦自己也颇为悲观，但这个奴隶活了下来。[4]

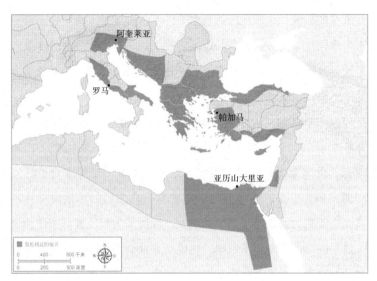

地图3　盖伦的世界：盖伦到访过的行省

　　30多岁的时候，盖伦就成了一个活的传奇。"伟大就是盖伦的名字。"[5]

　　然而，这一切都没能让盖伦为我们称为安东尼瘟疫的死亡事件做好准备。166年，也就是盖伦在首都的第四年，东部的瘟疫开始向这里蔓延。流行病在罗马并不罕见。起初，发烧和呕吐的浪潮似乎只是季节性死亡又一次熟悉而可怕的发作。但很快人们就会发现，显然发生了什么不同寻常的事。[6]

　　在他的杰作《医学方法》中，盖伦生动地描述了他在"这场疾病刚刚发生时"，治疗一个被感染的年轻人的过程。轻微的咳嗽开始加剧，病人从喉咙里溃疡的地方吐出暗色的结痂。很快，疾病的典型症状出现了：黑色皮疹将患者的身体从头到脚包裹起来。盖伦认为有一些疗法可以削弱这种疾病的力量，但这份名单只是纯粹绝望的尝试记录：高地牛的牛奶、亚美尼亚的泥土，还有男童的尿液。他所经历的死亡事件不仅可能是人类历史上第一次大规模传染病，也是罗马帝国历史上的一次断裂。对大多数人来说，这似乎是阿波罗神实施的一种新的黑暗惩罚。但对科学家盖伦来说，这就是"大瘟疫"。[7]

这一章的目的是审视从盖伦的成长时期，到大规模流行病降临之前的罗马帝国。古本认为，这段时期是人类历史上"最幸福、最繁荣"的时代。当然，这份赞美中不乏对罗马世界大师的仰慕。但是，将2世纪中叶称为罗马文明的鼎盛时期并不是一个武断的或是出于美学的判断。在物质方面，罗马帝国为令人惊叹的全盛期奠定了基础，这段全盛期是历史中粗放型增长和集约型增长协力推动社会发展的时期之一。帝国本身既是这种发展浪潮的前提，同时也以其为基础。帝国的政治框架与其社会机制是相互依存的。

与此同时，我们将强调，"罗马治下的和平"从来都不是没有阻力的统治成果；衡量帝国实力的标准不在于是否缺少限制和挑战，而在于帝国是否拥有对抗挑战和压力的能力。从这个角度来看，就更有必要找出安东尼时代时常被看作是历史转折的原因。传统的答案提及边境之外更强大的敌人，还有不断上升的财政–政治矛盾，这些都是原因，但还不够。我们在这里强调的是，罗马的全盛期出现于一段不稳定且短暂的有利气候时期。更重要的是，帝国的结构为一种新出现传染病的到来提供了生态条件，这种疾病拥有史无前例的暴虐力量。

在很大程度上，帝国的历史轨迹被自然力量从外部改变了方向。当然，我们不必相信如果没有这些干扰，帝国就能永世长存。但帝国经历的特殊命运与气候最优期的结束和大规模流行病的冲击是密不可分的。在关于罗马命运的所有论述中，它们都占有稳固而重要的一席之地。

帝国的规模

在盖伦走在帝国首都的大街上时，众多吸引他目光的石头和雕像中，他可能会注意到一根柱子，上面刻有罗马30个军团的名字，这根石柱碰巧幸存至今。这份名册是一份罗马权力的显性保证，军团名单按地理顺序排列，从帝国的西北角开始，从外向内顺时针旋转。在西部，守卫着不列颠的有3个军团，在莱茵河有4个，阿尔卑斯山和黑海之间的多瑙河行省有10个。在东部，从卡帕多西亚到阿拉伯半岛，有8个军团驻防，同时监视着臣民和敌人。在非洲，只有2个军团看守着属于罗马帝国的全部领地，一个在埃及，一个在努米底亚。西班牙有1个军团，阿尔卑斯山有2个。这些就是全部30个军团。即使在这个平衡的时刻，在战争和瘟疫的风暴到来之前，帝国也还是一个未完成的工程。罗马帝国一直在征服境外民族的原始意志与维护帝国核心区域安全之间摇摆不定，在这两股相反的力量之间，帝国从来没有达到过完全稳定的平衡。然而在2世纪，横跨三大洲的广阔疆土上，一股和平的气息笼罩着由罗马军队守护和巡视的土地。[8]

在本质上，罗马帝国是一个由军事霸权构成的框架，其形态是由地理现实和政治技术共同决定的。罗马帝国没有自然或天赐的边界，也没有明确界定的界线，现代国家通过先进的土地测量标注的国界线，对于罗马人来说过于精确。归根究底，是因为罗马人统治的是"部族"或"民族"。希腊历史学家阿庇安（Appian）在哈德良统治时期做过行省总督，他以描述"罗马人统治下各个民族的边界"为开端，讲述他的罗马历史。他能合理地指出帝国边缘的主要地理特征，如莱茵河、多瑙河和幼发拉底河，但他紧接着解释道，罗马人也统治着这些边界之外的人群。大型的军团基地被设置在边界之内，这样的位置既能保存实力，又能让军人在介于帝国警察和工兵之间的角色上有效地发挥作用。边境地区是一个由小型堡垒、瞭望塔和信号站组成的密集网络，有时候还会深入到敌人的领地上。据说，居住在多瑙河外的夸地人（Quadi），曾因为"忍受不了监视他们的堡垒"而奋起反抗。[9]

2世纪的罗马人不会认可在某一刻停止扩张、转而欣赏自己的完工杰作的宏大计划。奥古斯都时期，扩张有所减缓，但没有完全停止。侵略和外交仍在不时地扩大帝国。甚至，像哈德良长城这样明显的防御工事，实际上也只是一种控制系统，而不是主权领土边界的标志。在长城建好后的一个世纪里，罗马人一直在向苏格兰发动断断续续的进攻。马可·奥勒留曾认真考虑过吞并中欧大片地区。而罗马人试图控制幼发拉底河以外地区，也是造成冲突的一个永恒根源。

扩张受到的阻力逐渐划出了领土霸权的边界，我们将其称为帝国的限制。这些限制源于罗马人所创造的系统的特点，这个系统需要帝国的核心在铁器时代的通信和运输条件下，协调军事力量。军事机器的政治协调与物质协调同样重要。皇帝是元老阶级的首席代表，这是一个范围很小的社会团体，它通过垄断最高统帅部的职位维持了对军队的控制，这是他们阶级与生俱来的权利。到了奥勒留的时代，每年都有大约160个元老在帝国的各地任职，全部都是由首都的神经中枢委派的。[10]

罗马皇帝对"帝国主义的边际成本"至少有一种粗略的认识。"掌控着整个地球和海洋,他们以谨慎的态度维持统治,而不是试图把帝国带向未知、痛苦而无益的蛮荒地带。我在罗马见过一些荒蛮地区的使节试图向帝国臣服,却因为毫无价值而被皇帝拒绝了。"据说,罗马人把凯尔特人所有的土地都拿走了,除了那些过于寒冷或贫瘠的地方:"凯尔特人有价值的东西都属于罗马。"[11]

30个军团共计约16万人。罗马军团是一支公民军队,理论上只从拥有罗马公民权的人中征召,通常来自散布帝国各处的老兵殖民地。但军团的人数还不到军事力量总数的一半,其他的补充力量还有辅助部队。这些辅助部队从各行省招募,他们融入了帝国的指挥系统和整体战略计划,并且,长期服役还是一种行之有效的获得公民权的方法。如果加上海军和临时部队,罗马帝国的战争机器拥有接近50万人:"这不仅是世界上已知的规模最大的常备军,它还拥有最优秀的训练和最精良的装备。"[12]

维持史上最强大的军事力量并不便宜。国防预算是最大的一项国家开支,远远超出其他费用。2世纪一个普通军团士兵的薪水是300第纳尔(*denarii*)银币,这是一份足够但并不丰厚的收入;辅助兵大约是这个数字的5/6。骑兵和军官的薪水更高。退休金和不定期的馈赠也增加了更多的成本。总体算来,2世纪的军队支出仅薪资一项,就高达约1.5亿第纳尔,约占帝国整个GDP的2至3个百分点(相当于现在美国国防开支的比例)。就规模来看,军队和预算都非常庞大。[13]

与此同时,正如当时的人们所意识到的,奥古斯都建立的帝国主义框架,代表了对罗马共和国极端军事动员力的一种强烈而有意识的背离。罗马共和国曾是全民皆兵的社会。一位 3 世纪的历史学家写道："在共和国时期，当元老院任命军队指挥官时，所有的意大利人都要拿起武器。"相比之下，在帝国时期，军队是一支专业力量。奥古斯都"用固定的薪水派驻雇佣兵军队，充当罗马帝国的一道壁垒"。罗马人的和平建立在一支庞大的有偿军队的纪律、英勇和忠诚之上。而军事霸权之下的财政运作则构成了帝国的基本代谢系统。[14]

因此，罗马帝国的规模是由以下条件决定的：横跨三大洲进行军事协调的地球物理现实、控制军队阶层的能力，以及用于维持庞大军队的费用。在巅峰时期，罗马的军事统治创造了持久的和平，这是一份臣民和公民共享的恩惠。在帝国的中心，人们可以把战争的痛苦远远抛在脑后。"许多行省的人都不知道他们的驻军在哪儿；所有人都更乐意向你交税，比另一些人向其他人收税还高兴。""这些城市闪耀着光辉与优雅，整个大地都被装扮得如同游乐园林；从田野、从朋友和敌人的信号台上升起的烟雾，远离了陆地和海洋。"

这些溢美之词摘自一个非常有天赋、当时非常年轻的希腊演说家埃利乌斯·阿里斯蒂德斯（Aelius Aristides）于 144 年在罗马皇帝安东尼·庇护（Antoninus Pius）面前发表的著名演说。一个正在寻求成功的行省人自然会有些阿谀奉承，但无论有多大的折扣，他对他所谓"伟大的帝国和卓越的力量"的动人赞美，不能不让人对帝国统治下的生活留下不可磨灭的印象。"你使罗马人这个词不再属于一个城市，而是成为一个共同种族的名字。"对这个年代的肯定结论，尤其是吉本的赞美，就源自这些恭维的致辞。不是所有帝国都能激发其臣民如此欢欣鼓舞的赞美，我们将会看到有足够的证据表明，帝国的各种诱惑广泛地散布在各个地方。可以肯定的是，像阿里斯蒂德斯这样的城市精英的忠诚，正是帝国的黏合剂。[15]

阿里斯蒂德斯本人曾在罗马病入膏肓，濒临死亡边缘。他设法来到帕加马，在阿斯克勒庇俄斯神殿疗养，他花了多年时间坚持使用治愈之神提供给他的古怪疗法。盖伦在小时候见到过这位伟大的演说家。我们会再次见到阿里斯蒂德斯，他是第一个我们所知的安东尼瘟疫的受害者。

人与繁荣

原始人力是罗马军事力量的主要组成部分，帝国有 50 万士兵同时服役。在帝国盛期，集结一支如此庞大的军队似乎并不是一种可怕的压力，显然也和即将降临的灾难没什么联系。用阿里斯蒂德斯的话来说，帝国"从每个部族中征召的士兵人数，不会给提供兵源的人群带来负担，也不会多到让他们可以组成一支自己的军队"。薪水和特权的诱惑足以吸引人，但招募军队的容易之处，从更基本的层面来说在于人口大量增长带来的红利。罗马人并不是没有意识到这些联系。例如，在贝内文托的图拉真凯旋门上，军队的辉煌胜利直接来源于众神赋予罗马的自然富饶——农业和人类。[16]

当时的人们惊奇于到处都是人这个事实。在对罗马的赞美中，阿里斯蒂德斯惊叹道："在同一个城市的名义下，有如此众多被占据的丘陵和城市化的牧场，有谁的眼睛能把这一切都装得下？"

从叙利亚到西班牙，从不列颠到利比亚，这些行省的考古研究都发现了人口增长的明显痕迹。山谷里挤满了人，然后延伸到山坡上。在低地，城镇取代了森林，农耕被推到人们所知的极限之外。罗马统治下的三大洲的人口，如同从深处涌出的潮水一般，形成一个巨大、同步的增长浪潮，在安东尼王朝*达到顶峰。[17]

试图重建古代世界的人口水平是一项粗略的工作，并且一直如此。早在18世纪50年代，大卫·休谟（David Hume）和苏格兰神职人员罗伯特·华莱士（Robert Wallace）就"古代国家的人口密度"提出了截然不同的观点。虽然这场辩论并不总是那么友好（休谟帮助他的对手修正了最后的手稿），但已经出现了一直持续到现在的争论的轮廓，即华莱士代表的"高统计值"和休谟代表的"低统计值"之间的对立。甚至在最近，一些有声誉的学者为罗马帝国的人口峰值进行估算，其结果从约4400万到1亿不等。[18]

人们普遍认同的是，在奥古斯都死后（14年）的150年里，帝国的人口增长了，并且在安东尼瘟疫前夕达到最大限度。但具体数字仍需要更多的推敲。虽然休谟和华莱士之间的争论仍在现代学者之间进行，但目前最合理的论点是，奥古斯都去世时，罗马帝国约有6000万居民，一个半世纪后盖伦第一次来到罗马时，人口达到了近7500万。[19]

人口增长是生与死之间狭窄的空间里无数细微的变化所引发的意想不到的结果。古代世界的人口处于强大、彼此相互抵消的力量的挤压之下。死亡率非常高。罗马帝国中的生命是短暂而无

---

* 安东尼王朝：指安东尼·庇护和他的继子马可·奥勒留统治时期（138—180），有时也包括马可之子康茂德统治时期（180—192）。

法预料的。正如我们在下一章将看到的，即使以所有不发达社会的低标准来衡量，罗马世界的人寿统计数据也非常糟糕。平均预期寿命在 20 到 30 岁之间。传染病的重击是影响死亡率压倒性的关键因素，在很大程度上影响了罗马的人口结构。

在高死亡率的环境中，高生育率是必然的应对策略。生育负担沉重地落在妇女身上，她们承受着补充成员带来的生理压力。罗马法律规定女孩满 12 岁后可以结婚。大多数女性都在十几岁的时候结婚。婚姻非常普遍，罗马世界里没有老处女。罗马人称赞守寡的寡妇——这正因为在一个死亡如影随形、人们普遍再婚的社会中，她是奇特的。婚姻首先是一种生育契约。"女人通常是为了孩子和继承而结婚，而不是为了单纯的乐趣。"[20]

表格 2.1　公元 165 年前后罗马帝国的人口

地区	人口数量 （百万）	人口密度 （每平方千米）
意大利（包括岛屿）	14	45
伊比利亚	9	15
高卢和日耳曼	12	18
不列颠	2	13
多瑙河诸行省	6	9
希腊半岛	3	19
安纳托亚	10	15
黎凡特	6	43
埃及	5	167
北非	8	19
总计	75	20

从奥古斯都开始，国家在生育政策中大力鼓励生育，惩罚没有孩子的人，奖励多产的人。生育足够多子女的女性被赋予稳固的法律特权。避孕充其量也只是最原始的方式。自然生育是罗马世界的现实。活到更年期的女性人均约有 6 个子女。古代社会的整个年龄结构呈现梨形，未成年人占主导。一座古代城市的街道会充斥着托儿所的吵闹声。我们可以合理地初步假设，罗马帝国人口增长的主要原因不是死亡率的下降，而是生育率的提升。这一结论与马尔萨斯理论基本一致，马尔萨斯理论预测，高水平的社会福利是由高水平的生育率体现的：随着更多的人生活在生存基准线之上，他们能够将这些微薄的经济优势转化为人口上的成就。[21]

我们应该提出至少一点注意事项，即罗马的人口机制不是一台经过仔细调试的机器。如果说从奥古斯都到马可·奥勒留的这段时间里，罗马人口的增长率达到每年约 0.15 个百分点是可能的（按这个速率，人口会在 150 年中从 6000 万增长到 7500 万），那么这一成就不是通过平稳地持续控制生育率高于死亡率达到的。罗马世界的人口生物学是不稳定的。在传染病控制死亡率的地方，死亡是密集且不可预测的，以不安的平静和突然的干扰为标志。因此，罗马时代地中海的人口无论在短期内还是长期内，都是不稳定的。实际上，人口可能会经历快速的增长，然后被剧烈、间歇的倒退所打断。平均存活率在广泛的空间和时间范围内最有意义，正是因为它拉平了传染病造成的剧烈波动。

罗马人在危险而凶猛的传染病浪潮中生活和死亡，而不是处在一种平静的均衡状态。一次次脉冲式的倾斜增长被间歇暴发的集中死亡打断和抵消，因此，增长趋势只是看待这些情况的一种粗略视角。罗马人知道生命易逝，来之不易的成果会在一瞬之间被死亡一扫而空。

当马可·奥勒留和卢修斯·韦鲁斯担当帝国统治者时，他们统治着全世界四分之一的人口。很少有帝国能实现这样的壮举，且没有一个是铁器时代的，像罗马这样长寿的更是独一无二。汉代中国是罗马帝国在欧亚大陆上的对应力量。我们将看到，在我们探究的这段时间里，两个帝国之间的有效距离正在缩短：写于2世纪中叶的托勒密（Ptolemy）地理手册，记录了到"赛里斯"首都*的明确陆地距离，并且，这位伟大的天文学家还知道一些航海者曾经走海路到达过远东。汉帝国在许多方面都是一个合适的比较对象，但即便在这里，人口似乎也从没达到过罗马帝国的最高值——7500万（在东方，这一数字要等到稻米经济的全面发展和大运河系统的建立）。有一个更明显的对比。一位2世纪中叶的中国作家曾经为东汉帝国中心地区的人民所承受的压力而哀叹："中州内郡，规地拓境，不能生边，而口户百万，田亩一全，人众地荒，无所容足。"在罗马环境中，由于没有这样的哀叹而特别引人注目。[22]

在罗马帝国，人口增长似乎并没有使社会陷入螺旋形下降的衰减循环中。同时代的人唱着繁荣的赞歌，而不是贫困的哀歌。无论我提供的这条信息有无价值（很可能非常有限），罗马帝国中能够写作的阶层更专注于普遍的颓废，而非破坏稳定的脏乱不洁。或许，我们的城市精英对于穷人的日常生活完全麻木不仁。但是，我们很难对饥荒视而不见，我们应该为罗马世界中普遍缺失真正的生存危机而感到震惊。由于变幻无常的自然生态环境，

---

* 赛里斯为古希腊和古罗马对中国及附近地区的称呼，这里提到的首都为当时的洛阳。

地中海地区普遍存在粮食短缺问题。在后来的中世纪，一次次残酷的饥荒使人口遭受严重打击；而罗马人似乎并没有受到大规模饥荒的威胁。虽然找不到饥荒的证据并不能证明不存在饥荒，但至少能带给我们一些启示。[23]

一些更重要的指数反映了罗马帝国的生产、消费和福利水平。我们缺少像现代国家收集的那些适当经济统计数据。因此，研究罗马发展的历史学家常常利用考古学中有关经济活动的迹象。沉船、冶铁、房屋库存、公共建筑，甚至鱼类的腌制作业都被视为罗马生产力的追踪器。这些证据总体上表明，在共和国晚期和帝国盛期，经济表现强劲。肉类消耗的广泛证据体现在成千上万的羊、猪和牛的骨头上，这很难与一个人口严重超出资源基础的衰弱社会图景相对应。考古学家通常是罗马经济发展最忠实的信徒，这很能说明问题。[24]

然而，我们可以反驳，这些线索都是粗略的，而且不是决定性的，尤其当我们对人均指标感兴趣的情况下。如何能确定这些考古证据不仅仅表明，有了更多的人才产生了更多的东西呢？或许，我们能从古罗马时期的埃及保存下来的大量莎草纸上找到答案。尼罗河流域的干旱气候意味着，我们有机会仅从这一个行省就能获取大量的公共和私人文件。这些文献为我们提供了唯一一份按时间顺序记录的一系列罗马世界的物价、工资和租金。而且因为埃及是一个臣服于帝国中心、被纯粹索取的行省，因此可以肯定，我们在埃及看到的任何情况都不是抢夺或政治租金的结果。莎草纸的记录表明，罗马经济并没有被大规模的衰减循环所压垮，反而非常成功地吸收了人口膨胀的因素，实现了人均实际增长。非熟练工人——矿工、赶驴人、粪便清理工——的工资涨幅超过

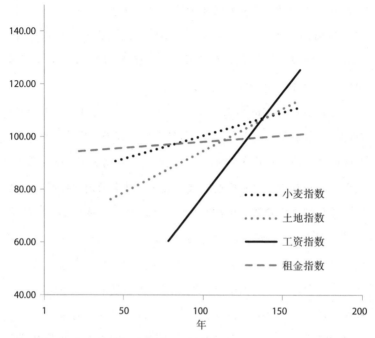

图 2.1 到安东尼瘟疫时期的价格趋势指数

了缓慢增长的物价和租金，直到安东尼瘟疫的暴发。[25]

罗马帝国许多城市的大量遗迹也可以被看作是罗马统治下社会财富的一个标志。古代城市生活的范围和性质一直是现代历史学家激烈争论的对象。但现在结论似乎越来越无可反驳，即罗马帝国促成了一种真正非同寻常的城市化水平。帝国是一群繁星般闪耀的城市之家，拥有超过一千座城市。最多的时候，罗马城的人口可能超过了 100 万。由于拥有统治帝国的政治权力，它的规模被人为扩大，但这只是部分膨胀。罗马还是整个经济的纽带，有益活动的枢纽。另外，城市之间的层级没有过于头重脚轻。亚历山大里亚、安条克、迦太基以及其他大都市也都各自拥有几十万人口（包括帝国之外的双子城塞琉西亚和泰西封，它们是帕提亚在底格里斯河上的两颗宝石，是波斯湾的贸易中枢）。盖伦估算，帕加马在他的时代有 12 万居民。整个帝国大概有几十座城市接近这个规模。

在西部，帝国的到来促成了一场建设热潮，有的从零开始，有的直接覆盖了本地原有的简陋建筑。在东部则是另外一幅景象。骄傲的古代城市有着悠久的历史，它们可以视情况主动融入帝国，或者干脆忽视它；皇帝们通常很乐意纵容甚至鼓励这种城市自豪感。东部的许多希腊城市在罗马统治下经历了全盛时期，跨越了原来的疆界，享受着无与伦比的建设时代。我们有非常有力的理由去把罗马帝国城镇想象为真正创造价值的中心——拥有工艺生产、金融服务、市场活动和知识交流，而不是依靠政治租金和特权生活的寄生消费者。总体估计，帝国的居民中可能有五分之一的人生活在城镇——如果没有显著的经济发展水平，这个比例是不可想象的。这是一个简单而重要的事实：罗马帝国在很长一段时间里滋养了城市生活，其规模前所未见，并且直到近代早期才再次出现。[26]

帝国的和平带来的回报惠及各地。但是，这并不意味着利益是公平分配的。财富分配极不平等。财富地位和正式的法律地位构成了一个拱形的复杂社会等级结构。从法律上来说，底层是一群完全没有人身自由的人。罗马帝国有着历史上最广泛和最复杂的奴隶系统之一——顺便说一句，它牢固的持久性刚好间接表明了人口过剩并没有降低自由劳动力的价格，因为这会导致奴隶劳动变得不必要。

数量上最多的是卑微且没有土地的大众，但在城市和乡村，市场和流动性为坚实的"中产"阶级创造了发展机会。在金字塔的顶层，财富是贵族等级的正式标准，如市镇议员、骑士或元老阶层。虽然可分割的遗产已经成为一种常态，并且制度上的压力倾向于使庞大资产解体，但早期帝国出现的最大的私有财产，仍可能是人类历史上最庞大的私有财产。毫无疑问，富豪和中产阶级精英从罗马发展中获得了主要好处。如果精英们确实占据了经济增长的大部分成果，那么非熟练工人所获得的工资增长则更加反映了罗马经济的非凡成就。[27]

因此，"罗马帝国的财富仅仅是其控制之下的庞大人口产生的作用"这种说法并不真实。罗马经济的最大成就，可能就是生产力的增长足以吸收数以千万计的新人手，而不会因为劳动力过剩而产生问题。更不寻常的是，在更多劳动者带来的低效能量之上，经济达到了一定程度的集约型增长。这种集约型增长源于两种经典机制：技术和贸易。技术的发展促进了所谓的熊彼特式增长（Schumpeterian growth），因为新的工具可以提高劳动生产效率。贸易促进了斯密式增长（Smithian growth），释放了在古典经济学中非常重要的专业化和比较优势的力量。两者是相辅相成的，让人类劳动能更有效地提取和利用能源用于生产。尽管罗马人从来没有突破前工业化经济的基本轨道，但贸易和技术让他们享受了一段长期的社会发展，这是前现代历史上罕见的全盛期之一。[28]

考古学是技术和贸易进步的最好见证。通过考古学我们得知，在罗马世界，技术创新是持久的，但或许并不存在什么革命性的创新。除了土木工程中一些引人注目的改进，我们可以公平地说，"从来没有什么东西能被称为罗马技术"——没有任何独特的突破或创新。相反，技术进步在整个帝国内的大规模扩散，以及大规模的资本积累和投资，放大了平凡创造力的成果。[29]

农业仍然是最主要的部门；金属工具、更好的犁、新的耙和一种来自高卢的新型收割器的推动实现了真正的进步。农产品加工业经历了巨大飞跃，先进的技术包括更好的螺旋压榨机、提水机，还有腌制用的盐缸。我们现在认识到，水力磨坊是在这时候第一次得到广泛应用的。"在帝国的各个角落，农村和城市地区普通平民生活中大量的磨坊表明，甚至是在地中海比较干旱的地区，水力磨坊也迅速成了农村生活不可或缺的一部分。"在这个非常固执、迟缓的行业里，总体的技术进步并不是无足轻重的。[30]

其他行业也在慢慢转变。制造业，尤其是陶瓷业，虽然没有显著的技术创新，但生产组织上的变革使简单的日用商品实现了大规模生产。在罗马统治下，采矿和冶金业似乎发生了根本性的转变；获取金属变得很容易，因此而产生的连锁反应，很难被忽略。我们不需要特别的理由去声称罗马人是出色的建筑科学家。交通技术得到了极大改善。在帝国盛期，船只比以往任何时候——也比此后很长一段时间——都更大更快。"直到15世纪，罗马商船的规模才被超越，而谷物货船的大小直到19世纪才被超越。"大型三角帆在帝国早期出现在地中海，可能是来自这个时期非常活跃的印度洋贸易。沿罗马海岸线建造的大型港口设施，很可能使探索地中海危险的海岸变得比以往更安全。这些进步的总合及其传播，让平凡的技术进步形成了一场风暴。[31]

贸易或许是推动经济增长的更大动力。商业在罗马治下的和平中爆发式发展。就像阿里斯蒂德斯在他的赞颂中提到的，进出帝国首都的贸易是一种奇观。"如此多的商船来到这里，每个人每个小时和每一天，都在运送各种商品，这个城市就像一个世界工厂。"《圣经·启示录》的作者，一个对罗马不太友好的评论者，也同意这些事实。在他想象中罗马覆灭的时候，"地上的商人也为她悲哀痛哭，因为没有人再买他们的货物：就是金、银、宝石、珍珠；细麻布、紫色布、丝绸、朱红色布；各样香木，各样象牙制品，各样极贵重的木器、铜器、铁器、大理石制品；肉桂、豆蔻、香料、香膏、乳香；酒、油、面粉、麦子；牛、羊、马、车、奴仆、人口"。[32]

罗马城显然是一个消费的旋涡，但贸易网络也像蜘蛛网一样遍布帝国的各个角落。和平、法律和交通基础设施，促进市场如同毛细血管一样渗透到帝国的每个角落。在共和国晚期，清剿地中海海盗的行动，可能是罗马人所目睹的商业扩张最关键的先决条件；损害风险往往是海运交易最昂贵的障碍。罗马法律的保护进一步降低了交易成本。可靠的产权执行和共同的货币制度鼓励了企业家和商人。直到最近，我们才意识到罗马信用体系的惊人发展。罗马的银行和商业信贷网络提供的金融中介水平，直到17至18世纪全球经济中最发达的地区才重新达到。信用是商业的润滑剂，在罗马帝国，贸易的齿轮飞速旋转。由于自身的性质，帝国系统性地扫除了各种贸易壁垒。[33]

其结果是贸易的黄金时代。城镇是区域网络的枢纽，在贸易格局中始终保持着重要的地位。大多数贸易是地方性的。尽管罗马的道路质量很好，但运输成本仍然很高，通过河流或海洋运输比陆路要便宜得多。尽管如此，跨区域的贸易规模还是很显著。一些陶制容器被用来运输液体商品，由于这些容器经过火烧后不可摧毁的性质，我们可以得到一些关于早期帝国葡萄酒贸易的规模和复杂性的信息。在一个没有啤酒、没有烟草和糖，也没有其他熟悉的兴奋剂的世界里，葡萄酒是商品中的女王。据估计，罗马城每年消耗 1.5 亿升葡萄酒：约为现代美国加利福尼亚州葡萄酒年产量的 1/15。[34]

　　贸易和技术使罗马人在长期的发展周期中跑赢人口危机。尽管如此，没有迹象表明罗马人引发了加速脱离式的增长，而这在现代世界中被认为是理所当然的。只有当科学与经济生产联系在一起，当化石能源（如煤炭）得到大规模开采时，才会发生重大的经济腾飞。所以，承认罗马人没有超越前现代经济的基本机制，并没有损害他们的声誉。他们既是超前先进的，又是彻底的前工业化经济体。我们不应该把前现代的经济发展想象成一条位于生存边缘上的直线，直到工业革命之后才开始加速发展。相反，文明的历程是一波又一波的起起伏伏，巩固和瓦解，其影响远远超出了一小撮精英从底层农民那里榨取租金的范围，这些农民或多或少同远古时期一样悲惨。在现代性造就的不断上升的波峰之前，罗马帝国可能是这些发展浪潮中最宽阔、最强劲的一个。[35]

　　简而言之，罗马人在传统有机经济的限制下实现了真实的增长，而这种增长也影响了帝国和其居民的命运。但是，问题依然存在，也许现在比以前看来更加明显。没有明显的迹象表明，罗马经济已经在碰撞其潜力的极限。如果罗马的经济体系既没有冲向自我灭亡，也没有处于无止境增长的边缘，那么为什么会发生即将到来的转变呢？有一种理论认为，改变的原因来自系统内部，即帝国经济的衰退是人口过剩带来的不可避免的报复。这种理论确实有一定的道理。可以肯定的是，报复就在前面某个地方徘徊。但是，在一个超出其承载能力的社会发出愤怒的咆哮之前，自然率先发起干预。

历史上充斥着这些切分音节奏，突然而令人费解的节奏不知从何而来，打断了表面上的规律。长久以来，我们对于兴衰周期的解释过于侧重人类因素，就好像我们是乐队里唯一的乐手。但越来越多的迹象表明，有另一种重要因素在不远的背景中运作，人类就在它安排的顺境或逆境中演绎自己的命运。气候一直是一种既有利又具破坏性的力量，它在罗马的繁荣以及随后未曾预见的中断中，都是一种不可或缺的因素。

罗马气候最优期

亚历山大里亚位于尼罗河三角洲西侧的地中海沿岸，是罗马统治下一个光芒四射的城市。作为科学探究的首都（盖伦在这里研究过真正的人类骨骼），它是伟大的托勒密的家和研究总部，他和盖伦都是罗马帝国最杰出的科学家。与盖伦一样，托勒密把古代世界积累的学问和严谨的经验主义者得来不易的进展结合在一起，而且，他的理论也将在下面一千年的时间里占据一席之地。然而，这位最敏锐的天文观察者所记录的亚历山大里亚当地的天气情况，让许多后来的读者感到难以置信。在托勒密的证词中，除了八月，罗马时期的亚历山大里亚每个月都会下雨。而现在，从五月初到九月底，大概只有一天会下雨。这不会是一个偶然的差别。托勒密的观测意味着地中海东南部有着与现在不同的大气和水文环境。我们可以提出一种诱人的可能性，即罗马世界的气候与我们的存在明显差异。[36]

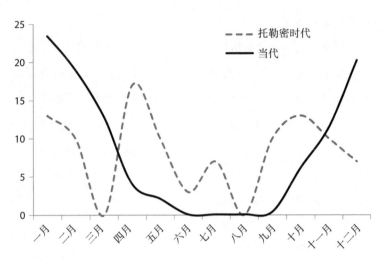

图 2.2　亚历山大里亚城每月降雨天数

　　罗马的帝国计划拥有一个他们无法想象的盟友：作为罗马扩张背景的全新世气候时期。在公元前几百年和公元后最初的几个世纪中，一个温暖、潮湿、稳定的气候格局被称为罗马气候最优期。罗马帝国和中国汉代同时出现全盛期，是历史上许多"奇怪的并存"之一。这是指全球范围内增长和收缩的同步波动，它们似乎要在相同量级的因果机制下才能形成。尽管还缺少精确的定义和完整的理解，但罗马气候最优期说法的主旨是，罗马是在友好的环境条件下繁荣起来的。这值得我们探索，不仅因为气候可以成为农业经济中一个强大、建设性的动因，它强调了一点，即罗马大胆的宪展实验建立在短暂的环境基础上。[37]

　　1837 年，路易斯·阿加西斯（Louis Agassiz）提出了"冰河时期"的术语，用来描述过去极端多变的气候特征，这些特征是从阿尔卑斯山的地质环境中发现的。在整个 20 世纪后半叶，他的见解得到了海洋沉积物和冰芯的确凿证实，这些沉积物和冰芯保存着气候历史的久远档案。我们的星球是一个非常不稳定的地方，它的历史充满惊奇。最后一个冰期远不是一段持续的寒冷时期，它的特点是全球气候系统的剧烈摇摆。有人把过去10万年的气候描述成"不稳定的开关"。我们的狩猎采集者祖先不仅在更寒冷，而且也更加反复无常的时代中幸存下来。在一个被称为末次盛冰期（Last Glacial Maximum）的阶段（始于2.5万年前），冰雪将人类推向南方，距离如此之远，以至于只有欧洲南部的一小片地区仍然适宜居住。那时候，美国的芝加哥正位于庞大的劳伦泰德冰盖之下。[38]

这些剧烈的振荡主要来源于天体力学的节奏，地球自转和公转的微小变化都影响了接收到的太阳能。地球倾斜的角度让两极每半年分别更靠近太阳，产生四季，这个角度以41 000年为周期，在约22°和24.5°之间摆动。此外，地球每年绕太阳公转的离心率——椭圆形路径的精确弯曲度——会变化，因为我们的行星还受到太阳系其他星体的引力牵引。最重要的是，地球围绕轴心自转时会缓慢地摇摆，就像陀螺一样。每隔2.6万年，地球轴心的轨迹会在空间中形成一个圆锥体，这种运动称为轴的岁差。所有这些轨道参数重叠在一起，相互放大，相互抵消，极大地改变了热量进入地球大气层的数量和空间分布。从人类的角度来看，在更新世，我们行星的摇摆晃动造成的结果非常混乱。[39]

包括农业、大国形成、文字在内的人类文明是全新世的特征，它在气候历史中是一个反常的片段。这段怡人气候的出现被称为"混乱主宰的终结"。大约12 000年前，冰层开始破裂。一段有利的轨道周期导致气候突然明显地变暖。海平面由于冰盖融化而上升；就在8000年前，你还可以从英国步行到欧洲大陆。相对于更新世，全新世既温暖又稳定。但是，自然气候的变化并没有随着全新世的到来而停止。

在以千年计的时间维度上，轨道作用力仍然在推动全新世长期、深远的变化。在早期全新世一次温度峰值过后的一千年中，北半球夏季日照直线减少，气候逐渐变冷。全新世中期（约前6250—前2250）是一段特别适宜的气候时期。撒哈拉沙漠充满绿色。地中海地区气候也更温和，土地极为肥沃。整年都在下雨。整个地中海地区的人口快速增长，这是一种没有强大王国和帝国统治的自发增长。考古学家西普里安·布鲁德班克（Cyprian Broodbank）把这个幸福的时代称为"曾有可能实现的美好时光"。[40]

约从公元前2250年全新世晚期开始，全球气候被重组。偏东信风在赤道附近汇合，被称为热带辐合带（Intertropical Convergence Zone），这一区域在这段时期向南漂移。撒哈拉和近东地区的沙漠化变得更加急剧且不可逆转。季风减弱了。厄尔尼诺现象增多，北大西洋的压力梯度缩小。北半球的夏天变冷了。在地中海地区，人们熟悉的干燥和湿润的季节性变化越来越明显。但最重要的是，气候变化在多种维度上同时进行。在这些以千年为尺度的规律背景下，还存在以十年或百年为尺度的气候变化。这些短尺度变化，对于全新世晚期跨越时间更长的趋势，起到不同程度的逆转、扰乱，或加速的作用。全新世晚期的气候变化就像一个旋转木马，在不同方向上以不同速度同时运动。[41]

全新世的气候在更短的时间维度上也发生了变化。虽然轨道作用是渐进的，但是由于地球系统中复杂的反馈和临界机制，仍然会引发突然的变化。平稳的过程会在气候系统中产生不稳定的影响。此外，在全新世，有两种额外的作用机制在更短的时间维度上产生了特殊影响：火山活动和太阳变化。火山喷发向大气层喷出大量的硫酸盐，将辐射反射回太空。甚至在更新世，巨型火山也曾留下印记，尤其是约 7.5 万年前爆发的多峇火山，它引发了持续一千年的冬季，并且有说法认为，它几乎灭绝了我们的祖先，只留下 1 万幸存者。太阳变化是气候不稳定的一个同样强大的原因。"在银河系的所有事物中，太阳是一颗非常稳定的恒星。"但是，从地球的角度来看，我们的黄矮星 * 并不是一成不变的。在太阳可见表面下的深处，磁场活动有规律地进行。11 年的太阳黑子周期是最常见的表现。虽然太阳亮度在这个周期内仅变化 0.1%，但其气候效应却可以被广泛感知。其他更深层的太阳变化周期在全新世的气候变化中也扮演了重要角色。特别是一个周期约为2300 年，被称为哈尔施塔特（Hallstatt）的太阳周期，在全新世气候中推动了深刻的变化。[42]

这些全球性的作用机制让我们离理解区域性天气很远。能量到达地球的不同数量和分布导致气候变化，但气候变化实际上体现为温度和降水的变化模式。一般来说，温度变化在空间上通常比较一致，在地球大范围内是同步的。但降水的变化却是极度区域性的，因为一个更大、更敏感的组合机制决定了降雨的时间、地点和强度。

在罗马统治的土地上，热量和湿度的变化都很重要，而且，气候变化会产生非常局部的影响。罗马帝国在空间上非常巨大且异常复杂。它以紧凑的地中海核心区为中心，延伸至三大洲。杜

---

* 天文学术语，按光谱分类，太阳属于黄矮星。

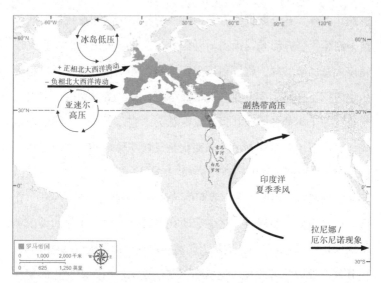

地图 4 全球气候机制与罗马帝国

拉欧罗普斯是幼发拉底河上的中心城市，后来被并入罗马帝国，位于东经 40° 之外；帝国的伊比利亚属地延伸至西经 9°。哈德良长城位于北纬 55° 之上，而在帝国南部，有罗马军队驻扎在北纬 24° 的赛伊尼，在北纬 22.6° 的盖斯尔伊布林也有罗马要塞。最近，在费拉桑群岛发现了罗马分遣队（监督罗马在红海地区的利益）的证据，位于北纬 17°！由于赤道比两极接收到的热量更多，纬向（南北）梯度而非经向（东西）梯度决定了气候的差异。从环境的角度来看，罗马帝国的南北范围非常奇特。[43]

让人印象深刻的不仅是罗马单纯的领土面积，还有核心区域的特征。帝国的枢纽是地中海，一片 250 万平方千米的内陆水域。地中海自身的动态，与环绕它的锯齿状地貌联系在一起，使这一地区成为世界上最复杂的气候样本之一。温度的极端变化和水资源的稀缺构成一个敏感的气候组合。地中海内部产生风暴的几个区域非常敏感，能够产生极端的降水情况。在山的迎风面发生的情况通常与背风面差异很大。地中海地区是一个由各种小气候组成的镶嵌作品。地中海可以预见的不可预测性使它成为一个错综复杂的栖息地。因此，降低风险的策略，以及多种地形的细致融合，对生存至关重要。由于它在地球上的位置和独特的地方特性，在这里，韧性是一种生活方式。但同时，对地中海地方环境特色的理解，不应该使我们认为小规模气候的决定因素在任何情况下，可以独立于强大的区域和全球性支配力量。地中海西部地区受到大西洋大气环流模式更直接的影响，而东部地区则位于几种全球机制的掌控之下，并且暴露在北纬30°附近的副热带高压脊上，导致夏季降水很少。简而言之，气候变化总是在地方、区域和全球动态机制的共同作用之下。[44]

由于人为气候变化的问题，我们对于古气候的理解变得更加困难。人们在地球上搜寻那些保存着气候历史线索的自然档案和物理记录，历史学家是这些成果一大意外的受益人。冰芯、树木年轮、海洋沉积物、湖泊纹泥，以及被称为洞穴堆积物（speleothems）的洞穴矿物沉积，都提供了关于地球的过去的深刻见解。这些物理指示物与其他间接证据一起，例如冰川的变化轨迹和花粉的考古分布，提供了一种重建远古气候行为的方法。我们现在可以用十多年前无法想象的方式来理解罗马的气候，但同样让人兴奋的是，我们的知识仍在以难以置信的速度增长。[45]

气候证据提供的信息十分嘈杂混乱。罗马气候最优期这一概念［有时被称为"罗马温暖期"（Roman Warm Period）］受到广泛认可，但它在时间和性质上的定义非常不一致。这里所提出的时间边界，在大约公元前200年到公元150年，这是对一系列证据的粗略概括，但并不是随意的结论。它让我们能够描述全新世晚期的一个气候阶段，这个阶段是由全球作用规律和一系列显示出一致性的证据所定义的。在高日照水平和微弱火山活动的支持下，罗马气候最优期是一个温暖、湿润、稳定的气候，覆盖了罗马帝国的大部分地区。[46]

一切从太阳开始。太阳对罗马人非常慷慨。我们之所以能探索太阳的历史行为，要归功于被称为宇宙放射核素的物理示踪剂。宇宙射线——也就是高能辐射线——在整个银河系中穿越。它们不断进入地球大气层，在那里产生像铍–10或碳–14这样的同位素。铍–10原子附着在气溶胶上，在两到三年内坠落到地球表面。然而，太阳会干扰射向地球的宇宙射线，高水平的太阳活动抑制了宇宙放射核素的产生。因此，大气中产生的铍–10数量——沉降到地表后被保存在冰层中——与太阳活动的变化相对应。冰芯中的宇宙放射核素与太阳活动呈反比关系，成为到达地球的辐射能量变化量的敏感指标。[47]

这些档案告诉我们，罗马气候最优期是一段太阳活动程度高且稳定的阶段。太阳辐射的一次最低潮出现在公元前360年前后，另一次在公元690年前后，在这期间，太阳辐射一直在一个适度的范围内波动，并且在公元305年前后的一次高潮期达到峰值。[48]

与此同时，火山活动很平静。过去2500年里规模最大的二十次喷发，没有一次发生在尤利乌斯·恺撒去世的那一年*到公元169年之间。从共和国晚期到查士丁尼统治时期（5世纪30年代），没有出现过火山爆发后的极端寒冷天气。在整个罗马气候

---

* 公元前44年。

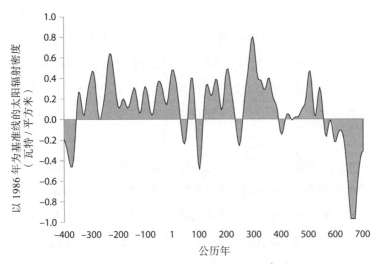

图 2.3 根据铍 –10 测量的太阳辐射总量（数据来源：Steinhilber et al. 2009）

最优期，气候稳定的背景条件全都具备了。[49]

温暖随之而来。我们从一些人类最早的气候变化观察中得知，罗马人自己已经意识到了这一点。博物学家老普林尼（Pliny the Elder）在 1 世纪时写道，山毛榉树过去只在低地生长，现在已经变成一种山地植物。葡萄和橄榄的种植地点比以往任何时候都要靠北。这些植物的迁徙不仅仅是出于人类的技艺。阿尔卑斯山的冰川也印证了同样的现象。随着温度和降水的不断变化，冰川以一种复杂的节奏后退和前进，巨大的运动留下了物理痕迹。冬季降水量和最重要的夏季气温，控制着生长和融化的平衡，每个冰川还有一些自己的特征属性。在我们可以了解其控制因素，并且能确定其生长或收缩时间的地方，冰川可以说是冻结的气候变化指数。罗马时期气候温暖的标志是明确的。当冰川的一次重要前进期在公元前 500 年结束，此后几百年冰川一直在消退，一直持续到 1 世纪。瑞士的阿莱奇大冰川在帝国早期时可能已经达到或缩小到了它在 20 世纪时的边界。位于法国阿尔卑斯山勃朗峰的冰海冰川也呈现出类似的规律。直到 3 世纪这里才出现逆转，冰川沿着山坡向下俯冲。罗马气候最优期是阿尔卑斯山冰川融化的时代。[50]

树木年轮也证实了气候最优期的温暖。树木的生长受到温度、降水或两者共同的控制。树木年代学的优势在于精细的时间分辨率和高统计置信度。在一片区域内，可以通过它建立起追溯到几百年前的连续、重叠的树木生长序列，重建精确而可靠的古气候记录。遗憾的是，地中海的中心地带没有保存得很好的古树记录，但是在阿尔卑斯山高海拔地区有一系列可以回溯到 2500 年前的树木，与当地以及更遥远的地中海地区的温度呈现出高度相关性。在现代变暖开始之前，最高的温度出现在 1 世纪中期，之后是缓慢而不均匀的下降。在 1 世纪，气温甚至比我们过去的 150年还要高。[51]

最后一个温度指示剂可以在罗马世界的洞穴里找到。年复一年，滴水中的矿物质在洞穴中形成石笋。这些洞穴沉积层中的方解石是一种矿物档案，相当于树木年轮的作用，可以追溯到几千年前。这些矿物环中包含一小部分天然形成的稳定同位素的混合物，如氧 -18（重氧同位素），或碳 -13（重碳同位素）。样品中重同位素的比例是由周围物理环境的性质决定的；在洞穴堆积物中，重同位素比例可以反映区域温度，降水的来源、数量和季节性，以及沉积过程中发生的变化。这些沉积变化对当地土壤和植被覆盖非常敏感从。矿物沉积推算出来的时间精度差异很大，

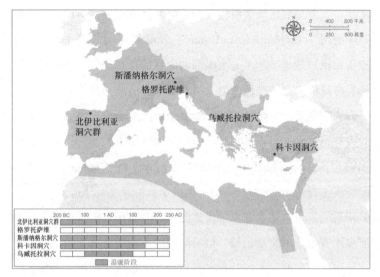

地图5　洞穴温度记录与罗马气候最优期

从年际到一百年不等。地中海地区的喀斯特地貌提供了大量的洞穴堆积物记录，这些记录几乎一致地表明，帝国早期是一个异常温暖的时代。[52]

　　关于降水记录存在着更大的谜团。我们不确定不同地区的降水是否会经历相同时间、水量或方向上的变化。降水的动态机制有更多层次，也更微妙。在整个地中海地区，偶尔甚至会出现严重不均匀的降水分布。但在气候最优期，显示出更高湿度的证据具有惊人的一致性和广泛性。在罗马帝国的亚热带和中纬度地区（实际上分别是帝国的南半部和北半部），气候最优期是一个多雨的时代。这种现象引人注目，值得仔细研究。我们还可以利用一些其他的指示物，包括实物证据和各种形式的人类证词。它们可以帮助我们拼凑起早期罗马帝国奇妙的湿润世界的图景。

　　在地中海西北部，湿润时期的表现非常明显，以至于在专业文献中，罗马气候最优期代表的几个世纪被称为"伊比利亚－罗马湿润期"（Iberian-Roman Humid Period）。在地中海中北部，物理指示也清楚地显示了一个湿润的时代的存在。另一种潮湿气候的有趣见证来自罗马城中的人类观察。罗马是一个"令人难以置信的人造景观"，被凿入一片多沼泽的泛滥平原。台伯河是罗马的灵魂，尽管罗马人做出了巧妙的努力试图去控制它，但有时河水仍会暴涨，淹没城市。小普林尼（Pliny the Younger）描述了图拉真（Trajan）统治时期的一次洪水，尽管皇帝建造了泄洪道，但罗马的街道上还是漂浮着贵族的家具和农民的工具。关于台伯河洪水有很好的文献记载，但时间间隔不均匀。由于我们依赖于书面资料，因此洪水的分布在某种程度上取决于证据的密度。但是，模式是明确无误的。[53]

这里有一些前提条件需要说明。洪水是一种极端现象，不能用来衡量整体湿度。由于对高地森林的破坏，罗马帝国灾难性的洪水问题变得更加严峻。帝国贪婪地消耗了大量燃料和木材，能吸收和减缓雨水的稠密林地变成了光秃秃的山坡。尽管如此，洪水的分布还是值得一提的，并且，与中世纪气候异常温暖的几个世纪（Medieval Climate Anomaly）对比，结果颇具启发性：洪水在罗马时代很常见，在中世纪中期却几乎没有。[54]

台伯河泛滥的季节性最让人惊异。在中世纪和现代，冬季的洪水像日出一样不足为奇。但罗马时代出现的规律实在让人诧异。绝大多数洪水发生在春天到盛夏这段时间。值得一提的是，古罗马诗人奥维德（Ovid）曾暗示，每年 3 月中旬举办的赛马节（Equirria）经常会遭遇洪水。我们无法忽略的事实是，在整个中世纪和现代，台伯河从不曾在夏天溢出过堤岸，但在罗马世界里

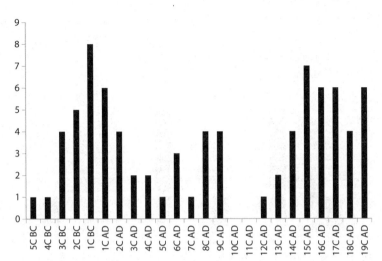

图 2.4 每个世纪的台伯河洪水（BC，公元前；AD，公元后；数据来源：Aldrete 2006）

情况显然相反。1 世纪睿智的罗马农学家科卢梅拉（Columella）的气候日历进一步证实了这个结论，他假定的夏季降水量要比今天的正常降水量多很多。就像托勒密所在的亚历山大里亚一样，帝国早期的罗马与现在相比，似乎存在着不小的气候差异。地中海气候的一些定性机制在公元后最初的几个世纪中，拥有微妙但关键的不同之处。[55]

　　罗马帝国的南部暴露在致命干旱的刀锋边缘。但是，当我们来到罗马时代的北非和黎凡特时，有必要暂停并强调一下，气候变化和人类定居并不是完全同步的。有利的气候条件绝不是罗马时代人们对土地进行开发利用的唯一原因。人口增长把人们推向边缘环境。但更重要的是，交易网络的增强让农民可以大胆进入高风险地区。帝国的连通性缓和了干旱年份造成的最坏结果。此外，市场的发展推动了雄心勃勃的扩张计划，罗马的体制也有意

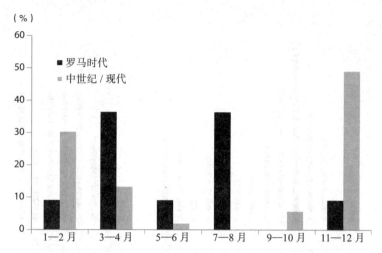

图 2.5　台伯河洪水的季节性（一年中所占的百分比）（数据来源：Aldrete 2006）

识地激励了对边缘土地的利用。资本流通使整个半干旱地区的灌溉工程大量涌现。罗马时代非洲经济的繁荣，是通过修建水渠、水井、蓄水池、梯田、水坝、水库和地下水渠（foggara，从高海拔地区向低洼地区输送地下水的长通道）*实现的。本地的和帝国的水利技术在高地和山谷纵横交错。在半干旱地区，这些设施实现了水的持续收集和利用，使人类活动得到空前的迅速发展。[56]

　　与此同时，我们不该低估气候作为一个盟友或天敌的作用。很久以前人们就从文学证据中推测出，地中海南部比现在更湿润。根据老普林尼的记录，在帝国南部边缘的阿特拉斯山脉，有大象栖息在森林里，它们在这个地区的灭绝，可能是由干象牙贸易加上长期干旱的致命组合。在罗马时代，北非是罗马的粮仓，以其非凡的富饶而闻名，现在却是一个主要的粮食进口区。气候最优

---

* 干旱地区的特殊灌溉系统，与中国新疆的坎儿井相似。

期时的一些耕地今天已被沙漠覆盖。关于自然气候在这些变化中的重要性，人们的看法一直摇摆不定。一个更古老、更为决定论的理论，让位于一种更微妙更开放的解释方法，在这种方法中，人类作用被当作主导因素。但是，关于全新世晚期的干旱化，持续积累的地球物理证据是显著的，并且，一个重要的拐点似乎就围绕在气候最优期的末端发生，这一时期，湿润阶段结束，沙漠又重新恢复了缓慢的侵蚀。[57]

北非地区长期降水变化的最敏感的指标或许位于罗马边界之外，在帝国南部邻国中。最近，在利比亚西南部费赞地区的工作成果出人意料，它们展现了加拉曼特王国的疆域范围和文明程度。加拉曼特的经济依赖跨撒哈拉贸易活动和定居农业。这里的农业活动因为地下水渠的应用而发生重大变革。广阔的地下水渠网络让加拉曼特文明在公元后几个世纪中兴旺繁盛。从 1 世纪到 4 世纪初，这里与罗马的贸易一路攀升。考古学追溯到一个真正的失落文明的兴起和衰落。[58]

在这一阶段后期，水资源稀缺是一种棘手、最终压倒性的困难。"我们甚至有可能追踪到由于地下水位下降而出现的终端水库向北迁移的现象，地下水渠不得不挖得更深，结果出现了水渠出口下移，'水渠—绿洲'跟着向下迁移的经典现象，绿洲附近的农田和定居点也不得不向坡下转移。"或许，加拉曼特人对一个有限的化石含水层进行了过度开发；但几乎可以肯定的是，他们周围的气候发生了变化。来自撒哈拉柏树的年轮表明，干旱化引发了一次长期危机，人们绝望地追逐水源。这是一个生态脆弱的社会，韧性相对较小，可以被视为一个非常敏感的环境压力指示计。加拉曼特人一直生活在缺水的边缘。但是，罗马气候最优期之后发生的逐步干旱化，使生态上的生存变得不可能，最终导致整个文明彻底终结。[59]

再往东，在黎凡特，人们对这里水资源平衡的历史给予了大量关注。长期干旱的背景下，黎凡特经历了以百年为单位的剧烈震荡。通过对死海沉积物进行放射性碳测年，我们可以得知过去海岸的高度，从而得到区域降水的信息。死海在公元前 200 年到公元 200 年之间处于高水位。在这段时间末期，湿度开始下降。这些命运的摇摆可以在《塔木德》*中得到印证。《塔木德》里充满了 2 至 3 世纪的拉比，在他们生活的世界里，降雨不稳定，干旱是一个毁灭性的问题。"拉比以利亚撒·本·佩拉塔（R. Eleazar b. Perata）说：从神殿被毁的那天起（公元 70 年），世界的降雨就不再规律了。"人们很容易把这归结为生硬的悲观主义。但这位拉比可能并不全错。一份来自附近索雷克洞穴的堆积物记录表明，降水从公元 100 年左右开始突然下降。3 世纪显然是一个水源危机的时期，死海水位在公元 300 年前后达到一次低值。罗马气候最优期作为一个潮湿的阶段再一次显得非常突出，但这是一段不同寻常的时期。[60]

在一个非常广阔且多样的地理范围内，温暖、降水和稳定是环地中海地区罗马气候最优期的特征。在气候最优期，轨道作用力变化产生的长期影响，例如全新世晚期出现的寒冷和干燥，可能由于高水平的太阳活动而受到抑制。这样的状况在之前的几千年中很普遍，罗马气候最优期只是其中一段较晚期的表现。我们可以把它看作是全新世中期上演的最后一幕。具有明显季节性降

---

* 犹太教经典，记录了律法、习俗、礼仪等内容。

水不平衡的地中海气候模式的还不是很完全。气候学家越来越注重季节性变化的重要性，将其看作解释全新世气候的深层变化的一个候选因素。在全新世气候中，罗马气候最优期可能是最后一个地中海亚热带地区还有明显夏季降水的时代。最终，全新世晚期的气候趋势摘掉了几个世纪以来的面具，开始重新发挥作用，虽然不可预测，但明显带着复仇的意味。[61]

　　这出戏剧是大自然的杰作。但是，如果说最终转向夏季极度干旱的现象开始于气候最优期的后期阶段，那么罗马人在加速气候变化中扮演了一个次要角色的可能性就更大了。轨道、太阳和火山都不受人类活动的影响，而罗马人也没有对大气造成足够的污染能引发气候变化。但是，罗马人确实曾经大片砍伐森林。林地被开垦为农业用地，罗马的经济机器也消耗了大片森林用于生火和制作燃料。罗马人亲眼见证了这一巨大的森林破坏，并认为这是文明进程中不可缺少的一部分。"他们每天都把森林推向更高的山坡，为耕地让位。"1世纪的诗人卢坎（Lucan）将帝国在毛里塔尼亚的扩张等同于斧子的到来。哈德良皇帝也为长木材供应的减少感到非常担忧，并将叙利亚的一些森林归为帝国财产，对其开发实施控制。[62]

　　近年来，人们又重新倾向于将罗马的滥砍滥伐视为一个重要因素。滥伐森林是首要的参考因素，因为它说明罗马人正在碰撞一些生态上的极限。但它对气候也有影响。森林覆盖的消失抑制了地中海的降雨。森林退化增加了反照率（从地球表面反射回宇宙的能量），地面会反射更多的热量。结果是，土壤蒸发到低层大气中的水分变少。这一现象的影响是显著的。一些气候模型显示，这一系列结果会导致地中海地区的降水减少，特别是在夏季。

因此我们可以说，罗马的森林退化与全新世晚期的气候变化相互作用，使环地中海气候继续向夏季降雨减少的趋势倾斜。在这个情景中，在罗马气候最优期与未来几个充满压力的世纪之间，自然因素和人为因素相互作用。[63]

在帝国和平时期，罗马的气候是一个强有力的增长孵化器，它为经济中的农业引擎提供动力。小麦的收成对温度和降雨的时间、程度都很敏感。气候最优期中出现的持续温度变化，让农民能在更高海拔的新土地上种植谷物。老普林尼赞赏了意大利小麦的卓越品质，并且不经意地提到，种植"在山区"的小麦并不具备相同的质量——但是值得注意的是小麦能够生长在山区这一事实。据估计，在多丘陵的意大利，如果气温升高1摄氏度，在保守的假设下，会额外增加500万公顷适宜耕种的土地；这足以养活三四百万饥饿人口。[64]

气候最优期不仅扩大了耕种范围，还提高了土地的生产力。地中海地区的农业产量对温度上升有积极的反应。一个温和的冬天（发芽和幼苗生长的季节）比炎炎夏日更有帮助，温暖是给农民的一份礼物。水对植物的生长代谢至关重要。在地中海地区，雨水稀少，而且难以预测。在罗马帝国的土地上，小麦产量对降水非常敏感。简而言之，我们对气候最优期的了解维护了罗马农业作家的声誉。他们喜欢讲述关于非凡产量的奇闻异事，但是，他们眼中的普通产量，与我们所了解的中世纪意大利农业生产力相比，往往显得过于丰厚。气候最优期对地中海小麦丰产大有裨益。[65]

气候最优期可能缓和了最严重的农业风险，与之后的时期相比，它提供了更多、分布也更广泛的降水。遍布罗马世界的灌溉技术遗迹表明，在罗马时期，水资源管理是农民的核心任务。最危险的威胁是一年的降雨量低于生存能力阈值，这个数值对大麦来说是 200 ～ 250 毫米，小麦是 300 毫米。任何一年中，颗粒无收的威胁都真实存在。彼得·加恩西（Peter Garnsey）根据现代数据估算，在希腊一些地区，小麦作物可能每 4 年就有一年歉收，大麦是每 20 年歉收一年。因此，多样化种植、集中化生产以及其他形式的风险控制在整个地中海地区都很常见，人们以此来确保基本的生存。但是，气候最优期的规律降雨是缓解气候引发的食物危机的一个强大盟友。考虑到阈值效应的巨大影响，以及风险在地中海农业中的中心地位，最优期的气候条件对于生活在生存边缘的农民来说，是一份不小的安全保障。[66]

降雨量和生长季节的长短，也是地中海地区其他主要作物的限制因素。罗马人自己也意识到，在一些地方现在可以种植对霜冻敏感的橄榄和葡萄了，在这些地方，"冬季无情的暴力"曾经使他们的辛劳变为徒劳。如果我们忘记了这些波浪般的边界在历史中存在起伏，那么，那些通过橄榄种植界限来界定"地中海气候"区域的现代地图就会误导我们。例如，在希腊海拔 500 ～ 700 米的偏僻地点，建有罗马时期的重型橄榄压榨设备，远在现代橄榄种植线之上。要么是农民拖着收获的橄榄上山进行加工，要么这些设备就是气候变化而被废弃的高地农业遗迹。总而言之，最优期的气候条件使人类耕种的土地范围比之前或之后的几个世纪都更广阔。[67]

气候是罗马奇迹的有利背景。气候最优期把罗马统治的土地变成了一个巨大的温室。如果我们只计算意大利境内因升温而变为可耕地的边际土地，根据最保守的估计，它可能比奥古斯都到马可·奥勒留统治期间的所有领土增长还要多。从这种角度来看，人的辛劳看起来都是徒劳的。农民的艰难命运就是由这些因素决定的。气候造成的巨大影响让人类的努力相形见绌。

从历史的角度看，我们才刚刚开始认识与气候历史相一致的发展和收缩的波状形态。萦绕在马尔萨斯噩梦中的"自然"实际上是非常真实的。但是，它不是一个定量。相反，人类文明的物理环境一直是人类努力的一个反复无常的基础。在文明的变迁中，我们不应该回避自然的影响，也不应该将人为作用和纯粹的偶然因素排除在外。贸易、技术和气候共同促进了罗马的繁荣，它们是相辅相成的。广泛、可靠和丰富的农业生产激发了作为贸易核心的专业化。并且，丰产带来的财富变成了技术资本。

罗马气候最优期催化了一项规模和雄心史无前例的发展尝试。但是，罗马奇迹的稳定性依赖它的基础，而这个基础又依赖许多超出人类控制范围的力量。[68]

韧性：罗马帝国的压力和承受力

哈德良皇帝是一位永不停息的旅行者。用古代传记作者的话来说，"没有哪位皇帝能如此迅速地穿越这么多地方"。在128年，他游历了非洲的各个行省。哈德良在人们的记忆中是万事亲力亲为的皇帝，这一名声恰巧被来自非洲军团总部的铭文所证实，铭文详细记录了他在亲自视察了奥古斯塔第三军团的军事演习后发表的一篇演讲。然而，这次出行被人们长久地铭记，却是出于另一个原因。[69]

　　皇帝的到来似乎给一场严重干旱带来了期盼已久的终结。"当他来到非洲时，就在他抵达的那一刻，下起了五年来第一场雨，哈德良因此而受到非洲人的热爱。"碰巧的是，同样的干旱也反映在两块同时代的碑文中，下令树立碑文的正是哈德良在演说中称赞的那位军团指挥官。干旱严重程度的一个遥远回应，可以从埃及的小麦价格中找到：在罗马时代的埃及，大瘟疫之前有十个经过验证的小麦价格，其中最高的就是128年的价格（仅仅4年前，在同一块土地上，小麦的价格要低25%）。无论我们怎样看待皇帝对天空施加的神秘力量，一些巧妙的历史调查发现，他的努力包括一项相当实际的措施，即建造一座大型引水渠将水输送到迦太基。这座水渠全长120多千米，是罗马人建造的最长的供水设备之一。[70]

　　2世纪20年代发生在非洲的大面积干旱，可能是该地区未来几个世纪持续干旱危机的初次阵痛。这一事件提醒我们，帝国的黄金时代并不是一个不受干扰的平静时期，如果我们需要这种提醒的话。地中海总是会发生剧烈的气候变化，气候最优期至多不过是缓和了年与年之间不可预见的差异。严重的流行病危机并不少见，至少在地方或区域性规模上如此。王朝更替造成的不稳定和边境的地缘政治摩擦几乎是罗马帝国的一贯特征。在安东尼·庇护统治时期，也就是罗马治下的和平的巅峰时刻，皇位继承人马可·奥勒留的修辞导师认为，可以贴切地把帝国比作一个受风暴、海盗和敌方舰队袭扰的风中孤岛。罗马世界从来不缺少逆境，但在鼎盛时期，帝国拥有在持续动荡中维持秩序的强大能力。[71]

　　韧性是衡量一个社会吸收冲击，以及从创伤中恢复的能力的标准。并非每一次旱灾都会导致饥荒，也不是所有流行病都会引发社会崩溃。但其中一些确实如此。因为历史规律不是纯粹的偶然事件，所以我们需要一些思维工具，来解释这些干扰与其后果之间的联系。韧性理论就是一种思维工具，它有助于我们将罗马帝国想象成一个由相互依存的生态系统（农业、人口）和帝国系统（政治、财政、军事）组成的有机体。这些系统中某些功能的成功运转，受到一系列风险的威胁，而人类行为则试图通过缓冲、存储和冗余等策略，来减轻或管理这些风险。应对风险的代价很高，因此人们管理风险的能力并不是无限的；系统中存在固有的压力；不断变化的威胁或新的冲击可能会为体制带来额外的系统性压力。

韧性理论使我们能够理解为何这些系统对冲击做出的反应是非线性的。反馈机制、临界阈值以及作用于不同时间尺度上的变化，意味着有时一场干旱或许只会产生一些感知不到的影响，而另一场同样严重的干旱可能会对社会造成不可逆转的灾难性影响。[72]

罗马帝国吸收了无数简单的生态韧性策略，使地中海文明成为可能。地中海气候要求人们具备多种技能，农民数千年来积累的智慧使他们缓和了自然动荡的影响。多样化种植、存储和集中化生产的策略不断发展，以降低荒年带来的危险。在我们已知的古代世界，没有人比盖伦更敏锐地观察到乡村的生活方式。这位医生出于职业习惯，对农村人的营养学很感兴趣。他列举了一些仍然是罗马帝国许多闭塞地区的农业特征的奇异的本地植物，在那里，顽强的植物品种往往是首选。他敏锐的眼光很容易就注意到一些非希腊式的习惯。"世界上许多地方都用大麦来做面包。"甚至在盖伦的帕加马附近，农民在"把他们的那份小麦送到城市之后"，也只能用次等的谷物来制作面包。在真正稀缺的时期，农民准备好了小米的种子，否则只能面对恐慌；粗糙、但可靠又快速的危机作物是一种抵御饥饿的保险措施。所有形式的食物储藏也是如此，盖伦的著作保存了大量关于储存橡子，以及干燥和腌制豆类、水果和蔬菜的信息。[73]

地中海气候也促进了缓冲极端危险的文化规范的演变。自给自足、互惠互利和保护人这几种传统理念携手并进。虽然农民对自给自足的幻想并不真实，但它激发了一种骄傲的独立精神。早于盖伦几代人的一位希腊哲学家和政治家，普鲁萨的狄奥（Dio of Prusa），在著名的《埃维亚演说》中描述了他与一个乡村家庭的偶遇。这个家庭的一个女儿嫁给了附近村子里一个有钱人；当被问及是否会得到这个男人的帮助时，农妇一口回绝了，并且坚持说他们还要给女儿和她有钱的丈夫送去野味、水果和蔬菜；虽然他们借了一些小麦做种子，但在收获的时候立刻偿还了。无论怎样被浪漫化，这个故事抓住了"自给自足和互惠互利的孪生概念"。[74]

不平等阶层之间的互惠互利还表现为保护人制（patronage）的形式，这是罗马帝国阶级社会中一个根深蒂固的传统。在富有的罗马元老小普林尼的信件中，我们能偶尔瞥见一位有着最高社会地位的仁慈恩主为他的门客（client）提供各种援助和恩惠。将家长般慷慨的期望沉重地压在富人身上，以确保社会中较低阶层的成员对他们的财富储备拥有紧急留置权。当然，富人也以尊重和忠诚的形式向这种保险收取费用。而且，在罗马帝国有一种一贯的需求，那就是要时刻注意保护人制与依赖之间的细微差别。[75]

这些韧性策略在古代城市的实践中显然根深蒂固。多样化和储存被大规模应用。城市的食品储存是第一道冗余措施。在罗马帝国时期，巨大的储存设施证明了粮食安全的政治优先地位。此外，城市会沿着水域自然地发展，这些地方不只依赖于一块单一的内陆地区。内陆城市最容易受到短期气候冲击的影响。"沿海城市通过海洋进口，很容易承受这种短缺。但是我们这些远离大海的人，既不能从我们的盈余中赚取利润，也不能获取我们稀缺的东西，因为我们既不能出口我们拥有的，也不能进口我们没有的。"[76]

当粮食危机爆发时，罗马政府会随时干预，有时是通过直接的规定，但更多时候只是抑制不合时宜的贪婪行为。92—93 年，一个残酷的冬天造成皮西迪亚的粮食价格飞涨；从一块铭文中我们得知，罗马的地方长官谴责了不正当的暴利行为，并把粮食价格维持在原来的水平，"让普通大众可以有办法购买"。通常情况下，干预是私人性质的。古典城市有一种强烈的意识形态期望，富人会把他们的资源投入有形的公共建设；这种市民公益（civic euergetism）文化是古典城市道德经济的典型特征，是一种扩大了的互惠和庇护，可以使个体免受环境变幻莫测的影响。我们知道有一位来自罗马时期马其顿的显赫人物，拥有大祭司的职位；他用个人花费修路，为民众举办比赛和竞赛，赞助野兽猎杀和角斗士表演；最能说明问题的是，"在有紧急需要的时候"，他以低于市场的价格出售粮食。[77]

皇帝则在一个更大的尺度上灵活应用这些策略。皇帝图拉真会"根据时机和必要性的要求，转移和引导这里或那里的土地剩余产品。他会像保护罗马的人民和平民一样，为海洋另一边一个被拯救的民族提供食物和保护"；"哈德良见过许多城市，比其他任何皇帝都多，他'照顾了所有这些城市'，也就是说，给这里提供水源，给那里建设港口，为这里提供粮食，为那里建设公共设施，给这里钱，给那里荣誉。"[78]

最为人熟知的韧性体系是罗马城的粮食供应。这座大都市里用于储存粮食的巨大公共谷仓的遗迹至今仍令人叹为观止。据说，皇帝塞普提米乌斯·塞维鲁（Septimius Severus）非常勤勉地为罗马提供粮食，到他去世时，储存的粮食足以养活这个城市七年之久。粮食救济是首都人民的政治权利，他们处于皇帝的庇护下。罗马城的居民对皇帝的慷慨赠予拥有优先权。一份镌刻在以弗所的 2 世纪皇家书信承诺这座东方城市可以获得埃及的粮食，前提是收成足够罗马使用。"如果像我们祈祷的那样，尼罗河为我们提供了一如往常的洪水，使埃及人的小麦丰收，那么你们将成为继我们之后的第一批人。"在 2 世纪，大约 20 万罗马市民每人每月可以领取 5 莫迪（modii）小麦；这相当于每年 8 万吨小麦，而且只是用于发放救济。为了养活首都的百万人口，一支深船体的运粮船队在地中海上穿梭往来。亚历山大里亚舰队中先锋舰队的信号船是一道受欢迎的风景，欣喜的人群来到意大利的海岸，迎接它们抵岸。但最引人注目的是，到罗马的粮食运输是私人经营的；商人们得到适量的补贴，将粮食运送到城市，但是粮食市场存在很大的弹性，以至于在帝国盛期，罗马可以不使用复杂的征用制度就能满足粮食需求。[79]

食物系统非常坚固，能够承受突如其来的短期冲击。与食品系统的韧性相比，用于缓解人口打击的基础建设显得相对贫乏。我们在下一章将重点讨论罗马的疾病情况，但这里要强调的是，罗马人在面对流行病造成的死亡时几乎束手无策。他们没有什么工具可以减轻传染病的威胁，也没有办法能迅速从人员损失中恢复过来。坦率地说，古代医学可能弊大于利。虽然基本的护理对病人来说有不小的好处，但是热水浴加冷水冲浇的处方，还有为病人放血的常见做法，只会增加死亡人数。普通人转而寻求普遍存在的巫术。当然，罗马帝国有相关的技术，可以实行后来在中世纪晚期才开始发展的检疫措施，但疾病的宗教观念似乎在公众中占主导地位：古希腊和古罗马人在应对死亡事件时，采用神秘的牺牲，或树立辟邪用的阿波罗神像来抵御疾病。在罗马帝国，显然连公共卫生的雏形都不存在。

死亡的刀锋很锋利，由于缺乏有效补救手段，古代社会的应对方法是调整到高水平的生育率。此外，领养在生活中很常见，这是对死亡一直威胁着家族存亡的一种现实回应。在古代世界，普遍存在的弃婴的做法往往导致婴儿死亡或卷入奴隶贸易，这可以被看作是高生育率的系统中一个阴暗的释放阀。最后，在帝国内部迁移的便利性也是一种人口韧性；大部分迁移流向城市，使部分地区摆脱了多余的人口，同时弥补其他地区的人口不足。但是最终，生物学事实是不可动摇的。铁器时代晚期的人类社会几乎没有发展出任何应对方法，能够缓冲急剧的死亡危机带来的影响。他们只能缓慢地从流行病的挫折中恢复过来。当这些死亡事件的暴发第一次超出地方性灾难的范围时，史无前例的冲击让帝国陷入了困境。[80]

正如罗马世界的社会是为了抵御生态动荡的压力而建立的一样，帝国体制也是为了承受政治灾难的厄运而设计的。第一任皇帝奥古斯都建立了一个持久的政权。除了没有使用"君主"这个头衔之外，罗马实际上是由一位君主统治的，在最重要的元老院贵族的帮助下，皇帝管理着一个幅员辽阔的帝国。元老院贵族是一种财富意义上的贵族，有财产的门槛要求，并且是一种竞争激烈、为罗马效力的贵族。代际传承率低意味着大多数贵族"来自只在一代人中有代表进入政治领域的家族"。[81]

皇帝是最高司令，但元老们小心翼翼地守卫着军队的高级职务和显赫的地方总督等职位。这些帝国贵族能够通过一个非常薄的行政阶层来控制整个帝国。如此少的人之所以能成功地管理帝国，是因为它有帝国的城市贵族阶层作为基础。这些城市被称为帝国的"承重"支柱，其精英阶层受到特殊的诱惑，包括罗马公民身份和通往帝国贵族的道路。中央税收的低税率给城市贵族留下了充足的金钱侵占空间。军事君主和地方精英之间的"重大交易"所取得的巨大成功，使得帝国社会能够吸收一些深刻而渐进的变化——例如贵族和官僚的行省化——而不会动摇社会秩序。[82]

1世纪，一个征服的帝国安定下来，成为一个象征性统一的地域帝国，拥有规律、合理，或许还是差异化的税率。虽然罗马军队偶尔仍会发动大规模征服战役，但大部分活动是防御性的，是土木工程和地方监视的混合体。通过精心管理，在帝国盛期的多数时间里，军队的政治力量都没有显露出来。在铁器时代的通信和交通技术条件下，国家财政和军事机器跨越三大洲的协调，是前现代政体中最复杂的成就之一。[83]

奥古斯都建立的和平时代的基本稳定，掩盖了政权一直受到内部和外部威胁的事实。当共和国的幽灵从人们的记忆中消失后，革命性的政体变革的可能性变得遥不可及。但是，奥古斯都的皇权更替方案非常脆弱，理智的帝王们煞费苦心，只为实现平稳的继承。把继承制度建立在血亲基础上往往行不通，继任危机是这个政权难以驾驭的特征。一夫一妻制加上无情的死亡率，使许多

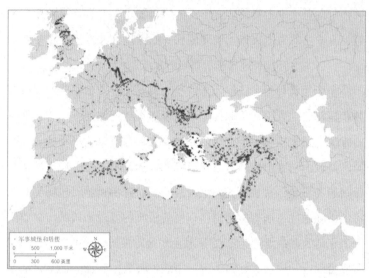

地图6　罗马帝国势力的残存（数据来源：darmc.harvard.edu）

皇帝失去了嫡系继承人。相比之下，罗马皇帝的统治时间惊人地短暂，因此，帝国继承制度的不确定性是一个高风险问题。在吉本所说的最幸福的时代，长期统治和一系列通过领养实现的皇位继承都是反常的——是单纯的运气和帝国稳定的产物。偶尔，不确定性会演变为全面内战，就像69年、193年和235—238年发生的那样。但是，无论哪一次皇权更替，新皇帝和旧皇帝看起来并没有什么区别，只是有越来越多的皇帝来自行省。

3世纪初的历史学家卡西乌斯·狄奥（Cassius Dio）让奥古斯都的顾问梅塞纳斯（Maecenas）说出一长段话，描述了从奥古斯都和狄奥本人之间这段漫长时期的政治体制的基础。狄奥能够做到这点，本身即可以作为一种深远连续性的佐证。贵族、行政、城市和帝国意识形态所具备的韧性巩固了政权，奥古斯都体系的稳定性就是这些韧性的一种证明。[84]

对帝国政权来说，最重要的是要保持胜利。胜利女神（Victoria）被奉为帝国的女神，象征着军事力量的英勇和罗马军队保障下的安全。维护帝国的合法性和军事霸权代价高昂。在帝国盛期，整个国家的预算大约是 2.5 亿第纳尔，其中三分之二被军队消耗（文职工资、粮食供应、公共基础设施以及馈赠属于其他一些昂贵的开支）；如果 GDP 是 50 亿第纳尔左右，那么国家支出大约是 GDP 的二十分之一。国家的年收入来自各种各样的土地税和人头税，加上过路费、继承税、奴隶解放税，还有大规模的国营采矿业。

从一个角度来看，罗马的税收是可以承受的。由于财政系统是在长期的征服和外交过程中零散演变的，因此各地的税率一直存在差异，直到 3 世纪后期的改革；虽然平均数据具有误导性，但是把目标值定在农业年产量的 10% 左右是一个合理的猜测。用小麦作为等价物，罗马政府得到的人均税收比 17 世纪的英国或法国政府还要高，但是远低于 18 世纪最先进的国家所达到的革命性水平。[85]

罗马的财政机器上只有一小块缓冲垫。理论上，目标税率能使财政部门每年获得适度的盈余。但现实中，中央税收可能远低于名义上的目标。财政体系中的压力一直很明显。税收征管是行省阻力的一个焦点，其成功执行有赖于当地精英和代理人的串通，就像《新约》中象征邪恶的"包税人"一样。皇帝们经常需要现金。[维斯帕西安（Vespasian）曾举世瞩目地对公共厕所中收集的尿液收税，并向他持有疑虑的儿子提图斯（Titus）保证，钱不会发臭：pecunia non olet。]图密善（Domitian，统治期为 81—96 年）为士兵涨了三分之一的工资——这是从奥古斯都到塞普提米乌斯·塞维鲁的两个世纪中唯一一次加薪；他的慷慨使国家财政变得紧张。在 2 世纪，哈德良不得不免除大量向政府借款的债务，仅仅两代人之后，由于瘟疫的影响，马可·奥勒留也做了同样的事。尽管这些豁免被宣传为一种慷慨的行为，但实际上是一个信号，表明即使在帝国繁荣的鼎盛时期，为一个跨越三大洲的帝国提供资金也并非没有压力。[86]

罗马的军事优势让人很容易高估"和平"的现实。爱德华·勒特韦克（Edward Luttwak）的《罗马帝国的大战略》（*The Grand Strategy of Roman Empire*）在这方面仍然具有启发性。当罗马帝国转变为一个地域帝国时，霸权需要通过武力部署来维持。首要的战略重点是将暴力转移到外围的行省；但是，随着时间推移，保护这些外围行省则成了治国的目标。

罗马的边境体系完美体现了帝国的韧性；它可以弯曲但不会断裂，能够争取时间让帝国巨大的后勤优势压倒罗马的对手。即使是同时代最发达的竞争对手，也会在罗马军团的行进队列前溃散。当时的罗马和平，并不是长期没有战争，而是说战争沿着帝国的边缘向外扩散。和平一直是罗马帝国一个明确的目标，但始终难以实现，它总是向地平线后面退去。即使是安东尼·庇护统治时期所谓的全面和平，边境内外的冲突也很普遍。在他的统治时期，我们知道的有希腊的叛乱、犹太人起义、不列颠的大规模军事行动、达西亚的动乱、阿非利加的骚乱，还有西班牙的暴动。大约在 155—157 年，还发生过一次严重的货币贬值。为罗马帝国撰写赞歌的埃利乌斯·阿里斯蒂德斯很可能也是另一篇演说的作者，这可以说明一些问题，因为长期以来，人们认为这篇演说是在 3 世纪的混乱中写成的；事实上，被描述为带领国家穿越猛烈的风暴回到安全港口的，很可能就是安东尼·庇护。[87]

这艘在海上遭受风暴袭击的船是帝国鼎盛时期的一个突出象征。然而它提醒我们，这艘船不会只在一个巨浪的重压之下便倾覆。即使各种即将降临罗马帝国的灾难比帝国以往经历过的都要严重，但其影响却是微妙的，并且要经过很长一段时间才会最终显现。即使是在灾难发生之后，帝国也能利用它的韧性来将这艘船回到正轨。

这种情形无疑使书写罗马历史变得更加复杂。在罗马境内和境外，在多瑙河平原和伊朗高原上，许多事情即将同时发生。但是，安东尼危机的影响终结了一个繁荣社会的发展轨迹，这种繁荣发展使得帝国即使面对长期的摩擦，也能建立起一种稳定、轻松的统治方式。一旦不利的自然环境，以及一个新的、比任何敌人都要凶残的微观敌人的出现，动摇了罗马人的根基，聚集在遥远地平线上的风暴乌云，就开始显得比平时更加壮观。

新的时代

当盖伦在 162 年第一次前往罗马时，会感觉到在与他相反的方向上，沿着水路和陆路，有一支军队正在向东部行省行进，这是帝国的一次大规模军事动员。帕提亚即将体验到罗马力量的全面冲击。他们的国王沃洛克赛斯四世（Vologaeses IV），将马可·奥勒留和卢修斯·韦鲁斯的继任视为一次机遇，来考验两位初出茅庐的皇帝。卢修斯前往安条克，这里将成为半个多世纪以来罗马最大的军事行动的指挥部。这场战争会激起人们由衷的欢呼，然而紧接着就带来了恐惧。罗马人认为，是卢修斯·韦鲁斯的帕提亚战役使大瘟疫降临帝国。事实上，这场战争是罗马力量在其绝对顶峰时的一次展示，同时也是一个微妙的转折点。[88]

卢修斯和奥勒留决心要展现帝国的力量。罗马人可能会输掉某一场战斗，但他们无疑拥有勒特韦克所谓的"升级支配地位"（escalation dominance）。没有什么比帕提亚战役更能证明这一点。安条克是指挥中心；为了加强与帝国心脏地带补给线的联系，罗马工程师建造了一条运河，使奥龙特斯河更容易通航，改变了这里的地貌。至少有 3 个欧洲军团被部署到亚洲，他们在罗马的公路上行进了 3600 多千米。

另一群同样引人瞩目的军事专家也被召集到这场战役。与大多数贵族同僚不同的是，马可·奥勒留和卢修斯·韦鲁斯都缺乏作战指挥经验。但是，经验丰富的指挥官集合在一起，足以弥补这个缺陷。战争委员会中有来自帝国各地最有名望的元老指挥官，其中包括出生于叙利亚的元老 C. 阿维狄乌斯·卡西乌斯（C. Avidius Cassius，是塞琉古王朝的后裔），他在哈德良统治时期崭露锋芒。战时内阁反映了罗马帝国的体制：一个对行省人才开放的元老院精英群体，受训练在一个广阔、有时是难以控制的帝国里担任指挥官的角色。

因此，罗马的帝国机器是不可阻挡的。这场战争是血腥的胜利。罗马人再次证明他们有能力以压倒性的优势施加暴力。指挥官在同一个舞台上会合，他们的统一领导加上帝国牢固的补给线，让 2 世纪的罗马军队成为一支不可战胜的力量，即使是面对帝国最强大的对手。[89]

胜利的消息让首都欢呼雀跃。当卢修斯在166年回到罗马时，这座城市见证了半个多世纪以来第一次正式的凯旋仪式。然而，从东方传来的消息很快就暗淡了下来。阿维狄乌斯·卡西乌斯是这场战役的英雄之一，他让军队包围了底格里斯河上的塞琉西亚，这是巴比伦尼亚深处一座有希腊背景的城市。位于全球贸易十字路口的富裕的塞琉西亚是"最伟大的城市"，可以与帝国最壮观的城镇媲美；尽管塞琉西亚很快就投降了，但罗马人还是洗劫了这座城镇，声称这里的居民违背了诺言。即使以罗马的标准来看，这种暴行也令人不安。

在劫掠中，一个罗马士兵在一座神庙里偶然打开了一个箱子。这座神庙是"长发阿波罗"的圣所。罗马人相信，一股携带瘟疫的烟雾从那里被释放出来，很快就"用感染和死亡污染了一切，从波斯边境一直蔓延到莱茵河和高卢"。这个故事在罗马帝国境内出现陌生瘟疫时成了官方说法。实际上，帕提亚战役和塞琉西亚的洗劫，与死亡事件的暴发和进展在很大程度上是一种巧合，这一事件以几位皇帝的家族姓氏命名，被称为"安东尼瘟疫"。它的出现标志着罗马史和自然史的一个新纪元。[90]

当这种陌生的疾病在帝国蔓延时，盖伦正试图缩短他在罗马的职业生涯。他从城市里死里逃生，"像一个逃跑的奴隶"。他从陆路赶到布林迪西，登上"第一艘起锚的船"。盖伦担心他会被两位皇帝拘留。他的担忧很快就成为现实。虽然卢修斯去世了，但奥勒留把盖伦召到阿奎莱亚，他在那里设立了冬季大本营，准备在北方发动一场军事行动。一种他们从未经历过的死亡事件包围了奥勒留和盖伦。他们的命运将被"大瘟疫"的暴发所塑造。从某种意义上说，安东尼瘟疫是一种偶然的产物，是进化实验在无数个千年中不可预测的最终结果。与此同时，帝国——其全球连通性和快速的通信网络——为历史上第一次大规模流行病的暴发创造了生态条件。[91]

第三章

阿波罗的复仇

阿里斯蒂德斯与帝国：富有然而病患缠身

我们在前一章中遇到的天才演说家埃利乌斯·阿里斯蒂德斯于 144 年在皇帝安东尼·庇护面前发表他的"罗马演说"时，他的身体状态并不是非常好。

阿里斯蒂德斯和他的下一代人盖伦一样，来到罗马时是一个准备在最华丽的舞台上试试运气的雄心勃勃的行省年轻人。他之前的生活都在为此做准备。阿里斯蒂德斯是士绅的儿子，年轻时受到一些有名望的修辞老师的指导。在他父亲死后，阿里斯蒂德斯曾巡游尼罗河，这是终极的"宏大旅程"（Grand Tour）*。虽然他没能发现尼罗河神奇的源头，但却获得了丰富多彩的经验，足够他回味一生。不久，他就冒险到首都去了。他沿着埃格那提亚大道一路向西，这是一条穿越巴尔干半岛的罗马大道。他在路上染上了感冒，并且越来越严重，阴郁的天气和沼泽环境也让病情变得更糟。他挣扎着吃东西，呼吸变得费力。"我很担心我的牙齿会掉出来，所以总是把手抬起来准备接住它们。"他还发着烧，当他到达罗马的时候，"我连活下来的希望都很渺茫。"阿

---

* 旧时英美富家子弟所做的环欧旅行，是教育的一部分。

里斯蒂德斯在发表"罗马演说"时，他自以为是从临终病榻上站起来的。[1]

关于他在罗马生病的记述，是古代世界最详尽的医学日记《神圣故事》（*Sacred Tales*）中最初的一节。日记内容是对治愈之神阿斯克勒庇俄斯的献礼，阿里斯蒂德斯认为，治愈之神是他的救星。他在这次在罗马患病之后，健康状况一直在恶化，并且终生依赖治愈之神。阿里斯蒂德斯患有肠道紊乱、偏头痛、肺痨、黏膜炎、肿瘤、癫痫和无休止的阶段性发热。阿里斯蒂德斯经常在帕加马的阿斯克勒庇俄斯神殿疗养（从某一点来看，这就像美国洛杉矶贝弗利山庄的康复诊所一样时髦）。他在那里得到盖伦的老师萨提洛斯（Satyrus）的治疗。盖伦后来回忆了演说家虚弱的体质。阿里斯蒂德斯记录的疾病在今天有时被归结为"心身失调"、神经官能症或疑病症。但这是不公平的。因为光是阿里斯蒂德斯接受的治疗方法，就足以让许多健康强壮的人丧命。还在罗马的时候，他接受的治疗就已经很可怕了。"医生划了一道切口，从我的胸腔一直到膀胱。当用到杯吸法工具的时候，我的呼吸完全停止了，一种无法忍受、让人失去知觉的疼痛穿透全身，所有东西都沾满鲜血，我被粗暴地净化了。"他一生的治疗才刚刚开始。在几十年的时间里，阿里斯蒂德斯寻求的疗法从虐待到怪异无奇不有。没有理由怀疑他糟糕的健康在生理上的真实性。[2]

尽管如此，阿里斯蒂德斯还是成了当时最著名的演说家。当士麦那遭遇地震时，阿里斯蒂德斯撰写的悲怆的请愿书曾让马可·奥勒留流下眼泪［皇帝履行了这个礼节性的互惠交易中的责任，提供了大量帝国援助，这些援助在皇帝和城市的重大交易中是必要的礼节（*de rigueur*）］。在古代，《神圣故事》立刻得到了普遍推崇，古人不像现代人一样认为阿里斯蒂德斯是个怪人。他在神明和医生的建议下坚持使用的疗法完全符合 2 世纪医学实践的主流。阿里斯蒂德斯可能比大多数人遭受了更多痛苦，但在这样一个时代，疾病对所有人来说都是潜在的现实，他的无助和寻求拯救的努力都让人着迷，因为这是凝聚他和其他人类的一条忧郁的纽带。[3]

在《神圣故事》引人入胜的记录中，有一个情况可以让我们确信，是什么让阿里斯蒂德斯身体抱恙。这个故事不仅不古怪，而且还让他更接近那个时代的历史。165 年的仲夏，他正住在士麦那的郊区，当时一场瘟疫"几乎感染了我所有的邻居"。阿里斯蒂德斯的奴隶受到感染，然后他自己也染上了这种病。"如果有人想试着走动，那他在走到门口之前就会马上死去……一切充满了绝望、哀号、呻吟，还有各种各样的困难。"[4]

这个短暂的记述只是一个更大谜团中的一小部分，但这是关于安东尼瘟疫最早的来自地中海地区的明确证据。阿里斯蒂德斯描述了"一种胆汁混合物的可怕灼烧"。他自己的喉咙里有一处"顽固的伤口"。他濒临死亡，但最终幸免于难。阿里斯蒂德斯认为，在自己开始发烧的那一刻死去的一个小男孩，是一种可怕的替代品。有人聪明地提出，是从疾病中获得的拯救促使阿里斯蒂德斯——对阿斯克勒庇俄斯心怀感激的病人、阿波罗忠实的信徒——写下了《神圣故事》，这是一份庄严的礼物，献给在大规模流行病的重压之下受难的帝国。对于一个面对疾病完全束手无策的社会来说，阿里斯蒂德斯是一个很好的象征——而且，这个社会很快会被卷入一场生物学的戏剧性事件，其严重程度即使在一个不断被流行病浪潮冲击的世界里，也是罕见的。[5]

在 2 世纪 60 年代，罗马帝国的历史与一种新兴传染病的进化史交错。这是一次命运攸关的相遇，但并非不可避免。瘟疫并不是因为帝国过度扩张而自食其果了，我们也不应该把罗马帝国看作是马尔萨斯式灾难的受害者，这种灾难是由于人口膨胀超过了资源基础的承受能力而引发的。但瘟疫也不是纯粹的偶然事件。帝国固有的生态条件使命运的骰子倾向于这种事件的发生。要了解疾病在罗马世界扮演的角色，我们必须设法将帝国看作一种肉眼不可见的居民所处的环境。密集的城市栖息地、大胆的地貌改造、强大的内部连通网络——特别是与境外的联系——都促成了一种独特的微生物生态。

在这一章，我们试图说明我们所知道的一切关于罗马帝国时期死亡的生物学问题，将一系列困扰着帝国的特定微生物摆在前台。罗马或许是最早的一个我们能尝试这种有风险的研究的文明。探索古罗马历史的人发现了一些意想不到的能帮到我们的资源。不仅有像盖伦一样著作丰富的医学天才来指引我们，还有来自石头、骨骼和基因的证词。墓碑上公式化的铭文证据、骸骨上的物理证据，还有越来越多来自病原体本身的分子证据，构成了一幅更全面的罗马帝国健康状况和人类生物学的图景。浮现出来的图景只是更加引人好奇，而不是带来结论。罗马人似乎在一个危险的时间节点上建立了帝国，而我们才刚刚开始看到一种新的传染病进化史的模糊轮廓，在这个进化史中，几个世纪的罗马文明提供了一条非常重要的通道。

即使按不发达社会的标准，帝国居民的健康状况也很不好。我们可以说，他们就像阿里斯蒂德斯一样，富有然而病患缠身。帝国中发出恶臭的城市是低级肠道寄生虫的培养皿。帝国对地貌的粗暴改造引起了诸如疟疾之类的灾祸。帝国稠密的连通网络也让慢性疾病扩散到整个帝国。但是，当一种直接在人类之间传播的急性传染病进入帝国的时候，决定性的时刻才真正到来。我们会论证，盖伦所说的"大瘟疫"实际上是由天花引起的。当然，这是一种异乎寻常地有能力捕食罗马帝国的疾病，这种病菌在连接罗马城市和人群的道路和航线上快速传播。罗马帝国为大规模流行疾病做好了准备，敞开大门让病菌向帝国内部迁徙，并且在领地内修建了可以传播病菌的新型高速公路。

安东尼瘟疫与人们见过的一切事物都不一样。这次瘟疫在帝国民众中间激起了一种原始的宗教恐惧。责难最终落在阿波罗神身上，这似乎也有些恰当之处。阿波罗是一个千变万化的神明，可以自由地穿越所有边界，而且自奥古斯都时代以来，就与帝国的形象联系在一起。帝国自身的性质和它的全球扩张引来了新的病菌。这种流行病的到来标志着一个新时代的开始。

罗马帝国的疾病生态学

在公共卫生和抗生素药物取得胜利之前，传染病是人类的头号公敌。从普通的葡萄球菌感染，到天花、黑死病等臭名昭著的超级杀手，传染性疾病是人类死亡的主要原因。但是，威胁着人类的致死性病菌种群并不是一成不变的，它们随着时间和空间在一直变化。罗马的疾病池是时代和地点的共同产物。要在脑海中形成完整的画面，就需要我们用细菌的视角来观察这个世界，进入与我们共享这个星球的微生物的进化历程。重要的是，我们要抵制住诱惑，不要把罗马人遭遇疾病的经历仅仅看作是演出中的又一幕，其中细菌同往常一样在舞台上不断登台谢幕。这样的看法完全忽略了在不断发展的传染病历史中公元第一个千年的关键地位，以及在某个特殊时刻罗马帝国与特定病原体的偶然联盟。[6]

基因革命让人类的疾病史研究目前处于一种不断变化的状态。基因测序成本的下降，连同从考古背景中提取降解 DNA 的新技术，开始让我们比以往更深入地了解过去。基因组中存在进化关系的信息，使我们能够重建达尔文的"生命之树，它用断裂的枯枝覆盖地壳，用不断生长的美丽枝叶笼罩地球的表面"。亲缘关系系统——也称为种系发生树（phylogenetic trees）——为我们提供了微生物的历史图谱，这些图谱所定义的进化关系，使得我们可以定位某个有机体的历史在时间和空间上的位置。当我们能够成功提取考古基因并加以利用时，它们不仅能在特定历史层位的特定区域中，精确定位某一物种的存在，还有助于扩展并丰富微生物的种系发生（phylogenies），从而增进我们对病原体进化的了解。[7]

在分子证据获得胜利之前，我们上一代之前的人一直对某种说法深信不疑，现在，这些生物档案才刚刚开始动摇这种传说。在这个故事里，人类携带着从旧石器时代原始人类祖先那里传下来的一系列最基本的"祖传"细菌和寄生虫。这些病原体都是老朋友，非常适应与我们一起生活，以至于其中有许多都是摆脱不掉的麻烦。随着我们的狩猎采集者祖先在地球上四处迁徙，他们在旅途中会感染新的寄生虫，这是长途跋涉留下的"纪念品"。尽管如此，来自病原体的压力总体来说还是很轻的。接下来，新石器时代革命的到来是严重传染病的宇宙大爆炸。随着我们的祖先在城镇定居，依赖于人口密度的细菌开始活跃，同时，疾病会从驯化动物身上转移到那些与其亲密接触的人类身上。麦克尼尔的《瘟疫与人》是前分子时代无可争议的疾病史杰作，书中认为，更先进的文明发展引发了欧亚大陆"文明化疾病池的汇聚"。在新石器时代早期，随着社群之间的相互接触，彼此离散的地方性杀手开始合流到一起，造成了让人恐惧的、种族灭绝的后果。全球范围内的连通带来了巨大转变，首先发生在旧世界的环境中，然后是跨越大洋的广阔天地。[8]

　　这是一个拼凑的故事，由流行病学、地理学、动物医学等方面的只言片语拼凑而成。只是在后期的历史阶段，文本资料才被加进来汇编成连贯的叙述。这是一个精妙的设想，它的概要保持得非常好，这非常引人注目。有时候，分子证据直接证实了早期历史学家的直觉。在某些情况下，事实证明我们与驯养动物之间的亲密关系成了一座重要的微生物桥梁：例如，麻疹是一种传染到我们身上的牛类疾病（尽管事实上直到罗马晚期才传染给人）。而另外一些时候，病菌谱系——就像人类宗谱一样——充满惊奇。例如，肺结核是牛类结核病的始祖：这意味着是我们让牛生病，而不是相反。但是，概念上的革命更为深入，最惊人的发现是进化本身的持续活力，以及它邪恶的创造力。[9]

　　最早的人类生活在一种非常不同的病菌环境中，但那里也存在一些我们熟悉的敌人。某些病毒科，例如包含讨厌却危险的肠道病毒和鼻病毒（又称普通感冒）的小核糖核酸病毒科，有着多种多样的变种，分布在全球范围内，并且常见于许多脊椎动物体内，这意味着在我们成为人类之前，它们就已经和我们共存了。其他可以在环境中或动物储存宿主（reservoir）身上存活的微生物，不需要等到人类文明的出现就可以对我们造成严重的伤害。例如非洲锥体虫病，或称昏睡症，是一种通过采采蝇传播的媒介传播疾病，从史前到现代一直困扰着人类。而且，即使是相当有限的人口数量，也能维持慢性传染病的生命力。例如雅司病，这是一种非常古老的热带传染病，与引起梅毒的细菌是近亲。关于我们旧石器时代的祖先所面临的疾病环境，不断发展的基因研究有望提供新的线索。[10]

故事中必定还会有无从知晓的章节，包括转瞬即逝的爆炸性终结。只要人类以缓慢移动的小群体为单位，稀疏地分散在地球上，那么急性的致命疾病就会自行燃烧殆尽；这些病原体感染发生得又多又快，以至于受感染人群在病菌蔓延到其他人类群体之前就已经溃灭了。所以，除了积累那些现在仍然会骚扰我们的低致病性细菌外，我们的狩猎采集者祖先还会受到进化产生的新型病菌的攻击，这些邪恶的病菌来自野生动物宿主，但很快就会灭绝，或退回到大自然中。总体来说，旧石器时代的人处于一种相对更友好的疾病生态中。[11]

新石器时代革命仍然可以被看作一个决定性的转变。它产生了定居的生活方式、单调的饮食、密集的居住点、地貌改造，以及旅行和交流的新技术。所有这些对微生物生态学以及人类种群的结构和分布都有影响。在某些情形下，后果几乎立竿见影；长期存在于背景中的疾病在新环境中迅速传播。卫生和人口密度是城市生活的基本问题，因此，我们应该将那些不起眼但非常致命的疾病，如痢疾、伤寒和副伤寒、鼻病毒，以及其他靠食物和粪便传播的寄生虫，视为文明历史早期的古代城市死亡的元凶。早期城市生活的仇敌并不是那些神奇的超级杀手，而是平凡普通的腹泻、发烧和感冒。

虽然新石器时代革命很重要，但现在已经不再被视为是传染病史上的宇宙大爆炸。我们不再赋予农业兴起以特殊地位，因为我们不再需要某一个特殊的时刻，让人类以足以致命的距离与一个相对静态的有着潜在致病性的病菌环境接触。20世纪的经历是一位严酷的老师，告诉我们新兴传染病是一种持续的威胁。农场动物只是产生新病原体的生物酿造场的一小部分。野生动物身上产生新敌人的持续力量，在最近暴发的疾病名单中显而易见：比如寨卡、埃博拉和艾滋病。简而言之，大自然中充满了微生物的野生储存宿主和潜在的新敌人，基因突变不断衍生出危险的分子实验成果。这些危险的进化实验并不是均匀或随机地分布在全球各地。即使在今天，热带地区仍然背负着大部分的传染病负担，并且从来如此。纬度上的物种梯度是地球上最普遍的生物多样性模式，并且绝不仅局限于微生物。在低纬度地区，由于没有反复的冰河期造成的灭绝事件，进化时钟运行的时间更长。另外，这里接收到的太阳能更多，因此拥有更多的生命和更大的复杂性。所以，传染病的生物地理学并不遵循植物和动物驯化的空间分布，而是遵循地理生态学的更深层原则。我们会看到，古罗马的三次大规模流行病中有两次似乎是源自南方气候地区；第三次——淋巴腺鼠疫——可能来自从东欧到西伯利亚的欧亚大草原，原生于野生啮齿类动物。传染病几乎可以在任何地方产生，但骰子会倾向于地球的某些部分。[12]

人类和新疾病之间至关重要的联系不是农场，而是所有鸟类、哺乳动物，还有能够孕育出下一个潜在的人类病原体的其他生物。因此，人类数量的增长，以及曾经彼此分离的人类群体之间的相互联系，成了那些能够感染人类的细菌的盛宴。我们殖民到地球上几乎每一个角落，因此拓宽了自己与进化实验区之间的接触面；我们的人口增长到几十亿，因此改善了一些微生物发展成急性致命病菌的前景。我们在人类社会之间逐步建立起来的联系不仅连通了旧的细菌池，而且更深刻的是，这些联系将原本彼此分离的不同人类群体变成了一个种群集合，吸引四处游荡的杀手前来探索。疾病史上最主要的戏剧性事件，是野生宿主身上不断出现的新细菌，找到不断扩大、容易相互感染的人类群体。[13]

生态和进化推动了传染病的历史。人类传染病的深远历史不是被驯化的意外副作用所推动的，而是爆炸性人口增长的规模和复杂性（这些人口造就了农耕和游牧生活），以及随之而来的种群间的相互联系，还有与世界进化热点区域的联系所推动的。这幅图像现在还很模糊，但很快就会变得清晰。越来越多的基因证据将事情真正发生的场景指向最近几千年，而不是新石器时代早期。青铜时代由于其金属技术和连通网络，可能比我们想象中更有生物学波动性和趣味性：最近，在欧亚大陆中部许多地方的考古样本中发现了鼠疫的存在。而一直延续到古典世界黎明的铁器时代，可能见证了重大疾病（如肺结核）的历史中重要的进化时刻。[14]

疾病历史和人类文明的故事充满了悖论和意外的结果。

帝国的疾病、健康和死亡

罗马城在其时代是个奇迹。《塔木德》中的一段文字描述了首都给造访者的壮丽感受："伟大的罗马城有 365 条街道，每条街道上都有 365 座宫殿。每个宫殿内有 365 个储藏室，每个储藏室里的东西都足够供养全世界的人。"整个帝国是个让人敬畏的对象。"罗马的力量在地球上一切有人居住的地方都是不可战胜的。"但是，就像对它的人类创造者一样，罗马的辉煌对隐形的居民来说或许也是一种恩惠。[15]

罗马帝国建立了一种疾病生态，其影响是其创建者所无法想象的。帝国孕育的城市密度前所未有，此后的数个世纪也不会再有。帝国在异常广泛和多样化的地理范围内促进了迁移和连通。罗马统治下的环境改造的规模代表了新石器时代革命与工业革命之间最大的一次生态变化。把罗马人与境外民族联系起来的商业网络，特别是在非洲和亚洲，似乎比我们想象的还要强大。而在人类掌控之外，当罗马气候最优期的稳定阶段过去之后，一个剧烈的混乱期于 2 世纪末开始了。

由于时间的流逝，这些潜入罗马帝国的微观入侵者对我们来说，几乎和对古人一样，是不可见的，这些古人到最后也不知道这些病菌的存在。我们只有通过间接手段才有希望获知罗马帝国居民的疾病和健康状况。这是一张满是漏洞的图像。谈论一种单一的罗马的疾病生态极富误导性。因为我们会看到，虽然帝国本身是一股能够聚合微生物的力量，罗马时期也是疾病历史中一个重要的阶段，但在帝国广阔的地理范围内，有无数个局部的病菌生态，有不同层次且多样化的环境背景，这些大大小小的差异在局部范围内可以产生很大影响。帝国的病菌生态系统更像是一个斑驳、杂乱的湿地景观，而不是一个单一的同质病毒池，因此，当我们反复放大和缩小看待罗马人的视角时，无法公正地看待这个帝国。

衡量一个社会健康状况的根本标准是平均预期寿命。从出生算起的预期寿命一直是罗马历史人口统计学中的圣杯，而且就像圣杯一样，在追寻的过程中，这个奖赏始终触不可及。我们现在仍然不知道罗马人能活多久。信息的缺失始于婴儿死亡率的沉重问题。罗马人似乎会给婴儿过早断奶，因此他们无法获得来自母亲的免疫力，同时还会接触到食物和水中的传染原。在罗马帝国，多达 30% 的活产婴儿可能活不过危险的第一年，因此，任何关于"平均"寿命的说法都被这个高度不确定的开端所影响。[16]

最有希望的方法存在于有关帝国税收的残片中，这些只言片语以人口普查报告的形式保存在某个行省的莎草纸上——埃及。这些文件提供了在册人口的年龄分布资料，可以用于制作死亡时间表，称为模型生命表（Model Life Tables）。一些研究通过这种方法提出，罗马时期的埃及女性出生时的预期寿命（e_0）是 27.3 岁，男性为 26.2 岁。当然，我们无法精确地估计罗马政府在统计人口时的效率，少算漏算的现象一定存在。更糟糕的是，模型生

图 3.1　奥里斯金币，赞美皇后的多产："多产的奥古斯塔"（美国钱币协会）

命表的计算依据是近期的人口，与罗马世界的生活条件并不完全吻合。因此，这些写有人口普查报告的纸莎草只能说是启发性的，而不是结论性的。所以，最安全的说法似乎是，罗马帝国中的预期寿命在 20 到 30 岁之间，而在帝国的这个角落，预期寿命在这个区间的中间位置。[17]

一个我们了解最多的亚群体——罗马皇帝——的去世时间也揭示了残酷的死亡状况。这份虽小但很能说明问题的样本显示，罗马的统治者与他们最卑微的臣民一样，都经历了同样短暂的寿命。"与攻击性菌群的不断接触，抵消了营养充足带来的潜在益处。"对富人来说，能起到保护作用的，有充足的食物、宽敞的住所，更重要的是，在夏季致命的几个月里，他们有能力撤退到乡村去。但事实证明，这些保护措施收效甚微，正如皇帝马可·奥勒留的私人生活带给我们的心酸提示一样。他和妻子福斯蒂娜在 138 年订婚，当时福斯蒂娜 8 岁，奥勒留 17 岁。145 年4 月，她 15 岁时他们结婚了。在之后的 25 年里，福斯蒂娜至少生了 14 个孩子。但在父母去世时确定还活着的，只有一个女孩和一个男孩。从奥勒留的信件中我们可以窥探到，发烧和腹泻断送了许多帝国继承人，我们还能看到一个接连遭遇不幸的坚忍父亲。难怪当盖伦声名鹊起时，奥勒留要邀请他做儿子康茂德的私人医生。[18]

以上是从书面记录中得到的信息。当文字证据缺失时，骨骼证据可以提供额外的援手。遗骨是会讲故事的。脊椎和关节可以显示出使人衰弱的慢性疾病的证据或繁重劳动导致的磨损。头盖骨和眼眶可以为一种叫作"多孔性骨肥厚"的疾病保留确凿的证据，这是生理压力的一个标志。对稳定同位素进行化学分析可以追踪饮食和迁移的规律。牙齿是饮食、营养和健康的一项记录。单调的碳水化合物饮食会一直腐蚀牙齿，而珐琅质上的条纹则保存了发育时期的压力记忆。简而言之，罗马帝国的居民所承受的生物负担仍然被记录在他们的骨骼上。[19]

和文本记录一样，骨骼记录充满不确定性和隐形偏差。但是，通过小心谨慎可以降低这些风险，罗马帝国中骨骼遗骸的庞大数量和广泛分布让生物考古学的研究非常有前景。遗憾的是，科学目前还没有充分发掘出罗马考古学中骨骼记录的潜力。一些旧的阻碍才刚刚开始被克服。方法不够标准化、数据共享和材料接触的限制，以及研究者之间严重的意见分歧，都限制了能够得出的结论。但是，现在有一些非常出色的工作正在进行，而且越来越多，尤其是来自不列颠行省的研究。[20]

骨骼证据最耐人寻味的一面或许就是我们所掌握的罗马人骨骼的长度。身高是生物健康的一项指标，虽然粗陋但很有价值。我们所掌握的身高信息是随时间和空间而变化的。基因决定了身高的差异，但社会和环境因素也会促进或阻碍生长发育。身高是净营养的函数，净营养即身体的营养摄入减去发育期间劳动和疾病产生的代谢消耗。身体的生长曲线是有弹性的，但只在生命的前 20 年左右才有；在经历了一段时间的匮乏或艰辛之后，身体可以"弥补"一部分生长，直到停止发育。蛋白质是生长的理想建筑材料，因此肉类消耗是提高身高的重要因素。所以，饮食是首要的。与此同时，传染病是营养负债表上一项昂贵的支出。免疫系统需要消耗大量的能量，并且许多疾病会阻碍营养的吸收。母亲的健康对后代的身体状况也有深远的影响。[21]

现代的经济发展引发了一场全球性的"冲刺式生长"。大约在 1850 年，荷兰人的平均身高是 164 ~ 165 厘米，而现在是 183 厘米，是世界上身高最高的国家。在东亚一些地区，这种转变令人震惊。1950 年，日本男性的平均身高为 160 厘米，现在是 173 厘米。在发达国家，我们现在的身高到达了基因所允许的上限，而且普遍来看，现代性将人的身高提升了近半英尺。[22]

　　理论上，博物馆柜子中的几十万件，甚至更多的骨架组成了一份身高历史的潜在档案。但实际上，从骨骼判断身高是一项艰巨的挑战，而且我们还缺少跨越罗马帝国不同区域的良好的全面研究。此外，虽然估测身高可能比测量骨骼长度对人类研究来说更有意义，但是将骨骼测量转换成身高会带来一些麻烦的不确定性。有一种办法可以绕过这些方法论上的困难，那就是同时参考身高估值和原始的股骨测量数据。虽然股骨对外界压力的反应不如其他骨头敏感，但它们通常保存得很好，而且容易测量。[23]

表格 3.1　来自英国[①]的股骨长度

	罗马人的股骨		盎格鲁 – 撒克逊人的股骨	
	平均长度（毫米）	数量	平均长度（毫米）	数量
男性	444.0	290	464.8	155
女性	412.9	231	429.22	130

注：① 数据来自 Gowland and Walther forthcoming。

　　在不列颠，罗马人的征服带来了一场健康上的灾难，而帝国的覆灭则是一种生物学上的护佑。罗马时期不列颠的居民身材矮小，成年男性的平均身高大约为 164 厘米（合 5 英尺 4½ 英寸），女性为 154 厘米（合 5 英尺 ½ 英寸）。目前最好的研究表明，在罗马治下的不列颠，男性的平均股骨长度为 444 毫米，女性为

413 毫米；在后罗马时代，男性为 465 毫米，女性为 429 毫米。毫无疑问，中世纪早期的人可以俯视他们的罗马先辈。[24]

在意大利，在身高上，整个罗马时期是介于铁器时代和中世纪早期这两座山峰之间的一道山谷。有一项不同寻常的元研究为罗马人得出了身材健康的结论，但这是有问题的。这份报告中的基础样本并不可靠。更重要的是，如果我们为相同的数据加上即使是粗略的时间尺度，并利用最新的发现来更新分析结果，那么很明显，罗马时期的意大利人比他们铁器时代和共和国早期的祖先都要矮小。[25]

关于罗马时期意大利人的身材，目前只有一项研究值得信赖，它论证了前罗马时期的意大利人要比罗马人高很多。男性的平均股骨长度从 454 毫米下降到 446 毫米。女性的损失更大，从前罗马时期的 420 毫米，下降到罗马时期的 407 毫米。到中世纪，平均身高又回升了，并且超过了铁器时代的基准线。中世纪的男性股骨长度为 456 毫米，而女性股骨的平均值回到了 420 毫米。此外，手臂和腿部的远端骨——桡骨和胫骨——在罗马时期的损失更加显著，为 3% ~ 4%，大概是股骨变化程度的两倍。报告的作者们认为，罗马帝国时期意大利人的平均身高，男性大约为 164 厘米（5 英尺 4½ 英寸），女性为 152 厘米（不到 5 英尺）。[26]

为什么罗马人很矮？营养不良是一个很好的答案，把它排除是不明智的。但是，我们应该避免草率地将罗马人的身材矮小直接归咎于营养摄入不足，而应该把疾病负担看作罪魁祸首，至少在某种程度上是如此。因为我们有理由怀疑饮食是否是主要原因。长久以来，我们一直依靠来自上层阶级的非决定性的文字证据来推测罗马的饮食。现在，罗马人所吃食物的化学特征可以在他们

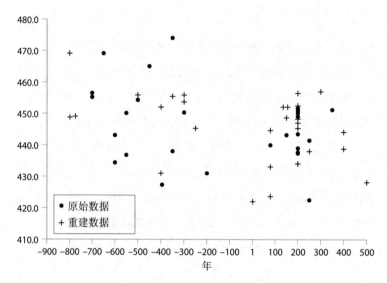

图 3.2 意大利男性的平均股骨长度（毫米）（参见附录 A）

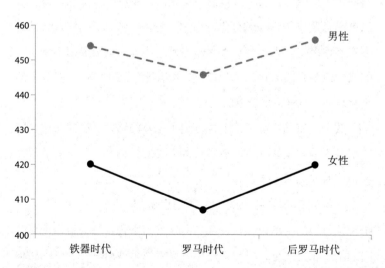

图 3.3 来自意大利的平均股骨长度（毫米）（数据来源：Giannecchini and Moggi-Cecchi 2008）

的骨骼中找到。碳和氮的稳定同位素在环境中自然产生；由于它们额外的中子重量，重同位素在自然中会沿着略有差异的轨道循环。例如，某种生物在食物链中的位置，可以通过氮同位素来标记。处于金字塔上层的物种，骨组织中会含有较多的重同位素。因此，稳定同位素的比值反映了生成人类骨骼的营养物质来源。[27]

我们必须再一次小心谨慎，因为证据是有限的，而且证据清楚地表明，没有所谓的"罗马饮食"——只有各个社会和区域内不同饮食的集合。但事实证明许多罗马人，甚至是贫穷的罗马人，也并不仅仅依靠面包生存。即使是埋葬得最简陋的遗骸，也显示了一些从动物蛋白，特别是海洋蛋白质中摄取的营养物质。大部分研究都聚焦在罗马城内和周围的居民身上，但是一些来自不列颠的证据也表明，当地人饮食中包含肉类和少量的海鲜。人类骨骼的化学成分与罗马考古背景中发现的大量动物骨骼相一致，可以推断这是肉类消费的证据。当然，在一个高度分层的社会里，肯定有许多罗马人徘徊在生存的边缘。还有一些重要的工作有待完成，但到目前为止，这些骨头并没有明显地表现出，罗马人的身材矮小是营养不良造成的结果。[28]

我们从罗马人的牙齿上也得到了一致的结论，表明疾病在影响罗马人的健康状况中扮演了异常重要的角色。一项重要的研究将帝国时代的两个遗址和中世纪早期的人类牙齿进行对比。这两个时代的人都不讲究口腔卫生，但他们的口腔病理却各有不同。中世纪早期的人龋齿较多，这是由偏重碳水化合物的不均衡饮食引起的。相比之下，罗马人的牙齿更多地呈现出一种叫作带状釉质发育不全（LEH）的生长缺陷。当儿童时期的身体处于重压之下，被打断了珐琅质的生长时，LEH就会出现。营养不良或传染病——

抑或是两者的协同作用是罪魁祸首。另一项对罗马郊区一个帝国时代的墓地中 77 名农村体力劳动者的研究显示，出现牙釉质生长缺陷的频率很高，但其他口腔疾病却很少见。在这一群人的食谱中，肉类是重要的组成部分，而精制的碳水化合物则非常次要。我们还有更多的工作要做，但目前，罗马的牙科档案显示，罗马人生活在可怕的生理压力之下，而疾病负担是其主要因素。[29]

值得注意的是，在英格兰西南部的多塞特郡，我们从一系列异常有价值的罗马墓葬中，得出了相似的结论。直到 2 世纪左右，罗马人都习惯将遗体火化。因此，在共和国晚期到帝国早期这段时间的地层中，往往存在着连续性证据的断裂。但是，多塞特郡一系列连贯的墓葬给了我们一个难得的机会来观察帝国到来和离去时的情况。帝国的到来使人们按照罗马的风格匆忙地建造起第一个城镇，包括浴场、水渠、下水道、供暖系统和厕所。尽管有这些便利设施，但是对于"罗马人到底为我们做了什么"这个问题的合理回答，或许是"让我们生病了"。死亡率有所上升。小孩和老人首当其冲——他们正是免疫能力最弱的群体。男性的情况不如女性——需要说明的是女性比男性拥有更强的自然免疫力。城市化、社会分层和流动性使人群更容易受到传染病的感染。在英格兰另一边的约克郡也有类似的情形，帝国的到来造成了更不健康的环境，使得营养来源变窄，并且增加了与传染病接触的机会。因此，罗马文明对于行省人民的健康是有害的。[30]

所有这些证据都引导我们得出这样的结论：过早的社会发展飞跃导致了生物学上的倒退，这不是历史中最后一次发生这样的情况。黄金时代的荷兰人达到了世界历史上最高的收入水平，但他们的平均身高却停滞不前。工业革命的突飞猛进使人们的健康状况恶化，并且降低了平均身高。在美国，这种现代化进程中残酷的逆流现象被称为"内战前的悖论"（Antebellum Paradox）。在收入增长和公共卫生能够抵消过度拥挤和沉重劳动造成的影响之前，男性和女性的身高比他们的父母和祖父母都要低。

在英国现代化进程中，佝偻病、风湿热、呼吸系统疾病和腹泻，在工业化的第一波浪潮中让数以百万的人悲剧性地陷入发育不良的状态。在这其中，孩子的身体受到最大的冲击。马尔萨斯对城市疾病生态学的影响有一个大致的概念。"在大城市，甚至是中等规模的城镇，似乎有一种特别不利于人生早期阶段的东西；而死亡主要发生在社区的那一部分，似乎表明它更多地来自闭塞、污浊的空气，因为这被认为不利于儿童娇嫩的肺部。"[31]

罗马人经历了自己版本的这种悖论，但他们既没有突破性的技术发展，也没有新的公共卫生机制来解决困局。罗马人无助地陷入了自身发展带来的恶果，造成了混乱的生态后果。所有迹象都表明，尽管罗马的经济发展非常成功，但帝国子民却在异常沉重的病原体负荷下呻吟，而且在某种程度上，正是经济上的成功导致了这种痛苦。

我们没有什么类似于中世纪末期开始出现的那种"死亡原因"统计数据的东西，可以给这一罗马人健康情况的悲惨图景填补一些空白。我们缺少任何直接的迹象能表明是哪些微生物击倒了多少罗马人。但我们可以试着想象一下罗马帝国中某些特定的健康环境，并寻找一些隐晦的线索来指认罗马时代一些最活跃的死亡因素。

首先，罗马人是他们自己对城市生活的强烈偏好的受害者。城市由于其紧凑的距离和其供应、污水和卫生系统，有着不同的疾病生态。罗马的城镇是吸引移民的磁石，他们在这儿寻求生存、机会或刺激，还有不少人是被迫运送到罗马世界很常见的大型奴隶市场，在那里被出售。移民没有经历过当地细菌库的考验，在免疫上是脆弱的，肯定会以不成比例的数字死亡。居住在城镇里的罗马人是城市墓地效应——城市中极高的死亡率——的受害者。发展进步本身促进了城镇建设，但这些反过来又对健康造成了损害。[32]

然而，我们应该承认，即使在城镇里，罗马人也有一些奇妙的力量在帮助他们。罗马的土木工程师给城市带来了源源不断的淡水。在帝国许多地方，从城市伸入高地的引水渠持续供应着清洁用水，这可能是所有卫生资源中最重要的一环。稳定的水流不仅用于饮用和洗澡，还用来冲洗城市的下水道。罗马帝国的公共厕所现在仍然会给人留下深刻的印象。在帝国早期，皇帝们建造了宏伟的公厕——被称为罗马化的"标志"——里面有许多座位，有的能同时容纳 50 甚至 100 个客人。在大理石的长椅上，紧密分布着黑洞，上面没有盖子。最常见的装饰图案是命运女神福尔图纳——一个沉思的主题。总之，令人印象深刻的引水渠、下水道和厕所的遗迹让一些现代历史学家认为，罗马人或许不曾有过前现代社会中城市生活带来的肮脏环境。[33]

我们有充分的理由对这种乐观看法持保留态度。罗马的下水道虽然庞大，但并不受现代专家的推崇。与其说是垃圾处理系统，它们更像是用来在暴风雨时排水的涵洞。宏大的、设计巧妙的公共厕所，似乎是为了帝国或城市的虚荣心而建，而不是出于实用的卫生目的。更重要的私人废物处理系统是一个让人困惑的缺失。家庭厕所通常不与污水管道相连，因此它造成的气体回流、洪水风险，以及对寄生虫的吸引都超过了其益处。对于富裕的山顶豪宅来说，情况可能还过得去。但对于其他人来说，这意味着要被人群散发出的恶臭包围。大部分罗马人的房子里配备的是粪坑式厕所，并且房间里的便壶一直都很流行。私人厕所通常就建在厨房旁边。罗马人显然是用（还有重复使用的）海绵棍子来做我们现在用的厕纸。用一位古典学者的话来说，"使用这种工具的卫生意义充其量也只是可疑"。

据估计，仅罗马这座城市每天就有 10 万多磅的人类排泄物被笨拙而不彻底地从城市中移走，更不用提无数动物居民的贡献了。由于可以用作肥料或漂洗溶剂，这里还有买卖人类排泄物的热闹交易。我们从最近一项关于罗马人粪便的重要研究中得知，居住在帝国首都内外的罗马人不幸被一些寄生虫感染，特别是蛔虫和绦虫，这完全在人意料之中，因为这些是不卫生的社会环境中很典型的。事实上，帝国的扩张只会加剧肠道蠕虫的发病率。我们原本期望城市生活可以逆转这无形的浪潮，但实际上城市的环境问题只是让帝国居民不堪重负。[34]

我们可以在一个意外的地方——死亡的季节性规律——找到罗马的疾病生态的印记，还能发现关于其性质的线索。在现代社会，传染病被大规模抑制，死亡在一年四季都会发生。但是，当传染病成为死亡的主要原因时，冷酷的死神就会在一年中制造出不均匀的节奏。致命的微生物对环境很敏感，一些携带传染原的载体也是如此，比如跳蚤或蚊子。一些病菌对季节非常挑剔，因此全年的死亡规律可以揭露出它们的痕迹。季节性死亡率是一种天然的法医手段。在罗马帝国的案例中，我们拥有大量关于季节性死亡的数据。当异教徒去世后，会在墓石上记录他们世俗生命

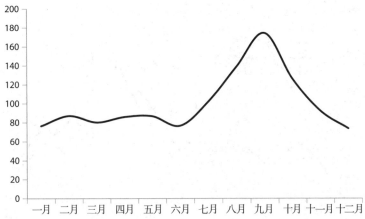

图 3.4　古罗马的季节性死亡人数

的长度。基督徒死后，会记录死亡的日期，并将此视为他们在身后世界中的重生日。这在无意中保存了一份古罗马的死亡日历。

罗马城中古代晚期（约 250—550）的基督徒墓志铭保存了超过 5000 个死亡日期，但这份样本存在偏差，偏向那些在 10 到 40 岁之间死亡的人。[35]

夏末秋初是死亡的高发期。罗马人深知，夏季的三伏天是很危险的。死亡的季节性差异之大，在历史中很少见，这说明古代的罗马存在一种异常致命的疾病池，而我们那份偏向年轻成人的样本进一步强化了这种印象，因为他们是人口结构中最强壮的人群。在死亡的季节性方面，男女之间没有明显分别，但在年龄分布上存在差异。在夏末和初秋，儿童、成人和老人都会病死，但由于老年人易受冬季呼吸道感染的影响，所以在冬天会遭遇明显的第二次高峰。最令人惊讶的是，表现出最大季节性振幅的是15 ~ 49 岁的成年人，巨大的波峰以 9 月为中心。或许，这些死者中有许多是移民，他们缺少抵抗当地疾病的获得性免疫力，这

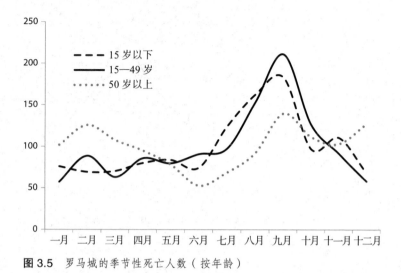

图 3.5 罗马城的季节性死亡人数（按年龄）

个城市对他们来说，是一个充满了陌生微生物敌人的地方。[36]

我们已经看到，罗马皇帝离开这个世界的时间表和他们的臣民一样。季节性死亡率的数据也表明，罗马的病菌库对于所有人是一视同仁的。富豪和社会名流的遗体埋葬在优雅的石棺里，从镌刻在这些石棺上的铭文来看，夏秋的死亡浪潮对所有人都是致命的。从地下墓穴墙壁上最不起眼的刻痕中抽取的样本，显示出那些中产或下层的居民也有类似的死亡规律。医生盖伦实际上记录了这一季节性的规律，他显然服务于上层阶级，也意识到秋天是最致命的。他认为，秋日里白天高温夜晚寒冷的极大温差，让人的身体失去平衡。"这种不规律的混合使人在秋天最容易生病。"总之，优越的营养和舒适的住所带来的优势，最终并没有使精英们免受城市的病菌生态的影响。他们同最卑微的人一样，以相同的方式经历了生命的过程。[37]

夏季开始的死亡峰期是由食物和水引起的胃肠疾病的特征。

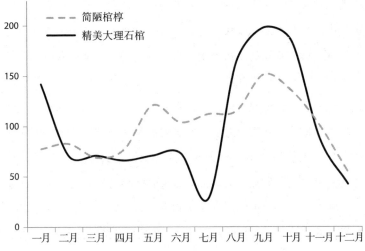

图 3.6　罗马城的季节性死亡人数（按阶级）

一系列急性腹泻在罗马一定非常流行。所有的迹象都指向细菌性痢疾和伤寒症。细菌性痢疾，特别是志贺菌病，是在受污染的食物和水中通过粪–口途径传播的。苍蝇可以传播这种细菌，而不充分的个人卫生也会加剧细菌的传播。志贺菌病的发病很突然，会引起让人虚弱的发烧和便血。伤寒症，例如沙门氏伤寒，一定也是个严重的威胁。沙门氏菌在自然界中广泛存在，潜伏在各种动物储存宿主体内，但沙门氏伤寒却是人类特有的。它也通过粪–口传播，特别是在水中。虽然它的症状不像志贺菌病那样剧烈，但在一个没有医疗防控的社会里，其结果也是致命的。夏季高温和卫生困境相互作用，在炎热的月份里激起了死亡脉冲。强大的罗马被最不起眼的病菌征服；不管这看起来有多么不协调，但腹泻可能是帝国中最致命的力量。[38]

　　古代罗马的死亡浪潮会持续到秋天。这里有一条线索，可以让我们追查到一个潜伏在罗马时期地中海的致命杀手：疟疾。疟疾是由一种叫作疟原虫的原生动物入侵引起的，这是一种单细胞寄生虫，具有复杂的生命周期，可以通过疟蚊传染给人类。有几种不同的疟原虫可以感染人类。三日疟原虫和间日疟原虫是罗马城中无处不在的危险，但对罗马世界的死亡率影响至深的，是这一属中最危险的代表，恶性疟原虫。这是一种能迅速致命的病原体，是古人称为"半间日发热"（semitertian fever）的病因，它的特点是在反复发热之后，每隔一天病情会急剧恶化。即使在今天，疟疾也造成了很高的发病率和死亡率，它对从没接触过疟疾的儿童或成年人造成的伤害最严重。在疟疾是地方性疾病的地方，它拥有"一种可怕的力量，是人口结构的决定因素之一"。疟疾是笼罩在罗马城和帝国其他核心地区上空的一片阴影。[39]

疟疾（malaria）这个名字的意思是"坏空气"，它是终极的

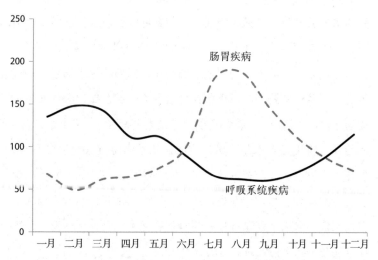

图3.7　1881—1882年意大利城镇，特定疾病造成的死亡人数（数据来源：Ferrari and Livi Bacci 1985）

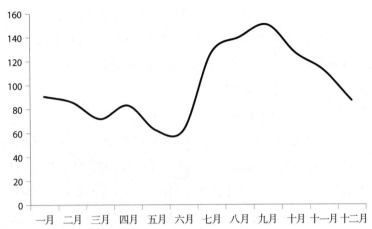

图 3.8　1874—1876 年罗马城，疟疾造成的季节性死亡人数（数据来源：Rey and Sormani 1878）

生态疾病。疟原虫是一个古老的敌人，起源于非洲热带地区，但现在的基因证据戏剧性地表明，恶性疟原虫是近期从大猩猩的一种病原体中分离出来的，可能只有不到 1 万年的历史。当罗马人建立帝国时，疟疾并不是什么新鲜事。但罗马帝国特殊的生态结构让疟疾流行起来。我们刚刚从意大利南部两处帝国早期遗址的考古标本中，发现了疟疾的 DNA 并对其进行了测序，这为病原体的存在提供了可靠的实证。疟疾是一种湿地疾病，是意大利中部和南部以及类似的地区的地方性疾病。在帝国的心脏罗马，文献和书面证据让我们可以在难得的细节中，发现某种特定地方性病原体的生态环境和影响。[40]

　　罗伯特·萨拉瑞斯（Robert Sallares）的工作为我们提供了关于疟疾的详细传记，以及它与罗马的特殊关系。古代的医学资料是帝国首都疟疾横行的宝贵见证。最伟大的见证人就是盖伦。他对间歇性发热的细致研究反映了 2 世纪时疟疾在罗马的活跃状况。

"我们不再需要希波克拉底或是其他人的证词，来证明这种（半间日）发热的存在，因为它每天都在我们眼前，尤其是在罗马。就像其他地方也有自己特殊的疾病一样，这座城市充斥着这种恶魔。"盖伦在记述中提到，它"主要在罗马"出现，这里的居民对这种恶性发热"最为熟悉"。[41]

　　疟疾的空间动态是由蚊虫滋生的地理范围所决定的。罗马人自己也知道沼泽湿地是瘟疫的场所。如何避开沼泽地里释放出的致命物质，又应该在哪儿以及如何建造房屋，罗马的农业作家和建筑师都有一些明智的建议。罗马以其糟糕的空气而闻名。城中的积水是疟蚊的产卵地。疟疾的发病率是一个怪异的地方性问题，而且意料之中的是，从帝国其他地区的古代基督徒墓石上推断出的季节性死亡规律，有时与首都明显不同。在意大利北部，死亡率在夏季达到顶峰，但在秋天就会下降，而在疟蚊猖獗的意大利南部，秋季的高峰将原因指向恶性疟原虫的发作。[42]

　　由于自身的性质，罗马文明似乎开启了这片土地的瘟疫潜力。农业扩张使文明深入到对蚊子繁衍有利的地区。森林砍伐导致了积水，把令人生畏的森林变成了蚊子更容易繁殖的田地。罗马的道路——例如图拉真下令铺建的阿庇亚大道，直接穿过疟疾肆虐的蓬蒂内沼泽——"在为疟蚊创造新的繁殖栖息地方面发挥了重要作用。"城市花园和水利设施将蚊子与人类拉近到一个难以忍受的距离。罗马人是杰出的环境工程师，而他们自己也知道。"如果有人要仔细计算在浴室、游泳池、运河、城市房屋、花园和郊区别墅中为公众提供的大量用水，以及在一切所到之处建造的桥梁、切开的山丘、填平的山谷，他会承认世界上没有比这更不可思议的存在。"但是，这些建造的环境却迎合了蚊子繁殖的需要。罗马帝国在无意中，成了蚊虫繁殖的一个实验场。[43]

疟疾不仅仅是许多疾病中的一种。它还阴险地渴望与其他病原体合作，其险恶的影响远远超出了原发性感染的危险。疟疾的后果包括严重的营养不良，使受害者易受其他感染。盖伦了解疟疾带来的慢性致命伤害，尤其是对儿童造成的损害；对于那些存活下来的人，身体发育受阻和免疫力下降的影响可能会持续几十年。疟疾还为佝偻病这类维生素缺乏性疾病扫清了道路，并且降低了患者对肺结核这类呼吸道传染病的抵抗力。疟疾环境似乎加速了所有生命的衰败。"为什么人在新鲜纯净的空气中衰老得更缓慢，而那些在洼地和沼泽生活的人却快速地老去？"但疟疾也可以快速致死，而且移民很可能特别容易受到攻击。许多徒步旅行者都死于罗马城中的疟疾。在盖伦时代的几个世纪之后，圣奥古斯丁的母亲在罗马的奥斯蒂亚港感染了疟疾，在经历了9天痛苦的煎熬之后死去。[44]

疟疾流行的范围对短期和长期的气候变化都很敏感。外界温度影响了蚊子体内疟原虫孢子的形成，疟蚊的水生繁殖地也随着湿度而变化。古人能够感知到这些环境影响。罗马时期的一段文字指出，潮湿的春天和干燥的夏天会带来一个致命的秋天。潮湿的全新世中期适宜蚊子繁殖，可能正是在早期文明形成的这最初几千年中，疟疾进入了环地中海地区。在罗马境内温带和亚热带的边界上，疟疾的流行对气候波动非常敏感。因此我们必须考虑一种不好的可能性。如果罗马气候最优期确实是一个特别潮湿的阶段，那么它对蚊子和它们身上的寄生虫来说，就是一个福音。[45]

在罗马和其他核心地区，疟疾是地方性疾病。适当的环境变化总是可以触发敏感的机关，让地方性疾病升级为流行病。盖伦了解传统的智慧："当一整年变得潮湿或炎热时，必然会发生一场非常大的瘟疫。"在近代早期，疟疾在罗马及其郊区每 5 到 8 年就会暴发一次。疟疾无疑是驱动古代罗马流行病死亡事件的主要因素之一。在罗马，死亡并不像稳定的滴水。它是季节性的，而且在流行病暴发的年代里尤其猛烈。有时候波动非常剧烈。古人对流行病死亡现象的混乱状态非常熟悉，警惕观察着瘟疫的初期迹象。"如果一个人生病了，还不至于让整个家庭陷入恐慌，但是，当接连不断的死亡表明有瘟疫发生时，城市会变得很混乱，人们纷纷出逃，并且向神明挥动拳头"。[46]

古代的资料记录了一些致命年份的到来和离去。现代历史学家可能还没有注意到，古代的大多数流行病都来自内部，而且是区域性的。一份从公元前 50 年到安东尼瘟疫之间所有已知瘟疫的年份目录很有启发性。名单并不长，可能是因为瘟疫太过寻常，其中许多都没有被记录下来。希腊语和拉丁语词汇中描述瘟疫的是一个通用术语 *loimoi* 和 *lues*，说明古人并不了解导致死亡事件的不同病因。在古人眼中，瘟疫是由瘴气、污染的空气、愤怒的神明，或是神灵愤怒与环境扰动的神秘结合引起的。其中大部分可能是疟疾，但我们很难确定；甚至一些更广泛的区域性事件，也可能是由气候振荡的协同作用造成的波动。[47]

在大规模流行病到来之前的这段时间里，古代历史中的大多数瘟疫可能都来自不断涌动的地方性疾病池，其中某一种疾病的突然扩散造成了瘟疫。疟疾和细菌性痢疾很容易在数年内就发生波动。博物学家老普林尼的观点可以提供一些信息，他认为，老年人可以幸免于瘟疫的侵袭：这意味着他们从以前的感染中获得的免疫力，在疾病突然暴发成为大规模死亡事件时，他们得到了缓冲。流行病的年份与短期的环境干扰（如洪水）密切相关，这也表明了疾病是由本地疾病池引起的，它们被气候波动升级为死亡浪潮。罗马世界反复被自己极度活跃的微生物池所袭击，但没有受到外来移动病原体的猛烈炮轰。[48]

表格 3.2 前 50—公元 165 年，所有已知流行病

年份	资料来源	事件
前 43 年	Cassius Dio 45.17.8	遍布"几乎整个意大利"的严重瘟疫；公元前 44 年的大规模火山喷发之后，无疑是气候史上具有戏剧性的一年；狄奥认为与台伯河泛滥有关；洪水之后可能发生了疟疾
前 23 年	Cassius Dio 53.33.4	罗马城健康堪忧的一年；台伯河泛滥
前 22 年	Cassius Dio 54.1.3	瘟疫遍布整个意大利，与台伯河洪水有关；狄奥含糊地推测："我猜想同样的事也发生在意大利以外的地区"；背景是，真正可怕的事情导致罗马元老院认为，他们需要奥古斯都担任执政官或独裁者
公元 65 年	Tacitus, Ann. 16.13 Suetonius, Nero 39 Orosius, 7.7.10–11	意大利出现暴风雨；严重的秋季瘟疫夺走了 3 万人的生命
公元 77 年	Orosius 7.9	维斯帕西安执政的第 9 年，罗马发生了瘟疫

续前表

年份	资料来源	事件
公元 79/80 年	Suetonius, Titus 8.3 Epit. de Caes. 10.13 Jerome, Chron. ann. 65 Cassius Dio 66.23.5	维苏威火山爆发，火山灰飘散范围甚广；罗马暴发了空前的瘟疫，每天死亡一万人
公元 90 年	Cassius Dio 67.11.6	不仅在罗马，而是几乎整个世界，人们由于被针头弄脏而死去。（这一晦涩的记述让人无从理解，而狄奥并没有宣称这是一场流行病。）
公元 117—138 年	Hist. Aug. Hadrian 21.5	哈德良时期出现了饥荒、瘟疫、地震
公元 148 年前后	Galen, Anat. Admin. 1.2 Galen, Ven. Art. Dissect. 7	"亚洲许多城市"出现了"炭疽热"流行病

　　疟疾或痢疾等疾病的流行，由于依靠媒介和环境传播，因此在空间上受到限制。将帝国各个地区连接起来的连通网络，能够促进微生物的运输和转移，但最先从此受益的传染性疾病似乎不是急性传染病，而是慢性传染病，例如肺结核和麻风病，它们抓住了帝国流通系统提供的机会。事实上，文本、考古和基因证据的结合表明，罗马帝国在肺结核和麻风病的传记中扮演了重要角色。

　　肺结核是由结核分枝杆菌引起的一种破坏力极强的呼吸道疾病。长久以来被认为是一个古老的敌人，然而现在的基因证据表明，它可能只有 5000 年的历史。它通过空气飞沫直接在人类之间传播，喜欢人口密集而肮脏的城市。它的病程从数周至数年不等，以咳嗽和消耗的方式折磨病人。一直到 20 世纪，肺结核都是致病和致死的一个主要原因，并且在今天仍然是一个恶毒的全球性杀手。就和疟疾一样，它的存在会严重影响它所占据的任何社会。

最早的希腊医学作家就知道肺结核的存在，这在罗马帝国也不是什么新麻烦。但是我们最近了解到，病原体历史中一个重要的进化时刻，大约发生在 1800—3400 年前，这次进化造就了最致命的现代病原体分支。这仍然是一个很宽的时间范围，未来的工作有可能会对此进一步优化。但在此之前，骨骼记录可以为我们提供一些线索。与大多数传染病不同，肺结核会在受害者的骨骼中留下标志性的损伤，因此可以用考古学方法进行追踪。在前罗马时代的遗骨中，结核病的痕迹极其罕见。例如，目前只在英国发现过一个疑似病例。在罗马统治时期，肺结核更频繁地出现在记录中。帝国一直被称为"欧洲肺结核蔓延的分水岭"。肺结核的进化史和罗马帝国似乎命中注定地交织在一起。遥远城镇的融合，很可能曾有助于历史上头号杀手之一的传播。[49]

罗马帝国也加快了麻风病在欧洲原本缓慢的传播速度。麻风病是一种由麻风分枝杆菌和弥散性麻风分枝杆菌引起的慢性传染病。它直接在人类之间传播，病理复杂，但最典型的特点是摧毁神经、破坏皮肤和骨骼，造成神经麻木和外形损伤，尤其是面部。它的发作缓慢、痛苦，而且使人衰弱。

麻风病可能是真正古老的疾病，有几十万年的历史，尽管具体时间仍然是一个悬而未决的问题。目前，全球已知最早的病例发生在公元前两千纪的印度。在罗马统治开始之前的几个世纪里，它从印度传入埃及，但 1 世纪末和 2 世纪初的老普林尼和普鲁塔克（Plutarch），都将其视为一种新疾病。以弗所的医生鲁弗斯（Rufus）也惊奇地发现，过去的伟大医生都没有描述过它。在考古背景中，麻风病从罗马帝国时期开始清晰地显现出来。最近，在罗马帝国的一个大型墓地中，从一个四五岁的儿童身上发现了麻风杆菌的 DNA。全球麻风杆菌的遗传多样性表明，麻风病的种系发生经历过多次主要分裂，其中有两次出现在罗马帝国早期前后。基因证据再一次说明了在一种致命细菌的传播过程中，公元一千纪初期的重要性。[50]

我们应该试着理解造成罗马人死亡状况的因素是多么依赖环境。帝国中的死亡状况，是由特定微生物机体的需要、方法和约束所决定的。这些微生物有自己的武器，也有自己的限制。疟疾急性且致命，但是受到地理范围和其蚊虫媒介的生命周期的限制。志贺菌病在人口稠密、污染严重的城市中繁衍，但却依赖于粪 - 口传播的本地途径。肺结核和麻风病直接在人类之间传播，钟爱罗马交通网络所开拓的无尽视野，但它们却是缓慢的移民。这些病原体——以及其他一些在记录中不太可见的病原体——的局限性是自我施加的生物限制，而非罗马帝国的疾病生态中所固有的。对于合适的病原体来说，帝国的环境可以提供难以估量的良机。

在伟大的普鲁塔克——以希腊罗马名人传记而闻名的作家——的短篇道德论丛中，有一篇提出了这样的问题：世界上是否还会有新的疾病？这种带一点科学成分的对话，在罗马帝国有修养的贵族中间颇受关注。普鲁塔克笔下的一位发言者坚持认为，新的疾病是有可能发生的。但他这样想只是因为世界上还有尚未探索的食物或时尚，可以以新的方式对身体造成损害，比如令人不安的时髦热水浴。他的反方论者认为，新疾病在理论上是不可能的。因为宇宙是封闭的、完整的，而且大自然不是一个发明家。

过去的伟大医生都权威地站在这个观点的对立面。接着，他坚持认为"疾病没有自己特殊的种子"，这是历史中许多意味深长的谬误时刻之一，似乎短暂地暴露了一种古老思想方式的基石。历史充满了讽刺，而且这是一个非常尖刻的讽刺，甚至就在普鲁塔克创作这篇彬彬有礼的探讨的时候，大自然已经在远处开始为一种新疾病的种子做准备，大多数罗马帝国中常见病原体的自我施加的生物限制，在这个新敌人身上都不存在。[51]

古典时代关于恒定自然的观念会遭到粗暴地反驳。野性正在准备一种新的、愤怒的、庞大的存在。

罗马人与全球联络网

在撒哈拉沙漠和热带湿润地区之间，有一片开阔的热带草原和干燥的森林地带，生活着一种叫作裸蹠沙鼠（*Gerbilliscus kempi*）的啮齿类动物。这些沙鼠分布在从几内亚到埃塞俄比亚南部的温带地区。一种被称为正痘病毒的病毒属广泛存在于许多啮齿类动物体内。但是，其中的一种沙鼠痘病毒（*Tatera poxvirus*），在已知情况下，只存在于裸蹠沙鼠体内。这一独特之处使这种沙鼠受到了不同寻常的关注。沙鼠痘病毒是骆驼痘病毒的近亲。这两种病毒，又是主天花病毒（*Variola major*）最近的已知亲缘物种（主天花病毒即我们通常所知道的天花病毒）。

这三种病毒几乎是同时诞生的。它们的祖先是某种啮齿类正痘病毒，在某次遗传分化中它们被分离出来。人类、骆驼和裸蹠沙鼠分别是这三种痘病毒的唯一宿主。生物地理学把这次进化事件定位于非洲。因为裸跖沙鼠的分布地区以及正痘病毒基因中记录的进化历史，表明非洲是天花最有可能的诞生地。[52]

从马可·奥勒留统治时期开始，在长达几百年的时间里，来自疆域之外的生物事件一次又一次袭击着罗马帝国。罗马疾病生态中最危险的组成部分就是商业联系，因为它使罗马人接触到了国界之外的新兴传染病。强劲的跨境贸易是罗马经济发展带来的必然结果，这种发展从历史意义上来说是早熟的。我们现在开始认识到从红海一直延伸到孟加拉湾的巨大贸易网络的规模和生命力，它将地中海地区与阿拉伯半岛、埃塞俄比亚，以及印度和远东地区连接在一起。虽然长期以来学者们一直怀疑这个商业网络的实际重要性，但在过去的几十年里，这种怀疑态度有所改变。考古发掘、偶然发现的新文本，以及对罗马贸易普遍活力的重新认识，都让我们看到了印度洋贸易的真实规模和重要性。

我们现代人习惯于这样的看法，即大西洋是把全球人类联系在一起的航道，并且推动了现代资本主义发展的浪潮。但在 1 至 2 世纪，当大西洋还是一道不可逾越的屏障时，印度洋看起来非常适合作为连接全球的纽带。罗马帝国的到来是一个催化剂。在罗马人吞并埃及后，他们就与麦罗埃的努比亚王国、埃塞俄比亚的早期阿克苏姆王国，还有阿拉伯半岛东部各个王国接壤。奥古斯都曾率领一支庞大的海军舰队沿红海航行。罗马在整个东南边境都采取了积极的政策。他们在尼罗河与红海之间建造的道路和运河极大地促进了贸易。大笔的货物通行费刺激罗马人建设并保护他们的商业网络。费拉桑群岛距离现今沙特阿拉伯与也门之间的海岸边界线不远，在这里发现了两份拉丁文铭文，生动地证明了罗马帝国的力量一直延伸到红海。我们了解到，就在阿里

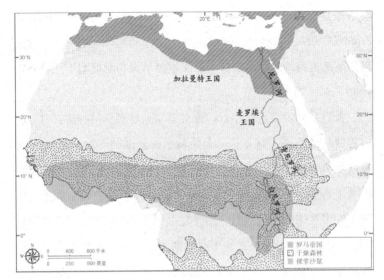

地图7 裸跖沙鼠的分布

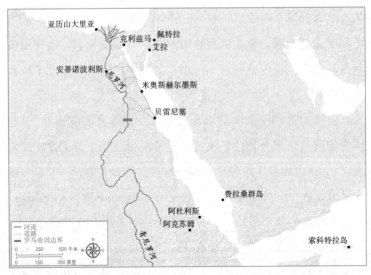

地图8 罗马人与红海世界

斯蒂德斯在罗马发表演说的那一年，图拉真第二军团（legio II Traiana）的一支分队在一个岛屿上建立了辖区和一座堡垒，这座岛屿距离最南端的罗马港口（位于埃及的贝雷尼塞港）还要向南1000千米。[53]

世界从来没有这么小过。地理学家斯特拉博（Strabo）写到，随着罗马的到来，每年从米奥斯赫尔墨斯港到印度的船只从20艘增加到了120艘。当2世纪中叶的托勒密在亚历山大里亚写作《地理学》时，他从"那些经常航海去印度的人"那里，得到了许多关于东方的信息，但是这些证人具有一定的自身限制："商人阶层一般……只专注于自己的生意，对探索没有兴趣，而且由于喜欢吹嘘，常常会夸大旅程的距离。"在他的罗马演说中，埃利乌斯·阿里斯蒂德斯声称，罗马人一定是将那些遥远土地上的果园摘得一颗不剩，因此从印度和也门运来的货物才会如此之多。阿里斯蒂德斯本人曾沿尼罗河前往"埃塞俄比亚"，寻找河流的起源，他在罗马势力的庇护下安然无恙。这样的旅程在几代人之前还是一场不可思议的冒险，现在却变成了惬意的旅行。[54]

罗马的消费主义和资本流通是点燃东方贸易的火花。"与印度的商业往来与其说是被打开了，不如说是经历了爆炸式发展。"贸易中的奢侈品包括丝绸、香料、玳瑁、象牙、宝石，还有异国奴隶。《红海环航纪》（Circumnavigation of the Red Sea）是这个时代的特色产物，它的作者是一个"商人而不是文人"。它证实了从东非一直到印度次大陆之间商业的复杂性。这本书是一位了解季风路线的希腊商人在公元50年前后写作的，它生动甚至饶舌地展现了一位船长眼中的贸易网络，这些网络从埃及海岸的米奥斯赫尔墨斯港和贝雷尼塞港，一直延伸到遥远的印度洋彼岸。[55]

强调奢侈品在贸易中的分量，并不是忽视贸易的规模、多样性和重要性。在一份亚历山大里亚的关税清单上，记录有 54 项需要缴纳帝国税费的货物，从中可以看出流通于东部贸易网络中的贵重物品范畴。据老普林尼估计，帝国每年会在东部贸易中流失 1 亿塞斯特斯。那是超过 2.2 万磅的黄金，大约是帝国军队预算的六分之一。普林尼偏好吸引眼球的总量（而且有一点厌女症，他责怪了罗马妇女轻佻的品味），而且我们认为，他的记录似乎有些夸大，直到一份莎草纸残片的出现，上面保存有一位亚历山大里亚商业金融家和一个商人之间的合同，这位商人做的正是往来于埃及和印度穆吉里斯的买卖。我们了解到，这艘商船（"赫马波隆号"）在返程时携带了象牙、甘松和其他贵重物品，其中包括 544 吨胡椒。这批单程货物的价值约为 700 万塞斯特斯：相当于 2.3 万吨小麦或 200 平方千米埃及土地的价值。

文本记录和文件内容强调了香料在印度洋贸易中的首要地位。毫无疑问，对香料的喜好推动了这种贸易。罗马最著名的食谱就出自这个时代，里面的内容在我们看来似乎对黑胡椒有些过度依赖。92 年，皇帝图密善还在罗马市中心建立了一个香料区，今天，马克森提乌斯和君士坦丁会堂废墟就坐落在那里，俯瞰着罗马广场。胡椒不只是一种异国的奢侈品。几天的工钱就可以买到一磅胡椒，而且，我们在哈德良长城的一份士兵订货单上也见到了它的身影。消费者的味蕾刺激了全球运输，从而带来意想不到的后果，这种情况在以后的历史中还会出现。[56]

我们的信息大多来自罗马一方，但是我们必须记住，当地海

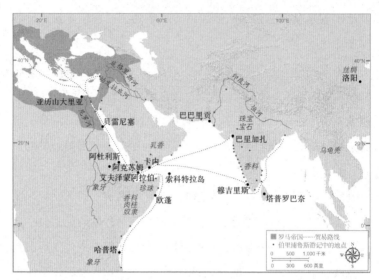

地图 9　罗马人与印度洋

员也是贸易的参与者，并且货物的流动是多向的。我们在整个印度次大陆都发现了罗马的商品和货币。泰米尔人的诗歌表达了当地人对来自西方"清爽而芬芳的葡萄酒"的赞赏。印度诗人描述了西方人停靠在穆吉里斯的"漂亮的大型船只"，"赫马波隆号"就是从这座城市返航的；在这里，他们带着黄金而来，"装满胡椒"而去。这里肯定存在一个永久性罗马贸易殖民区。波伊廷格地图（Peutinger Map）是罗马世界留存至今的最重要的一份地图，它告诉我们，在穆吉里斯有一座奥古斯都神庙，这是西方商人的宗教植入，他们把货物和神明带到东方，也带回西方。与印度海岸贸易相邻的，是一些深入遥远内陆的贸易活动，这些活动经过贵霜帝国，延伸到丝绸之路和远方的中国。中国人在罗马人心目中是"制作丝绸的人"。丝绸是一种令人垂涎的商品，在西方拥有重要的市场。在帝国早期，丝绸主要通过印度洋航线运输。[57]

罗马与中国之间的相互认知不断增强，表明世界正在日益缩小。《红海环航纪》是最早提到中国汉代的西方文本。2 世纪时的中国史料也非常清楚地记载，在遥远的西方有一个"大秦国"，也就是说，罗马。* 当托勒密撰写他的《地理学》时，罗马商人已经越过了马来半岛。中国的史书上记载了一批由"安敦"（Antun），也就是马可·奥勒留·安东尼派遣的罗马使团。人们理所当然地怀疑，这根本不是什么官方使团，而是一个冒险的商队，他们飘荡到泰国的海湾，在那里被中国皇帝的军队俘获。这些毫无准备的西方人被带到皇帝的朝廷，虽然他们献出了象牙、犀牛角和龟壳，没能给中国人留下什么深刻的印象，但"这是首次的交流"。就在同一年，卢修斯·韦鲁斯和他的军队从帕提亚战役归来。[58]

东非是这个世界不可缺少的一部分。《红海环航纪》的作者描绘了坐落在其"深水湾"上的阿杜利斯。这里有道路延伸到内陆的大城市阿克苏姆，它是象牙贸易的中心，并且注定要成为罗马南部边境上的重要角色。许多激发了罗马人想象力的奇异动物都来自东非。皇帝图密善似乎曾成功地把一只犀牛运到罗马，并将其印在他发行的货币上大肆宣告。在比阿克苏姆更远的地方，非洲之角掌握在一位名叫佐斯卡勒斯（Zoskales）的国王手中，他是"对自己的财产很吝啬的人，并且总是想要得到更多，但在其他方面，他是一个优秀的人，而且精通希腊文的读写"。撰写《红海环航纪》的商人对于在非洲沿海远至达累斯萨拉姆的地方

---

* 汉朝人称古罗马为"大秦"，最早见于《后汉书·西域传》。

应该买卖什么东西，有深思熟虑的见解。[59]

罗马帝国打开了"所有人类栖居地的大门"。希腊演说家狄奥曾说，罗马时代的亚历山大里亚"可以说是整个世界的交会点，这里有所有遥远国家的人，就像一座城市的市场，把所有人都聚集到一个地方"。他在那里看到，享受城市里的娱乐活动的，不仅有"埃塞俄比亚人和阿拉伯人，甚至还有巴克特里亚人、斯基泰人、波斯人和一些印度人"。这种混杂的人群是这个时代的特征。最近在位于非洲之角尖端150英里外的索科特拉岛的一个岩洞里发现了一些涂鸦，是通往这个世界的一扇奇妙而意想不到的窗户。超过200幅罗马时期的刻画，描绘了印度人、南阿拉伯人、阿克苏姆人、帕尔迈拉人、巴克特里亚人，还有希腊商人相互摩肩接踵的画面。这个岛在过去和现在都隶属于也门的哈德拉毛省，岛中包罗万象的涂鸦是印度洋上活跃能量的一种证明。由于索科特拉岛的地理位置，它注定会成为一个中间地点，在这个时代的最初几个世纪里，它是人类在世界某个角落的相遇地点，这个角落正是早期全球化的苗圃。[60]

那些拥抱非洲海岸、靠季风航行的商人也是一种隐形交换的载体。货物和神明所到之处，细菌也如期而至。印度洋系统真正的生物学意义并不在于融合了"欧亚大陆各个文明的疾病池"，而在于它形成了一种新兴传染病的超导体。热带地区是疾病进化的温床。非洲中部是地球上一些脊椎动物和微生物多样性最为丰富的地区。因此，这里一直是并且仍然是一个危险的进化实验区，是多数损害人类健康的病原体的摇篮。疾病史的戏剧性就在于病原体进化与人类连通性的不断碰撞。在罗马帝国，这两种力量的汇聚引发了非常严重的后果。[61]

大瘟疫

　　关于被称为安东尼瘟疫的死亡事件，我们掌握的信息之多实属难得。尽管如此，对于近两千年前发生的疾病事件，我们的观察必然会笼罩在一层薄雾中。这个谜团就从瘟疫进入罗马帝国的入境地点开始。

　　罗马人认为，死亡是从洗劫塞琉西亚开始的。可以肯定的是，塞琉西亚是波斯湾一个主要的贸易中心，波斯商人频繁往来于印度洋的海上航线。瘟疫从波斯湾蔓延到塞琉西亚，再通过回程的罗马军队扩散到各地，是完全有可能的。但实际上疫情可能并不是从那里开始的。

　　洗劫塞琉西亚的亵渎行为，以及阿波罗神庙里释放出的有毒蒸汽，只是一个恶意伪造的故事，用以抹黑共同执政的皇帝卢修斯·韦鲁斯和他的将军阿维狄乌斯·卡西乌斯。这位叙利亚将军后来试图从马可·奥勒留手中夺取帝国的控制权，他的名字因此在官方史册上留下了污点。这个故事永远不应该得到它所受到的轻信。在帕提亚战役结束前至少一年，我们就有这种疾病在帝国境内出现的证据。埃利乌斯·阿里斯蒂德斯的演讲将小亚细亚的瘟疫定位于 165 年。此外，在小亚细亚多山的内陆、弗里吉亚的古老城镇希拉波利斯的腹地，165 年时竖立了一座雕像，献给阿波罗·阿历克斯卡奥斯（Apollo Alexikakos），"抵挡邪恶者"。这位阿波罗有一段辉煌的历史：他击退了希腊记忆中最著名的雅典瘟疫。孤立地来说，这样一座雕像很难作为这种流行病存在的证据，但它可以作为一种间接证据，表明在罗马军队归来之前，疾病已经进入了帝国。[62]

　　一旦我们不再执着于罗马人讲述的关于瘟疫的起源故事，那么关于其足迹的其他线索似乎更有意义。几乎可以肯定的是，这种疾病是通过红海轴线潜入帝国的。在皇帝安东尼·庇护（统治期为138—161年）的传记中，一段不同寻常的记载显示，在他统治期间阿拉伯半岛曾有瘟疫发生。我们可能不太重视它，但是在阿拉伯南部诸王国的十字路口，也就是古代也门的伽兰地区发现的铭文，明确证实了死亡事件的发生。据公元160年镌刻在石碑上的赛伯伊文字记载，一次瘟疫摧毁了加鲁城（*Bayt al A¸hraq*），并且在之前的四年里感染了"整片土地"。虽然我们无法确认156年出现在阿拉伯半岛的传染病就是安东尼瘟疫的真凶，但这个巧合并不寻常。如果瘟疫确实起源于非洲，那么在罗马听说到的阿拉伯瘟疫，很可能就是风暴的前兆。一种新的微生物逃离大陆内部，找到了通往广阔印度洋世界的交通网络。[63]

　　一种几乎没有自我束缚的病菌，加上自身猛烈的暴力，一旦进入罗马帝国就被彻底放开手脚了。在盖伦的旅程中，我们见证了瘟疫向西推进的过程。他在自己声名高涨的时候突然离开了罗马。他的逃离是一个谜，因为他给出了两种不同的解释。在一篇早期作品中，他为回到帕加马做出的解释是语焉不详的家乡政治环境，一场内乱已经结束。但在后来的小册子《我的著作》（*On My Own Books*）里，他承认"大瘟疫"是他离开的动力。我们不清楚他到底是为了逃离危险还是匆忙赶去援助他的故乡。不管怎样，我们无法得知亲眼见证横扫了整个地中海的瘟疫向自己逼来，是一种怎样非比寻常的体验。在疾病抵达罗马之时或更早，盖伦逃离了这座城市。到166年的下半年，疾病开始在首都蔓延。这个大都市即将成为一枚病原体炸弹，将疾病的载体散射到整个地中海西部。168 年，传染病在阿奎莱亚的军队中肆虐，从一个据点蔓延到下一个，在整个西部呈不均匀的分形螺旋散布。根据杰尔姆（Jerome）的编年史，军队于 172 年受到瘟疫的严重打击。[64]

这些是我们看到的第一波疾病的阴影，它正加速从东蔓延到西部。除此之外，瘟疫的证据是没有规律的。我们从发现于尼罗河三角洲的一份碳化文件中得知，瘟疫对该地区造成了极大破坏。一份同时代的医学文献（被误认为出自盖伦之手）声称，瘟疫"像野兽一样，不是粗暴地摧毁了一小群人，而是摧残并湮灭了一座又一座城市"。高卢和日耳曼也未能幸免。在雅典，马可·奥勒留不得不降低这里最排外的社团门槛，那些近辈祖先还是奴隶身份的人，现在也可以进入神圣的位于阿勒奥珀格斯山的最高法院；令人震惊的是，这座城市在 167、169 和 171 年甚至找不到首席法官的人选；几年之后，一位来自雅典的演说家在皇帝面前演讲时哀叹道："在瘟疫中死去的人是多么幸福！"一份来自罗马奥斯蒂亚港的铭文记载，一个东方贸易商协会的成员严重减少，难以支付他们的会费。瘟疫在东方深入到小亚细亚和埃及内陆很远的地方，在北方越过了多瑙河。在任何有可能存在瘟疫的地方，都能找到它的证据。这次死亡事件是第一次名副其实的大规模流行病。[65]

安东尼瘟疫的范围震惊了同时代的观察者，虽然他们对流行病已经习以为常，但却从未见过如此大的空间尺度的瘟疫。人们在面对危机的时候，最先做出的是宗教上的回应。瘟疫总是会激起无助、原始的恐惧，而安东尼瘟疫就触及了人们内心深处的宗教恐惧。从远古时代起，阿波罗就与瘟疫联系在一起；在荷马史诗中，他是射出瘟疫之箭的弓箭手。在这次疾病爆发的过程中，谣言传说有一种瘟疫气体从塞琉西亚的长发阿波罗神殿中释放出来。人们将灾难归咎于阿波罗的愤怒，因此用各种绝望的方法试图安抚这位神明，于是留下了遍布帝国的遗迹。对于瘟疫的规模来说，这些遗迹是最显著的证明。

古代的多神崇拜是一种分散的宗教，神殿和祭司松散地嵌入到城镇和农村生活中。在崇拜神灵方面，罗马帝国是一个虔诚的时代，而且拥有巨大的创造力，这种开放性促进了所谓的宗教权威"民主化"。对于那些有进取心的预言家来说，瘟疫造成的恐惧为他们打开了一扇便利的大门。风趣幽默的希腊讽刺作家琉善（Lucian）曾描绘过一幅令人非常难忘的肖像，关一位与他同时代的江湖骗子，人称阿博尼泰克斯的亚历山大（Alexander of Abonoteichus），他向"所有民族"发出神谕以驱除瘟疫，其中还包括一条向长发阿波罗发出祈求的神谕。亚历山大命人将一些神圣的文字刻在门口，作为抵御疾病的咒语，但是按照琉善的说法，那些听从他建议的人尤其被瘟疫杀害。面对阿波罗的复仇所表现出的真实恐惧是一种很重要的证据，帝国的大部分居民的情绪可能更接近于亚历山大的轻信恐惧，而不是琉善的冷静超然。[66]

实际上，我们有相当数量的铭文显示了这种宗教反应的广泛影响。在帝国各个遥远的角落，发现了不少于十一块刻有文字的石头（十块是拉丁文，一块是希腊文），上面简短地写着"根据克拉洛斯的阿波罗神谕，献给诸位神灵和女神"。C. P. 琼斯（C.P. Jones）出色地推断出，这实际上是辟邪用的铭文，所有文字都刻在嵌在墙里的板上，用来抵御可怕的瘟疫。进一步的证据陆续出现。来自伦敦的一枚罗马时代的锡制护身符刚刚被公开。在这枚护身符上，从阿波罗神谕演化而来的辟邪咒语有一个更长的版本。在一份可信的护身符文字复原本中，琼斯为我们展示了这位神明曾禁止亲吻的证据；在古典地中海地区，亲吻是一种重要的社交问候方式，如果这种疾病是直接传播的，那么这个建议至少在医学上是合理的。[67]

在瘟疫暴发很久之前，阿波罗就已经是帝国的特别突出的融合神之一。他在狄迪马和克拉洛斯的神庙是神圣沟通的特权中心，将分布广泛、宗教各异的各民族的信仰与实践结合在一起。瘟疫肆虐的时候，整个泛希腊世界的城镇都会派出使节，绝望地寻求答案。在至少七个不同的地方，刻有文字的石头至今保留着阿波罗给他们的冗长回答。"有祸了！有祸了！一场巨大的灾难突然降临平原，这是一场难以逃脱的瘟疫，它一只手挥舞着复仇之剑，另一只手举起了刚刚遭受打击的人类深切悲恸的画面。它用各种方式滋扰着已被交到死神手中的新生之地——所有年龄段的人都在死去——肆意摧残着受折磨的人们。"阿波罗下令在城镇举行驱邪仪式来净化房屋，并通过熏蒸来驱散瘟疫。（后一种做法有可靠的先例：500年前，名医希波克拉底曾下令采用熏蒸法来驱避瘟疫。）

在另一些场景中，神谕还下令用祭酒和献祭来减轻强烈的痛苦。"你不是唯一被瘟疫毁灭性的苦难伤害的人，许多城市和百姓都在众神的愤怒中悲痛不已。"有时候，阿波罗会要求在城门外竖立一尊自己的雕像，拉着弓，"就好像从远处将箭矢射向夺人性命的瘟疫，这是一把可以摧毁疾病的弓"。

安东尼瘟疫引发的阿波罗信仰热潮，完全不同于古代铭文记

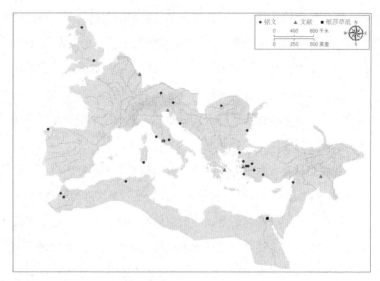

地图 10　可能出现安东尼瘟疫的地点

载中的任何事情。幸存下来的遗迹一定只是宗教恐惧的冰山一角。在这个绝望的时刻，对阿波罗的信仰极度活跃。尽管这些辟邪铭文只是对瘟疫产生恐惧的证据，而不是瘟疫本身的证据，但是它们为安东尼瘟疫的广泛传播提供了一种指示。[68]

　　我们不可避免地想知道，是什么病原体能够造成如此巨大的死亡事件。这个问题不仅仅是出于病态的好奇心。病原体的生物学决定了疾病事件的动态和规模，如果我们知道安东尼瘟疫背后的微生物身份，就有希望填补这个谜题的一些缺失部分。唯一有高度嫌疑的病原体是天花病毒，罗马历史学家们围绕这一身份达成了共识。我们将在这里提出，天花实际上是最好的假设，在某些方面甚至比以前所认为的更有说服力。但是，在分子鉴定没有给出肯定答案的前提下，得出结论是很危险的。不确定性依然存在，而且值得仔细研究。基因证据显示，天花的故事跌宕起伏。

最终我们很可能会发现，将病原体"天花"标记为罪魁祸首，是对一种更有趣、更复杂的进化事实的过分简化，但这种简化是可以原谅的。

我们一直没能对受害者考古遗骸中的微生物基因进行直接测序，因此，对历史病原体的鉴定就依赖于相关病理学和流行病学的信息——这种疾病在个体和群体中的表现。反过来，无论这是何种疾病，都必须至少与备选疾病的已知种系发生（它的家族史）相一致。在我们辨认安东尼瘟疫身份的过程中，至少有一个不寻常的好运气：古代最伟大的医生就在现场。盖伦在"大瘟疫"期间治疗了"无数"患者，尽管他没有写过针对这种疾病的专著，但是对观察到的情况留下了一些零散的、偶尔详细的资料。

有一些问题需要留意。即使拥有盖伦这样的观察者，回顾性诊断也还是一项有风险的工作。我们必须记住，盖伦并不是为我们写作的。在医学上，经验和观察总是受到文化背景的条件和期望的影响。尽管盖伦很伟大，但他的体液学说却限制了他的视野。盖伦认为，人体是四种体液的混合物，而健康就依赖于这些体液的平衡。盖伦并没有传染性微生物的概念，而且，和许多同时代人一样，大概认为没有可能会出现新的疾病。对盖伦来说，安东尼瘟疫一直是"巨大的"或"持续时间最长的"瘟疫，与其他瘟疫只存在规模上的区别，而没有种类差异。在盖伦生活的世界里，各种传染病泛滥，他并没有想要特别说明这种病原体引起的症状。因此，将他的记录作为回顾性诊断的资料，就像是要从一锅炖汤的味道反馈中，分辨出各种原材料。

尽管透过体液学说来观察，盖伦还是留下了一些敏锐的临床笔记。在他看来，这种疾病是一种被称为黑胆汁的体液过多造成的，黑胆汁的字面意思是"忧郁"，或许是瘟疫患者萎靡的状态催生了这样的判断。在盖伦眼中，疾病的症状是发烧、黑色脓疱疹、结膜发炎、气管深处溃疡，以及黑色或带血的粪便。那些有"干燥"体质的人最有可能在感染中存活下来。[69]

盖伦最长的病历记录保存在他的著作《医学方法》第五部中。它出现在一篇更长的关于如何愈合伤口的探讨中。一般来说，伤口愈合需要干燥。盖伦描述了一位气管和支气管深处有溃疡的瘟疫患者；盖伦认为自己发现了一种能使内部溃疡干燥的方法，可以挽救病人。在第 9 天，病人全身都起了疮，"几乎所有得救的人都是这样"。他咳出了一些结痂。盖伦让他仰面躺下，嘴里含着某种液体干燥剂。他最终恢复了健康。这位正在康复中的病人迫切地想要到罗马这个"瘟疫肆虐的地方"去，但直到第 12 天他才能起床。这篇探讨展示了盖伦关于瘟疫的病理表现最重要的一般性见解。那些活下来的人"在我看来，似乎事先就得到了干燥和净化"。因此，呕吐是一个积极的现象。那些能够活下来的人全身会出现密集的黑色脓疱突起；大多数人会生"疮"，而所有幸存者身上都有"干燥"的迹象。[70]

盖伦认为，发烧会使患者的血液腐坏。"对于这种疹（脓疱突起），不需要使用干燥药物，因为它们以这种方式自然存在：在 些同时有溃疡的人身上，被称为结痂的表层会自行脱落，这之后就离康复不远了，一两天后就会结疤。另外一些没有溃疡的人，疹的表现是粗糙、发痒，会像鳞片一样掉下来，出现这种情况的病人都会康复。"在他的专著《论黑胆汁》中，盖伦描述了覆盖全身的黑色脓疱，像鳞片一样变干然后脱落，有时候，在盖伦判定的疾病转折点出现的许多天之后，才发生这种情况。这些临床观察描述了水疱，然后是脓疱的发病过程，在结痂掉落之后，真皮层不再产生病变，只留下疤痕。[71]

天花感染是与盖伦的观察最接近的疾病。我们有必要详细地回顾一下主天花病毒的感染过程，在根除这种疾病之前的几十年里，全球各地的现代临床医生都对它有所观察。天花是一种直接传播的疾病。患者喷出的病原体通过空气飞沫传播。天花的病毒粒子一旦进入新的受害者体内，就会有极大的致病性：大多数被感染者都会在某种程度上生病。病毒以极快的速度在体内繁殖，先是在黏膜中，然后是淋巴结和脾脏；天花的速度超过了最初的免疫反应，一段时间之后身体才开始仓促抵抗。这种潜伏期相对来说可以很长，7～19 天不等，但通常在 12 天左右。病人在这个虚假的平静期内没有传染性，但同时病情也没有严重到不能活动，这意味着病毒可以传播得很快、很远。

表格 3.3　盖伦的疫病性皮疹

Exanthēmata melana	黑色突起 / 脓疱疹。这位希腊人意指喷出（词源学上指"盛开"，就像一朵花），脓疱从皮肤上冒出来
Helkos	伤口，疮。对盖伦来说，它意味着肉体连续性的破裂（Galen 10.232）。盖伦一再强调，在这场瘟疫的受害者身上，"所有"疮都是"干燥且粗糙的"
Ephelkis	痂。疮或伤口的自然硬化
Lemma	脱落的东西。这个词本来用于描述鱼鳞。对盖伦来说，那些皮疹没有变成疮痂的受害者，身上就像鳞片一样被刮掉了
Epouloō	结疤。盖伦经常使用这个词，用于形容愈合，生成瘢痕

表格 3.4 天花感染的过程

天数	传染性	病理
1	无	无症状
2		
3		
4		
5		
6		
7		
8		
9		
10		
11		
12		发烧，身体不适等
13		
14	有传染性	
15		红斑疹
16		丘疹
17		
18		
19		水疱疹
20		
21		脓疱疹
22		
23		
24		
25		结痂

续前表

天数	传染性	病理
26	传染性减弱	
27		
28		
29		
30		
31	无	结疤
32		

　　最初的症状是发烧和不适，而且出现得很突然。患者很快就具备了传染性，同时伴随一些呕吐、腹泻和背部疼痛的症状。在最常见的病程中，发烧在几天内就会消退，退烧的同时出现皮肤病变的第一个先兆。咽喉或口腔内会形成疼痛的病灶。全身出现斑疹，在面部和四肢比躯干更密集。皮疹出现后的两周左右会发生很多状况，痘疹会拱出皮肤形成水疱。随后这些突起会变成脓疱，大概 5 天之后开始结痂。病人在发热和开始起疹时传染性最强；传染性会一直持续到结痂脱落，之后留下难看的疤痕。整个感染过程大约为 32 天。[72]

　　这是天花感染的一般过程。有时也会有一些变化。在正常暴发时，少数病例会有出血性症状。在"早期出血"感染类型中，患者会很快死亡，可能就在发烧的第二天。病人身体各处都有可见的出血，皮肤变得粗糙，在典型皮疹出现之前就会死亡。在"迟发性出血"感染类型中，出血表现在脓疱形成之后，通过皮肤渗出。这两种出血性天花都倾向于攻击成年人，而且几乎总是致命的。[73]

　　天花的症状与其他会出现脓疱皮疹的疾病相似，比如水痘或麻疹，尤其是早期症状或轻度病例上。在麻疹的病程中，2 ~ 4 天的前驱发烧伴有咳嗽和结膜炎，在随后大约 8 天的时间里，皮疹会从头部蔓延到身体其他部位；与天花不同的是，麻疹不会在皮肤上形成突起，也不会留下疤痕。在水痘的感染过程中，发热和皮疹会同时出现；皮肤病变比天花浅一些，在各部位依次出现，蔓延到全身，但很快就会褪去。天花的区别性标志是皮肤上突出的深层脓疱，它们在长达两周的漫长过程中，会同时出现在全身，在四肢比躯干更密集，有时甚至还出现在手掌和脚底。

　　盖伦的观察符合主天花病毒的症状。在天花感染的过程中，死亡发生在症状出现后 10 天左右，这与盖伦的观点相一致，他认为第 9 ~ 12 天至关重要。发烧是普遍现象，但并不是特别严重，这样的描述与天花极为相似。盖伦曾暗示，脓疱的紧密聚集是一种积极的表现——这与现代临床医生的意见不同，他们认为融合性病变是一个不祥之兆。但是，盖伦在这里参考的是幸存者这一子群。两位利特曼（Littman）的一项研究得出的结论现在看来仍然很合理：盖伦见过天花的出血性表现。它的标志在盖伦眼中是非常黑的粪便，也是最坏的预兆。盖伦认为，所有瘟疫患者所经历的黑胆汁过量，可以表现为干燥的黑色皮疹或是便血。前者带给病人希望，而后者则意味着血液已经"完全煮熟了"。盖伦没有具体说明脓疱是同时出现在全身还是在局部依次出现，是集中在身体的躯干还是四肢，以及有没有出现在手掌或脚底，因此他的描述无法让我们确诊。但是，他所描述的皮疹，从病变突起的出现到结痂和结疤的过程，可以让我们跨越我们与古代医生之间的文化鸿沟，将天花锁定为安东尼瘟疫的病因。[74]

天花并不是一个特别古老的宿敌，基因证据表明，它的经历短暂而曲折。分子时钟测年法是一种估算进化事件发生时间的方法：它为测量某种处于一定阶段的遗传变异所经历的发展时间提供了一种可能性。天花和非洲沙鼠痘病毒共有同一个祖先，一项分析将天花从两者最近的共同祖先分离出来的时间定位于仅仅2000～4000年前。天花并不是很久以前就存在于亚洲的"文明疾病池"中的。一项新的基因研究表明，天花在16世纪左右经历了一次重要的进化，导致这种病毒以一种更加致命的形态在全球范围内扩散，这个时期正是一个探索和建立帝国的时代。从天花起源到近代变异之间的这段历史，仍然是一个未解之谜。[75]

关于天花，最早的文字证据也只是来自公元第一千纪。除了安东尼瘟疫，4世纪的中国也出现了疑似天花的流行病；5世纪末发生在埃德萨的一场瘟疫，根据记述来看很有可能是天花。之后，从6世纪开始，许多医学文献中都出现了关于天花的描述，从亚历山大里亚的医生亚伦，到中世纪的印度医学经典，如马达瓦－卡拉（Madhava-kara）在8世纪初撰写的《马达瓦疾病论》（*Madhava nidanam*）中都有。9世纪末到10世纪初，波斯医生拉齐斯（Rhazes）撰写了一部非凡的专著，内容是天花和麻疹的鉴别诊断。[76]

随着越来越多的基因数据从考古样本中被复原，我们或许能得到一幅更完整的图像。目前的一种假说认为，天花是从一种啮齿类动物的正痘病毒进化而来成为一种人类特有的病原体的，这一转变发生在安东尼瘟疫之前的非洲。2世纪这场瘟疫的病因，可能是一种已经灭绝的、毒性很强的天花支系，也可能是中世纪较温和的天花病毒的祖先，抑或根本就不是天花，而是另一种疾病，尽管目前还没有合适的备选对象。总有一天，基因证据会告诉我们答案。而更深层的重点在于，人类病原体的进化史在最近几千年里一直是动荡不安的。

没有多少病菌能够引发这样的瘟疫，特别是在几年内就实现了跨越大洲的传播。安东尼瘟疫的各种表现都指出，这是一种具有高度传染性、直接传播的疾病。古人将瘟疫看作一种瘴气，也就是说一种气态污染，像一团毒云一样在大气中流动，我们不应该由此被误导，把疾病的传播想象成一系列不断扩大的同心圆。这样做相当于放弃了追溯安东尼瘟疫的传播和人口动态的一切希望。大规模流行病更像是一种有毒而易裂变的弹球，每一次碰撞都会将目标击得粉碎，然后再从接触点向外四射。传染病的蔓延是混乱的，但也受到相互连接、城市化的罗马帝国固有的可能性和限制的影响。大规模流行病总体上从东南向西北移动，但是由于依赖人类活动而不是风向，它的足迹无法预测。除非我们能想象出大体箭头之下的复杂分形，否则一个简单的箭头是不恰当的。[77]

现代历史学家统计的安东尼瘟疫死亡人数，从 2% 到三分之一的帝国人口——150 万到 2500 万——不等，想到这一点时，我们面临的挑战难度才全部显现出来。这是研究两千年前的疾病事件时不可避免的风险。我们没有死亡清单，只能依靠疾病在特定地点、特定时刻造成的影响所留下的一些蛛丝马迹。这些痕迹至关重要，但是需要谨慎对待，因为死亡事件的整体影响在很大程度上取决于背后的社会和生态因素，这些因素即使在罗马帝国内部也有很大差异。瘟疫在村庄、军营或是大都市里产生的影响是不同的。[78]

　　从根本上说，病原体对人口规模的影响主要取决于它传播的方式和途经。一种流行病的动态机制可以缩小到几个关键参数：总体接触率、传染风险和病死率。感染人数的计算方法是总体接触率乘以传染风险，即患者接触的人数和这些人受到感染的概率。一般来说，传染风险几乎完全由生物学决定。天花病毒具有很高的传染性，但不如麻疹或流感这类传染性更强的疾病。一份来自巴基斯坦农村的报告称，居住在有一位感染天花的亲属的小型家庭里的人70%都感染了天花，70%是一个很常用的数字。盖伦很喜欢讲述自己的病史（他在青年时发烧过四次），尽管治疗过数百名患者，但没有迹象表明他曾受到感染。因此，感染的风险很大，但不是百分之百的，甚至那些接触到患者的人群也是如此。虽然几乎没有人对天花有被动或先天的免疫力，但幸存者被赋予了强大和持久的抵抗力。[79]

　　最有趣的变量是总体接触率。病原体的实际传播机制对流行病的传播过程影响最大。例如，天花病毒是一种空气传播的病原体。它通过咳嗽、打喷嚏或是唾液离开最初的患者，然后通过鼻子或口腔进入下一个受害者。由于它的潜伏期很长，大约12天，受感染的人可以在无法行动之前将病毒带到新的地点。患者的高度传染期约为12天；在之后的几天内，患者仍然是潜在的感染源，这时候脓疱正在形成结痂。病毒在空气中传播，但不会飞得很远——只有三四英尺的距离。埃利乌斯·阿里斯蒂德斯提供的报告就完全在人意料之中，他的家庭成员一个接一个全都感染了瘟疫。但是，阻碍天花蔓延最有力的障碍就是三四英尺的病毒移动范围，以及患者在发病时无法行动的状态。任何能对危险范围内的人数产生重大影响的因素，都会影响传染病暴发的动态：从照顾病人的文化规范，到大规模的交通网络。一个三四英尺的小问题重复累积了数百万次，最终形成了罗马帝国安东尼瘟疫的巨大问题。[80]

一系列结构性事实结合在一起，提高了帝国内的接触率，为一种具有传染性、直接传播的病原体创造了肥沃的土壤。强大而有效的交通网络通过陆路和水路将帝国连接在一起。不过，罗马世界仍然是一个古代社会，旅行所花费的时间和费用本身就是病原体传播的阻力。城市化孕育了密集的居住区，通常是拥挤的住房单元，但绝大多数人都住在农村。罗马统治下的社会所具备的文化条件，使它们意外地容易感染急性传染病。病菌理论的缺失（尽管对接触性传染并非一无所知）意味着没有科学理由来惧怕患者，而且，大规模的医疗组织主要是基于家访的形式，因此也会在城市中四处传播疾病。罗马帝国中的人群在面对这样一个新敌人的时候，没有任何先前的社会经验可以帮助他们实现缓冲。当然，阿波罗反对亲吻的禁令，或者马可·奥勒留围绕他的儿子康茂德建起的防护措施，显示了人们对这种疾病的传染能力一种粗略的认识。

病死率取决于病原体的毒性和人群的体质。即使是流行性天花这样致命的病毒，病死率也只在 30% 到 40% 之间，所以大多数感染天花的人都活了下来，而且具备了免疫力。天花主要攻击小孩（免疫系统正在发育）和老人（免疫系统薄弱）。总体病死率取决于受致命病原体袭击人群的年龄结构。此外，之前存在的病原体负荷可以影响疾病暴发的致命性。例如在新世界，"低海拔、潮湿和炎热地区的病原体负荷比其他地方更重，它们与从欧洲引进的新疾病相互作用，产生更为负面的效应。"安东尼瘟疫与恶劣的疾病环境协同作用，加剧了死亡率。[81]

　　其他一些因素缓和了瘟疫的打击效果。城市里有组织的医疗机构有助于确保病人得到照顾；尽管放血疗法和盖伦建议使用的那些"干燥剂"可能会让事情变得更糟，但基本护理的价值是非常大的，因为病人能否得到食物和水，往往是生与死的区别。盖伦指出，那些可以吃东西的病人活了下来，而没有吃东西的通常都会死去。没有文字资料记录安东尼瘟疫时出现了社会混乱；社会秩序似乎保持了完整，或许发生在尼罗河三角洲的一场复杂危机是个例外，那里的生态变化、社会暴力、财政债务还有瘟疫导致社会彻底解体。在罗马，据说马可·奥勒留用公共开支为穷人提供丧葬费用；但对于其他城市我们一无所知。[82]

表格 3.5　安东尼瘟疫的流行病学因素

总体接触率	传染风险	病死率
+ 交通网络	重型天花可能在 0.70 左右	+ 年龄结构
+ 人口密度		+ 病原体负荷
+ 多户住房		– 医疗基础设施
+ 细菌理论缺失		– 没有出现社会崩溃
+ 医疗基础设施		+/– 营养缓冲
+ 社会学习缺失		

+ 使死亡率升高　– 使死亡率降低

　　在沉寂了很长一段时间之后，瘟疫又出现过至少一次大暴发。实际上，对于一种直接传播、给幸存者带来强大免疫力的病毒来说，这是一种正常的现象。如果人口足够多，那么病毒可以悄悄躲在城镇的某些角落里，或是在返回之前在其他城镇和村庄里继续蔓延。一旦易感人群的比例再次上升，就有可能暴发新的疫情。165 年天花第一次出现在罗马帝国，之后在各个地区之间不断侵扰，至少持续到 172 年。地理条件和人类网络的双重影响，结合病原体自身的生物规律，决定了疾病的扩散状态。

当瘟疫在整个罗马帝国蔓延的时候，其许多分支很快就失去了自身的动力。从这一点来说，罗马和亚历山大里亚这样的大都市不仅是第一波病菌传播的引擎，而且它们庞大的人口也让为数不多的微生物潜伏在我们的视野之外。当生育和移民使易感人群的数量有所增加，大城市就变成了等待再次暴发的定时炸弹，将病原体再次弹射到分散的偏远地区。因此，182—183 年的诺里库姆还有 178—179 年的埃及出现的一些瘟疫迹象并不令人惊讶，这些信息来自幸存的纸莎草纸和铭文。人们不禁要推测，在埃及，这段时间存在一次来自亚历山大里亚的反弹波。在西方，有生动的证据可以证实，第二次大暴发出现在 191 年的罗马。这次旧病复发时，每天有超过 2000 人死亡，这让那些以为最糟的时候已经过去的民众感到非常惊骇。[83]

我们的大部分书面证词都是以广阔的视角来观察这次致命的流行病。但在一些宝贵的案例中，我们有机会将画面放大，看到更细致的视角。在一个例子中，来自尼罗河三角洲的一份碳化纸莎草纸提供了一种近距离的观察，它捕捉到了在门德斯城附近的 20 多个村庄里，出现了所谓的"人口大出血"。这些村庄人口大幅减少，使其上缴的税款少得惊人，由于三角洲地区复杂的水文变化，这里的人口可能从 2 世纪中期就开始减少了。但是，写于 170 年的一份文本，尤其突显了散布在这片三角洲上的村庄总体的人口损失。在一个名叫凯尔肯努菲斯的村庄，据说由于土匪起义、逃税和"瘟疫情况"，到 168—169 年已经没有人居住了。在这里，瘟疫将一个处于边缘和挣扎的环境推向了彻底崩溃的状态。[84]

在三角洲河流上游很远的地方，在法尤姆一个叫索克诺派欧内索斯的村庄，可以找到关于第二波瘟疫死亡率的证据。这个村子坐落在摩里斯湖北岸，沙漠的边缘，这个祭司村的中心是鳄鱼神的祭拜场所和神殿，而渔业、农业和商队贸易让这个村庄的收入多元化。178—179 年的冬天，灾难再次降临这个村庄。178年末，这里还有 244 名成年男性，其中 59 人死于 179 年 1 月，19 人死于 2 月。这份文献给我们提供了一张死亡人数的快照。这意味着在第二波瘟疫中，仅仅两个月的时间内，人口中最强壮的亚群体的死亡率为 32%。如果病死率为 50% 的话，那么两倍于死亡人数的人——244 名男性中的 156 人——可能都感染了这种疾病。这个微观世界所揭示的是，在帝国这个人口密集的角落里，有效接触率可能会非常高。索克诺派欧内索斯这样的村庄与外部世界有着生物上的联系，一旦病毒在定居点内被释放出来，就会从一个受害者迅速转移到另一个受害者。[85]

这两个小的案例研究很有价值，但我们不能把它们当成具有代表性的样本。三角洲的村庄是动荡的环境中的一些边缘社区，面临着多方面危机。而法尤姆的村庄则有着埃及不同寻常的人口密度，同时还处在相互连通的山谷定居地之中。这两个村庄可能比帝国普通定居点遭受了更严重的冲击。

这次疾病对军队的打击非常严重。据编年史记载，到 172 年，军队几乎消失殆尽。马可·奥勒留的传记中保留了向奴隶和角斗士开放紧急征兵，以及对强盗进行特殊征召的记录。希腊中部一个城镇的铭文记录了军队紧张的状况，在正常情况下，这里的居民是被豁免兵役的，但在 170 年左右，超过 80 名男子进入军队服役，人们将此看作军队"人力严重短缺"的信号。但是，瘟疫对军队人数造成的影响最引人注目的一个标志，是来自克劳迪亚第七军团的一份退伍军人名单，他们是在 195 年服役满 25 年后退伍的。在对罗马军团每年进出人数进行合理假设后，我们可以看出退伍名单在这一年突然扩大，显示出军团在疾病第一次暴发时大约失去了至少 15% ~ 20% 的人，在随后的几年中，军团又匆忙地将人数填补回来。虽然营房的生活方式可能会加速病原体的传播，但士兵正值壮年，而且有可靠的供应和护理系统，应该比其他群体的死亡率要低得多。同样，这个样本也不具代表性，只是展现出当这种杀手在一定条件下被释放后，将具备怎样的能力。[86]

一些罗马历史学家曾经论证过，大规模流行病对人口的严重影响，还反映在一系列有时间标记的文献的突然中断上，例如埃及纸莎草纸、建筑铭文、军队退伍证书等等。事实证明，这种探究只具有启发性而非结论性，主要原因在于这种记录的中断只能表明危机的存在，却不能指出其原因。不过，这种罕见规模的瘟疫，是引发危机的最大嫌疑人。灾难迅速演变成系统性危机，其人口上的根源被各地区实际价格水平的长期变化所证实。[87]

在瘟疫中，帝国的银矿开采似乎突然崩溃，引发了短期货币危机。埃及的行省货币从 164—165 年开始出现银币贬值，到 167—168 年进一步加剧。然后，从 170—171 年直到 179/180 年，亚历山大里亚的银币铸造完全停止了，这是行省货币生产中一次

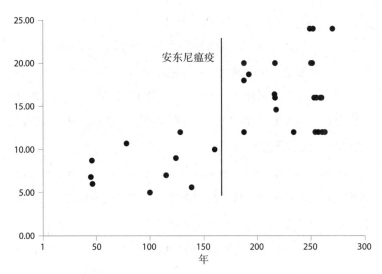

图 3.10 小麦价格（德拉克马 / 阿塔巴）

德拉克马：古希腊银币

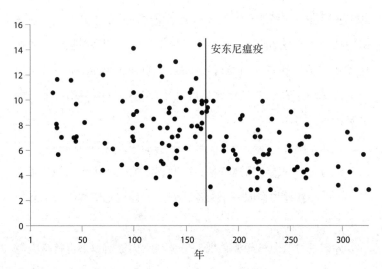

图 3.11 以实物为形式的租金（一百升小麦 / 公顷）

异常的中断。我们在巴勒斯坦（从 166—167 年到 175—176 年）和叙利亚（169—177 年）的城市铸币厂也发现了同样的断裂，表明这是一个非常广泛的问题。对抗帕提亚的军事行动和战争机器的开支已经使帝国财政系统备受压力，而瘟疫又把它推向了更危险的境地。从 2 世纪 60 年代一直到 70 年代，货币和财政基础结构在瘟疫的影响下摇摇欲坠。

在埃及，我们可以看到人口和货币受到的冲击导致价格快速变化。名义价格——价格的货币面值，在这里是德拉克马——翻了一倍。也就是说，货币的购买力降低了一半，这在一系列商品的价格上显而易见，包括最基本的商品——小麦。[88]

瘟疫对经济的冲击很严重。以小麦为价值衡量的实际土地价格暴跌。突然之间，土地不那么值钱了，很可能是因为对土地的需求急剧萎缩。实际工资的变化是一种抵消效应。虽然理论上劳动力变得稀缺，并且死亡冲击让工资水平有所上升，但经济受到的一些损害——商业衰退或技术资本减少造成的生产力损失——使普通工人无法获得任何可见收益。不过，实际农业租金的变化反映了土地和劳动力相对比重的深刻转变。佃农租用可耕地的费用猛然下跌，并且在之后的几十年里一直维持在一个新的平衡状态。[89]

总之，所有证据——从宗教回应的痕迹到遍布帝国的关于死亡事件的文字记录，从瘟疫暴力的微观显像到经济影响的广阔视图——都一致地指向同一个结论，安东尼瘟疫是帝国前所未有的大规模死亡事件。

人们不可避免地想要得到一份总死亡人数清单，也就是大规模流行病的一份可怕的伤亡统计。关于安东尼瘟疫，我们必须小心处理罗马疆域内部的巨大差异。与其他地区关系密切的帝国的沿海地区最容易接触到全帝国范围内流行的直接传染疾病。大片乡村地区由于自身偏僻的位置而获得了缓冲；埃及村民的境遇要比那些定居点更为分散的行省居民（如帝国西部大部分地区）更糟糕。帝国的年龄结构意味着必然有不计其数的婴儿和幼童被瘟疫裹挟而去，成为消失的一代人。事先存在的病原体负荷也会加重疾病的死亡率。

大部分估算安东尼瘟疫总体死亡人数的结果都落在10%～20%之间。这场瘟疫唯一的一个流行病学模型（基于病原体是天花的假设），得出整个帝国的死亡率为22%～24%。帝国的核心地区很可能会有高接触率和高死亡率，而内陆偏远地区和外围地区却能得到很大缓冲。军队的死亡率高达约15%～20%，可能已经接近帝国最核心地带所能达到的最大值，这些地区通常位于地中海沿岸，依靠航线彼此紧密相连。即使我们将罗马的死亡率定在这一范围的下限，那也意味着至少有30万的首都居民感染了这种疾病，其中有一半人死亡。因此不难想象，这样的破坏会如何在我们所有的信息来源中回荡着深刻的恐怖。最后，我们还有大片的信息空白，特别是关于疾病在农村地区的渗透，这些空白大得让人不安。但是不管怎样，如果我们要将整个帝国人口作为对象，那么10%左右的猜测应该是谨慎的，流行病最严重的地区，死亡率可能是这个数字的两倍。如果这种病毒确实带走了帝国7500万人中的700到800万，那么从绝对意义上讲，这是当时为止人类历史上最严重的一次疾病事件。[90]

在历史进程中，一定有许多病原体如流星一般从森林或田野中跳出来，迅速感染小部落或村庄里所有的易感宿主，直到群体灭绝，它们突发的暴力只会将自己带向灭亡。引发安东尼瘟疫的微生物如果不是跳上了一座空前广阔、拥有发达连通网络的历史舞台，大概也会走入进化的死胡同，落得如此命运。从这个意义上讲，罗马历史的进程被微生物进化和人类社会的偶然结合改变了。[91]

韧性与新平衡

安东尼瘟疫标志着一个转折点，是罗马国家和社会发展中一段轨迹的终结。但是，我们不应该把它视为将帝国工程带向最终覆灭的致命一击。即使帝国的总死亡率高达20%，也只是将帝国人口减少到了奥古斯都统治末期的水平。一方面，一个半世纪以来的强劲增长的破灭是一个巨大的打击，但另一方面，奥古斯都的帝国并没有因此变得人烟稀少。而且，安东尼瘟疫也没有破坏罗马人口规模的内在逻辑。这可能就是罗马帝国与饱受流行病（包括天花）蹂躏的新大陆人群之间最重要的区别。殖民、奴隶制和资源开采让这些动荡的社会陷入瘫痪状态；微生物泛滥的真正影响在很长一段时间后才会显现。"人口系统'受损'越严重，其遭受冲击之后越是难以回弹，新疾病的长期影响就越大。"[92]

安东尼瘟疫之后的罗马帝国并没有发生这种解体。瘟疫过后的几十年里，幸存者将生育能力提到了最高水平。在第二次暴发之后，直到249年的西普里安瘟疫之前，没有再发生过重大的流行病事件。如果病因是天花，我们没有证据表明它曾留在帝国最大的几个城市里成为本地疾病。流行病过后几代人之后，人口再次增长，尽管没能恢复到从前的峰值。就连埃及的索克诺派欧内索斯村的人口似乎也出现了反弹。安东尼瘟疫没有使帝国陷入无法恢复的人口失控状况。

但是，这次死亡事件比帝国经历过的任何事情都要严重得多，带来的冲击让帝国系统承受重压。随之而来的政治考验是深远的。财政危机使帝国面临严峻的挑战；奥勒留曾在168年靠拍卖宫殿里的珍宝来筹集资金。基础的农业规律被打乱了。盖伦记述道："在许多臣服于罗马的地区，连续的饥荒不只是几年而已。"饥饿的城镇居民来到农村，"按照他们一贯的做法，收集足够维持一整年的小麦"，将田地搜刮干净，让乡下人靠树枝和草根生存。值得注意的是，这份关于帝国盛期时集体经历的大规模饥荒最生动的证词，就来自大规模流行病之后。但是总体来说，帝国的结构并没有面临解体。[93]

大规模流行病的影响从总体来看更为微妙。如果说人口减少到了接近奥古斯都时期的水平，那这期间帝国的政治和道德机制也已经发生了改变。其中最重要的就是统治责任的增加。一个四处征服的霸权帝国已经成为一个地域帝国，在一个共同的政体中逐渐同化了各个民族，并且要求他们保持忠诚。帝国的公民和臣民都要求得到和平与秩序的回报。他们对政府是有所期望的；我们碰巧知道有一位埃及的总督，他在瘟疫过后一次为期三天的巡回中，从行省人民那里收到了1804封请愿书。在马可·奥勒留统治时期，帝国与城市精英之间的重大交易被证明是成功的，但并不完全稳定；行省贵族在帝国社会的最高阶层中逐渐占有一席之地，而帝国需要他们服务的范围也比以往任何时候都要大。他们的财富和责任，都使他们渴求一种奥古斯都无法预见的地位和名望。在奥勒留统治时期，战争和瘟疫的紧急状况，加上这位哲学家皇帝宽容的态度，为那些有天赋的行省人才搭建了更宽阔的舞台。大规模流行病加速了帝国的行省化过程。[94]

边界之外还有更大的变化。由于受到帝国先进文明的影响，在紧邻帝国的蛮族地界促进了二级国家形成*的过程，在多瑙河边界上，强大敌人的崛起代表着一种深层次的地缘政治转变。被转移到东部帕提亚战役中的三个军团，是冒着经过计算的风险的。这个计划是让卢修斯在解决东部问题之后，再转向解决北方问题。当卢修斯在指挥作战时，奥勒留在罗马已经为北方的行动增加了两个新的军团。事实证明，这一切都发生在错误的时间。卢修斯的得胜部队在瘟疫的阴影下艰难回到家乡。在这期间，西部也暴发了瘟疫。北方远征被推迟了一年。来自前线的消息不容乐观：马科曼尼人（Marcomanni）和夸地人要求得到帝国领土的一部分，不然就要开战。当奥勒留和卢修斯终于开始北方战役的时候，军队在阿奎莱亚的冬季营地里遭到瘟疫的蹂躏。正如盖伦所担心的，他被皇帝召到这里。卢修斯本人死于瘟疫。[95]

马可·奥勒留的北方战争常常被认为是帝国命运的转折点。有些事情已经今非昔比。甚至连罗马人的"升级支配地位"也似乎开始动摇。蛮族侵略军的进攻力量已经深入到帝国内部，穿越阿尔卑斯山脉以及巴尔干半岛。奥勒留在他最后十年的大部分时间里，都在进行一场艰难而毫无结果的战争，其间还被阿维狄乌斯·卡西乌斯的篡位所打断。这位洗劫了塞琉西亚的叙利亚元老不忠的原因，至今不为人知。尽管叛乱被扼杀，但却分散了人们

---

* Secondary state formation, 指在一个帝国周边地区受帝国影响而导致的国家形成过程。在中国的例子中，则是受到汉代影响的周边的匈奴国家的形成。

对前线作战的注意力。这也是未来各种叛乱的一个先兆。

这位斯多葛主义皇帝在多瑙河度过了人生的最后几年，他在那里宣称的胜利，从结果来看似乎很空洞。仅仅是维持帝国本身，就已经在悄无声息中变得让人疲惫不堪，而且帝国也失去了韧性边际。罗马帝国的扩张是以发展为前提的。瘟疫对这个系统造成了冲击。人口流失立即在征兵危机中体现出来，但从长远来看，它微妙地改变了表面之下更深层的压力。由于征召变得困难，报酬必须更加丰厚。行省人可以通过以帝国的名义服役而获得显赫的地位，其结果很快就会显现。[96]

历史学家卡西乌斯·狄奥是一名元老，是在危机过后登上帝国权力最高平台的行省人士之一，他认真思索了奥勒留和他的时代留下的一言难尽的遗产。奥勒留"没有遇到他应得的好运气，他的身体并不强壮，并且在整个统治时期不断被卷入各种麻烦。但就我个人而言，正因如此才更钦佩他，他在众多非常的困难中不仅自己生存下来，而且保住了帝国"。关于奥勒留的成就，这似乎是一个公正的、经过深思熟虑的评判，他的命运就是与时运的变迁作斗争。

虽然奥勒留的统治很出色，但"罗马治下的和平"带来的奇迹般的全盛期，却在最繁盛的时刻戛然而止。帝国得以幸存，但是，我们在皇帝的哲学反思中已经感受到了新时代的寒意，这些都被记录在他的日记里。"一个人一旦准备好埋葬死者，很快就会轮到他自己，就在一瞬之间。所以归根结底，要始终认清人间事务是多么短暂且毫无价值。身体里流淌的东西，明天就会变成尸体和灰烬……所以，要像磐石一样站在高处。它被海浪不断拍打，却岿然不动，并且平息了周围涌动的潮水。"[97]

　　罗马帝国幸存了下来。但是，大规模流行病的时代已经到来，在未来与新病菌的接触中，帝国在面临自然所发起的挑战时，无法与之抗衡。

第四章

世界的晚年

千年帝国

248 年 4 月 21 日，罗马城举行了 1000 岁生日的庆典。整整三天三夜，街道上弥漫着燃烧祭品的雾霭，回响着神圣的赞美诗。来自世界各地的奇珍猛兽组成了一个名副其实的动物园，先被呈现给人们，然后被屠杀：32 头大象、10 只麋鹿、10 只老虎、60只狮子、30 只豹子、6 只河马、10 只长颈鹿、1 头犀牛（很难得到，但是无与伦比地迷人），还有无数其他野兽，以及一千对角斗士。这些竞技会（*ludi saeculares*），也就是罗马为百年纪念举行的历届传统"世纪运动会"，唤起了古老的记忆，用吉本的话说，"巧妙地激发了迷信的人们心中深沉而庄严的崇敬"。这时的庆祝活动仍然带着一丝死亡和瘟疫传播的阴影。尽管盛会中的仪式有刻意的原始意味，但是和其他许多事情一样，竞技会也可以被认为是帝国创造者奥古斯都的创造性再发现。从任何意义上讲，竞技会都是一件帝国的大事，一场精心制作的演出，展示了罗马数百年来未曾间断的、令人敬畏的权势。当时没有人知道，他们目睹的是一场告别仪式，因为这将是罗马城见到的最后一场世纪竞技会。[1]

从遥远的视角来看，我们很容易想象在这样一场庆祝罗马千岁的奢华庆典中，存在着某种程度的否定因素——可以说罗马居民正在享受着"泰坦尼克号"甲板上的鸡尾酒会。然而，我们不能被后见之明所蒙蔽。248年的罗马拥有许多可以激发人们熟悉感和信心的东西。就在一代人之前，"罗马中心原点"（umbilicus urbis）曾被奢华地翻新过，这座纪念建筑肯定了罗马在世界中心的地位。罗马城的边界（pomerium）仍然只存在于想象之中，这个没有城墙的城市一直延伸到周围多山的乡村。这时候的硬币，包括248年为纪念竞技会而铸造的货币，都保持着沉重的纯银质感，我们今天把它们拿在手里，依旧能感受到贵金属与公众信任的结合，它们共同稳定了帝国货币的价值。我们能听到世纪竞技会上一些自信而爱国的低声祈祷："为了帝国的安全与永恒，你应该带着对所有不朽神灵的崇拜和敬仰，频繁地拜访最神圣的圣地，表达谢意，不朽的神灵才会将祖先建立的基业传递给子孙后代。"世纪竞技会是宗教虔诚的集中体现，它动员了这座城市最古老的信仰能量储备，迸发了对永恒帝国的感恩和祈祷。[2]

主持这次盛会的皇帝是马库斯·尤利乌斯·菲利普斯（Marcus Julius Philippus），也被称为阿拉伯人菲利普。虽然他来自叙利亚南部，但并不是一个显眼的局外人。长期以来，行省的稳定融合已经开始消除统治者与臣民之间的区别。他的统治是在一场混乱的风暴中开始的，当时邻国正在入侵罗马东部，虽然以失败告终，但却夺走了前任皇帝的性命；尽管付出了高昂代价，菲利普还是巧妙地解救了罗马军队，并动身前往罗马，把东部行省安全地留在他兄弟的保护之下。菲利普的统治伊始是一场令人印象深刻的力量展示：他在埃及尝试了一次行政改革，在一些偏远地区，例如毛里塔尼亚和不列颠，人们发现了大量道路修缮的痕迹。与北方蛮族的战斗取得了令人满意的胜利，因此在248年他得以返回

图 4.1 皇帝菲利普为庆祝千年竞技会铸造的罗马银币（安东尼安银币）（美国钱币协会）

罗马庆祝千纪念日。正如菲利普清楚认识到的，这座城市作为人民、军队和元老院的结合点，需要人们对这个权力核心的敬意。人们仍然在罗马策划战争行动，规划职业生涯，决定各自的命运。[3]

菲利普的罗马对奥古斯都来说是熟悉的。然而，仅仅一代人之后，我们会发现自己置身于一个完全陌生的世界。帝国平静的自信被粗暴地动摇了。在过去，仅凭距离和神秘感就足以为这座城市提供保护，然而人们现在却建起了厚重的防御工事，也就是奥勒利安城墙。银金属从硬币上消失了，现在不过是些粗糙的圆片，从铸币厂里大量涌出。一位真正的新人——多瑙河流域的士兵，既没有时间待在罗马城，对罗马城也没有敬畏——从富有的元老院贵族手中不可逆转地夺走了国家控制权。现在人们的命运和事业是在北方驻军城镇的军营里决定的，而不是在古老的首都。在首都的地下，迷宫般的"地下墓穴"中有证据表明，神秘的基督教崇拜第一次走出决定性的一步，不再只是一种让人好奇的边缘事物。简而言之，在一代人的时间里，一个全新时代的轮廓，也就是我们现在称为古代晚期的阶段，已经出现了。

关于形势急转直下的这一代我们所知甚少。249 年菲利普被杀，引发了一场分崩离析的旋涡，吞噬了整个帝国的秩序。历史学家把这段时间称为"3 世纪危机"。帝国似乎位于一颗灾星的照耀之下。东部和北部边界上咄咄逼人的敌人同时侵入帝国；摇摇欲坠的王朝制度暴露出来，皇权快速更替，一个又一个篡位者为了追求皇冠而血染双手。财政危机是战争和阴谋的必然结果。

有了后见之明的优势，历史学家毫不费力就找出了这场危机的根源。各种原因的集合给 3 世纪危机笼罩了一层无可避免的气氛，像是命中注定一样。在这个拥挤的原因列表中，我们并不需要添加上另外一个原因。但是，将环境危机引入到故事中，仅仅是为了忠实于气候变化和大规模流行病所提供的一致证据。环境因素让我们看到这次危机的一些偶然性，而不仅仅是长期积累的压力不可避免的释放。在 3 世纪 40 和 50 年代，罗马帝国遭受的一系列非常具体而突然的打击，迫使这个系统超出了其韧性的边际。一场毁灭性的干旱和一场能与安东尼瘟疫相匹敌的流行病事件，给帝国造成的破坏比哥特人和波斯人的同时侵略还要大上一个数量级。边疆、王朝和财政秩序的崩溃，既是危机的起因，也是结果。帝国的大厦沿着结构性弱点产生的裂缝开始坍塌，然而来自外部的打击造成了新的破坏。[4]

"危机"（crisis）这个词源于希腊医学术语。危机是严重疾病的转折点，病人从此走向死亡或康复。这是 3 世纪中叶的帝国一个贴切的比喻。它让我们记住，在公元 260 年前后，罗马的未来尚无定论。边境防御网彻底失效；帝国大部分地区，无论是东方还是西方，都在新型统治者的统治下自行分裂；基本的地方管理不复存在。此时或许是离心力占了上风。

然而，病人最终还是康复了。在一连串多瑙河军官强力的领导下，帝国大部分地区重新整合了起来。但在这里，危机的隐喻也就到此为止了。康复后的病人与之前并不相同。重新崛起的帝国建立在一种新的平衡之上，拥有新的张力以及国家和社会中新的和谐。它需要一代以上人的时间，通过试验和学习来进行调试，这个从危机的废墟中崛起的国家被准确地描述为"新帝国"。安东尼危机虽然耗尽了帝国储存的能量，但帝国的根基却完好无损，相比之下，3世纪危机却是一次变革。它应该被称为罗马帝国的第一次衰落，而且，即使在罗马历史中这个昏暗不明的角落里，我们也可以看到，环境是改变帝国命运的一个重要角色。[5]

如果世纪竞技会的目的是祈求神明的恩惠并驱散瘟疫，那么这些仪式很快就被证明是一次巨大的失败。同时代的人一定也认识到了这一点。

漫长的安东尼时代：塞维鲁王朝

即使按照罗马的标准，马可·奥勒留和他的妻子福斯蒂娜的婚姻也是硕果丰盛的。但他们的14个孩子中，只有一个男性后代康茂德（Commodus）比父母活得更久，他曾被置于盖伦的医疗监护之下。有他一个就足够了。一连串没有男性继承人的皇帝到此为止，帝国立即恢复了基于血亲的继承原则。罗马的第17任皇帝康茂德，是第一个生来就注定穿紫衣的人 *，他以皇储的身份长大成人。[6]

在他统治的 12 年里，帝国在战争和瘟疫的创伤之后站稳了脚跟。但康茂德缺少他父亲的风度，与元老院的关系从不和变成了势不两立。190 —191 年，流行病在罗马卷土重来，同时伴随着从埃及传到罗马的严重食物短缺。指责的声音此起彼伏。元老院谴责皇帝的亲信渎职。他们精心策划了一场阴谋；在皇帝的眼皮底下，可靠的人被安排到关键位置；192 年的新年夜，康茂德被勒死在皇宫里。安东尼王朝就此被推翻。

这场赌注的最终赢家是一名普通的元老，他中等身材，功绩平平，名叫塞普提米乌斯·塞维鲁（Septimius Severus）。他的故事非常有罗马特色。他出生于安东尼·庇护统治时期的 145 年，就在埃利乌斯·阿里斯蒂德斯发表伟大罗马赞歌的一年之后。他的家乡大莱普提斯是地中海沿岸的一个迦太基城镇。这里是罗马化的典范，最早的拉丁碑文出现在公元前 8 年。迦太基神阿斯塔特（Milk'ashtart）的一个神庙被重新命名为"罗马和奥古斯都"的神庙。希腊 – 罗马式城镇的标配很快就出现了：圆形露天剧场、柱廊、浴场、引水渠和拱门。1 世纪后期，大莱普提斯被授予自治市（municipium）的地位，这意味着市民选出的地方长官会自动成为罗马公民。在图拉真统治时期，大莱普提斯成了一个罗马殖民地（colonia），所有市民都变成了罗马公民。即使在一个因盛产橄榄油而拥有巨大财富的城市里，塞普提米乌斯·塞维鲁的祖先也不同寻常，跃升到罗马社会的最高阶层。他们为塞普提

---

* 在古罗马，紫色是皇族的专用颜色，只有皇帝穿的托加可以镶紫边。

米乌斯的元老院生涯铺平了道路，他从叙利亚到高卢，一路担任帝国职务。当推翻康茂德的政变发生时，他正担任军事行省上潘诺尼亚的总督。当罗马局势失去控制时，他的部队拥护他为新皇帝。[7]

虽然塞普提米乌斯本人是占星术的忠实信徒，但他的成功并没有什么命中注定之处。不过，塞普提米乌斯·塞维鲁是罗马帝国最具影响力的王朝缔造者之一。

他创建的王朝将会延续 40 多年。从正确的角度来观察它非常重要。塞普提米乌斯很快就自称自己是安东尼王朝的养子。*虽然这是一种大胆的虚构，但却恰如其分地表达了这样一个事实：他的帝国是上一个时代的延伸，而不是地平线上黑暗时代的先兆。最近，历史学家缩短了 3 世纪危机的范围，将其定位在 40 年代中期到 70 年代中期。塞维鲁王朝的复兴是这个更短、更尖锐的危机一个不可分割的附属。同时代的古代历史学家对这个王朝的负面评价长期影响了现代观点。卡西乌斯·狄奥认为，奥勒留统治期的结束是黄金时代的终结，也是"铁和尘土"时代的开始。但是，在罗马史学中，悲观主义是必不可少的(事情总是越来越糟)，而且，狄奥反映了元老院对塞维鲁王朝后期代表们一种强烈的厌恶感，因为女性在其中扮演了重要的角色。我们不应该让根深蒂固的厌女症，以及元老院与皇帝之间紧张的关系抹杀王朝的明显成就。[8]

塞普提米乌斯·塞维鲁来自地中海沿岸的一座中心城市，是一个富有的元老。他绝对算不上军人。他在登基时的军事资历最

---

* 塞维鲁宣称自己是奥勒留死后收养的养子，从而拥有王朝合法性。但是这种做法在罗马法律里是不允许的。

多也只是合格，远不及其他王朝的奠基者，如奥古斯都、维斯帕西安或图拉真。塞普提米乌斯不得不重建一份军事履历，来洗去痛苦的内战留下的伤痛记忆，他匆忙但成功地侵略了帕提亚，并且用一场大规模战役完成了对不列颠北部的征服。塞普提米乌斯的权力来自他的军队，他对这一点没有任何错误的幻觉。他给儿子们的建议是："和睦相处，让军队富足，不要关心其他任何人。"这反映了他的实际观点。康茂德死后，真实的"帝国奥秘"被揭露出来，即军队可以被当作夺取权力的野蛮的工具。不过，在塞普提米乌斯的实例中，这个工具仍然掌控在元老的手中，他是从公民阶层中选拔出来的指挥官。而这位指挥官，按照罗马一直以来的优秀传统，会回过头来奖励他忠诚的支持者。[9]

塞普提米乌斯的成功对行省人来说，是一种公开的福利。从 1 世纪后期开始，散布在地中海西部的罗马殖民者后代就已经不可阻挡地崛起了。但是在塞维鲁王朝，我们看到一个纯粹的行省精英群体进入了元老院和皇宫。奥勒留时期的战争连同瘟疫造成的人口剧变，加速了行省人才进入帝国的上层统治阶级的过程。在安东尼时代，一大批能干而富有的非洲人"涌入高层"。塞普提米乌斯接替了他们的步伐，他建立的王朝释放了行省全部的潜力。[10]

当他的第一任妻子——一个不知名的家乡女子——凑巧去世时，时任高卢地方长官的塞普提米乌斯向一位叙利亚贵族的女儿尤利娅·多姆纳（Julia Domna）求婚。这份订婚的提议从卢迪南*到埃米萨穿越了 4400 千米！这场横跨帝国的婚姻成了一个利比亚–

---

* 现在的法国里昂。

叙利亚王朝的核心，为帝国文化带来了独特的风格和开放的精神。塞普提米乌斯见证了埃及完全融入帝国社会主流的过程——亚历山大里亚有了一个正式的城市议会，埃及人进入元老院。塞普提米乌斯并不羞于展示他的利比亚血统，这是北非的一个全盛时期。在塞普提米乌斯年轻的时候，他曾做过一个梦：他从山上俯瞰整个世界，而这个世界和谐地在歌唱。塞普提米乌斯显然非常会做梦，但是这个梦确实准确捕捉了塞维鲁王朝的一些成就。[11]

最辉煌的时刻是在塞普提米乌斯的儿子卡拉卡拉下达到的。212 年，卡拉卡拉一举将罗马公民权赋予了帝国所有的自由居民。"安东尼宪法"彻底消除了帝国统治者和被殖民的臣民之间已然细微的区别。公民权的普遍授予再次确认了罗马帝国已经成为一个地域国家的事实。这是一道分水岭。就在它颁布后不久，我们碰巧发现，在马其顿南部群山中一个偏远的村庄里，居民们正在试图弄清楚，他们的新身份对于保护人和被释奴隶之间原有的关系有什么影响。不久，我们又在叙利亚沙漠的边缘地带发现了一些妇女，她们通过援引奥古斯都皇帝的立法，主张自己拥有财产所有权……在整个 3 世纪，随着新公民学会了利用罗马法来达成各自的目的，罗马法律的传播速度不断加快。到 3 世纪末，一本传统的演说家手册曾劝阻人们，不要试图通过赞扬城市的法律来恭维这座城市，"因为所有人都在使用罗马人的法律"。[12]

塞维鲁时期成为古典罗马法最辉煌的时刻并不是偶然的。查士丁尼《法学汇编》（*Digest*）中的大部分内容都摘自塞维鲁王朝法学家的作品。法学是所有知识学科中最保守的一个，在帝国东部边缘地区的一群官员中找到了最好的倡导者。法学家帕皮尼安（Papinian）和乌尔皮安（Ulpian）都是叙利亚人，他们都在塞维鲁王朝担任行政职务，这时正是行政管理阶层最庞大的时期。公民身份的彻底开放需要法律实践拥有更高的专业性，以乌尔皮安为例，我们可以说，他的一些最伟大作品的写作初衷，就是要帮助地方长官应对新公民提出的各种问题和主张。在贝鲁特成立的一所法律学校，很快就成为法律生涯和学习的中心。行省人民对罗马法学的贡献，是塞维鲁时期帝国文化传播最有力的证明。[13]

行省人才在帝国日益壮大的行政管理队伍中找到了出路。早期罗马帝国的特征是"官员不足"；中央行政管理只是薄薄的一层，覆盖在公共生活中坚实的公民基础之上。帝国中央官员的扩充是一个不可避免的有机过程，与罗马化和市场机制的扩散同步。在塞维鲁时期，它的步伐加快了。第二级别的贵族阶层，也就是骑士阶层，被大力地扩展了；3 世纪的时候，仍然有一些士绅骑士，但越来越多由骑士阶层成员担任的民政和军事官员职位，壮大了帝国骑士的队伍。塞维鲁时代的元老阶层和骑士阶层并没有多少冲突或紧张关系。在塞普提米乌斯的整个统治时期，元老"几乎垄断了高级行政和军队指挥官的职位"。塞维鲁王朝恭敬地守护着元老院在帝国管理中的崇高地位，不过，担任帝国职务的专业队伍扩大了，更能代表罗马统治下的广阔领土。[14]

塞维鲁时代最重要的一项政治变革，就是权力微妙地转向了军队。奥古斯都曾成功消除了军队作为一种政治工具的作用，但是，让塞普提米乌斯成为掌权者的事件，展现了它真实的潜力。其结果体现在军人的钱包上。在统治初期，塞普提米乌斯给军队涨了百分之百的薪水。一个普通军团士兵的年薪从 300 增加到 600 第纳尔。这次加薪来得太迟了。自从 83—84 年图密善统治时期以来，士兵的工资一直就没有涨过。如果来自埃及的证据具有普遍性，那么在安东尼瘟疫发生之后的几年里，商品的名义价格上涨了一倍，因此，塞普提米乌斯的加薪，实际上相当于一次迟来的生活费用调整。[15]

加薪可能还预示着更微妙、更深远的变化。罗马政府在征召一支近 50 万人的军队时一直很轻松。薪水的增长只是一个迹象，预示着军队的招募将来注定会成为一件困难的事情。但目前危机还没有到来：塞普提米乌斯在没有明显压力的情况下成功新增了三个军团，而且入伍仍然是自愿的。他授予现役军人结婚的权利，从而打破了几个世纪以来的传统，这一独身制度的传统曾是职业军队纪律的重要内容。结婚的权利当然是个不小的诱惑，它也慢慢改变了军队的面貌。总而言之，塞普提米乌斯对军队做出的让步，部分是出于权力政治，部分是进行迟来的调整，还有一部分是征兵的策略。[16]

塞维鲁王朝的成就硕果累累。这是一个文化繁荣的时期，比以往任何时候都更加包容。行省人才的涌入给塞维鲁时期文化带来一种震动。古老的首都仍然是皇室资助的重点。塞普提米乌斯在罗马的建筑工程雄心勃勃，完全可以与奥古斯都皇帝的建设媲美。修建塞维鲁凯旋门需要重建靠近奥古斯都的金色里程碑的"罗马中心原点"。奥古斯都的金色里程碑是所有道路象征性的汇合点。雄伟的和平神殿曾在康茂德时期毁于一场灾难性的大火（盖伦对此非常遗憾，他在火灾中失去了作品和珍贵的药物），现在被充满热情的人们重建起来。在神殿外面，巨大的红色阿斯旺花岗岩石柱高耸着俯视着观众，在神殿里面，被称为"罗马城的形状"（*Forma Urbis Romae*）的大理石地图有 60 英尺 × 40 英尺大小，展示了这座城市的每一个角落，让参观的人眼花缭乱。塞普提米乌斯在城市中心，阿庇亚大道连接帕拉蒂尼山的地方，竖立了一座纪念碑（Septizodium），这是献给七行星神明的一个巨大装饰面。卡拉卡拉出资修建了宏伟的浴场；最后一任塞维鲁王朝皇帝亚历山大，建造了罗马最后一架引水渠。此外，还有巨大的水磨坊和粮仓在城市周围拔地而起。[17]

当时没有人知道，他们正享受着古典地中海世界最后一波公共纪念建筑建设的热潮；之后是突然的停顿，直到古代晚期的教堂建筑浪潮再次掀起，修建纪念建筑的精神才以一种新的形式恢复。建筑业的繁荣是许多迹象之一，表明塞维鲁王朝是一个经济和人口复苏的时代。

正是在这几十年里，一位怀有敌意的基督徒德尔图良（Tertullian）宣称："很明显，整个世界的耕种和建设比过去更发达了。所有地方都有道路穿过，所有地方都为人所知，所有地方都向商业开放。曾经臭名昭著的荒地，如今建起了最令人愉悦的庄园。森林深处被农田取代。野兽在我们的畜群面前奔逃。我们在沙漠播种，在多石的土地上栽种。沼泽被排干。现在的大城市比以前的房子还要多。没有人再害怕孤独的小岛或是崎岖的海岸。到处都是房子，到处都是人，到处都是城市，到处都是生命！其中最伟大的见证就是人类的充裕。"我们也许会怀疑这些美好的陈述是否出于一种恭维。然而，德尔图良的目的更为负面：这位有才华的辩论家需要找到可靠的证据，来反驳灵魂轮回的学说，而此时行走在地球上的从未出现过的庞大人群，似乎正是这个学说要面对的一个明显的逻辑障碍！[18]

在没有被严重的大规模流行病打断的情况下，人口开始了恢复。虽然天花可能变成了帝国中较大城市的地方性疾病，但从

190—191 年在罗马复发之后，到后来几个世纪的零星记录之间，没有出现过关于这种疾病的报道。证据的缺失从来都不能当作结论，但合理的解释是，这种沉默表明，流行病或是自我毁灭，或是躲在影响力有限的角落里。疾病的撤退为人口反弹铺平了道路。

纸莎草纸的研究者一直有这样一种印象，即埃及的人口出现过反弹，尽管再也没有达到前安东尼时代的顶峰。因瘟疫而变得荒芜的索克诺派欧内索斯村，在塞维鲁王朝显然有人居住，而且直到 239 年在文献中都有记录。3 世纪初，一个名叫卡兰尼斯的村庄重新恢复了生机，随后在 3 世纪中叶几乎消失不见，到 3 世纪末又再一次重新出现。其他案例也遵循了这一模式。俄克喜林库斯是罗马时代的埃及记录最多的城镇之一，据估计，199 年这里有 11 901 人居住，到 235 年增长到约 21 000 人：虽然这些数字所暗示的增长率过高，但至少变化的趋势是有意义的。广义而言，文字、莎草纸和考古记录等证据都一致指出，塞维鲁王朝是一个人口复苏的时期。[19]

在塞维鲁王朝统治下，帝国恢复了平衡。如果新秩序中存在某种腐蚀剂，那就是军队力量的彻底显露。放出来的妖怪无法再回到瓶子里。塞普提米乌斯的儿子也是他的继承人卡拉卡拉，在杀死他的兄弟之后，把自己藏在了士兵后面。他将普通军团士兵的工资又增加了 50%，达到每年 900 第纳尔。尽管塞普提米乌斯在统治初期已经降低了银币中的银含量，但其影响却微乎其微。出于财政紧张或是纯粹的骄傲，卡拉卡拉需要一种更激进的手段。他尝试发行一种新的银币——安东尼安银币（antoninianus），这种银币面值 2 第纳尔，但实际只有两枚第纳尔银币 80% 的银含量。然而，新硬币的发行似乎并没有引起什么麻烦。政府坚称，公共铸币的面值是由法令决定的，而不是贵金属含量的市场价值。神奇的是，这个办法竟然可行。银含量较高的第纳尔并没有退出流通，我们也没有发现名义通货膨胀的证据。此时的银币越来越像一种信用货币。我们现在看来，罗马人像是在悬崖边上建造了一个突出的码头，在深渊上方摇摇欲坠。[20]

除了卡拉卡拉死后的短暂插曲，塞维鲁王朝的统治一直持续到 235 年。最后一位皇帝亚历山大·塞维鲁在莱茵河畔的战役中被自己的士兵杀害。接替他的是一个叫马克西米努斯（Maximinus）的人。他是多瑙河下游军事贵族阶层的一个骑士，也是夺得皇位的人中第一个真正的外来者。马克西米努斯在历史的记忆中仍然是个蛮族。尽管元老院已经承认了他的统治，但他似乎仍然选择滞留在北方战役中。他向首都频频发送捷报，还在元老院会场外摆放了一些描绘他战役的画作。从这一时期铸币中的银含量来看，尽管军事行动花费了大量资金，马克西米努斯还是能够维持塞维鲁王朝后期的财政平衡。但是，他漠视罗马城的权力政治，在这个时代里未免显得过于超前。

238 年春天，他的政权垮台了。这是一场典型的合法性危机。叛乱始于遥远的北非，当地人拒绝承担皇帝的代理人施加的沉重财政压力。同时，一场拙劣的元老院政变设法推翻了当前政权。马克西米努斯的职业生涯表明，有时候某类事件在历史上第一次出现时，会表现为一场闹剧。马克西米努斯是个先驱，但军营皇帝的时代尚未到来。[21]

世界的晚年：3 世纪的气候变化

从事后来看，我们很容易将马克西米努斯的职业生涯看作是一种前奏。但是，这样的看法预设了太多后面发生的事件。238年，元老院恢复了对事态的控制，不久，13 岁的戈尔狄安三世（Gordian III）独自掌权。他得到了塞维鲁前朝精英们的明智建议。他动身前往东方，对付波斯人在美索不达米亚北部地区的入侵。公元 242 年，也就是卢修斯·韦鲁斯来到东部的 80 年之后，他带领大批随从来到安条克。两年之内，在一场拙劣的战役之后，戈尔狄安三世死在了敌人后方。菲利普被拥立为帝，他用 50 万奥里斯（金币）的赔偿金将军队匆忙解救出来。形势并不是很危急。他一路"平静地"走到罗马，途中在东部、小亚细亚、巴尔干半岛的各个城市停留，他的"举止像是统治着一个更宁静的帝国的君主"。他来到首都，住进皇宫。在很短的时间里，菲利普证明自己是个积极的管理者。在他统治下，首都的居民可能会认为眼前发生的一切都同往常一样。然而，在罗马千年庆典的一年之内，帝国结构就开始解体了。[22]

罗马帝国此前就经历过王朝动荡，也蒙受过巨大损失，并且挺过了多年的饥荒。但是，从 3 世纪 40 年代后期开始，发生的一切都是史无前例的：边境体系全面崩溃，古老货币制度彻底消亡，罗马境内发生了长期的皇位争夺战。接下来的几年时间将会见证一系列变化，它们打破了中央控制机能对事态的所有掌控。这场危机"如此极端，以至于帝国的幸存几乎让人感到惊讶"。的确，韧性边际已经被时间和事态的变化逐渐侵蚀。但是，同时代人已经意识到这场危机背后存在着突然而痛苦的环境背景，因此我们需要在拥挤的原因列表中，加入气候扰动和大规模流行病所带来的冲击。[23]

在这个困难时期，基督徒产生了他们生活在"世界的晚年"这一想法。他们后来在一场观念之战中发展了这个比喻。在危机中，爆发了一场关于众神本质的不合时宜的公开争论。皇帝们很快就把这场危机归咎于基督徒没有正确地敬拜神灵。但基督徒抗议说，事实上只是地球本身进入了衰老阶段。就辩词本身而言，如果我们认真地看待它，会得到不少益处，因为它是由训练有素的修辞学家以非常独特的基调表达出来的。在德尔图良目睹了非洲文明蓬勃活力之后不到一代人的时间，另一位迦太基人西普里安（Cyprian）认为，很明显"世界已经老去，不再拥有从前的活力，曾经有效的力量和生机也不复存在……冬天没有足够的雨水来滋养种子。夏天照射在谷地上的阳光不像从前那样明亮。温和的春天不再让人欢喜，秋天的树上也没有成熟的果实。"[24]

学者们到处翻找古代哲学资料，试图寻找西普里安隐喻的起源。但是，我们好像没有认真对待这个隐喻的信息最直接的来源，也就是关于衰老的生物学设想。对古人来说，变老就是变冷变干。年轻人的体质温热而湿润，精力充沛。这些概念在古人关于饮食的谈话中表达得很清楚。比如说，年轻人要小心饮酒，因为这会使他们本已炽热的身体过热。过多的热量会让他们放松自控力，借用2世纪一篇小说的说法，葡萄酒解除抑制的作用使它成为一种"性燃料"。但是对老年人来说，温热的葡萄酒可以让人振奋。它减缓了身体的干燥。盖伦经常写到"老年人身体干燥的特性。由于热量不足，他们身体不能获得同样程度的营养，因此每个部分都变得干燥"。变老是一种长期的蒸发，最终导致寒冷的死亡。

"由于死亡是体内热量的散失，因此老年阶段可以说是热量消散的过程。"

当西普里安声称世界已经变得灰白的时候，他想到的正是这种关于衰老的看法。"落日的余晖不那么明亮，也不那么耀眼……曾经溢满泉水的泉眼，如今已被衰老所抛弃，几乎没有一滴水。"对西普里安来说，世界已经变得寒冷而干燥。这个世界是一个苍白的老人，已半身入土。[25]

自然档案证明了人类证词的真实性。罗马气候最优期的美好时光，在 2 世纪后半期结束。终止并不是突然发生的。气候最优期缓慢地消失，取而代之的是罗马晚期过渡期（Late Roman Transition），这是一个充满不确定性且混乱的时期，变化更剧烈，持续了大约三个世纪。这些变化是全球性的。太阳活动是主要的外力作用。照耀在罗马人身上的阳光减弱了。铍同位素的记录显示，在 3 世纪 40 年代，日晒出现了急剧下降。寒冷如约而至。在阿尔卑斯山脉，大阿莱奇冰川经过几个世纪的融化之后，开始沿着山坡下行。勃朗峰的冰海冰川也是如此。在一些相隔甚远的地区如西班牙、奥地利和色雷斯，自然记录也显示了一致的降温趋势。西普里安在 3 世纪中叶感受到的寒冷时代的寒风，或许是准确的。[26]

罗马气候最优期最突出的特点，是横跨整个地中海的不寻常的湿润时期。当它出现时，全新世的长期干旱的趋势被暂停。然而在最优期结束后，更长的干旱化周期重新揭开了面具。

从短期来看，3 世纪 40 年代是地中海南部一段严重干旱的时期。干旱炙烤着西普里安的北非。这位主教对基督教的公开辩护，是围绕着一个刚刚经历了痛苦干旱的社会所展开的。"如果雨水很少从天上落下，如果土地让位于沙尘而变得荒凉，如果贫瘠的土地上只长出几片稀疏、苍白、干瘪的草叶……如果干旱让春天消失"，那么基督徒就会不可避免地受到指责。恶劣的天气使城市里食物短缺，西普里安尖刻地批评了富人，因为他们利用自家仓库在危机中牟利。整个危机对基督教来说是个福音，因为它邀请人们接受一种信仰提供的庇护，这种信仰许诺会带来一种超越眼前痛苦的生活。"即使葡萄藤不再结果，橄榄树欺骗我们，庄稼在炙热干瘪的土地上枯萎，这对基督徒来说又算什么呢？"这片干旱的土地，就是西普里安作为基督教发言人做出的一切行为的背景。[27]

与此同时，巴勒斯坦也发生了干旱。黎凡特的农业带毗连沙漠，人们总是怀着虔诚的期盼等待雨水的到来。在 2 至 3 世纪的拉比文献中，降水实际上是个奇迹。这片土地的艰难深深嵌入了当时的世界观；自从公元 70 年神殿被毁以来，干旱就一直停留在这片土地上。拉比文献著作可能不是寻找客观气候记录的最佳地方，但是这些智者关于 3 世纪 30 年代至 40 年代的干旱记忆却是一致的，我们可以在拉比传说中找到一定的历史基础。阿尼纳·巴·哈马（Ḥanina bar Ḥama）是拉比学者中一位重要人物，他是大犹大一世的门徒，也是塞佛瑞斯的学校里的领军人物，并且活到了高龄（死于 250 年左右）。在他的故事里，干旱一直是个难以应对的问题。其中有这样一幕：在一段时间内，加利利和尤地亚南部都没有出现降雨，一位南方的拉比通过发动一场公共斋戒迎来了降雨，但塞佛瑞斯却依然干旱，这是由于"他们心硬"的缘故。最后，雨水终于来了，但是这个干旱的时期以及期盼已久的缓解，却牢牢锁在了这位著名拉比的记忆中。[28]

在困难的情况下，帝国可以依靠埃及。尼罗河谷的绿带极为肥沃。这是帝国的一项重要的保险策略。这个河谷独特的生态环境使帝国免受地中海气候无常变化的影响。尼罗河有两个主要支流。稳定的基础水流来自白尼罗河，其源头位于非洲赤道。每年的洪水——超过基础水流的水量和淤泥——是青尼罗河的杰作。大约90%的尼罗河洪水来自东非夏季季风带来的降雨；青尼罗河将埃塞俄比亚高原上的径流汇集在一起，然后带到下游，在喀土穆与白尼罗河的常规水流汇合。其结果是组成了世界上最伟大的自然灌溉水泵，在罗马人到来前的几千年里就一直被人类文明所利用。孕育生命的河水和肥沃的淤泥，使埃及农业格外高产。埃及是罗马的粮仓，也是帝国大部分地区的福音。[29]

尼罗河水每年的涨落是一种神圣的节奏，人们充满希望地祈祷盼着它的到来。正如古人所熟知的那样，洪水的神圣恩赐是不规律的。在一生中，无论是祭司还是农民都会目睹美好和悲惨的年岁。然而，即使是他们训练有素的眼睛，也没能注意到在这些年际变化的背后，存在着一种缓慢而不易察觉但非常关键的变化周期。

从长期来看，在全新世晚期的几千年里，随着季风带向南移动，热带辐合带也被推向南方，尼罗河的流量逐渐减少。在这种广泛的长期变化背景下，在更短的时间跨度中（从几十年到几百年不等），尼罗河洪水也一直是不稳定的。就像商业周期的高峰和低谷一样，尼罗河洪水也有长期的波动，会影响到河谷以及更远地区的文明进程。在641年之后的这段时间里，这些波动可以在人类最古老的连续气候记录中找到：阿拉伯编年史保存的尼罗

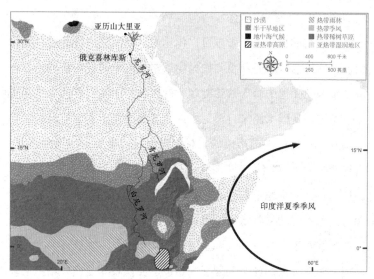

地图 11　尼罗河水文学与气候机制

河水位标尺读数。虽然较早时期的记录不够完整，而且也只是间接的，但我们实际拥有的证据表明，罗马统治的几个世纪里，尼罗河水量发生了深刻变化。[30]

　　尼罗河的记录再次表明，罗马帝国的缔造者受益于完美的时机。迈克尔·麦考密克（Michael McCormick）和我根据早期整理过的关于罗马时期洪水好坏的纸莎草纸数据（通常是间接且不确定），为帝国早期的几个世纪建立了一个洪水质量数据库。尼罗河的记录可以分为两个截然不同的阶段，一个是从奥古斯都吞并埃及开始到 155 年前后，另一个是 156 年到 3 世纪末。前一个阶段有更可靠的洪水和较高的丰年比例；而在后一个阶段，出现了不成比例的糟糕洪水年份。

　　此外，就在这两个阶段之间过渡的那几年，也就是 2 世纪 50 年代，一种新的文件——"未被淹没的土地申报"——第一次出现在莎草纸上。它的起源尚不清楚，但是这些申报很可能是对一种更不稳定的尼罗河洪水现象的回应。[31]

关于尼罗河变化的物理证据更加间接。尼罗河的泛滥与一种全球气候变化机制有很强的联系，这种气候变化机制被称为"厄尔尼诺－南方涛动"（El Nino-Southern Oscillation，简称ENSO）。在厄尔尼诺年，东太平洋的海水变暖，同时远处的西方季风降雨受到抑制；强烈的厄尔尼诺现象与尼罗河洪水的减少相对应。今天厄尔尼诺现象每3～5年发生一次，但ENSO的周期则随时间的推移而变化。

不幸的是，详细的ENSO记录在公元第一个千年中很罕见，而且不够明确。不过一份来自厄瓜多尔的沉积记录表明，在罗马气候最优期，ENSO事件非常罕见（每20年左右一次）。平静的ENSO意味着埃及的洪水活跃且可靠，它标志着气候最优期显示出类似于全新世中期的气候特征的另一种方式。随后，在罗马过渡期的几个世纪里，ENSO变得极为普遍，每隔三年左右一次。罗马人长久以来一直依赖于埃及的生产力，而埃及的丰收又倚仗非常有利的气候条件，但是现在，罗马人的好运气到头了。[32]

毫无疑问的是，就在罗马人最需要某种缓冲以抵御厄运的时候，尼罗河却以惊人的方式抛弃了他们。

244年，洪水没能到来。245年和246年，洪水再次变弱。到了246年3月，就在收割之前，俄克喜林库斯的官员采取了前所未有的紧急措施。有一项命令要求在24小时内登记所有的私人粮食库存，不然就要受到严厉惩罚。国家实行了强制购买，价格高得惊人，每阿塔巴（artaba）售价24德拉克马。通常情况下，

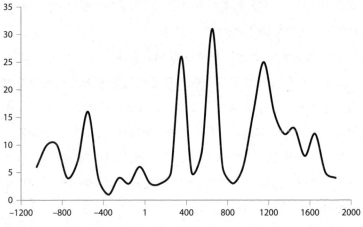

图 4.2 *每世纪的厄尔尼诺事件数量（数据来源：Moy et al. 2002）*

政府设定的价格是对自己有利的，但 24 德拉克马的价格非常高，大概是这个时期预期价格的两倍，这意味着政府急切地想要获得粮食，哪怕是付出高价。两年后的 248 年，粮食短缺仍然是个棘手的问题。那一年的纸莎草纸提到了"目前的紧急状况"，还提到处理公共食品供应的机构发生了推挤。在 248 年的另一张莎草纸上，一个人不惜交出他所有的财物，以躲避履行食物供应的义务。就在同一时间，亚历山大里亚主教声称，河床就像沙漠一样干涸——如果这不仅仅是一个修辞性的比喻，那么它实际上意味着白尼罗河和青尼罗河同时干枯。总之，这是罗马人统治埃及的七个世纪中最严重的一次环境危机。[33]

气候动荡发生在一个晦气的时期。为了确保罗马军队从波斯撤退，帝国付出了高额代价：50 万奥里斯金币。这是一笔巨额赎金。我们可以依此粗略地估算出发生在埃及的地方性干旱的影响，我们能够以此想象其他可能性。一块土地上的小麦收成取决于许多因素，包括土地的质量。但洪水是农业生产中的沉默的伙伴。在 3 世纪一块著名的地产上，同一区域内一批可耕地的小麦产量在几年内的变化，从每奥洛拉（aroura，土地的单位，相当于 0.2756 公顷）7 到 16.6 阿塔巴（干量单位，相当于 38.8 升）不等。以每奥洛拉约 12 阿塔巴的平均数字为基础，埃及的年总产量约为 8300 万阿塔巴。如果不充足的洪水使年产量下降 10%（这是个保守的估计），那么该行省的经济总损失是 830 万阿塔巴，按当时的价格相当于 100 万奥里斯金币，或是两倍于支付给波斯国王沙普尔的赎金。

罗马政府每年从埃及收取的小麦至少有 400 万～800 万阿塔巴；如果干旱使政府从埃及得到的年度税收减少了 20%，那么其价值将达到 9.6 万～19.2 万奥里斯。在实际中，损失可能是这个数字的几倍：当尼罗河在中世纪发生干涸时，可怕的饥荒经常接踵而至。连续几年的洪水不足尤其严重，因为韧性边际已被消耗殆尽。虽然我们不能准确或肯定地下结论，但是有理由认为，在危机初期，干旱的代价至少与一场失败的侵略的沉没成本差不多大。[34]

我们现在所面临的挑战，是要装作不知道接下来发生了什么。通向危机的整整一代人，并不是一些不可避免后果的前奏。塞维鲁和后塞维鲁王朝的皇帝们都实现了一种有限的平衡，但是，地缘政治和环境冲击的连锁反应对新秩序构成了很大威胁。单是 3 世纪 40 年代的一场干旱，就足以把帝国系统推向承受能力的边缘。但大自然还有另一场不幸的苦难在等待罗马人。一种陌生的传染病紧紧跟随在全球气候系统振荡之后，这不是最后一次出现这种情况。一场新的大规模流行病最终使帝国架构不堪重负。就在欢庆永恒罗马的纪念活动过去仅仅几年之后，帝国能否继续存在这个问题，已经完全不能确定了。

西普里安瘟疫：被遗忘的瘟疫

西普里安出生在罗马统治下的迦太基的繁荣年代，塞普提米乌斯·塞维鲁统治时期。他来自一个中等富足的家庭，接受过博雅教育，成了一名修辞学教师。这是关于他早年生活的概括，他注定要成为 3 世纪西方教会最重要的人物。

我们拥有的传记细节贫乏，无法让我们理解为什么西普里安会作出一个非常异乎寻常的决定，他在 245—246 年前后成了一名基督徒。在 3 世纪初，大概只有几十万基督徒，稀疏地分散在整个帝国。异教徒的神灵仍然毫无悬念地统治着罗马帝国的壁龛和神殿。我们应该认识到，迦太基的基督教运动能吸收这样一位文人是多大的好运气，更不用说这样一位受过良好教育的人了。这可以说是一次政变。教会没有浪费一分一毫的时间，充分利用了他的才干，到 248 年，他已经成了迦太基的主教。西普里安于258 年殉道，他做主教的这 10 年是教会史上影响最为深远的一段时期，虽然这在很大程度上要归功于一场瘟疫。历史记忆将这场瘟疫与西普里安的名字联系在了一起。[35]

西普里安的著作为这次大规模流行病提供了最生动的证据，他的遗产很快就与基督教历史中的事件联系在一起。从那时起，这场瘟疫就与西普里安的名字绑在一起，在历史中流传。这是一个经常引起误会的名字。＊大部头的《剑桥古代史》提出了一种被广泛接受的观点，书中将这场瘟疫描述为"3 世纪中期影响非洲的瘟疫"。由于威廉·麦克尼尔在他的书中提到了西普里安瘟疫，因此它在有关疾病历史的书籍中偶尔还会出现。但是，在研究古代史的作品中，西普里安瘟疫完全销声匿迹了。在近期一些非常权威的关于这段时期的文献综述中，它甚至没有得到一句简短的评论。[36]

　　这种忽视有很多原因，其中包括一种潮流的转变，学者们试图质疑 3 世纪危机的严重程度。但是更微妙的原因在于，人们未能认识到真正的大规模流行病曾经是多么不同寻常。帝国境内相去甚远的各个地方都记录了死亡事件的发生，仅仅这一事实就值得仔细研究。西普里安瘟疫不是 3 世纪迦太基人生活中的某个插曲，而是一场罕见的跨越几大洲的疾病事件。

　　关于发生西普里安瘟疫的这段历史时期，我们所知的基本事实非常少。然而，在我们所掌握的信息中，有一点是普遍一致的，那就是一场瘟疫定义了这个时代。铭文、纸莎草纸、考古遗存还有文本资料，都强调这场大规模流行病事关重大。在最近的一项研究中，我统计了至少 7 个目击证人，以及另外 6 条独立的传播线，我们可以利用这些证词追溯瘟疫的经历。不过，我们还缺少一位盖伦。我们不再如此好运，有一位伟大且著作丰富的医生来指导我们了。但是现在，我们第一次有了基督教的证词。教会在瘟疫发生时经历了一次快速增长，死亡给基督教留下了深刻印象。关于这场瘟疫，来自异教和基督教的资料不仅相互印证，而且，

＊ 西普里安在英文中也是塞浦路斯人的意思。

它们不同的语气和基调还给我们带来一种更丰富的感观。[37]

瘟疫来自埃塞俄比亚，向北部和西部蔓延，穿越了整个帝国。这是编年史告诉我们的，但是我们可能会怀疑，这是否是对修昔底德（Thucydides）的盲目模仿，每一个受过教育的希腊人都很熟悉这种描述瘟疫的模板。但是，有两条线索可以证实引发瘟疫的微生物再次从东南方传入帝国的可能性。首先，考古学家在位于上埃及的古底比斯遗址，发现了一处与尸体处理场所相邻的集体墓地。当时的人们在现场混合石灰，浇在被匆忙焚烧的尸体上。这个处理场所可以追溯到 3 世纪中叶，罕见的焚烧和大规模的尸体处理表明，这种疾病让当地居民惊恐万分，迫使他们采取极端措施。亚历山大里亚主教提供了更有力的证据来证明瘟疫起源于南方，根据他的记录，这座埃及大都市至少在 249 年就出现了这种疾病。在帝国西部，最早可以确定年代的证据来自 251 年的罗马。年代学肯定了疾病的东方起源，并且证明了编年史的正确性。[38]

西普里安瘟疫肆虐了很多年。编年史记录瘟疫持续了 15 年，但目前还不清楚具体是哪一个 15 年。260 年左右，可能出现了第二次反复。270 年，据说克劳狄二世（Claudius II）死于瘟疫，但我们不清楚他是否死于同一场流行病。各种信息都显示这是一次长期事件，它在帝国境内不断盘旋迁回，罗马城就至少出现过两次。一份后期的编年史保留了一些重要细节：一些城市被袭击讨两次。不幸的是，我们无法做到更精确。从 249 年到 262 年，西普里安瘟疫一直存在于帝国历史的背景中，其后续影响甚至可能持续到了 270 年左右。[39]

瘟疫涉及的地理范围很广。"罗马几乎没有哪个行省。哪座城市、哪座房子，没有被这种普遍的瘟疫袭击和洗劫。"它"摧毁了整个地球表面"。西普里安瘟疫在我们所拥有资料的所有地方都能得到证实。它袭扰了亚历山大里亚、安条克、罗马和迦太基这些大城市，也袭击了"希腊的城市"，以及一些更偏远的城市，例如本都的新该撒利亚和埃及的俄克喜林库斯。根据一份报告显示，西普里安瘟疫在城镇和乡村同样肆虐；它"折磨着城市和村庄，摧毁了剩下的所有人：没有哪次瘟疫这样毁灭人类的生命"。西普里安瘟疫是一个全帝国范围的事件。[40]

西普里安在关于死亡的布道中对这种疾病的生动描述，在一定程度上弥补了像盖伦这样的医学证人的缺失所带来的缺陷。布道者试图安慰那些被无边的苦难包围的听众，瘟疫并没有对基督徒手下留情。

"只要我们还在与这个时代分享共同的血肉，那么这些眼睛的疼痛、发烧的攻击、四肢的不适，在我们和其他人身上是一样的。"西普里安试图让这些患者变得高尚，把他们在痛苦和死亡中表现出的力量，比作殉道者英勇的坚持。西普里安为他的听众描述了一些症状。"这些都是信念的证明：当身体失去力量后，内脏在流动中消散；在最深处点燃的一团火，燃烧到喉咙形成伤口；持续的呕吐使肠子震动；眼睛被血流的力量烧得火辣辣；致命的感染腐烂切断了一些人的脚或其他肢体；当肌体失灵，身体虚弱，人会变得步态蹒跚、耳聋眼瞎。"[41]

西普里安的叙述对我们了解这种疾病来说至关重要。病理表现包括疲劳、便血、发热、食管病变、呕吐、结膜出血，还有四肢严重感染；后遗症包括虚弱、失聪和失明。我们还可以利用其他证人提供的线索来补充这一记录，不过这些线索更孤立，

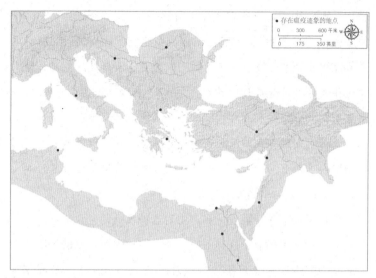

地图 12 西普里安瘟疫的迹象

而且坦白地说不是很明确。根据西普里安传记作者的说法，这种疾病的特征是急性发作："每天都以突然的袭击带走无数人，包括他家里的每一个人。"在西普里安瘟疫过去很久之后，一个来自小亚细亚北部的民间传说声称，这次袭击的速度非常之快。"痛苦突然降临到人们身上，传播的速度比预想中要快，像火焰一样吞噬了各家各户，神殿里到处都是死人，他们本是怀着治愈的希望逃到这里的。"同样的传统还记录了患者忍受干渴的痛苦（这或许只是对修昔底德的一种修辞性模仿）。"泉水、溪流和小池旁边挤满了身体虚弱、饥渴难耐的病人。但是水的作用太过微弱，无法浇灭深处的火焰，那些病人在喝水后感觉和之前一样痛苦。"[42]

感染和发病的过程很可怕。这一印象得到了另一名北非目击者的证实，这名基督徒离西普里安的圈子不远，他坚持认为，这是一种完全陌生的疾病。"我们不是每天都看到死亡的仪式吗？我们不是在见证奇怪的死亡方式吗？难道我们没有看到一种剧烈、持久的疾病带来了从前不为人知的瘟疫吗？还有废弃城市里的屠杀？"他认为，瘟疫明显是对殉教者的一种鼓励，因为那些光荣死去的人幸免于"那些死于血腥疾病中的人的共同命运"。西普里安瘟疫不仅仅是流行病周期的又一次循环。它具有一些新的特质——如果真的存在出血性症状，那么关于"血腥"毁灭的描述就不是一句修辞上的空话。[43]

这种疾病起源于境外，从东南向西北移动。在两到三年的时间里，从亚历山大里亚传播到其他主要的沿海城市。瘟疫的攻击范围很广，在大大小小的定居点中广泛蔓延，一直深入到帝国内部。它似乎"非常不知疲倦"。它颠倒了罗马帝国正常的季节性死亡规律，现在的高发期从秋天开始，到来年夏天减弱。瘟疫无差别地对待受害者，无论年龄、性别或地位，都一视同仁。疾病侵袭了"每家每户"。[44]

可以预见的是，有一种说法将疾病归咎于弥漫在帝国中的"腐败空气"。但根据另一项纪事传说，"疾病是通过衣服传播的，或者仅仅是通过目光传播"，这份记录来自一位优秀的同时代雅典历史学家。这种观察报告是值得留意的；在一种缺乏基本细菌概念的文化中，这样的评论透露出一种前理论意义上的传染意识。对于疾病会通过衣服或视力传播的担忧，至少暗示了一种对感染源的模糊认识。它还提供了另一条可能的线索，说明这种疾病会影响到眼睛。古人对目光的力量有许多古怪的见解，其中一种认为视力是触觉，也就是说，从观看者的眼睛里会发射出微粒。在认为眼神有伸出去触摸的能力的文化中，瘟疫患者血淋淋的眼睛，可能会呈现出一种可怕的面貌。[45]

死亡人数相当可怕。我们有一份来自亚历山大里亚主教关于死亡人数的报告，他宣称"这座巨大城市里所有的居民，从婴儿到白叟，还不及过去被称为老年人的人数量多。那些介于40到70岁的人，以前的数量那么多，现在的总人数都没有达到这个数字，哪怕我们把所有14岁到80岁都算到有资格领取公共食物配给在内；那些最年轻的人，现在看起来与过去最年长的人年龄相仿。"按这个推算，这座城市的人口减少了约62%（大约从50万减少到19万）。减少的人口并不必然死于瘟疫，一些人可能在混乱中逃离。而且，我们总可以怀疑是否有夸张的修辞成分。但是，领取公共粮食救济的公民数量是一个诱人的可信细节，所有其他证人也都同意这种死亡的规模。一位雅典历史学家声称，每天有5000人死亡。一个又一个证人——如果不是很准确，至少引人注目——都证实，瘟疫造成了人口损失。"整个人类被瘟疫的荒芜所摧残。"[46]

这些偶然的线索无法让我们认清西普里安瘟疫的病原体。但是，能够引起如此大规模疾病事件的嫌疑人并不多，而且我们几乎可以肯定地排除掉其中一些。黑死病不符合病理、季节性或人口动态。霍乱、斑疹伤寒和麻疹存在一些可能性，但每一个都有无法克服的问题。天花肯定是一个可靠的候选人。从康茂德时期发生的事件到西普里安瘟疫，这期间过去了两代人，这意味着整个人口实际上已经再次变成易感人群。天花的出血性症状或许可以解释西普里安所描述的一些特征。

但总的来说，天花的可能性并不大。一位北非作家声称这是一种前所未有的疾病（尽管他是否还记得上一次天花流行时的情景，肯定值得怀疑）。没有哪份资料描述过全身皮疹，而这是天花的显著特征。优西比乌（Eusebius）在写于4世纪初的《教会史》中，描述了312—313年一场更像天花的疾病暴发。优西比乌称，这是一种不同于西普里安瘟疫的"完全不同的疾病"，同样，他清楚地描述了脓疱皮疹。3世纪的这次事件再一次起源于境外，说明这不是已经存在的本土病原体的一次暴发。最后，西普里安瘟疫造成的四肢腐烂和永久性衰弱并不符合天花的表现。这些线索都不是决定性的，但总的来说，它们对天花的身份提出了质疑。[47]

所有的身份指认都是高度猜测性的。我们在这里提供两名候选人以供参考。第一个是大规模流行性感冒。流感病毒一直是人类历史上一些最严重的流行病的原因，包括在"一战"快结束时曾夺走5000万人的生命的"西班牙流感"。我们尚未发现古代世界中明确的流感证据，这很令人费解，因为流感很古老，而且它在古代肯定不是一种陌生的疾病。流感是一种具有高度传染性的急性呼吸道疾病，有很多种形式。大多数类型相对温和，引起类似于感冒的症状。其他罕见的流感则更危险。这种疾病的人畜共患类型，特别是野生水鸟体内的病毒，可以使包括猪、家禽和人类在内的其他动物生病；当这些菌株进化出直接在人类之间传播的能力时，结果是灾难性的。20世纪，全球暴发了四次禽流感，而它（包括一些可怕的病毒株，如H5N1）在今天仍然是一个可怕的威胁。[48]

致病性人畜共患流感病毒是可以致命的。它们会诱发过度的免疫反应，这和病毒性肺炎本身一样危险；因此，吊诡的是，年轻和健康的人反而会因为免疫系统的活力而面临危险。关于西普里安瘟疫的描述中缺乏任何有关呼吸道症状的部分，这对流感的身份指认是一种打击。但是，一些关于1918年大流感的观察报告值得参考。"血液从鼻子、耳朵、眼窝里涌出；一些受害者痛苦地躺着；另一些人变得神志不清……鼻子、咽部和喉部的黏膜发炎。眼睑上薄薄的一层结膜变得红肿。患者经受着头痛、身体疼痛、发烧、经常性的精力衰竭、咳嗽……频繁的剧烈疼痛……发绀……然后是出血，血液从体内喷涌而出。可以看到血液滴淌，有时候会从病人的鼻子、嘴巴，甚至是耳朵或眼睛里喷射出来，非常恐怖……5%到15%的住院病人都患有鼻出血。"大流感可能确实是导致西普里安瘟疫的可怕经历的原因。[49]

西普里安瘟疫的冬季季节性表明，这种细菌是通过人际接触直接传播的。罗马帝国的地理位置横跨候鸟迁徙的一些主要路径，猪和家禽（如鸡鸭等）的密集饲养也使罗马人处于危险之中。气候扰动可以微妙地改变野生水鸟的迁徙路线，因此3世纪40年代出现的强烈环境振荡，可以成为推动一种陌生的人畜共患病原体进入新领地的环境动力。流感可能是瘟疫的诱因。

西普里安瘟疫的第二种，也是更有可能的病因，是某种病毒性出血热。瘟疫表现为一种急性发作的疾病，伴随着高烧和严重的肠胃紊乱，其症状包括结膜出血、便血、食管病变和四肢组织坏死。这些体征符合引起突发性出血热的病毒感染过程。病毒性出血热是由多种不同科的RNA病毒引起的人畜共患疾病。虫媒病毒（Flaviviruses）会引起黄热病和登革热等疾病，这些疾病与西普里安描述的症状有一些相似之处。但是，虫媒病毒是由蚊子传播的，西普里安瘟疫传播的范围、速度和冬天的季节性，都排除了由蚊子传播的病毒的可能性。[50]

其他科的病毒性出血热通过啮齿类动物传染，或直接在人类之间传播。沙粒病毒（Arenaviruses），如拉沙热，是由啮齿类动物传播的。旧世界的沙粒病毒在非洲的动物储存宿主体内普遍存在，西普里安瘟疫有可能是由这种病毒引起的。然而，由啮齿类动物传播的大规模流行病或许要留给查士丁尼瘟疫。鼠疫杆菌独特的生物学特性及其错综复杂的跨物种动态，使黑死病能够在大陆范围内扩散。但从西普里安瘟疫的传播速度和规模来看，不太可能是沙粒病毒。

这次瘟疫的扩散速度指向了人类间的直接传播。人们认为照顾病人和处理死者很危险，这更强调了人类之间传染的可能性。根据西普里安瘟疫的病理学和流行病学特征判断，似乎只有一种出血热病毒科最为匹配：线状病毒（filoviruses），其中最臭名昭著的代表是埃博拉病毒。[51]

线状病毒有数百万年的历史。它们的遗传物质片段在过去嵌入在哺乳动物的基因中，几百万年来，它们感染了蝙蝠、食虫动物和啮齿类动物。然而，像埃博拉病毒和马尔堡病毒这样的线状病毒，直到20世纪下半叶的一系列小规模暴发中才被人认识到。2014年的埃博拉疫情给这个病毒科带来了更多关注。尽管蝙蝠是一个怀疑的对象，但埃博拉病毒的自然宿主尚无定论。埃博拉病毒由于其可怕的临床病程和极端的病死率备受公众关注。

要引发疫情，埃博拉病毒必须首先从宿主物种跳到人类身上；这一过程可能发生在人类接触受感染的蝙蝠或猿类的时候。一旦感染，经过短暂的潜伏期（平均4～10天，有时更长）后，患者会出现高烧的症状，这种疾病还会同时破坏多个系统，包括胃肠道和血管损伤。结膜充血和严重的出血性症状，可以很好地解释西普里安令人毛骨悚然的记述。组织坏死和肢体的永久性损伤，可能反映了西普里安关于四肢腐烂和永久残疾的描述。即使有着现代医疗条件，埃博拉病死率也非常高，达到50%～70%。死亡通常发生在第6到16天；人们认为幸存者会具备免疫力。埃博拉病毒通过体液而不是飞沫传播；家庭内部很容易相互传染。护理人员面临特别的风险，尸体也是潜在的传染源。即使在最近暴发的疫情中，对传统丧葬仪式的坚持也是一个非常有问题的危险因素。[52]

利用近两千年前非医务人员痛心疾首的报告来进行回顾性诊断，永远不能让人非常有信心。但是记录中的出血性症状、令人震惊的感观，以及对这种疾病新奇性的强调，都符合线状病毒的特点。埃博拉这样的病毒可以像西普里安瘟疫一样迅速扩散，而且，由于依赖体液传播，它可以表现出缓慢燃烧、"非常不知疲倦"的动态，这些表现让当时的观察者震惊不已。鉴于近期埃博拉病毒的经历，3世纪瘟疫中对尸体危险性的强烈关注引起了深刻的共鸣。但是不确定性在于，我们对埃博拉这类病原体的遥远历史一无所知，它们从未在人类群体中成为地方性疾病。作为历史学家，我们自然更倾向于怀疑熟悉的嫌疑人。但是，关于人类社会与野生环境的边界上不断出现新疾病的力量，我们有了越来越多的认识，因此，我们认为存在这样一种可能性，即引发西普里安瘟疫这样重大疾病事件的人畜共患疾病，可以在造成严重破坏之后，重新撤回到动物宿主身上。

残害罗马帝国的凶手又一次来自本地疾病池之外。3世纪40年代，影响了季风系统的全球气候动荡，引发了可能导致西普里安瘟疫暴发的生态变化。在十多年的时间里，瘟疫在帝国境内蜿蜒前行迅速扩散，但是燃烧缓慢。疾病一视同仁地袭击了士兵和平民、市民和村民。异教和基督教作家有着截然不同的观点和动机，在帝国内相距遥远的各个地方写作，但他们一致认为这次瘟疫是史无前例的。

表格 4.1　西普里安瘟疫

病理	流行病学特点
急性发烧	外来病原，从东方传到西方
虚弱	2 年内扩散至帝国全境
出血性腹泻	"不间断的"，持续 15 年
食管出血	护理人员易感染
持续性呕吐	尸体具有传染性
结膜出血	可通过视线直接传染
四肢腐烂	攻击一整个家庭
终身残疾	（攻击对象）无差别
失聪、失明	覆盖城市以及乡村
	冬季高发
	死亡率高
	发生于严重干旱之后

　　安东尼瘟疫时，帝国的支撑结构有所磨损但没有分崩离析。到 249 年西普里安瘟疫出现的时候，许多事情都改变了。帝国的储备能量被耗尽，这个新的微生物敌人或许也比以前的更加险恶。在这次事件中，帝国的核心力量无法继续支撑下去了。关于西普里安瘟疫，有许多事情尚不明确，但有一点非常清楚：在它过去之后，世界立即陷入了无政府状态。

血色浪潮

在世纪竞技会上，唱诗班的男孩和女孩唱着赞美诗，夸耀着帝国至高无上的地位。248 年，帝国仍在正常运转。帝国只有一位皇帝，驻于罗马城，而罗马人民仍然是帝国象征性的焦点。菲利普的合法性得到了元老院和军队的认可。即使在多年的饥馑中，这种合法性仍然能够让他控制住从不列颠到埃及、从叙利亚到西班牙的庞大的帝国机器。每年的税收周期都能为人民和军队提供足够的粮食；利用税收和位于中欧的银矿，皇帝可以为驻守在广阔边疆的士兵支付薪酬。付给士兵的货币有实际价值；第纳尔银币的流通范围与塞普提米乌斯时期一样。帝国听从于一个人的号令。但是，帝国的庞大结构正在面临破裂。菲利普后期的硬币显示出前所未有的压力。北部边境发生了军队叛乱，被派去镇压叛乱的德西厄斯（Decius）很快就自封为皇帝。帝国从此踏上了一条不归之路。[53]

菲利普的去世开启了 20 年的混乱局面。从 248 年的千年庆典到 268 年军人皇帝克劳狄二世即位的 20 年中，罗马历史处于一种混乱状态中，面临着一系列重大的失败。帝国机器的结构完整性不复存在。边境系统支离破碎。合法性的崩溃让一个又一个篡位者跃跃欲试。整个帝国分崩离析，只不过后来的皇帝取得了惊人的成功，把这些碎片重新组合在一起，才没让这一刻成为帝国历史的最后一幕。一场彻底的财政危机使得税收和货币价值难以维持。这一失败破坏了罗马人心目中帝国的基本原则："帝国需要士兵，而士兵需要钱。"随着货币制度的失效，罗马私人经济的基础结构也开始坍塌。一个个连锁反应，像火一样越烧越旺。混乱的旋涡吞没了帝国。[54]

从设计上来说，罗马的边境体系是防御性的，并不是完全无法被穿透的。但在 3 世纪 50 年代初，几乎所有主战线上的防御网络同时崩溃。后来的一位历史学家总结了失败的严重程度。"阿勒曼尼人在摧毁高卢之后，进入了意大利。罗马人失去了多瑙河以外，曾经被图拉真纳入版图的达西亚。希腊、马其顿、本都和亚洲，都被哥特人摧毁。潘诺尼亚被萨尔马提亚人和夸地人掠夺。日耳曼人一路来到西班牙，征服了壮丽的塔拉科*。帕提亚人（也就是波斯人）占领了美索不达米亚之后，开始征服叙利亚。"这场军事危机的一个特点是多个地点同时遭遇袭击，另一个特点是野蛮入侵发生在帝国内部柔软的地方，这些地区与帝国外围的暴力通常是隔绝的。血腥的味道以前所未有的方式向罗马人扑来。[55]

借用一条神谕的话说："宇宙将陷入混乱中，人类将在瘟疫和战争中毁灭。"在同时代人眼中，瘟疫与边境安全之间的联系很明显。有清晰的资料显示，瘟疫造成的人口损失和军事灾难之间存在着因果关系。举一个例子，波斯国王沙普尔一世发动侵略的直接动机，就是他意识到罗马军队的力量已被瘟疫所削弱。营房有助于在人类之间直接传播的病毒的扩散。在这次大规模入侵中，病菌是第一波无形的攻势。[56]

边境防线在 3 世纪 50 年代初的时候被压垮了。第一个被攻破的是多瑙河防线，250 年，卡尔皮人和哥特人从这里入侵。251年夏天，能力出众的哥特国王尼瓦（Cniva）在阿伯里图斯战役中屠杀了皇帝德西厄斯和他的军队。罗马人因此失去了整条多瑙河

---

* 塔拉科位于今天西班牙的加泰罗尼亚，是罗马在伊比利亚半岛最早的殖民地。

前线的控制权。

第二个沦陷的是幼发拉底河防线。252 年，沙普尔一世向帝国东部发动进攻。这是一场东部省份从未经历过的闪电袭击。波斯军队占领了叙利亚，并且洗劫了小亚细亚内陆。与此同时，一些新的哥特部落来到海岸线，从黑海到爱琴海一路横冲直撞。远至以弗所这样的无助的城市也被接连摧毁。

3 世纪 50 年代中期，莱茵河防线瓦解了。法兰克人和阿勒曼尼人从 256 年前后开始，不断侵袭高卢的富裕省份；几乎整整一代人的时间里，这一地区都在大规模劫掠中度过。皇帝加里努斯（Gallienus）试图在北方采取应对措施，但这一行动却使帝国的心脏地区暴露在外，260 年，来自多瑙河上游的侵略军抵达了罗马郊区。就在同年，加里努斯得知他的父亲，也是共同执政的皇帝瓦莱里安（Valerian），已经可耻地被沙普尔一世活捉。雕刻在纳古什罗斯坦（Naqš-i Rustam）峭壁上的大型胜利纪念碑，庆祝了罗马人遭受的耻辱。帝国在每一个前线——包括非洲和埃及鲜为人知的暴力行动——都遭受了巨大打击。[57]

两大前线同时承受压力已经是灾难的一个标准公式。而现在，敌人变得更加强大。波斯人的统帅非常优秀。哥特人同盟代表了北方境外更先进的社会形态所带来的危险。罗马人和日耳曼邻居之间一直存在着一种缓慢的"技术融合"。敌人向更复杂的形态演变，给罗马帝国的整个结构造成了无形的压力。一旦瘟疫将罗马的边防力量挖空，帝国体系的结构弱点就暴露在边境另一边野心勃勃的部族面前，他们对好战的帝国有着古老的怨恨。毫无疑问，大规模流行病是一种很重要的引发军事危机的原因。它暴露了潜在的威胁，让边境体系被汹涌的入侵浪潮所淹没。[58]

我们听到过这样的事情：民兵匆忙地集结起来保卫帝国腹地的城市；城墙被仓促地修建起来。260 年，奥格斯堡竖立了一座胜利女神的祭坛，庆祝行省军队与"人民"并肩作战，取得胜利。这支由军人和平民共同组成的临时部队，将入侵的野蛮人赶回日耳曼，并解放了"成千上万的意大利俘虏"。甚至连长期以来被众多特权所宠溺的"罗马市民"，在 260 年也拿起武器反抗侵略者。

在 3 世纪 60 年代，实际上有三个罗马帝国：一个在高卢；一个在东方，以巴尔米拉为统治中心；还有一个是加里努斯控制的帝国核心。最后一个核心帝国最终被缩减到意大利和通往意大利的巴尔干路线的防御范围。我们还知道，在 3 世纪 60 年代末期，甚至连希腊的城镇，例如雅典，实际上也只有拼凑起来的自救防御体系可以依靠。在达西亚和阿格里戴可美特地区（*agri decumates*，位于莱茵河、多瑙河以及其他主要河流之间的地区）这样的战略属地，罗马人全部撤离，而且永远失去了这些地方。罗马帝国被拆散了，因此，尽管加里努斯能够在不断缩小的核心帝国内维持自己的统治到 268 年，但他在罗马人集体的历史记忆中仍然是一个可悲的人物。[59]

国家权力的衰退还反映在货币上。不论效果如何，这些货币都是我们所有的最接近反映帝国状态的连贯记录的东西。3 世纪 50 年代和 60 年代的货币银含量急剧下降。古老的货币，如塞斯特斯和第纳尔，都被毫不客气地熔化了；这些让人敬重的硬币很快就不复存在，完全被安东尼安银币所取代，对我们来说，这场货币革命就像美元的消失一样难以想象。在接下来不到 20 年的时间里，安东尼安银币不断贬值，直到变成一种镀银铜币，金属圆板上只含有一丝难以察觉的银。货币危机的势头不断加剧，因为

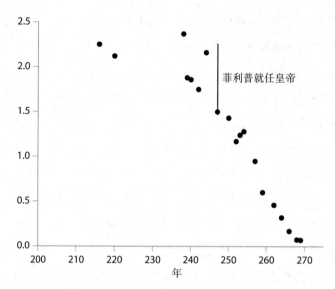

图 4.3 每枚安东尼安银币的含银量（克）（数据来源：参见注释 60）

私人所有者会设法保留高价值的货币，从而将其从流通中撤出。事实上，罗马历史上没有其他哪个时期能发现如此多的货币贮藏。

我们有一些线索可以窥见正在埃及形成的货币危机。铸币曾在一段时期内保持着信用发行价值。但我们在一张 260 年的莎草纸上发现，一位总督迫使银行家们接受了"奥古斯蒂的神圣货币"。这说明两点问题，首先银行家们并不想接受这种货币，第二，总督可以强迫他们接受。在瘟疫和贬值的年代里，商品和服务的价格水平发生了近乎百分之百的剧烈波动。然而这种波动与即将发生的状况相比，似乎还算温和。在危机末期，也就是恢复者奥勒利安（Aurelian）的统治时期，挽回危局的努力未能成功。货币的信用价值崩塌了。物价翻了十倍，并且开启了持续一个世纪的通货膨胀。一千年的银币时代注定就此结束。[60]

屈辱的军事损失、帝国的分裂，以及无力支付军队硬通货的状况最终使得加里努斯垮台。令人惊讶的是，他的统治期相当长。这说明在罗马帝国的核心地区，存在着深层的韧性和意识形态合法性的强大力量。也可能只是因为在长期瘟疫的混乱中，任何替代性选择都无法积聚起力量。268 年，加里努斯在米兰被暗杀。这次政变是由一名叫克劳狄的多瑙河军官策划的。克劳狄二世不是一长串模糊不清的皇位争夺者中的又一个，他的上位标志着一类新皇帝的诞生，而且，他更多代表了一个新时代的开始，而不是危机的结束。干旱、瘟疫、战争和财政危机，为未来清理出了道路，军营皇帝的时代终于到来了。

复兴与革命

从菲利普去世到克劳狄二世登基的这段时间，在罗马历史上是一个终结的时代。地区和村庄在记录中悄悄消失。埃及的人口普查记录止于 3 世纪 50 年代。最后一种古老的私人捐赠消失了。竖立公共铭文的悠久习惯也出现了中断。城市里的神殿不再像往常一样光辉夺目。由于经济生活坍塌，资本流通和投资行为突然中断，我们能够感知到私人艺术作坊的突然消亡。许多曾经默默支撑着古典秩序的结构支架都在这一时期迎来了终结。

对于将克劳狄二世推上权力宝座的政治革命来说，这场清理既是前提也是结果。克劳狄二世以及接下来的几位皇帝喜欢将他们的成果宣传为某种"复兴"。不过，瘟疫和危机过后重新组织起来的帝国体系有一种新的内在逻辑。这是一场建立在双重原则之上的革命，这两种原则定义了新的平衡：其一，帝国机器将由

图 4.4　克劳狄二世为纪念罗马军队的忠诚而铸造的奥里斯金币（美国钱币协会）

多瑙河的军人皇帝控制；其二，他们的士兵将得到货真价实的黄金。新政府在这些牢固的前提之下恢复了秩序。[61]

　　具有讽刺意味的是，贵族出身的加里努斯为军人皇帝的崛起铺平了道路。加里努斯有着无可挑剔的元老阶层出身，他的富裕的家族在伊特鲁利亚*有古老的根系。他的父亲曾服务于塞维鲁王朝，并且当上了执政官。无论是从社会还是地理的角度来看，加里努斯的统治都符合古老的传统，这种传统可以回溯到帝国最初的统治基础。但是，在他的统治下，军队控制权被从元老阶层手中夺走了。

　　根据一份后来的史料的说法，加里努斯"担心自己的怠惰会让帝国权力落入最优秀的贵族手中"，因此他成了"第一个禁止元老担任武职或进入军队的皇帝"。不管他的动机如何，从这时起，罗马军队的指挥官中再也见不到元老的身影了。军团的高级

---

* 伊特鲁利亚位于意大利中部，是罗马最近的邻居之一，在罗马崛起之初就被吞并；伊特鲁利亚贵族一开始就被罗马人纳入统治阶层，因此在罗马贵族中有很古老的历史。

指挥官，也就是军团次官（*legatus legionis*），一直是元老阶层控制军队的关键职位。由职业军人取代元老担当高级指挥官，使军队失去了一种独特的罗马贵族气质，并且打破了古老的社会政治秩序，这种秩序从共和国晚期开始，已经延续了好几个世纪。瘟疫和战争又一次摧毁了一个精英阶层，让另一个精英阶层崛起，但这一次的重组更加激进，而且，这种新形式注定能够延续很久。[62]

如果加里努斯的目的是防止篡位，那他的政策就大错特错了。几个世纪以来，军团的指挥阶层一直是皇位觊觎者的舞台。现在，出于个人目的而集结军队的人，只不过从出身良好的贵族换成了职业军人而已。值得注意的是，克劳狄二世统领着一支帝国精锐骑兵部队，他的即位就是这种可能性的直接实现。加里努斯之死标志着某种皇帝的终结。

克劳狄二世的社会背景是革命性的，他的地理背景也同样重要。他出生于上默西亚或下潘诺尼亚。这条多瑙河平原走廊曾经是罗马退伍军人殖民地。几个世纪以来，军团士兵在解除兵役后会与当地居民通婚；这里的孩子跟随父亲的脚步，忠诚地进入军队服役；他们在多瑙河边境真实的战争中，得到了良好的训练。一种军事文化逐渐形成。这个地区很少出元老，但是有许多功勋卓著的军官。这些军官年复一年，忠诚地服务于从罗马空降的上级，但是当帝国出现混乱、家园被蹂躏的时候，他们自己抓住了主动权。[63]

克劳狄二世由于瘟疫而英年早逝。但他的革命在他死后继续进行。一旦多瑙河的军官控制了帝国机器，就不会再放手。据瓦尔特·沙伊德尔（Walter Scheidel）出色的研究统计，一直到福卡斯（Phocas）统治时期（610 年），近四分之三的罗马皇帝都来自

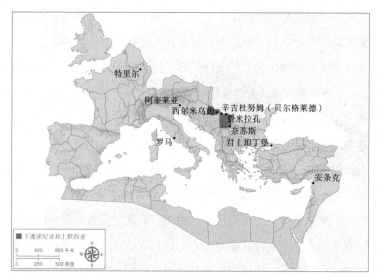

地图 13　诞生了罗马晚期大多数皇帝的两个行省

这个仅占帝国领土 2% 的地区。狄奥多西王朝实际上是唯一的例外，这个例外更加证明了这种规律。狄奥多西王朝诞生于一场绝对的"完美风暴"，大量军官在阿德里安堡战役（378 年）中被屠杀，随之而来的绝望成就了狄奥多西王朝。从 268 年起，富裕的地中海贵族被一群来自北部边境一个小角落的职业士兵所取代。这一地区正是罗纳德·赛姆（Ronald Syme）所说的"能量地带"，也是帝国东西两部在陆地上的关键交会点。罗马帝国不仅被来自某个前线的军事精英所接管，而是被来自这一个特殊前线的精英所接管。[64]

伟大的帝国经常会被自己的外围所吞并。但这并不是罗马人在 3 世纪时面临的情况。罗马帝国被一个内部边境地区复兴了。军营皇帝认为自己是罗马人，古罗马的血液流淌在他们的身体里。他们表现出了一种迫切的传统主义，例如，在罗马法的应用上。

图 4.5　君士坦提乌斯一世的纪念奖章，出自阿拉斯宝藏（法国国家图书馆）

这些多瑙河皇帝的国家意识让他们将整个帝国视为保护对象；奥勒利安是克劳狄二世的继承者，他将精力投入到帝国东部和西北诸行省的收复上。在多瑙河皇帝统治的几个世纪里，他们的家乡地区并没有明显变得富足。巨大政治特权的受益者仍然是罗马人民，而不是西尔米乌姆或奈苏斯的居民。不过，重建工作需要大胆的措施。虽然罗马城仍被尊为帝国的象征性中心，但军营皇帝们也毫不犹豫地在靠近战场的驻防城镇里修建了宫殿。原有的行政机构经历了彻底改革。为了达到重新组建帝国的更高目标，一些宪法的细枝末节被搁置一旁。[65]

　　这些晚期皇帝明显不公正的地方表现在对军队的恩惠上，尤其是对军官阶层。克劳狄二世用黄金奖赏了手下士兵的忠诚，因为他们曾拥护他称帝。一位有洞察力的古钱币学家认为，这一刻就是古代晚期的开始。最初，这一举措是出于迫不得已，因为银币市场已经混乱不堪。但它一直被延续了下来。

　　从此之后，历任皇帝就以黄金作为登基时发放的奖金。这样的效果很显著：皇帝会在场亲自发放黄金，士兵们宣誓效忠。这种奖金制度后来被常规化，士兵每五年就会收到一次，以免皇帝的长寿让他们感到不耐烦。随着时间的推移，以银币计价的定期工资变得毫无价值，这使得奖金成了实际报酬。同过去一样，在取得大胜之后，士兵也会得到相应的奖金。我们能够从1922年在法国北部阿拉斯发现的宝藏中获得一些概念。在属于一名军官的陶罐里，有珍贵的珠宝、银制品和472枚钱币，其中包括25枚金牌，这些是在285—310年的军旅生涯中获得的。其中一枚金牌重达53克，是为庆祝君士坦丁的父亲君士坦提乌斯一世（Constantius I）重新征服英国而铸造的，君士坦提乌斯一世被誉为"永恒之光的恢复者"。勤奋和忠诚得到了丰厚的回报。[66]

黄金政治将会从内到外重新定义国家和社会。军营皇帝的时代是一个黄金的时代。

这场危机带来的精神影响不可避免地更为难以捉摸，虽然不是立竿见影的，但从长远来看更为重要。大规模死亡事件引发了不可预测的宗教反应。热忱和绝望改变了精神生活的环境压力。安东尼瘟疫使得整个帝国转向古老的阿波罗崇拜。我们在后面还会看到，查士丁尼瘟疫将地中海文化推向了一种强烈的末日情绪。在之后的黑死病期间，对犹太人的迫害和自我鞭笞运动是人们面对鼠疫的直接反应。还有对死亡更抽象的文化痴迷，似乎与中世纪后期大规模死亡的悲惨经历有一定关联。

3世纪危机是古代传统民间宗教面临考验的时刻，同时也为一种边缘宗教运动——基督教——的神秘成长敞开了大门。自信的传统崇拜曾在菲利普的千年庆典中得到充分展示，然而在一代人的时间里，这种古风让位于另一种宗教环境，在这种环境中，

图4.6 251—253年的安东尼安银币，刻有治愈者阿波罗（美国钱币协会）

强烈的反对声比以往任何时候都清晰可辨。

当这场危机还处于初期阶段的时候，就出现了宗教冲突。自发的祈祷和献祭是对新帝登基的正当回应。但在249年年底，皇帝德西厄斯要求所有公民必须参加献祭活动，并动用帝国机构来执行命令。皇帝想出这个全民祈祷的计划时，瘟疫正在亚历山大里亚肆虐并开始向西推进，这恐怕不仅是巧合。对古人来说，瘟疫是神明发泄愤怒的一种工具。安东尼瘟疫在民间引发了壮观的宗教祈祷行为，那些大型阿波罗神谕圣殿也起了推波助澜的作用。不久，阿波罗又在西普里安瘟疫中忙碌起来。皇帝开始在货币上铸造新的形象——"治愈者阿波罗"。在罗马，人们极力寻找宗教解决方案。"人们通过翻阅预言书来寻求众神的平和，并按其要求向治愈者朱庇特献祭。"瘟疫引发了恐惧与虔诚的紧急结合。无论疾病是否是德西厄斯下令献祭的原因，西普里安瘟疫很快就被卷入这个时代的宗教剧变中。[67]

以前，德西厄斯的宗教政策被称为"迫害"，现在的学者已经对此更为谨慎，因为这样的观点或许过于一面之词。消灭基督教的愿望并不是政策的全部推动力。德西厄斯在帝国范围内献祭的决定可以被看作是一种加强了的民众反应，安东尼瘟疫就曾引发过这种反应。只不过在这个时代，由于几乎所有自由人都是公民，因此对危机的反应涵盖了所有人，而且是强制性的。然而所有这些与另一种可能性并不矛盾，即德西厄斯的目标从一开始就是压制基督教。毕竟，基督教徒拒绝献祭的行为不仅是一种反抗；而且在面对灾难的时候，这样的行为对神灵提供的保护构成了威胁。[68]

基督徒成了瘟疫的替罪羊。异教徒和基督徒之间的宗教辩论，促成了西普里安对信仰的捍卫；特别是他的辩护杰作《致德米特里厄斯书》（*Ad Demetrianum*），主题就是替基督徒辩护，认为他们不用承担干旱、瘟疫和战争的罪责。我们没有控诉方的言论，不过，我们在一代人之后捕捉到了一些模糊的回声，即异教哲学家波菲利（Porphyry）的尖刻言辞。他把这个时代的健康灾难归咎于基督徒的傲慢：“阿斯克勒庇俄斯和其他神灵已经不再与我们同住，这种疾病在这座城市里肆虐了这么多年，而他们竟然还为此感到惊奇。耶稣被崇拜的时候，没有人得到过任何帮助。”这很可能也是 3 世纪 50 年代时盛行的态度。[69]

德西厄斯设立了一个宗教搜索网。公民必须用进行异教献祭仪式来证明自己的忠诚。埃及的纸莎草纸保留了大量献祭的个人证书。基督徒的拒绝态度导致中央政府作出更强烈的回应，明确地针对日益扩大的教会。瓦莱里安采取了明确措施来追捕基督徒。回顾过去，基督教会把整个事件看作是一次伟大的试炼，是帝国在几个世纪中努力压制信仰行动的高潮。但是，这掩盖了迫害的背景，也掩盖了当时基督教运动的规模是多么微小。

我们对基督教的扩张只有最粗略的认识。直到 200 年，文本纪录中几乎看不到基督徒的身影。如果不是因为后来的事件，1至2世纪的基督徒甚至很难成为历史的边脚注。据估计，在2世纪后期约有10万名基督徒。到300年时，发生了惊人的变化。最明显的迹象是基督徒名字的突然传播。近期的一项估算显示，埃及可能有高达15%～20%的人已经成了基督徒。精确度或许存在疑问，但即使基于最谨慎的假设，也必然会得到这样的结论，即3世纪见证了基督教爆炸性的转变，它成了一种大众现象。[70]

基督教运动从一开始就是由极大的热情推动的。但是，我们必须在每一代人的特定背景下，寻求这种深入心灵的"皈依"动力。基督教在2世纪对一小群城市古怪人士的吸引力，并不是推动3世纪大众运动的原因。甚至在3世纪时，变化的速度也是不一样的。瘟疫和迫害的结合似乎推动了基督教的传播。以下是本都的新该撒利亚某个基督教社团的记忆。在关于当地宗教英雄"显灵迹者格列高利"（Gregory the Wonderworker）的民间传说中，瘟疫是这个社区基督教化过程中的关键事件。大规模死亡遗憾地显示了古代神灵的无能，并展示了基督教信仰的美德。不管这个故事本身是如何程式化，关于瘟疫在这个地区宗教转型中的作用，它保留了历史记忆的核心。

基督教最明显的优势在于，它以牺牲式的爱为伦理基础，不知疲倦地在完全陌生的人之间建立起类似血缘关系的网络。教会自诩为一种"新人"（new *ethnos*），有着共同的传统和义务。基督教伦理把瘟疫带来的混乱变成了一个传教阵地。对复活的生动承诺可以鼓励信徒对抗死亡的恐惧。在迫害和瘟疫的折磨中，西普里安恳求他的会众向敌人展现爱心。同情显而易见，而且很重要。病人受到的基本护理对病死率有很大影响；以埃博拉病毒为例，提供水和食物可以大大减少死亡的发生。基督教的伦理是对信仰响亮的宣传，教会是暴风雨中安全的港湾。[71]

当危机的火焰熄灭后，灰烬给基督教扩张留下了一片肥沃的土地。加里努斯在 260 年停止了迫害；教会迎来了一段持续了 40 年的和平时间。著名的教会历史学家优西比乌扬扬得意地描述了这段不受阻碍的增长期。"一个人该怎样描述众多的崇拜者。每个城市里聚集的民众，还有祈祷时的集会？旧的建筑已经不能满足这些拥挤的人群，宽敞的教堂在所有城市里拔地而起。"

基督徒可以在上流圈子里自信地走动。人们见到的基督徒比以往任何时候都多。在埃及的俄克喜林库斯，城市的垃圾堆里出土了许多纸莎草纸，它们显示出，这里的教会在这些年里已经不仅仅是一个不起眼的存在。第一份提到基督徒的莎草纸记录出现在 256 年。不久之后，我们可以通过一位名叫帕帕·索塔斯（Papa Sotas）的神职人员，追寻基督教社区的兴起，他是这个镇上已知最早的主教，也可能的确是第一位主教。他的职业生涯被记录在至少五张莎草纸上，上面提到他写过推荐信，为教会募集资金，并且曾在地中海东部自由地活动——总之，他表现得像一个古代晚期的主教。教会在俄克喜林库斯突然兴起，从微不足道变成一种神气自信的存在。[72]

与此同时在罗马，我们称为地下墓穴的蜂巢式墓葬洞穴也迅速扩大。其中一些墓室可以追溯到 2 世纪末或 3 世纪初；很快，庞大的墓葬群以这些早期墓室为中心开始向四周延伸。250—275 年是一次飞跃，突然间，地下的基督教徒墓葬不再是少数断断续续的存在。现在，长长的走廊蜿蜒向前望不到头，两侧排列着凿入墙内的简陋墓穴。地下墓穴并不是一个浪漫故事中的非法宗教藏匿处，也不是雄心勃勃的教皇设计的地下世界。确切地说，地下墓穴是地面上群体联系在死后的延续，这种群体联系使教会活跃起来。教会通过广泛的赞助网络维系，有一种强烈但复杂的认同感，以及对死后世界强烈的信念。基督教处于一段活力旺盛的时期，这个多元化社群的内部联系畅通无阻，只是暂时还不包括超级富豪。殉教者的圣祠还没有很好地组织起来。这是一个影子社会，它经受住了瘟疫和迫害的挑战，准备迎接飞速的增长。[73]

即便我们对基督教的存在一无所知，也会把 3 世纪描述为传统多神教的没落时代。古代宗教陷入了困境。修建神庙的伟大传统开始停滞。2 世纪是一个极度活跃的宗教建筑时代。哈德良完成了雅典的奥林匹亚宙斯神庙，它在基督诞生前 600 年的时候就停工了。神殿是城市闪烁的"眼睛"，但到 3 世纪中叶，它们已经年久失修。在埃及，最后的神殿铭文出现在德西厄斯统治时期。在这之后是彻底的沉寂。到 3 世纪，那些不久前还是人类古老宗教传说的孵化地的神殿，已经变成了军用谷仓。远古时代的仪式就这样消失了。神殿人员和财产的登记在 259 年时停止了。这种衰落的程度着实令人吃惊。也许在埃及比其他地区更为明显，因为这里的市政机构历史更短，但事实是，我们在其他地方努力寻找的证据也显示了其他地方神殿生活的相对贫乏。从各个角度来看，3 世纪危机对于传统民间宗教来说都是一场浩劫。[74]

重要的是，为什么会这样？除了基督教辩论家的心里，没有明确的所谓"异教"的东西。古老的多神教是分散的。它是一种集合，包含许多相互松散关联的信仰，内在于自然，深深嵌入人们的家庭和城市生活中。罗马帝国盛行的多神教，贯穿了古代城市整个拱形的社会等级。在帝国盛期，真正的异教信仰没有高级的神学理论，而是存在于城市的街头巷尾。一个著名的例子来自以弗所，那里有一位富有的市民，是个罗马骑士，名叫 C. 维比乌斯·萨卢塔里斯（C. Vibius Salutaris），他以女神阿耳忒弥斯的名义设立了一项捐赠基金。这项基金的收益由神殿管理，曾被用于资助盛大的宗教庆典，庆祝以弗所悠久的历史；市民中那些古老部落的后代，收到了慷慨的现金礼物；人们还举行了献给女神的血祭。这些宗教捐赠在金融混乱时期彻底消失。民间赞助的旧模式被动摇了。古代诸神并不是败在一场信仰危机中，而是因为他们本身所嵌入的系统的基础坍塌了。[75]

上层建筑倒塌了，但古代多神教并没有就此消亡。自然宗教的痕迹仍然随处可见。一个走在罗马道路上的旅行者，会看到"一座摆着鲜花的祭坛、树荫下的石窟、挂满兽角的橡树、披着兽皮的山毛榉、有围墙环绕的神圣土丘、有雕刻图案的树干、被奠酒滋润的草地圣坛，或是一块涂了油的石头"。任何危机都无法完全抹去民间多神教覆盖广泛、根深蒂固的存在。在 3 世纪，基督徒仍然被多神教热闹的声音和气味所包围。但是，当公共宗教生活的高层形式发生动摇的时候，基督徒抓住了机遇。教会在公开对话中插入自己的声音，这样的事情即使在塞维鲁时期也几乎是不可能的。教会已做好与帝国谈判的准备。到了三四世纪之交，基督教会已经成为一股不可忽视的力量。军营皇帝们在根除或合作的政策之间摇摆不定，直到他们之中最成功的一个，出人意料地宣誓要成为信徒的保护者和资助人。这是一个人们进行大胆尝试的时代。[76]

复苏之路

皇帝奥勒利安（270—275 年在位）重新征服了分裂的领土。他在罗马周围筑起城墙，并试图彻底改革货币制度。他坚持崇拜无敌者太阳神索尔（*Sol invictus*），在地中海的万神殿中，索尔属于一个局外人，但很容易被吸收进来。奥勒利安在罗马举行了光荣的凯旋仪式，将巴尔米拉的女王芝诺比阿（Zenobia）带到街道上游行，并宣称自己是"世界的恢复者"。

实际上，他的统治是新旧结合的产物。军营皇帝的恢复工作是在传统的名义下进行的。他们的成功甚至让现代历史学家对危机的真实性提出了质疑。但我们不应该认为罗马帝国被重新组合成了一个具有泛地中海地理框架的统一国家是理所当然的。汉帝国并没有幸免于同时期的危机。但罗马帝国被赋予了第二次生命，这一事实应该使我们对恢复者的成就感到惊奇，而不是怀疑危机的严重性。[77]

帝国的命运在 260 年达到低谷。这也是人口最少的一段时间。这时的恢复工作要缓慢得多。西普里安瘟疫和更广泛的危机让人迷失了方向。习惯于和平的内陆地区遭到残酷的侵犯；旧的社会等级制度也被破坏。在整个西方，乡村的定居情况揭示了一种裂痕。旧式生活又回来了，但现在节奏更为缓慢，谨慎。城市再也回不到以前的状态；即使是最健康的古代晚期城市，也比从前的规模要小，而且总体来看，即使在经济复苏之后，主要城镇的数量还是减少了。过去轻而易举就能征募军队的日子已经一去不复返。出于需要，古代晚期的治国方略承受着更大的压力。但恢复工作为之后一个半世纪的帝国整合和经济复兴奠定了基础。

　　漫长的 4 世纪是另一种意义上的黄金时代，虽然在物质方面不如安东尼时代光辉灿烂，但以任何其他标准来说都是非凡的。然而，在新平衡内部的某个角落，却潜伏着帝国东西部分离的种子。重建项目最终导致在君士坦丁堡建立了第二个罗马城。建立新首都是天才的举动，它将改变地缘政治的平衡，其影响比任何人想象的都要深刻。当全球气候变化引发了迁徙和难民危机的连锁反应时，罗马领土边缘的压力被改变了，这些变化会通过各种缓慢积聚的压力使帝国支离破碎。只有一半的帝国能在下一次衰落中幸存下来。[78]

第五章

飞速旋转的命运之轮

帝国的疆域

我们之前提到过一位歌颂斯提利科执政成就的诗人克劳迪安，在他的一些次要作品中，有一篇很有吸引力的故事，叫作"维罗纳的老人"。它颂扬了一位默默无闻的农民，他缓慢而单纯的生活从来没有被命运的剧变所搅乱。无论时间怎样流逝，他一直过着幸福的生活。这位老人会死在他出生的那间简陋的小屋里。他从来没有作为一个陌生的流浪者品尝过外国的河水。他靠"收成的变化而不是执政官的名字"来记忆年份。他记得"那棵大橡树还只是一个小橡子"的时刻。对他来说，不远处的维罗纳和"阳光普照的印度"一样陌生，而加尔达湖就像红海的海岸一样遥远。然而，他的幸福来自他农民的小视野。"让其他人去寻找西部最远的边缘吧。探索者可能拥有更多的冒险——但老人拥有更多的生活。"[1]

这是一首迷人的田园诗。克劳迪安在山谷中艰难跋涉的时候，可能确实遇到过这样一位农民，后者在高层政治的阴影之下，过着诚实的生活。这很可能触动了克劳迪安。这位老人扎根于土地的生活与诗人自己的经历形成了鲜明对比。克劳迪安是一位埃及诗人，来到西方冒险，在宫廷中引起了文化上的骚动，也成了帝国最有权势的人物——总司令斯提利科的代言人。如果真的有这样一位老农民，这首诗就有一种特别的辛酸意味。这篇作品通常被认为写于 400 年前后。就在第二年，一批由阿拉里克（Alaric）领导的西哥特军队穿过了波河流域。斯提利科在波伦提亚与他们展开血战，并在意大利北部的平原上把他们赶回东边。乡村的宁静被打破了。事实上，决定性的对抗就发生在维罗纳，斯提利科的军队在那里击退了侵略者，这是他战场指挥官生涯的最高成就。[2]

自此以后，事情迅速向不好的方向发展。406 年的最后一天，莱茵河边界土崩瓦解。事态发展迅速。408 年，斯提利科的政权被一场政变推翻，这位将军很快就被处决了。帝国在西方失去了所有控制态势的表象。哥特领袖阿拉里克抓住这个重要的机会，包围了罗马。410 年 8 月，永恒之城遭到洗劫。袭击古都已经造成了足够的破坏，但其象征性的影响甚至更为深远。"这个脆弱世界的框架"已经坍塌。罗马并不是在一天之内衰落的，但对这座城市的洗劫，仍然是关键的时代中最关键的一刻，在这期间，帝国权力的核心失去了对西部行省的控制。这一次，损失是不可逆转的。5 世纪的时候，西罗马帝国分崩离析。在这种规模的事件中，无论远近，没有人可以不受影响。[3]

对历史学家来说，解释帝国的迅速解体是个持久的挑战。"罗马军队和政府为什么会在帝国的西半部失败？在古代晚期的历史中，很少有比这更困难的问题。"如果有什么不同的话，那就是近年来这个问题涉及的范围更加令人气馁，因为我们对 3 世纪危机过后的强劲复苏有了更多的认识。帝国的强势回归，让我们更难把它的灭亡归咎于内部的持续衰退，或不可避免的解体旋涡。[4]

4 世纪后期的罗马帝国是当时世界上最强大的国家，也是历史中最强大的国家之一。皇帝狄奥多西一世（379—395 年在位）统治着一个比奥古斯都时期还要大的帝国。它的财政实力在历史上一直无与伦比，与 17 世纪最强大的政治力量旗鼓相当。在帝国境内的一些地方，包括大部分东部行省，人口和经济的复苏程度可以说不可思议。即使在西方，也是帝国的衰落导致了衰退，而不是反之。与任何时候一样，这时的帝国存在着结构性弱点和人为失误，但是，要把这些因素加起来当作帝国中央权力在西方消失的原因，绝非易事。

为了理清导致帝国失败的一系列事态发展，我们必须要理解这一时期的各种变化节奏。政治恢复是一项革命性的、持续的工程。在 3 世纪危机中，元老院精英和城市之间的重大交易被军事独裁统治所取代，为一个实验的时代腾出了空间。从戴克里先（Diocletian，统治期为 284—305 年）到狄奥多西的 100 年间，帝国的行政管理在结构上发生的变化，比前三个世纪的总和还要多。帝国系统被彻底中央集权化。帝国早期时，雇佣官员只有不到 1000 人；而到了古代晚期，大约有 3.5 万人。我们目前还在研究，当外部压力的介入为这种高层人员过多的政权带来考验时，这种政治实验的效果如何。[5]

我们也开始意识到，古代晚期是一个对立的时代，其中最重要的是充满活力的社会与渴望固定的国家的对立关系。军人皇帝的统治不再需要君主们曾经被要求的耐心和敏锐，即早期的皇帝的克制和尊重的姿态（被称为 *civilitas*）。宪法上的限制非常少。这段时期的法律法规提供了丰富的记录，这反映了政府对于实施控制的雄心壮志。政府时常幻想能够把所有人都绑在他们的地位或职业上，固定所有的社会关系。但政治恢复带来了经济生机勃勃的复兴，特别是货币的稳定让市场迅速复苏。政府可以从充满活力的私人领域汲取能量，但为了达到自己的目的而试图控制这种能量的幻想却难以实现。

我们将会对4世纪的社会活力稍作交代，因为它使接下来发生的事情更加引人注目。在西方一个高度发达和富有的社会的拱形等级制度崩塌了，取而代之的是一个更贫穷、更简单的秩序。这就是克劳迪安笔下独立的农民形象最令人迷恋的地方。帝国的覆灭并不是从远方看起来的那样，一种力量取代了另一种力量；这是一种国家和社会古老秩序的终结，它无处不在的影响延伸到最遥远的角落，波及所有罗马法令到达的地方。

这些剧变背后的环境变化的节奏错综复杂。与帝国经历过的大规模流行病和气候动荡相比，漫长的4世纪是一段平和的插曲。环境的作用很微妙，但并非微不足道。这时的气候要温暖一些。在许多地区，在温暖气候的阳光下，又有了新的增长。但是，罗马气候最优期的日子并没有回来。现在的气候是个更加不可靠的盟友。在大西洋压力梯度主导的气候系统中，区域间的水分差异变得更加明显。

这一时期的人口历史相比之前也更微妙。虽然没有发生重大的疾病事件，但晚期罗马社会却被流行病频发造成的小规模死亡事件所困扰。超级病菌没有出现，但可怕的本地病原体仍然使帝国成为一个不健康的环境。在帝国晚期，不稳定的气候系统和战争动荡不断在本地疾病池中引发新的死亡事件。

4世纪的环境变化真正的影响可能体现在东方。大西洋系统支配了这一时期帝国的气候，也给欧亚大草原带来了严重干旱。

由此，一个迁徙的时代从亚洲的心脏地带开始。关于游牧国家和社会在这一重要时期的内部情况，我们所知甚少。但显而易见的是，在罗马帝国事务中突然出现了草原民族的身影。匈人到达草原的西部边缘，推翻了维持了长达一个多世纪的哥特秩序。突然间，哥特人越过罗马边境，这种压力始料不及地摧毁了帝国的结构。

我们不需要单一原因的解释。匈人的到来本身并不能解释西部帝国的灭亡。毕竟，匈人真正征服的领土很小，他们进入视野后所产生的后果，必须根据他们面对的特殊情形进行衡量——罗马持续的恢复、不断的政治实验，以及东部和西部之间无声的裂痕。但是，游牧部落也不仅仅是把帝国压垮的最后一根稻草。整个亚洲草原有史以来第一次转移了重心，把最先进的国家甩向西方。在这次试炼中，只有一半的帝国找到了生存手段。

历史学家阿米亚诺斯·马尔切利努斯（Ammianus Marcellinus）是 4 世纪最敏锐的观察家，他在最后一本罗马史书中介绍匈人时，有一段著名的比喻："飞速旋转的命运之轮，总是不断切换着逆境与繁荣。"在一个又一个百年中，罗马人经历了无数逆境。然而，他们在 4 世纪后期和 5 世纪初时，却无法逾越众多挑战的结合。我们能够认识到，他们的人类盟友和自然盟友一样，都像阿米亚诺斯想象的那样反复无常。

帝国的新平衡

在危机最严重的时候掌握了权力的军营皇帝的首要任务是保

护帝国。他们下决心改变了资本、货币，甚至神明，以恢复稳定。但是，将新秩序常规化的必要性开始逐渐显现。

戴克里先是一名来自多瑙河地区的士兵，他在没有任何祖先背景的情况下夺得了至高权力，在他统治的 20 年间，他是一个热情的改革者。他的主要创新是四帝共治，即皇帝的角色由四人分担。四帝共治是一种巧妙压制内战的尝试，在四个统治者中分配管理一个庞大帝国的各种任务。戴克里先奠定了一个新制度的基础。他的改革稳定和完善了危机爆发时的紧急措施。戴克里先"很少使用元老"，继续倾向才干而非血统或财富。各行省"被切成几块"，让帝国总督可以对他们的辖区施加更直接的控制。戴克里先分离了曾经紧密融合在一起的文职和军职。在高层，帝国宫廷的规模越来越大，皇帝在盛大的仪式中被众人包围，显得越来越隐蔽。到了后期，皇帝说的话甚至变成了"神圣"的语言。[6]

与从前一样，罗马帝国的首要任务仍然是支付军队的费用。戴克里先把他要喂养的野兽变大，让自己的任务更加艰巨。军队的膨胀使同时代的人感到惊骇。有人声称戴克里先把军队规模扩大了一倍。事实上，戴克里先的军队规模可能并不比早期帝国——在 40 万到 50 万人之间——大多少，但是，考虑到帝国在西普里安瘟疫中失去的人力，从危机的深渊中恢复到这个水平是个艰难的过程。戴克里先热心于边境防御，积极修复整个帝国的道路和军事设施。他的军旅生涯必须被看作是巨大的成功。他平定了北方，还重新确立了罗马对波斯的支配地位；他扩张了罗马的势力范围，使其包括了一系列沿着幼发拉底河到美索不达米亚分布的建有坚固城墙的城镇。承担这些武力的费用问题，让戴克里先发挥了他的行政天才。他坚决摒弃了陈旧的拼凑式地方税制，代替以统一的税收政策，以标准化的财政措施为基础。官员们在整个帝国进行了一次新的人口大普查。即使是意大利，也被毫不留情地剥夺了特权，要像以前的行省一样纳税。[7]

戴克里先别无选择，只能继续把金子发给士兵作为奖赏。但是戴克里先仍坚定不移地致力于以旧货币支付定期薪水的做法。戴克里先时期的货币以第纳尔为计算单位中心。第纳尔的购买力持续下降，因此戴克里先试图阻止通货膨胀的势头。他改革了货币，并实施了严厉的价格管制措施。他著名的价格法令（Price Edict）集中体现了晚期罗马政府新的干涉主义风格。从法令的序言中可以明显看出，士兵是首要考虑的对象。"价格上涨的幅度不止四倍，也不止八倍，而是如此之高，以至于超出了人类语言所能描述的范畴。士兵们购买一样东西就会用掉所有工资和奖金，他们将全世界为了支持军队而缴纳的全部税款交给这些抢劫者，变成了他们的利润。"戴克里先规定了约1200种商品的价格限制（从农具到运费，从纺织品到奴隶，从高卢凉鞋到雄狮）。即使在通货膨胀的情况下，价格法令也从侧面反映了经济专业化的程度。但是，根据文件证据证实，正如他的基督教敌人幸灾乐祸地评论的，这一政策可悲地失败了。[8]

戴克里先的改革为君士坦丁敞开了大门。君士坦丁是一个军官的儿子，出生在奈苏斯（今天塞尔维亚的尼什）。克劳狄二世曾在这里打败哥特人，取得了一场关键性的胜利，他的政变使多瑙河皇帝得以永久掌权。君士坦丁捏造了一些自己与克劳狄二世王朝的传承关系，但他首要的任务是颠覆四帝共治的制度。他在306年宣布继承他父亲的领地，312年击败了西方的对手马克森提乌斯，最终在324年夺取了帝国东部，从而铲除了戴克里先系统的所有遗留。君士坦丁在生前就是一个评价两极分化的人物。他是一个改革者，也是制度建设者，代表了古代晚期国家的起点。长时间的统治（306—337 年）让他建立起一个由盟友和受惠人构成的网络，来支持他的统治。他还建立了一种权力的系统结构，这一秩序在他死后依然持续了很长时间。唯一能和君士坦丁相提并论的，就是第一任皇帝奥古斯都。奥古斯都也有着很长的统治期，在经历了几十年的剧烈动荡之后，奥古斯都建立的政权体系成了帝国新平衡的模板。君士坦丁本人以及奉承他的同时代人，也这么比较过。[9]

到君士坦丁即位的时候，皇帝已经牢牢掌控了军事阶层。现在到了缓和关系的时候：君士坦丁的体制能够使新的精英与元老院旧部和谐相处。君士坦丁重新表现出了对元老阶层的偏好，委任给他们一些高级职务，比如行省总督。不过，他从内部重新定义了元老阶层。他在新首都君士坦丁堡设立了第二个元老院，将其地位逐渐上升到与罗马元老院相同的地位。更重要的是，他开始扩大元老院席位的数量，并创造了进入元老院的新途径。元老的数量快速增长。这种增长是以地方贵族为代价的，因为财富、威望和才干的提升给传统城市议会带来了新的压力。君士坦丁以元老院席位作为服务帝国的奖赏，从而开启了罗马晚期贵族的基本动态。君士坦丁重新组织了整个等级和荣誉制度，将荣誉的管理权高度中心化，以皇帝本人为中心。[10]

和奥古斯都一样，君士坦丁用非常保守的社会政策巩固他的新秩序。他热切地保护退伍军人和农民，这两者是帝国权力的坚强后盾。总督们被告知要照顾好这些人，"只有这样，下层阶级的广大群众才能不被恣意摆布，被更强大的势力的利益所左右"。

君士坦丁的法律强化了社会等级制度。他的目的是让奴隶和自由人保持原样。君士坦丁的改革显露了他对社会融合的深刻厌恶。他强化了奥古斯都著名的通奸立法，巩固了通婚的禁忌，使尊贵的精英阶层有别于社会底部的贱民阶层。他禁止将财产转移给私生子女（这是罗马人谨慎容忍的一种小惯例），并且限制离婚（过去罗马人对此很随意）。几个世纪的传统和法律的灰色地带并不能妨碍皇帝的意志。在一个动荡不安、政权更迭的时代，君士坦丁的法律奠定了古代晚期的基调。[11]

大胆行动的时代让君士坦丁得以进行这些实验，其中最著名的是他的宗教皈依。我们没有理由怀疑他宗教动机的诚意。选择基督教是非常个人化的行为，而不是明显深思熟虑的行为。基督教会经历了戴克里先的再次迫害，还是有所成长，但基督徒仍然是一个外围团体。君士坦丁的新宗教信仰在短期内会给他带来一些麻烦。

不过，他的信仰给他带来了一个热诚且组织良好的团体的效忠，君士坦丁把他对教会的庇护转化成了一种有利条件。他积极介入激烈的教会争端中，并且真诚地寻求各种教义学说间的和谐。他慷慨地向教会捐赠，而且和其他皇帝一样，为自己选择的神明建造了庞大的建筑。他切断了古老神明的资金，暗中掠夺神殿的财产，并且让血祭行为慢慢消失。皇帝处于社会金字塔的顶端，他的喜好设定了一个基调，哪怕是崇拜神明这类私人且秘密的事情。君士坦丁是帝国的保护人，他的偏爱产生了涟漪式的影响。对于基督教来说，君士坦丁神秘的选择是一道分水岭，不可逆转的加速就是从这时开始的。[12]

新罗马的建立也同样非常个人化。几十年来，皇帝们一直穿梭于一系列边境城镇，例如约克和特里尔、西尔米乌姆和奈苏斯、尼西亚和安条克。当戴克里先决定在罗马庆祝他统治的 20 周年时，这可能是他第一次看到这座城市。罗马仍然是情感上、象征性和名义上的首都，但是，有一个流传已久的说法："皇帝所在的地方就是罗马。"

　　然而，在东方建立第二个罗马的选择，是一次失策的飞跃，尽管地理上的选择非常出色。这时的军事中心位于多瑙河各省。君士坦丁堡位于连接西部和其东部的罗马大道上，随时可以进入行军地区。经过君士坦丁和继任者的加固，这座城市坚不可摧。这里还是一个临海城市，它的腹地是从小亚细亚到埃及的所有富裕的希腊化省份。虽然得益于之后的皇帝在最初的设计之上精心建设，但君士坦丁从一开始就对这座以他命名的城市抱有巨大野心。在这里，他启动了另一种决定了未来几个世纪的力量。君士坦丁堡是一座命运之城。[13]

　　君士坦丁的统治为古代晚期奠定了一种模式。它并没有终结改革和实验的时代，只不过现在，自 3 世纪中叶奥古斯都的体制崩溃以来，军队、贵族和帝国政府之间第一次建立起了一套根本稳定的关系。到君士坦丁去世的时候，几乎没有人还记得以前的方式，这是他与罗马帝国第一位缔造者的最后一个相似之处。在奥古斯都之后的皇帝中，他的统治时间是最长的。337 年 5 月，在长达 30 年的统治后，君士坦丁去世了。他的遗体安放在一副金棺材里，被抬到君士坦丁堡，安葬在为十二使徒修建的纪念建筑里。人们为他举行了一场混合了传统葬礼和基督教葬礼的仪式。他的悼词像是一个预言："即使在他死后，帝国统治的重任也一直在他身上。因为他以一种新的生命管理着整个世界，以他的名义统治着这个帝国，他是胜利的、最伟大的奥古斯都＊。"君士坦丁幽灵般的存在将在未来几个世纪里笼罩着新的秩序。[14]

有利的环境

在晚期帝国的重建中，环境变化和人类主动性起到协同的作用。罗马气候最优期的迷人条件一去不复返；类似于全新世中期的气候——到处都是温暖和潮湿——已经是过去的事了。气候在这个时代末期动荡不安。全球和地区性的不稳定在3世纪中叶达到顶峰，同时还出现了极端干旱的气候，就像地球自身临死前的挣扎一样。如果说3世纪是"世界的晚年"，那么漫长的4世纪就是一段意料之外的枯木逢春。

气候稳定下来。266年之后，在超过一个半世纪的时间里没有发生任何重大的火山爆发。太阳输出不断上升，在300年左右达到了整个罗马时期的顶峰，然后在整个5世纪维持了高水平。4世纪是一个明显变暖的时代。4世纪中叶时，阿尔卑斯山脉的冰川正在全面消融。位于勃朗峰的冰海冰川对气候非常敏感，在4世纪末时已经融化到了20世纪90年代的水平。平均气温似乎没有达到帝国早期的最高点，但在这个恢复的年代，阳光很充足。[15]

随着罗马气候最优期的消退，一段具有全新世晚期特点的气候历史阶段开始显现。大范围的气候模式正处于北大西洋主导之下。从西欧一直到亚洲内陆深处，各个社会的命运在很大程度上

＊ 自奥古斯都建立帝国以来，每个皇帝的名字中都会加入奥古斯都的称号。

都受到北大西洋的大气压力梯度的影响。大西洋内部两个反向的环流中心相互作用，影响了西风风暴的轨迹。亚速尔高压是地中海以西一片永久的高气压区；高压产生的反气旋环流，将空气顺时针旋转，并阻挡了降雨。在北部，冰岛低压是以北大西洋为中心的一片长期低压区；它能产生气旋，将西欧上空的空气逆时针旋转。这两个区域之间的压力差波动，被称为"北大西洋涛动"（North Atlantic Oscillation）。北大西洋涛动是真正最强大的全球气候机制之一。[16]

北大西洋涛动在冬季的力量至关重要。当大西洋上空压力差显著时——也就是说，北大西洋涛动指数为正——就会产生强大的气旋活动，将西风带向极地推移；英国和北欧会出现大量降水。当压力差相对较小时，较弱的风暴路径会来到地中海西部，这时候，南部会比北部有更多的降水。例如在2015—2016年，频繁出现的北大西洋涛动正指数，导致英国出现了创纪录的降雨量，地中海西部部分地区出现了异常干旱。旋转的北大西洋涛动就像一个全球规模的庭院洒水喷头，控制着风暴路径在北半球中纬度地区的喷洒。[17]

北大西洋涛动的历史可以从自然档案中获得。不列颠群岛直接受到大西洋气候机制的影响，我们在苏格兰洞穴的石笋中找到了近3000年的记录，这些石笋的年增长率对北大西洋涛动的变化非常敏感。这些记录显示，一段持续的正指数从3世纪后期开始，到4世纪时表现尤为突出。从青铜时代到现代，能与4世纪水平相当的只有"中世纪气候异常期"。于是，拼图的其他部分就找到了合适的位置。在西班牙的湖泊记录中，明显的干旱迹象始于4世纪。相比之下，北欧和中欧的雨水更为充足。来自法国和德

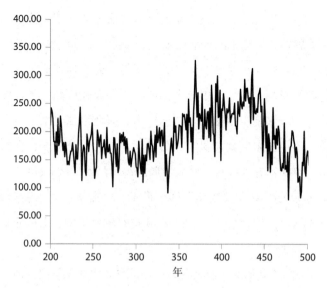

图 5.1　法国/德国的年降水总量（毫米）（数据来源：Buntgen et al. 2011）

国橡树的降水记录反映出，随着风暴路径转移到中欧和北欧地区，整个 4 世纪和 5 世纪上半叶的降雨量不断上升。[18]

在地中海中部，北大西洋涛动正指数带来的影响是不可预测的。风暴路径上的巨大低压槽可能会给意大利带来雨水，也可能会错过整个半岛。但是，当意大利南部地区由于冬季风暴变弱而干旱的时候，北部地区可能会出现来自大陆的降水。意大利北部经济在 4 世纪时出现了反弹，部分原因是由于帝国政府的强大存在，可能也因为这里有更可靠的降雨。相比之下，意大利中部和南部在 3 世纪危机过后，恢复相当乏力：坎帕尼亚的乡村是"一处空旷的风景，一个农业的贫民窟，曾经繁荣的农业中心变成了废墟，稀疏散落着农舍"。意大利或许刚好位于丰裕与不幸的刀锋上。在北大西洋涛动正指数的控制下，地中海的降水系统是一个变幻不定的开关。[19]

帝国东部地区的气候机制有更多层次。北大西洋涛动仍然发挥着影响，但地中海东部位于一个真正的全球气候十字路口，这里受到热带季风系统、亚洲大气压力，还有远处厄尔尼诺南方涛动的影响。虽然地中海东部的温度可以在广阔范围内保持一致，但降水则更多依赖于当地因素，因此更加复杂。在古代晚期，地中海东部地区似乎经历了不均匀的水分分布，安纳托利亚和黎凡特有着截然不同的情形。在以色列，从4世纪开始，孕育生命的潮湿气候持续了两个世纪，之后干旱才重新开始。在小亚细亚，情况几乎完全相反：4世纪较为干燥，之后才是更潮湿的时期。[20]

因此，4世纪的气候是有利的，但也非常飘忽不定。地中海处于不稳定、不断变化的冬季风暴路径上。帝国晚期的书面记录中，严重干旱和饥荒出现得更为频繁。但是，我们对这样的观察必须做很多的保留。回升的人口数量意味着要再一次喂饱更多的人。确实有更多关于干旱和饥荒的证明。但是由于基督教的胜利，我们从古代晚期得到的证据种类和范围是截然不同的。我们掌握了更多的布道、书信和圣徒传记的记录。他们中的许多人都来自偏僻的地方，这些地方在早期记录中是看不到的。当谈到日常生活的艰难时，我们的信息提供者总是比以前的人更加喋喋不休。而且，基督教的领袖们靠帮助穷人为生。我们不能仅仅因为得知了更多的干旱和饥荒，就做出存在更多干旱和饥荒的结论。[21]

在古代晚期的记录中，气候引发的危机一个最重要的例子，是368—369年发生在卡帕多西亚的食物短缺。我们只能通过一位主教的眼睛看到整个事件，他是凯撒里亚的巴西尔（Basil of Caesarea），教会的一个先锋人物。巴西尔把他所有的修辞和管理天赋都运用到了应对这场危机上。透过他的眼睛，我们看到这个内陆社会如何应对即将到来的饥馑。对巴西尔来说，粮食危机是一个适合宣讲的时刻，它显露出了罗马社会赤裸裸的裂痕。巴西尔带我们走进一位可怜父亲的茅屋里，他被迫做出决定要用哪个孩子来换取食物。"我要怎样才能向你们描述穷人的痛苦呢？他最终把目光投向了他的孩子，把他们带到市场上来寻找一种延缓死亡的方法……想象一下他为难的境地。'我该先卖哪一个？谷物商人会最喜欢哪一个？'带着一万滴眼泪，他卖掉了最心爱的儿子。"[22]

我们不知道的是，这种场景以前还上演过多少次，只是没有一个巴西尔来记录下这些痛苦的细节。我们应该谨慎对待这样的故事，但这一地区存在的干旱的物理证据，让我们不能轻率地将整个事件视为一个雄心勃勃的主教施展的巧妙夸张。自然档案和 4 世纪的大气环境，为安纳托利亚这样严重的危机提供了真实背景。

综合来看，巴西尔所描述的饥荒是一种地方现象。但是，如果我们仔细梳理证据，并将其与帝国盛期的记录进行比较，我们会发现，4 世纪存在着大范围的粮食危机，这种危机在之前的帝国中很少出现。其中最著名的一次饥荒发生在 4 世纪 80 年代中期。383 年，"所有行省的希望都因惨淡的收成而破灭了"。与此同时，尼罗河洪水也很弱。两者同时意味着紧急状况。"普遍饥荒"随之而来。我们对这一事件有充分的了解，因为它刚好成为上流圈子里一场宗教论战的话题。这次饥荒引发了异教元老西玛库斯（Symmachus）和米兰主教安布罗斯（Ambrose）之间的激烈争论，争论的主题是元老院会堂里的胜利女神祭坛。在异教徒和基督徒持久的激烈对抗中，胜利女神祭坛已经成了一个特殊的图腾。这位元老和主教之间的尖锐交流，让我们得以不寻常地以贵族眼光看到一场真正广泛的大饥荒。[23]

对异教徒西玛库斯来说，这次不同寻常的严重饥荒是出于众神的愤怒。在以往，歉收是正常的情况，而且很容易克服，因为"各行省之间可以互相救济，这里的丰年弥补了那里的荒年"。但是，当前的饥荒远远超过了正常情况下"丰收季节的不均"，"大范围饥馑"无疑是众神不悦的预兆。农村的穷人"靠吃森林里的嫩枝为生"。罗马城采取了紧急措施，用驱逐外国人的方式（不包括那些外国舞女，她们可以留下来）来节省珍贵的存粮。对主教安布罗斯来说，这场危机被人夸大了，因为北方省份的收成很好。他追问道："我们真的能相信，尼罗河没有像往常一样泛滥，是因为它想为罗马的祭司们复仇吗？"他阻止复原祭坛的努力取得了成功。[24]

就像巴西尔的饥荒一样，这一事件也是出于偶然事件才被记录下来的，这样的事情可能在较早时候也出现过不少，只是留下来的资料很少。但是，我们不应该忽视 4 世纪 80 年代的跨区域粮食危机背后真正的气候因素。北方的丰收与南方的干旱同时出现，显然是合理的。一张纸莎草纸出人意料地证实了尼罗河不合时宜的干涸，上面记载了一名部队新兵对上埃及饥荒肆虐的抱怨。我们还知道一些其他重大的粮食危机，在古代晚期影响了整个帝国，其中包括 5 世纪 50 年代初一系列严重的干旱和饥荒，这些证据非常明显，让我们无法将它们视为纯粹是我们偶然知道的东西而忽视掉。完全可信的是，这几个世纪的气候背景促成了更大规模的短期气候危机。[25]

帝国复兴时期的自然气候是有利的，但却变化无常。这种情况也反映在 4 世纪的生物学历史上。即使在没有瘟疫暴发的情况下，晚期罗马社会仍然处于一种压迫性的死亡状况之下。早期帝国的疾病生态延续到了当时。帝国保持着密集的城市化和紧密的联系。古代晚期的健康状况很惨淡。罗马人依旧很矮。事实上，许多被生物考古学家认定为属于"罗马帝国"的骸骨，都来自 4 世纪，当时土葬而非火化是更普遍的做法。和从前一样，与传染病的对抗耗尽了身体的资源，悄悄地降低了罗马人的身高。病菌没有经历 3 世纪危机，它们没有放过罗马人。

死亡的季节性规律是地方性疾病负荷的标志。从君士坦丁皈依基督教到 410 年罗马被洗劫的这段时间里，我们有成千上万个来自首都的基督徒墓碑，上面记录了这些教徒离开人间的日期（410 年之后数量的急剧下降，就是古老首都出现混乱的一个标志）。总的来说，这是我们关于死亡的季节性规律最丰富的一份资料。夏季的三伏天是致命的，严重的消化道传染病会席卷整座城市。死亡率在 7 月份大幅上升，但在 8 月和 9 月才达到峰值。秋季的波峰无疑表明疟疾仍在流行。然而对老年人来说，冬天仍然是最危险的季节；冬季的呼吸道传染病折磨着那些活到晚年的人。[26]

罗马的细菌很凶残。但是漫长的 4 世纪最显著的特点，或许是没有发生过灾难性的死亡事件。狄奥尼修斯·斯泰撒科普洛斯（Dionysius Stathakopoulos）对资料进行过一次详尽的分类梳理，发现在 4 世纪暴发过 14 次流行病，5 世纪暴发过 18 次。这些统计数据比早期帝国疾病暴发的频率要高很多。现在展现在我们眼前的，是基于整个帝国流行病死亡率的正常背景之上的一点点增

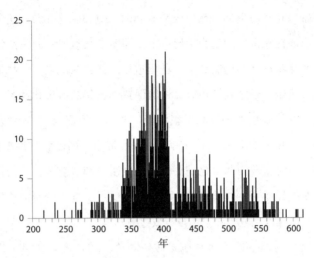

图5.2 每年刻有死亡日期的墓碑数量

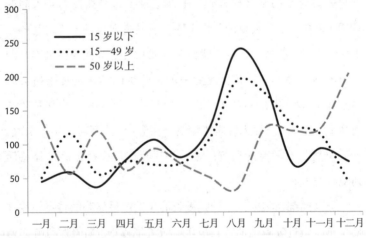

图5.3 公元410年罗马的季节性死亡人数：儿童、成人、老人

长。真正令人震惊的事实是，没有发生过跨区域的死亡事件。能够证明这种情况的例外事件，是312—313年在帝国东部一些地区暴发的致命脓疱病，有可能是天花。旱灾过后紧接着是饥荒和瘟

疫。病人全身都是火红的皮疹，有很多人失明。但是，这一事件的地理影响范围是异常的。大多数流行病都受到高度限制。[27]

传染病可以控制整个城市或地区，但它们的传染性病原体一般并不是可以轻易远距离传播的病菌。战争和饥荒等动乱经常在地区范围内引发死亡事件。攻城战和移动中的军队都面临着生物学上的危险。围攻会导致悲惨的拥挤，而且威胁到食物和清洁水源的供应。行进中的军队会让士兵接触到陌生的病菌。在古代晚期，入侵的外国军队一次又一次被当地病菌的隐形盾牌所击退。战争与死亡危机密切相关。

古代晚期躁动的气候也与流行病死亡事件的波动有密切关系。食物短缺是疾病暴发的必然结果。反常的天气还可以引发疾病载体的爆炸性繁殖。举个例子，在450—451年的意大利，一场毁灭性的饥荒与疟疾曾同时发生。粮食危机促使绝望的移民到处寻找生存机会，压垮了城市秩序中正常的环境控制。食物短缺使得饥饿的人们吃下不可食用甚至是有毒的东西，同时耗尽了他们的免疫系统抵抗感染的能力。[28]

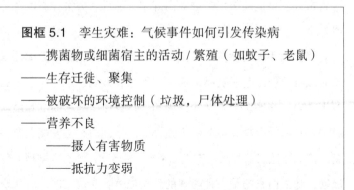

图框 5.1　孪生灾难：气候事件如何引发传染病
——携菌物或细菌宿主的活动/繁殖（如蚊子、老鼠）
——生存迁徙、聚集
——被破坏的环境控制（垃圾，尸体处理）
——营养不良
　　——摄入有害物质
　　——抵抗力变弱

古代地中海社会竭尽所能地保护自己，尽量缓冲环境变化带来的压力。帝国后期的生动资料为我们提供了一个机会，让我们看到各个城镇不断尝试削弱自然灾害的影响，但有时候也会失败。当控制系统崩溃后，灾难就会随之而来。

席卷了埃德萨及其腹地的一次饥荒和瘟疫，是记录中最严重的一次地方性崩溃。500 年 3 月，一场蝗灾摧毁了农田的庄稼。到 4 月份，粮食价格飙升到了正常价格的 8 倍。惊慌失措的民众很快就种下一茬小米，这是一种保险作物。然而收获还是不尽如人意。人们开始出售财产，但是市场跌破了价格底线。饥饿的移民涌入城市。瘟疫——很可能是天花——跟着发生了。帝国的救济来得太晚。穷人"游荡在街道、柱廊和广场上，乞讨一小块面包，但谁家也没有多余的面包"。在绝望中，穷人将尸体上的残肉煮熟吃掉。他们采食野豌豆和藤蔓上掉下的东西。"他们睡在柱廊和街道上，昼夜不停地在饥饿的痛苦中哀号。" 12 月霜冻到来时，"死亡的睡眠"带走了那些暴露在外面的人。教会唯一能做的就是将尸体堆积起来。移民受到的影响最大，但是到了春天，没有人能够幸免。"许多富人都死了，尽管他们并没有挨饿。"一道防线将富人从最危险的传染中隔离开来，然而，失去控制的环境最终打破了这道防线。[29]

可能因为埃德萨位于帝国东部的边缘，太过偏远而无法得到及时救济。但是毫无疑问，这一事件尽管残酷，但却局限于区域范围之内。一些机会主义的细菌和病毒抓住了这种混乱和虚弱的时刻。它们的成功并不取决于强大的传播能力，也没能点燃一场超出该地区范围的大火。直到 6 世纪 30 年代，才出现剧烈的气候波动，随之而来的是一种凶猛的新病原体，在这之前，古代晚期的世界得到了一段解脱的时间，没有被最凶残的微生物袭击。在这几个世纪里，生老病死的男男女女不得不与那些旧的疾病作斗争。这是一段不太平的历史阶段。但在一段时间里，罗马人幸免于整个帝国范围的环境灾难。正如我们将看到的，边境外的遥远民族并没有这么幸运，其后果最终会严重影响到帝国本身。

拱形的结构

君士坦丁统治时期，一个叫约翰的人出生在帝国东南方一个偏远的角落，埃及的雷科波利斯。这里位于尼罗河上游西岸，距离亚历山大里亚 400 英里。从地中海到这里最快需要一个星期的航行。一位名叫帕拉弟乌斯（Palladius）的修士作家在 4 世纪末拜访了雷科波利斯，这段旅程花费了 18 天时间，"部分步行，部分在河上乘船"。那时正是洪水的季节，"许多人都生病了，我也是"。他这次航行的目的是找到这个叫约翰的修士，他独自住在城外阳光普照的荒山上。约翰已经成为一个宗教名人，见到这位圣徒就像遇到任何野兽一样，充满异国情调而且激动人心。[30]

约翰出身平凡。他在 25 岁左右的时候放弃俗世，在埃及刚刚兴起的修道社区中接受训练。他把自己关在城外高处的一个山洞里，除了接受定期送来的食物，不与外界打交道，与世隔绝地生活了 30 年。他获得了治愈和洞察能力（其中包括非常实用的能力，例如预测每年尼罗河洪水泛滥的程度）。他在生命最后几年里，会在周六和周日透过窗户接待来访的男性。他的传说流传到了帝国最偏远的地方。皇帝狄奥多西一世把约翰看作是"私人神谕"，至少两次派遣帝国使节到雷科波利斯，赶在军事行动前夕得到这位修士的预言。[31]

约翰神奇的天赋激发了 4 世纪的想象力。但是，埃及干旱的沙漠偶然保存了一小部分当时的信件，我们可以从中看到这位隐居者与他周围世界真实的关联深度。在一封信中，约翰为一个名叫普索伊斯（Psois）的村民出面干预，这位村民绝望地向修士寻求帮助，仅仅是为了逃避征兵。他抵押了自己的两个孩子，借来八枚金币，然后转借给约翰作为说服的工具（直白的说法叫作贿赂）。这次努力失败了。普索伊斯只好切掉自己的一根手指，这是一种可怕的做法，但是人们一直这么做，让自己不符合征兵的要求。这样做是有风险的。367 年的一项法律规定，任何被发现割掉一根手指的应征士兵都将被活活烧死。但是在 381 年，狄奥多西一世宣布"如果任何人可耻地截掉手指来规避使用武器，他将不能逃脱他想逃避的义务，他会被标以文身，并且将以劳工的身份履行兵役，因为他拒绝为荣誉而服役"。普索伊斯似乎被狄奥多西这条法律弄得措手不及，并且有人认为，他的逃避就发生在 381 年的法律颁布后不久。[32]

我们或许永远不会知道约翰最终有没有成功拯救不幸的普索伊斯，但这段精彩的情节是个很有启发意义的例子，它向我们展示出国家制度在帝国这个偏远的角落里如何塑造了生活中的私密细节。我们不应该低估 4 世纪生活的规模。与此同时，逃避兵役的村民也提醒我们——和法典中的一系列法律一起——征兵是个长期问题，尽管不是一个纯粹的人口问题。征兵制让帝国政府的有限力量以及它的执行人经受了一系列异常力量组合的考验。将 4 世纪后期的军事危机直接归咎于 3 世纪后期的人口低谷是个错误，这两者之间隔了太久。事实上，是不受约束的活力，而不是衰败或颓废，对帝国晚期的政权构成了更大挑战。

戴克里先和君士坦丁令人振奋的改革，以及 4 世纪的环境背景，为罗马帝国的复兴奠定了基础。帝国的复兴始于 3 世纪后期的人口回升。但持续的货币危机是一种无形的阻力。银币价值继续呈急剧下跌状态。戴克里先试图用粗暴的手段——规定最高价格以及黄金的市场价值——来挽救古老的货币制度。他购买了大量贵金属，使得黄金以人为低价涌入了帝国金库。但他的货币政策没能奏效，快速的通货膨胀持续到了 4 世纪。[33]

不稳定的货币阻碍了信贷市场的发展，也抑制了交易。但是，在君士坦丁统治时期，一种解决方案开始成形：真正的黄金经济。君士坦丁让黄金以市场价值自由流通。他还缩减了金币索里达（solidus）的大小，减少到罗马磅的七十二分之一。这些改革为全面的黄金体系铺平了道路。通过创造新的以黄金为支付单位的税收，帝国确保了政府的贵金属收入，稳定了新的货币。君士坦丁的统治是经济方面的一道分水岭。君士坦丁和他的儿子们使索里达金币成为新经济的运转基础。到 4 世纪 40 年代，随着被熔化的古老神殿宝藏和来自新供应源的黄金进入市场，流通中的索里达金币数量倍增。4 世纪 50 年代时，索里达金币甚至开始取代旧的第纳尔银币作为日常交易的通用单位。我们不能低估这种情况所需要的想象力。一千年以来，银就是货币。而现在，生活要以黄金为中心。[34]

国家以黄金征税，并且用黄金支付庞大的官员阶层的薪水。财政体制是经济循环系统的水泵。古代晚期的市场经济迅速复苏，这个时代真实发生的是"罗马晚期市场力量和财政力量的特定

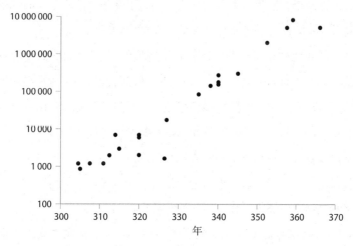

图 5.4 公元 300—375 年的小麦名义价格（第纳尔 / 阿塔巴）

图 5.5 刻有君士坦丁一世的索里达金币（美国钱币协会）

融合"。这种融合反映在那些向上爬的人的履历上，他们充分利用了私人市场以及公职薪酬。我们知道有一位名叫赫利奥多罗斯（Heliodorus）的人，他靠卖鱼酱发了财。他把利润投资到土地和奴隶上，并进入法学院学习。他为皇帝服务，因此得到了从马其顿到希腊的各处土地庄园、"黄金、白银、大量的奴隶，还有成群的牛马"。这样的传记揭示了资本和皇家奖赏构成的重叠网络，它给4世纪的社会带来了活力。[35]

货币改革恢复了金融业的活力。罗马帝国的大型银行在银币制度崩溃后几乎销声匿迹，但在4世纪时重新复活了。4世纪有关信贷和银行业的证据超过了罗马历史中的任何时期。没有任何古典时期的记录能比得上神父金口约翰（John Chrysostom）的叙述，他描绘了一幅那个时代安条克银行家工作时的画像。信贷市场促进了资本投资和商业冒险。它们推动了商业的车轮。"想发财的商人准备好一艘船，雇用水手，招募船长，作好扬帆出海的一切必要准备，借来资金，然后出发，踏上外国的土地。"货币和信贷的复兴唤醒了整个地中海的商业网络。圣奥古斯丁在港口城市希波，让人们想起了贸易生活的诱惑。"'航海和贸易，'另一个说，'太好了！可以看到许多地方，到处赚钱，不用为城里的大人物跑腿，而是在异国他乡旅行，在各种各样的商业和国家中增长见识，然后衣锦还乡，真是太好了！'"[36]

古代晚期的贸易网络在早期商业的记忆中成长起来，但并不受制于过去。新的交易线路发生了变化，意大利需求的支配地位已不如往日。埃及和巴勒斯坦从三四世纪开始真正介入葡萄酒贸易。有一种被称为非洲细红陶（African Red Slip Ware）的陶器的考古分布令人震惊，显示了非洲的崛起在连接整个帝国的长途贸易网中曾占据重要地位。利润的诱惑将罗马世界凝聚在一起，形成一个由精明专业的商人运作的巨大自由贸易区。"一个进行贸易并且知道如何赚钱的商人，不只使用一种路线或方式，他会机敏地留意周遭的一切：如果不能盈利，就会转向另一个行业——

因为他的全部目的就是赚钱并扩展自己的业务。"一本叫作《全世界及各民族》(*Description of the Whole World and Its Peoples*)的书，是 4 世纪一本商业地理简易手册。这本书是一位东方商人的作品，它是"在 4 世纪帝国各个海岸选购最优货物的实用指南"，显示出这一时期商业整合的规模。[37]

海上资本运作是古代晚期社会流动性的润滑剂。这不是一个社会关系停滞的时代，经济复苏打开了机会之门。在帝国的每个角落都能体会到这种机遇。

我们刚好有一块来自突尼斯较为闭塞地区的墓碑，它的主人曾经是一位农民。他的坟墓以毫不掩饰的自豪姿态讲述了他的故事。他"出身贫寒，父亲贫穷，没有财产也没有家庭"。在"烈日下"，他年复一年地收获粮食，后来成了一名"头目，而不再是劳力"。"这种努力和节俭的生活方式为我带来了成功，让我成为一个家庭的主人，并拥有了一所房子，我的家里什么也不缺。"他被任命为城镇议员，尽管"从前只是个乡下男孩"。他的案例描绘出一个开放社会中拥有的可能性，即便是在这样一个远离能量中心的地方也是如此。

在更接近权力和财富中心的地方，机会也更大。君士坦丁堡新的东方元老院在社会不平等的背景下吸收了许多成员。让保守派们感到恐惧的是，铜匠、做香肠的人、漂洗工还有浴场服务生的儿子们，突然穿上了元老的长袍。在这种情况下，婚姻市场通常有助于缓和急剧动荡的阶层边际。圣奥古斯丁的传记就是一个很好的例子。他从尘土飞扬的北非穷乡僻壤一路飞升，与一个有着完美血统的女子订婚，虽然最终因为他突然皈依宗教生活而未能结婚。[38]

在帝国复兴的庇护下，躁动的社会活跃起来。层叠交错的经济阶层和法律阶层构建了社会秩序的结构。其中最阴暗的一面在于，帝国仍然是真正的奴隶社会。事实上，奴隶制度特别清晰地反映出古代晚期社会的面貌。3 世纪的混乱之后，奴隶制度在地中海市场经济复苏之下经历了残酷的复兴。到处都是奴隶。他们的汗水和辛劳是许多贵族财富的基础。一位贵族女子小梅拉尼娅（Melania the Younger）出身于罗马最高贵的家族之一，她拥有超过 8000 名奴隶。单是意大利南部的一处地产就有 2400 名不自由的劳动者。虔诚的梅拉尼娅解放了几千名奴隶，但即便在放弃尘世之后，她身边仍然簇拥着 75 个女奴和阉人。虽然她的情况非同寻常，但却可以说明问题。在社会关系背后，奴隶制度是市场（商品市场、荣誉市场、奴隶市场）隐形力量的一种体现。[39]

像梅拉尼娅这般大的奴隶所有者很罕见。最重要的是占古代晚期人口 1% 的精英阶层，他们的家里和田产上都拥有"大量""大批""成群""军队一般"，或者干脆说"数不过来"的奴隶。当我们有机会窥探到 4 世纪富裕阶层的生活方式或经济基础时，总会遇到这些富有的奴隶主。我们偶尔会看到公共和私人财富循环在蓄奴模式中的融合。一篇赞扬一位退伍军官的演讲中写道，他品德高尚但并"不富有"："这个男人长年指挥着众多士兵，却勉强才能买下一座农场，而且是座一无是处的农场。他只有 11 名奴隶、12 头骡子、3 匹马、4 条拉哥尼亚犬，然而，他让那些野蛮人吓破了胆。"[40]

最能说明问题的，或许是奴隶所有权普遍存在于普通的中产阶级中。"就连穷人的家庭也像一座城市。因为那儿也有统治

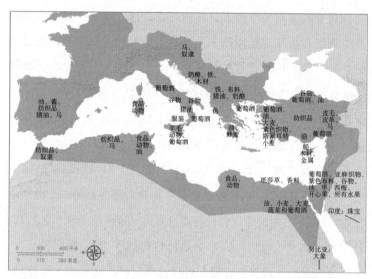

地图 14 一位商人眼中的罗马帝国：《全世界及各民族》

者。比如，男人统治他的妻子，妻子统治奴隶，奴隶又统治他们的妻子，男人和女人一起统治孩子。"拥有奴隶是最起码的体面标准。在4世纪，牧师、医生、画家、妓女、普通军官、演员、客栈老板和无花果商贩都拥有奴隶。许多奴隶还拥有奴隶。甚至连安条克的助理教授也有几名奴隶。农村也一样，在整个帝国都可以见到，那些需要自己劳作的农民家庭也拥有奴隶。一份来自古代晚期埃及农村的莎草纸显示："拥有少量奴隶（1至4名）是很常见的现象。在这样的家庭中，奴隶制的经济重要性并不低。"[41]

财富分化的程度着实令人震惊。古代晚期最显赫的元老拥有巨额财富。根据一位希腊观察者惊人的报告，在罗马，每一座元老的宅邸都像一座城市，有广场、神庙、喷泉、浴池，甚至还有赛马场。最高阶层的家庭收入为38.4万索里达金币，下一阶层的年收入超过 7.2 万索里达。这些收入相当于 8 万个家庭农场的年产值。圣洁的梅拉尼娅继承的家族遗产遍布西地中海：意大利、西西里、西班牙、高卢、不列颠，还有非洲。她在非洲的一处大型农场需要两位主教才能管理庞大的教区和会众。当她两个年幼的孩子去世后，她决定变卖这份祖辈建立起来的信托基金。这是对贵族职责的一种骇人听闻的背弃，同时也破坏了土地市场：她的庞大地产不是能轻易搬动的。用克里斯·威克姆（Chris Wickham）的话说："西方的元老阶层精英……既有显赫的祖先……又有巨额财富可以夸耀，统治阶层里显赫人物的财富，相对来说，可能比以往任何贵族都要多。"[42]

这个时代的经济精英积累了大量私人财富，其规模和地理分布直到大西洋殖民时代才再次出现。但是，晚期帝国的主要社会进程并不是财富集中在少数人手中的过程。古代晚期社会远非一边倒的，而是由体面又脆弱的中产阶层主宰，他们被束缚在由各种庇护关系构成的网络中。古代晚期的城市是生产、交流和服务的中心，充斥着各种各样专业人士、商人和朴实无华的手工艺人。他们之中许多人坚守着微薄的家产。我们很少有机会能看到这种不起眼的繁荣的综合总量。埃及土地登记簿的残片提供了有力的证据，证明中小土地所有者和小型独立业主在数字上占主导地位。财富是分层的，但并不集中。[43]

最大的社会群体一如既往地属于大多数沉默的农村劳动者，其中许多都是无地农民。我们在资料中偶尔才能听到劳动者被贪得无厌的地主压榨时发出的哀号声。他们的情况很艰难，但并非毫无希望。国家绝非地产阶层利益懦弱的代言人，而是想要保护自身忠实的税收基础。君士坦丁密切关注"税收"，通过了一些保护"底层大众"的法律，涉及财政评估、债务偿还，甚至还有租赁合同。帝国的影响无处不在。虽然诗人克劳迪安幻想了梦幻般的田园风光，但实际上没有什么不受时间影响的淳朴农民。考古学打破了所有这样的想象。晚期罗马农民吃饭用的盘子来自专门制造的工厂，为他们遮风避雨的瓦片也是工场大规模生产的；我们经常会在他们的农场上发现一些散落的硬币。它们嵌入到市场流通和财政交换中。辛内修斯（Synesius）是昔兰尼加一座城镇的主教，当他想要强调北非高地上与世隔绝的"乡下人"时，他说道："我们之中有些人认为，阿特柔斯之子阿伽门农，那个曾经对抗特洛伊的伟大国王，仍然是我们的国王。"不过他承认："人们很清楚，永远有一个皇帝活着，因为那些收税人每年都会提醒这一点。"[44]

在纳税农民阶层之下，真正的穷人受到私人地主和公职税吏的双重挤压。这些人是古代晚期社会挥之不去的阴影。那些只能依靠自己劳动生存的人徘徊在贫困边缘。当气候和疾病等自然动荡压倒了他们脆弱的韧性储备时，这些人就会沦为社会学家所说的"危机穷人"。在384—385年席卷叙利亚的饥荒中，安条克的街道上挤满了饥肠辘辘的难民，他们在野外甚至连草都找不到，因此大批涌入城市来寻找食物。"结构性贫困"也是长期存在的。在农村，结构性穷人徘徊在生存边缘。高卢的圣马丁描述过一个"猪倌，冻得瑟瑟发抖，几乎赤身露体"。在城里，他们挤在城门口等待施舍，或是在公共浴室周围取暖。这些穷人的呻吟声飘荡在罗马晚期所有的城镇里。他们赤身裸体，无家可归。"他们的屋顶就是天空，他们以柱廊、小巷还有废弃的角落为栖身之所。他们像猫头鹰一样躲在墙壁缝隙里。他们衣衫褴褛。他们的食物取决于人类的怜悯"。[45]

在古代晚期，赤贫者比从前显得更加突出。这种曝光度是基督教领袖集体努力的直接结果，他们用这种宣传激起人们的同情心。这意味着我们突然得到了古代社会的未删节版本，我们现在见到了不愉快的一面。主教们试图让人们注意到穷人的"呻吟和痛苦"。"我们应该漠视他们吗？视而不见吗？"结果，在华丽的辞藻下，一种新形式的人类团结模式出现了，突然让我们得以看见古代城市里黑暗的角落。在这里，结构性穷人饱受疾病和残疾的折磨。"你能看到一个人被沉重的苦难折磨成动物的样子。他的手变成蹄子或是爪子，在人造的街道上留下脚印。谁能认出这是一个人在路上留下的印迹？""患病的穷人是双重贫穷的。那些身体健康的穷人可以走街串巷，接近富人的家或是在十字路口设立营地，呼唤过路人的帮助。但是那些被疾病折磨的穷人，却只能待在狭窄的房间或角落里，就像蓄水池里的但以理一样，等着你，虔诚而仁慈的人。"[46]

我们在看待古代晚期世界的时候，主要是透过城市这个棱镜视角的。城市生活从3世纪后期开始复苏，但是已不可同日而语。一些城市空间再也没有恢复，其他一些虽然被修复，但也改变了。兴建恢宏建筑的活动重新开始，但现在教堂已经融入了城市生活的结构。总的来说，这些城市作为政治角色，失去了一些从前的独立性。中央政府扫荡了城市的收入来源，并且吸引了城市精英的财富和他们中的人才。但是，在一个庞大的帝国中，城市必然在行政管理方面继续发挥协调作用，并且在帝国后期作为交换和生产中心繁荣起来。

和往常一样，所有这一切在罗马更为突出。作为一个城市，

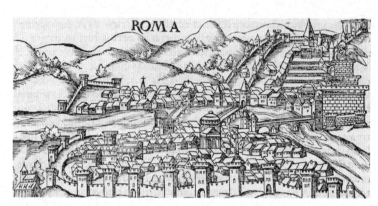

图 5.6 《百官志》中呈现的罗马（16 世纪图印，俄克拉何马大学科学史收藏）

它始终带有一些人为的性质，是由政治租金和统治帝国的权力支撑起来的。当危机阴云消散之后，古老的首都在 4 世纪享受了一段印度夏日般的时光。这座城市早已失去了真正的政治影响力。戴克里先只到过首都一次，这次造访还很不愉快。君士坦丁在 30 年里只到过罗马三次。阿拉伯人菲利普的世纪竞技会过后一个世纪，公元 348 年在风平浪静中过去了，没有举行过任何重要仪式，"现在对罗马这座城市的关注实在太少了"。但事实上，这座城市完全没有失去昔日的光彩。当皇帝君士坦提乌斯二世（Constantius II）在 357 年进入这座城市的时候，被眼前的景象惊呆了（"目之所及全是壮观的景象，让他看得目眩神迷"）。罗马仍然是帝国的象征中心，巨大财富的焦点。罗马市民继续享有无可比拟的权利。在奥勒利安统治时期（270—275），人们得到的是烤好的面包而不是谷物。登记在册的民众每天都能领取到橄榄油。庞大的供应链保障葡萄酒能以大幅低于市场的价格出售给市民。猪肉也加入免费配给的食物中，古代晚期时，有不少于 12 万的人领取免费猪肉。帝国食品补贴人为地膨胀了永恒之城的人口。根据最高的估计，4 世纪的罗马约有 70 万居民。[47]

在东方，新罗马的发展速度超过了其建设者们最大的梦想。在不到一个世纪的时间里，君士坦丁堡的人口上涨了 9 倍，从 3 万涨到 30 万。曾经指定给罗马的谷物现在被运往东部首都，往来于亚历山大里亚和君士坦丁堡的航船之多，就像一条狭长的人造"陆桥"。一套宏伟的供水系统让城市拥有可以与罗马相媲美的引水渠。城市的规模不断外溢，城墙被重建了很多次。大型土木工程几乎一直持续到查士丁尼时期。君士坦丁堡是一个政治产物，其人口被有意扩大以匹配帝国的自豪感。但是，和古老的罗马一样，我们不应该仅仅把它看作是一块海绵。这座城市是商业、金融和工业的枢纽。它很快就成了希腊文化的真正中心。[48]

其他大都市，如安条克、迦太基和亚历山大里亚，在没有两个首都那样的人为政治支持下也实现了兴盛繁荣。亚历山大里亚仍然声称自己是"世界上最伟大的城市"。它的财产清册上有 2393 座神庙、47 790 座房屋、1561 个浴室和 935 家酒馆。这是超级城市的情况，在这些城市之下，还有 5 万到 10 万人口的大城市，如以弗所、耶路撒冷、凯撒里亚、萨迪斯、塞萨洛尼基、阿帕梅亚、特里尔或米兰。人口在 2.5 万到 5 万之间的城市，像赫尔莫波利斯、希波、西多波利、波尔多，更是数不胜数。所有这些，还有许多更小的城镇，都具备古典城市普遍的特点，有公共浴室、柱廊、广场以及其他设施。现在，长方形会堂（basilicas）和圣祠也挤进了黄金地段。即使这些城市变得更加依赖于一个中央集权的政府，但本地赞助的旧传统并没有停滞不前。[49]

城市活力的根源来自农村。在东方，4世纪是农村生活奇迹繁荣的开始。我们将在后面章节中更详细地探讨这个问题，有明显证据显示，这里曾存在一个未间断的、持续到6世纪的增长周期。在西方，农村的复兴只在某些地区出现。沿莱茵河和多瑙河延伸的地区，尽管投入了大量资金建设罗马晚期的防御工事，但安全局势似乎使这些边境地区陷入了持久的萧条。而西方许多相对安全的农村地区，如不列颠、西班牙沿海地区、意大利北部和高卢南部，人口都有稳定增长。在古代晚期的西方，大片地区出现了"庄园热潮"，其中大多数都很兴旺，并且显然成了农业生产的一个个小引擎。但这种繁荣并不普遍。西班牙内陆和意大利半岛一些地区步履艰难，人口从未复苏。气候变化、市场整合和地方安全局势相互作用，决定了帝国西部乡村的不同命运。[50]

虽然人口有所增长，但冗余边际却变薄了。即使危机已经过去，原本轻而易举就可以招募军队的方式也无法恢复。古代晚期的帝国政府手段很强硬。戴克里先和君士坦丁要求士兵和退伍军人的儿子要跟随父亲踏入军旅生涯；军人职务实际上变成了一种可继承的地位。严酷的暴力和诱人的报酬相结合，胁诱人们加入军队。征兵标准被小心翼翼地放宽了：理论上的最低身高变成了5英尺7英寸（约合170厘米）。众所周知，国家引入蛮族部队以填补空缺。但是，将征兵困难仅仅归结为"人力短缺"，未免过于简单化。4世纪的帝国政府不得不面对至少一种新的麻烦：宗教生活的诱惑抢走了一些本可能入伍服役的人。"庞大的神职人员和修士队伍中，大多数都是游手好闲的人。"到4世纪末，他们的总数可能达到了实际军队的一半，这

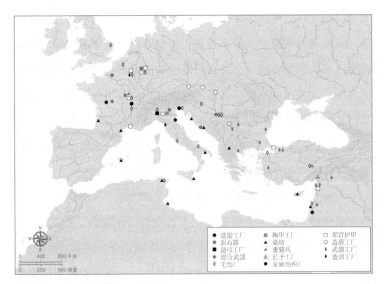

地图 15　帝国的军队后勤系统

对帝国的人力储备来说是个不小的消耗。行政职务也是一个有吸引力且安全的职业。因此，4 世纪的征兵问题并不是一个直接的人口问题。[51]

罗马帝国在 4 世纪时的军事力量仍然非比寻常。军队的协调规模十分惊人。罗马军队有 50 万士兵，其中包括 7 万专业部队，他们都是按照古老的纪律标准招募并训练的。军队有当时为止世界上最庞大的后勤系统为其提供补给和装备。武器、盔甲、制服、动物和食物的供给，都依赖于戴克里先和君士坦丁建造的帝国机器。罗马士兵的武器产自三大洲三十多个专业的帝国工厂。[52]

军官穿的铜制盔甲来自五个工厂，上面镶有金银装饰。罗马弓箭手使用的弓来自帕维亚，箭来自马孔。步兵的制服（衬衫、外衣和斗篷）来自各个帝国纺织厂和各家印染厂。靴子也来自一家专门的工厂。当一个 4 世纪后期的罗马骑兵上战场时，他骑的母马或阉马都是位于卡帕多西亚、色雷斯或西班牙的帝国马场培育的。军队的粮食由一个跨洲的庞大护卫系统提供保障。君士坦提乌斯二世将他的野战部队转移到西部之前，下令将 300 万蒲式耳 * 小麦储存在高卢前线的仓库里，另外 300 万存放在阿尔卑斯地区。"当一群北方蛮族挑起战役时，他们的统帅不会考虑到数百万蒲式耳的小麦的问题。"[53]

4 世纪后期一位公正的观察者将会注意到，各个前线上的罗马军队在数量、战术和后勤上都占有优势。但就在几代人之后，西方的罗马军队将不复存在。西方领土将被瓜分为许多世袭王国。帝国的溃败是历史上最大的战略崩溃之一。随着我们逐渐认识到帝国在 4 世纪时复苏的真实情况，要解释这一失败就变得更加困难。西部帝国的解体不能被简单地看作是 3 世纪危机过后遗留下来的紧张局势所造成的延迟后果。打断罗马权力复兴的力量来自帝国之外。引发解体的一系列事件始于遥远的东方，也就是中亚的大片未知区域。欧亚草原即将闯入西方历史，给帝国北部边界施加毁灭性的压力。

新地缘政治：地中海与中亚

欧亚大草原是一个巨大的连贯生态区域，从匈牙利平原一直延伸到蒙古东部边缘。其大陆性气候趋向极端，夏季闷热，冬季

---

* 计量容量单位，1 蒲式耳 =8 加仑。

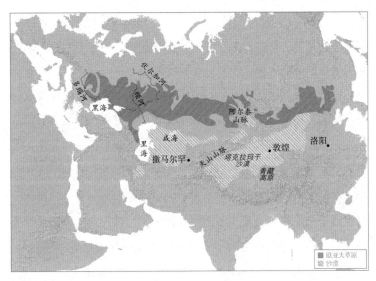

地图 16　欧亚大草原

严酷。大草原太过干旱，无法生长树木，但又有足够的湿度不至于成为沙漠。它像一块野草和灌木织成的巨大地毯。在大草原的南方，季风无法到达的脆弱区域，是一片片沙漠地带。沙漠上点缀的绿洲一直是丝绸之路的中转系统。大草原北面是寒冷的泰加林带，再往北是更冷的苔原带。从大西洋贯穿到太平洋的中纬度地区，是全球最长的东西向陆地，西风带是这里的主要风暴路径，也是草原水分的主要来源。作为一个生态区域，大草原使地中海气候区的实际陆地面积相形见绌。[54]

对古典地中海的居民来说，草原是时间和历史之外的存在。多瑙河以外的一切都属于"斯基提亚无尽的荒芜"，那里的游牧民族从未经历过任何兴衰周期。从历史之父希罗多德起，民族志中就是千篇一律的陈词滥调。4 世纪的阿米亚诺斯·马尔切利努斯在描述草原民族时，几乎不承认他们完全是人：他们"没有屋子，也不用犁头，而是以肉和大量牛奶为食物，住在马车上，用树皮做成圆形顶棚，在荒原上到处流浪。当他们来到水草丰茂的地方，就把马车围成一个圈，像野兽一样进食"。[55]

草原的生态环境不适合使用犁具，注定会成为游牧民族的漫游地。严格的社会等级在纤薄的土壤里不易生根。直到公元前一千纪后期，骑乘武士才在大草原上建立起最早的帝国。第一个草原帝国是中国北方的匈奴人在公元前200年左右建立的。匈奴国是在与汉帝国的对抗中崛起的。同古典地中海一样，这里的游牧生活也是文明社会意识形态的一面镜子。伟大的中国历史学家司马迁在公元前1世纪写下了对匈奴心怀同情的见闻。"随畜牧而转移……其畜之所多则马、牛、羊，其奇畜则橐驼、驴、骡、駃騠、騊駼、驒騱……儿能骑羊，引弓射鸟鼠；少长则射狐兔"。"急则人习战攻以侵伐"。征战生活是"其天性也"。这种描述与希罗多德的作品如出一辙。[56]

几个世纪以来，游牧民族在东方一直是生存的威胁。匈奴是一个多民族联盟，由强大的中央精英统治，他们能调动强悍的骑兵力量对汉朝发动袭击。汉人与匈奴人之间的长期摩擦产生的能量，推动了双方国家的形成。在长达几个世纪的时间里，汉朝一直承受着来自草原的冲击。游牧国家的形成倾向东方，对定居社会施加的压力沿着中国内陆肥沃的山谷和中亚崎岖不平的高地之间的边界扩散。但是，从2世纪后期开始，中亚进入了一段模糊的动荡时期。在这些麻烦之中的某一刻，大草原将目光转向了西方。[57]

在这场对东西方都造成深远影响的混乱中，我们有一束很小但非常宝贵的光线。1907年，奥雷尔·斯坦因（Aurel Stein）爵士在敦煌发现了一组存放在汉代瞭望塔里的密封信件，这里是当时中国控制地区的西部边缘。这些信件出自粟特商人之手。粟特是中亚地区一个虽小但很重要的国家，中心位于撒马尔罕附近，是丝绸之路上的一个关键节点。其中一封信是从中国寄回撒马尔罕的，写于313年，它描述了此时是西晋中心地带饥荒、毁灭和废弃的凄惨景象。暴力迫使皇帝放弃了首都洛阳，任其被入侵的游牧民族践踏。至关重要的是，粟特商人指明了这种肆无忌惮的暴力来源：Xwn，即匈人（Huns）。艾蒂安·德·拉·韦西埃（Étienne de la Vaissière）的语文学研究在袭扰汉朝的匈奴人和4世纪时统治中亚的匈人之间建立了密切的关系。4世纪的匈人在多大程度上是匈奴人的后代，还是说他们只是在控制欧亚大草原时采用了这个可怕的名字，都还不完全清楚。匈奴、Xwn、匈人：大草原上最先进的社会形态，正准备将其暴力向西方转移。[58]

4世纪时，欧亚大陆东部和西部发生的事情以不可逆转的方式向彼此靠近。自此以后，草原上的事件对西方产生了巨大影响。对阿米亚诺斯来说，出现在罗马边境的好战游牧民族，是喜怒无常的命运之神挑选的工具。这一观点现在重新得到人们重视。经过一段时间的怀疑之后，许多研究晚期罗马帝国的历史学家开始认真地看待阿米亚诺斯的叙述，认为大草原上的人类迁徙在4世纪的地缘政治动态中占有重要地位。野蛮人回来了，匈人在其中扮演着一个关键而明确的角色。具体地说，"匈人军事力量的入侵，推翻了黑海北部以哥特人为主导的政治秩序，这种秩序已经持续了几代政权的时间"。移民和侵略改变了罗马帝国北部边疆的命运，也破坏了罗马强权脆弱的复兴。[59]

和所有没有文字的民族一样，匈人的迁徙历史被笼罩在一片黑暗之中。不过，自然档案可以提供一些帮助，因为匈人的迁徙和许多其他事情一样，应该被看作是一次环境事件。季风带来的降雨使亚洲南半部保持湿润，但青藏高原以北的却是干燥的大陆性气候。中亚内陆的气候取决于西风带，这条中纬度的风暴轨迹又受到大西洋气团的强烈影响。

当北大西洋涛动出现正指数时，西风急流向北移动，使中亚变得干旱。当指数为负时，风暴路径被拉向赤道，草原就会迎来丰沛的降雨。"中世纪气候异常期"（1000—1350）是一段正指数主宰的时期，亚洲内陆在这时候极为干燥。在4世纪，草原出现长时间干旱的各种条件都具备了。来自青藏高原都兰－乌兰地区的一系列杜松树轮是最清晰的古气候记录。这些树木靠近南方，因此受到大陆气候和季风气候的双重影响。树轮上4世纪的标记很有趣。正如埃德·库克（Ed Cook）所展示的那样，这时的干旱非常严重。而350年至370年这二十年，甚至是过去两千年中最严重的一次长期旱灾。以中亚为家的游牧民族突然要面对像干旱尘暴区（Dust Bowl）*一样极端的危机。[60]

匈人是骑在马背上的武装气候难民。他们的生活方式让他们能以惊人的速度搜索新牧场。我们希望能对4世纪匈人社会发展的内在逻辑有更多了解。很明显，气候动荡在一个重要的国家形成时期，分割了这个民族（或是许多民族的集合）。气候不是一种独立作用，将草原上的威胁简单地从一边转移到另一边。气候与游牧民族好斗而复杂的联盟的兴起或复兴共同起作用。就在4世纪中叶，草原的重心从阿尔泰地区（现今哈萨克斯坦和蒙古边

---

* 因长期干旱而多尘暴的地带，一般尤指美国南部或中部、加拿大西部大平原的风沙侵蚀区。

界）转移到了西方。370 年，匈人开始越过伏尔加河。这些人在草原西部的出现有着重大意义。[61]

用阿米亚诺斯的话说："由战神马尔斯的愤怒点燃的所有毁灭和灾难，以罕见的火势让所有地方陷入纷乱，我们发现这一切的种子和根源就在于此。匈人，远古记录中不存在的人，居住在亚速海以外，靠近冰封海域的地方，野蛮程度超越了一切……虽然他们有人类的外表（尽管很丑陋），但生活方式却如此艰苦顽强，他们既不需要火，也不需要美味的食物，只是吃野生植物的根茎和各种半生的肉，他们把肉夹在大腿和马背之间，好让它暖和一点。他们从来没有遮风挡雨的建筑物，像看待坟墓一样避开这些东西……他们根本不适应步行作战，而是几乎粘在马背上，这些马非常吃苦耐劳，但却很丑陋……在他们的国家，没有人耕过田或摸过犁柄。他们都没有固定住所，没有壁炉，没有法律，没有固定的生活方式，到处漂泊，像逃亡者一样，只有马车伴随他们，那就是他们的住所。"[62]

最初向欧洲迁徙的匈人移民潮并不是一次有计划的袭击。事实远非如此，一开始仅仅是"一系列独立的匈人战队"。但他们带来了新型骑兵战术，威胁了多瑙河平原上的居民。他们的战马极其有效。借用一位罗马兽医留下的文字："匈人的马最适于战争，因为它们能忍受艰苦、寒冷和饥饿。"[63]

赋予匈人压倒性力量的是他们的基本武器——复合反曲弓。一位现代分析师写道："复合反曲弓很难制造，使用的时候也很难掌握精准度，因为它的强大力量使它的阻力也很大。"匈人弓的有效射程可达 150 米。"他们最喜爱的是强弓利箭，他们的双手可靠又可怕；他们坚信射出的箭一定会带来死亡，他们会狂热地去做一些可怕的事情，而且绝不出错。"这些弓箭骑手的闪电机动性和远距离射程让人闻风丧胆，哪怕是阿米亚诺斯这样在战场上见惯鲜血的人也认为："你会毫不犹豫地把他们称为最可怕的战士。"[64]

哥特联盟在多瑙河以北的土地上已经统治了一个多世纪。到4世纪晚期，他们已经"长时间保持着平静"。然而，多瑙河上的这种平衡却被匈人打破了。376年，为了躲避匈人，哥特人集体闯入罗马边境寻求庇护。可能有超过10万哥特人——男人、女人还有儿童——前来寻求帮助。罗马人把绝望的人潮当作一个机会，作为他们一个意想不到的军队兵源。然而情况处理得不够果断。在罗马人的监督下，一些哥特人被允许渡过多瑙河。这些难民受到贪婪的剥削。饥饿的哥特人卖掉自己的孩子，换来的却只是狗肉。叛乱一触即发，哥特人很快就公开叛乱。他们甚至设法招募到匈人雇佣兵加入阵营。帝国东部的皇帝瓦伦斯（Valens）率领他的精英部队匆忙赶到现场。378年8月9日，在阿德里安堡城外，瓦伦斯拿着错误的战场情报，在没有等待西方后备军的情况下就投入了战斗。其结果是罗马历史上最惨重的军事损失。瓦伦斯本人也在大屠杀中丧生。[65]

根据阿米亚诺斯的说法，罗马一方损失了三分之二的人，2万似乎是个合乎现实的死亡人数。惨败的短期后果很严重。东部军队的精英核心被歼灭。帝国突然失去了大批最优秀的军人和富有经验的指挥官，元气大伤。在绝望中，西方宫廷召回了已经退休的狄奥多西一世，他是自加里努斯以来第一个来自多瑙河地区以外的皇帝。这次灾难对军队力量的打击是长期的。一些军团再也没有得到重建。更迫切的征兵措施——例如网罗上埃及的村民——在一代人的时间里非常明显。为了弥补损失的兵力，罗马人开始尝试一种新政策：以在本土指挥官麾下服兵役为条件，换取整个部族在罗马境内定居。500 年来，罗马军队一直是同化外国人进入帝国最有效的手段之一。现在，军队的蛮族化将真正开始。[66]

在这种情况下，狄奥多西的统治必须说是成功的。但是，自 395 年狄奥多西去世后，再也没人能同时控制住帝国东西两半。他的权力被分给两个年幼的儿子，在最糟糕的时期，罗马和君士坦丁堡之间的宫廷阴谋削弱了帝国对边境紧急状态做出反应的能力。"哥特问题"突然爆发，395 年，能力出众的国王阿拉里克将 382 年定居在罗马境内的哥特部族联合起来。他为了得到更多妥协条件而选择在此时袭扰帝国，这时的东、西方宫廷正在为得到更大权力而你争我夺。西方宫廷在总司令斯提利科（狄奥多西的女婿）摄政下重整旗鼓，斯提利科在从 395 年到 408 年被杀的这段时间里，一直是实际的掌权者。一时间，他似乎平复了汹涌的潮水。400 年，斯提利科志得意满地庆祝了他在罗马的执政生涯。诗人克劳迪安声称，斯提利科恢复了"世界的平衡"。但这种平静是虚幻的。突然之间，大坝决堤，主宰欧洲地缘政治的能力突然从西罗马帝国手中滑落。[67]

斯提利科可能本来就在玩一个棋子不够的棋局，而在这关键时刻，连棋盘本身也被更强大的力量所倾覆。作为一种军事现象，西部帝国的"衰落"应该被界定在 405 年至 410 年。历史学家彼得·希瑟（Peter Heather）的细致研究表明，我们应该分别从两个层面来考虑这几年发生的事件。在表面的层面上，帝国同时面临着一系列入侵，这破坏了它控制边境的能力。405 年，罗马境外一批新的哥特人越过诺里库姆，洗劫了意大利。斯提利科消除了这个威胁。但在 406 年 12 月 31 日，另一拨蛮族的联合力量——包括汪达尔人、阿兰人和苏维汇人——越过莱茵河，洗劫了高卢，然后进入西班牙。他们将永远无法被驱逐。从这时起，帝国对阿尔卑斯山以外领土——尤其是不列颠、西班牙以及高卢北部部分地区——的控制变得摇摇欲坠或根本不复存在。[68]

　　在这个可见表层之下，一股更深层的力量推动着事态发展。这些入侵不仅仅是突袭，而且是迁徙，是人口流动，因为队伍中还包括妇女和儿童。关于引发这些迁徙的地缘政治进程，我们在资料中只能依稀看到，即匈人的重心转移到了西方。如果此前令人不安的游荡匈人战队的到来，在 4 世纪 70 年代引发了第一次哥特危机，那么 405 年至 408 年的混乱就是匈人势力向西移动造成的。这时候，大批部族逃离多瑙河中游地区进入帝国，但是他们并不像哥特人那样一直生活在靠近罗马人的地方而被完全同化。这是我们第一次听说，在匈牙利平原这样西边的地区有真正大规模的匈人活动。从乌尔丁（Uldin）开始，我们眼中的匈人国王形象不再仅仅停留于一个名字。匈人帝国来到西方寻找机遇，而挡在它面前的各个民族就像多米诺骨牌一样接连倒下。[69]

　　这场危机施加的压力超过了边疆系统所能承受的极限。在危机的迷雾中，罗马政府仍然相信阿拉里克统治的哥特人可以继续充当帝国忠实的仆人，他们应该受到法律约束而服从皇帝。然而 408 年末，为了寻求谈判条件，阿拉里克率领他的军队翻越阿尔卑斯山，包围了罗马。他切断了罗马的食品供应，试图勒索巨款。连续 3 年，阿拉里克一直把古老的首都当作人质，410 年 8 月 24 日，他的军队终于进入罗马。自从公元前 390 年被凯尔特部落占领以来，这座永恒之城第一次落入敌人手中。即使阿拉里克手下的哥特基督徒使罗马免于肆无忌惮的掠夺，但象征性影响是巨大的。"全世界最耀眼的光芒熄灭了，或者说，罗马帝国的头被砍掉了，或者更确切地说，在一座城市里，地球自身消亡了。"这一事件产生的震动激发了奥古斯丁的杰作《上帝之城》；唯一的安慰是，它让我们再一次认识到所有人造事物的短暂性。[70]

罗马帝国无力阻止这一难以置信的事件，这说明西部帝国突然失去了协调军事力量的权力。在 5 世纪，这种军事力量继续分裂，西方帝国一块又一块地丢失领土。不列颠这样的行省直接淡出了人们的视线，回归当地势力掌控；其他行省如阿非利加，则在光天化日下被劫掠。一些定居点——阿基坦的哥特人、萨沃伊的勃艮第人、意大利的东哥特人——受到一定程度的法律规范管理。但帝国正处于绝望的境地，做出的决策都以确保中央利益为主。这让各个行省感到很沮丧，他们的忠诚也随之离散。在所有地方，本土罗马人的数量都超过了新移民，但蛮族霸占了国家的上层建筑。除了意大利和高卢的狭窄走廊，西方国家的权力不再归罗马人所有。[71]

东方与西方：不同的命运

匈人最后也是最著名的行为，与其说是一场演出的关键一幕，不如说是终场加演。当罗马帝国摇摇欲坠的时候，匈人最令人闻风丧胆的国王阿提拉（Attila）扩大了匈人的战争机器的活动范围。在十多年的时间里，他对东罗马帝国以及西罗马的残余势力构成了生存威胁。在 5 世纪 40 年代，他洗劫了巴尔干地区，用掠夺来的财富使王室圈子富有。447 年，一场巨大的地震摧毁了君士坦丁堡的城墙（有 57 座塔楼倒塌），帝国东部首都无助地暴露在外。只是本地疾病池的壁垒击退了迎面而来的威胁。"他们撞在疾病的岩石上磕磕绊绊，战马也倒下了……肠胃疾病把善于射箭的人打翻在地——战马上的骑手打着瞌睡入眠，残暴的军队陷入了沉寂。"作为最后一道防线，无形的病菌保护圈挽救了罗马帝国，为毫无防备的入侵者设下埋伏。[72]

　　阿提拉将最宏大的两场战役留给了高卢和意大利。他于 451 年率领一支庞大的匈奴－日耳曼混合部队渡过莱茵河，与罗马将军埃提乌斯（Aetius）率领的罗马－日耳曼混合部队在战场上相遇。僵持不下的战局拖住了匈人帝国的前进步伐，他们现在显然已经走出了自己熟悉的草原生态区。但阿提拉的使命还没有结束。452 年，嘈杂的游牧部落进入意大利。他的骑兵掠夺了波河流域。米兰未做抵抗就陷落了，阿提拉占领了皇宫。一幅描绘死去的匈人匍匐在皇帝宝座下的画面激怒了国王，他找来一位艺术家，"将阿提拉画在宝座上，而罗马皇帝们肩扛袋子，将黄金倾倒在他脚下。"罗马人意识到根本无法阻挡匈人进入意大利中部，也无法组织起任何有价值的军事抵抗，于是派遣了一个紧急使团，由教皇利奥（Leo）本人率领。[73]

　　匈人的纵队从阿尔卑斯山脉退回到匈牙利平原，这是历史上最令人好奇的事件之一。阿提拉是个非常精明的人。"在凶猛的外表之下，他是个敏锐的人。"从某个角度来看，真正击退入侵者的是"天赐的灾难：饥荒和某种疾病"。这一撤退实际上并不意外，这是入侵者与本土疾病生态发生碰撞的生物学后果。帝国的中心地带是病菌的温床。在这次事件中，意大利的无名救世主甚至很有可能只是疟疾。匈人需要在水源充足的低地牧马，这里传播致命的原生动物的蚊虫滋生，因此他们很容易成为疟疾的猎物。总而言之，对于匈人国王来说，把骑兵带回多瑙河以外寒冷干燥的大草原是明智的，因为疟蚊无法跟随他们到达那里。[74]

当匈人退回草原时，留在他们身后的罗马世界在马蹄扬起的尘雾中几乎无法辨认，与阿德里安堡战役之前相比已经面目全非。帝国的古老结构与中央政府彻底剥离，在西方迅速凋零。我们知道一个令人心酸的例子，一支勇敢的罗马兵团在边陲行省诺里库姆坚守了几十年。当他们再也收不到工资时，派遣了一支小分队到意大利去领取津贴，"但谁也不知道……他们在路上被蛮族屠杀了。"正是在这几年，"西罗马军队作为一个国家机构不复存在"。几年后的476年，西方也不再有罗马皇帝了。[75]

5世纪时，帝国在西方大部分地区的复兴被猛烈颠覆了。罗马全盛期萎靡下去。城市缩小了。在经历了4世纪的庄园热潮之后，5世纪几乎再也见不到的新庄园建筑。那些仍然有人居住的建筑显示出，人们使用这些房子的方式已经改变了。财富的流通被切断。货币经济顽强地维持着，但人们不得不绝望地使用旧硬币，这些旧硬币在一个脱节的经济世界里被裁剪、重新流通、被仿造。精英贸易和本地商业网从未完全消失。但总的来说，这是一个更简单的世界，富人和穷人之间的裂缝更加明显。从前，巨大的私人财富建立在市场和帝国职务的融合之上，当这些私人财富衰竭后，教会意外地发现自己成了社会中最富有的地主——而且相当强大。[76]

最大的变化发生在罗马。人口大量消失。对6世纪初的观察者来说很明显的是，罗马变成了一个失去光辉的空壳。"很明显，罗马过去的人口非常庞大，因为它的粮食供应甚至需要从很遥远的地区调配……城墙的广阔范围、娱乐建筑的巨大容量、浴场的大小，以及为食物供应而建造的大量水力磨坊，都印证了市民的数量。"人口的缩减彻底改变了城市的疾病生态。我们可以从现在较少的基督徒墓碑上看出，就连季节性死亡规律也发生了变化。现在，季节性变化的总体振幅有所缓和。未成年人仍然最容易受到夏季疾病伤害，冬天的严寒也和从前一样会带走身体虚弱的人。但是对成年人来说，一种春 – 秋双波峰模式出现了，只是幅度不像从前那样明显。罗马曾经是一座移民城市，很多移民没有在童年时期获得过抵挡本地疾病池的免疫力，但是现在，罗马很可能有了更纯粹的"本地"人口，尽管这些人面对疟疾还是一如既往的脆弱，但是更能抵抗每年夏天暴发的本土疾病。罗马现在只是另一座城市。[77]

这些情况也是帝国西北大部分省份的变化过程。阿非利加的变化不那么尖锐；在东方，很大程度上由于自然地理的原因，帝国躲在自然屏障身后仍旧安全。我们不应该弱化5世纪发生的事情。但是，我们同样也应该小心谨慎，不要把西部省份在罗马帝国灭亡后的几十年归结为黑暗时代。当然，东部首都从来没有放弃过统一帝国的梦想，哪怕它的政策是自私的，注意力也被反复分散。在公元500年前后的几十年里，西部领土的状况很难界定，或许正是因为这些地区处于一种不平衡的状态。在这个世界再次被某个东罗马皇帝的统一野心所颠覆，而后他的计划又被自然转变打乱之前，西罗马帝国覆灭后的社会秩序从未得以定形，各种可能性也未能实现。如果说环境在之前消退了一段时间，让人类活动占据了舞台中心，那么现在，自然正准备重新拿回主人公的角色。

第六章

上帝烈怒的榨酒池

帝国中心的仪式

5世纪到6世纪初，维系帝国的力量在西部行省被切断了，到处都是政治混乱。在东方，帝国政府继续加强控制。戴克里先和君士坦丁创造的向心力沿着自己的轨迹前进，将权力集中在首都、官僚机构、宫廷——在所有这一切的中心，集中在由神选择的皇帝本人身上。贵族、政府和军队的力量都源自皇帝神圣的能量。在很长一段时间里，东罗马帝国这种专制权力的模式似乎很奏效。在6世纪初，基于东部省份的繁荣活力，罗马帝国看起来前途无量。以君士坦丁堡为中心的帝国仍然保持着罗马晚期的所有特点，只有从之后的历史看来，我们才能看到拜占庭的影子从帝国中划过。

从前，皇帝被认为是平等公民中的第一人，具有公民身份（civilitas）的美德，戴克里先终结了这种宪制伪装。他把皇帝的形象重新包装，使其威严崇高，遥不可及。作为结果，或者说是补偿，罗马晚期的权术变成了一种不必要的仪式性的工作。例如，我们可以通过审计首都粮食库存这样一件普通的行政工作，来体会政府对礼仪的重视。举行仪式这天，皇帝登上战车，权势仅次于皇帝的禁卫军长官（Praetorian Prefect）会亲吻他的脚。皇帝游行经过大赛马场和公共浴场，一路行进到君士坦丁堡熙熙攘攘的市场区，最后到达位于金角湾的巨大公共粮仓。这里是城市北岸，停泊的船只挤满了古老的港口。粮仓负责人来到皇帝面前，献上账簿。皇帝亲自审阅库存清单，如果一切满意，负责人和他的会计每人会得到 10 磅黄金和一件"完全由丝绸制成的外衣"。看到城市的粮食供应安全充足后，皇帝庄严地返回皇宫。[1]

在晚期罗马帝国，这样的仪式是重要的沟通媒介。视察谷仓是一次皇帝权力展示，在舞台上表演他最根本的职责：为人民提供食物。对于一个人口达到 50 万的城市来说，粮食安全绝不是一件轻而易举的事情，粮食系统调动了整个帝国的资源。由宫廷官员控制的庞大官僚机构，负责向首都和军队输送税收。自君士坦丁以来，东部首都有 8 万臣民被赋予领取免费面包的权利，足够供应 50 万人的小麦必须源源不断地抵达码头，否则就有城市暴动的危险。和从前一样，埃及仍然是帝国的粮仓。我们得知，在查士丁尼皇帝统治初期（统治期为 527—565 年），每年从亚历山大里亚运送到首都的小麦多达 800 万阿塔巴，即 3.1 亿升。

我们不知道发明了视察谷仓仪式的皇帝是不是查士丁尼，但这完全符合他的风格。他在一项法律中宣称："我们认为，即使最微不足道的事情也值得我们关心。""我们更不会忽视那些巩固共和国根基的重要事情。"[2]

这样的仪式给以君士坦丁堡为中心的全球网络带来生命力。粮食供应将这座城市与上埃及最偏远的农场和田野联系起来。6世纪的君士坦丁堡是世界上各个民族和各种货物的中心。"各种各样的人从全世界来到这座城市。他们每一个人都因为某些生意、某种希望，或是某个偶然的机遇而来。"拉丁语仍然是帝国的官方

图 6.1 《百官志》中呈现的君士坦丁堡（16 世纪图印，俄克拉何马大学科学史收藏）

语言，但在城市街道上，你会听到叙利亚语、阿拉姆语、科普特语、埃塞俄比亚语、哥特语、匈人语、波斯语和阿拉伯语，当然还有希腊语。毫不夸张地说，这座首都是一个全球枢纽。它吸引了已知世界的各种货物，例如皇帝奖赏给忠实仆人的丝绸。人和货物所到之处，病菌也形影相随。[3]

在皇帝检查粮食库存的仪式背后，真正的生态教训就躲在看不见的地方，隐藏在罗马地貌中赫然凸显的巨大仓库里。晚期罗马世界中，粮仓随处可见。囤积粮食的行为深深植根于地中海心态中。在罗马帝国，由城市、船只和粮食储备构成的巨大网络创造了一个生态系统。这个生态系统对某个物种——黑鼠（Rattus rattus），又名船鼠——发出了邀请，该物种神奇地进化成了一种与我们共生的（commensal）——这个词的字面意思是"共享一张餐桌"——物种。

我们可以肯定，当查士丁尼和他的随从走近仓库时，成千上万只大鼠正匆忙躲进黑暗里。"它们像幽灵一样悄悄走在建筑物的阴影里或排水沟里，盯着这边或那边，嗅着，颤抖着，时时刻刻注意着周围发生的一切。"这是一个纽约人在 20 世纪中期写下的文章，那时的虫害控制在现代都市里还没有充分发挥效力（尽管已经起了一些作用）。在古代城市，抗击虫害的斗争收效甚微。黑鼠的繁殖力很强，食物是限制它们数量的因素，它们很喜欢谷物。黑鼠有长长的尾巴，因此具有敏捷的攀爬能力，也很喜欢旅行。一艘船上可以有几百只大鼠。从它们的角度来看，罗马帝国是不可思议的福地。罗马世界到处都是大鼠。[4]

全球贸易和鼠患的结合，是人类文明历程中最严重的疾病——第一次鼠疫大流行——的先决生态条件。诺曼·坎托（Norman Cantor）描写中世纪的黑死病时说："这就像引爆了一颗中子弹。"然而古代晚期发生的第一次黑死病却不那么出名。它理应得到更多了解。541 年，鼠疫出现在埃及海岸，随后扩散到整个罗马世界和更远的地方。它在帝国内逗留了两个世纪，然后神秘地消失了。14 世纪的瘟疫创伤在许多方面标志着中世纪与现代世界的分界线，而第一次鼠疫大流行的破坏力量则应该被视为古代进入中世纪的通道。从更广泛的角度来看，人类在过去 1500 年中的经历，受到了引起腺鼠疫的微生物病原体——被称为鼠疫耶尔森氏杆菌（*Yersinia pestis*）的细菌——难以估量的影响。[5]

鼠疫是一种特殊的、无差别的杀手。与天花、流感或丝状病毒相比，鼠疫杆菌是一种巨大的微生物，携带着许多武器。但是，它总是需要某种载体。它在传染阶段的扩散依赖于宿主和传播媒介的巧妙配合。鼠疫就像一场繁复的音乐会，需要经过精心的准备，但演出效果令人难以忘怀。一旦运作起来，鼠疫就成了压倒性的生物力量。6 世纪时，进化历史和人类生态携手促成了一场自然灾害，它的强度和持久度都让 2 世纪和 3 世纪的瘟疫相形见绌。当然，鼠疫是一场自然灾害，就像飓风荡平海岸边岌岌可危的定居点一样。这场疫病是野性自然与帝国构建的生态环境之间一次无意识的共谋。

但愿以上关于罗马疾病史的详细探讨，能让我们更清晰地了解第一次鼠疫大流行是怎样一个划时代的事件。鼠疫杆菌是个非常特殊的对手，它以近乎难以置信的方式进化为一个全球杀手。关于这种微生物的遗传学研究，正以令人振奋的速度揭示出它的历史和生物学奥秘。这种细菌的生物学特性是过去 1500 年间世界历史的关键事实之一。但即便如此，它跨越洲际的肆虐过程还是取决于人类网络、啮齿动物种群、气候变化和病原体进化一系列条件的复杂组合。从我们的角度来看，我们可能会感到一丝惊奇，纯粹的偶然性竟然能使这种致命微生物的毁灭之路从内亚一直走到大西洋边缘。

鼠疫杆菌到达罗马帝国的海岸预示着一个新时代的开始。鼠疫持续了两个世纪，创造了一个人口长期停滞的时代。伴随"晚古小冰期"——下一章的主题——的气候恶化，这次瘟疫扫清了古老秩序最后的基础。

收复与复兴

查士丁尼皇帝于 527 年至 565 年在位。在开始统治还不到十年的时候，他的成就已经超过了大多数拥有过这个头衔的人。统治前期，他的一系列雷厉风行的举措在罗马历史上几乎无人能及。

从 527 年登基到 541 年瘟疫出现，查士丁尼维持了与波斯的和平；使大片西方地区重归罗马统治；编纂整理罗马法的全部内容；改革了财政管理；并且掀起了罗马历史上最恢宏的建筑热潮。他成功挺过了一场危险的城市叛乱，并试图通过自己的神学努力，在一个分裂而争吵不休的教会中建立起正统的统一。到 540 年，只有他的宗教政策可以说是不成功的。[6]

查士丁尼的叔叔查士丁（Justin）于 517 年掌权，完全不像可能成为皇帝的样子。他出身非常卑微，诽谤者喜欢说他是彻底的文盲。查士丁当上皇帝时已经 70 岁，而且没有孩子。他的侄子伯多禄·塞巴提乌斯（Petrus Sabbatius）被他召到了首都后收养，重新取名为查士丁尼。查士丁尼被培养成为一个统治者，并于 527 年独自掌管帝国。

查士丁尼在古代就已经是个既被热爱又被厌恶的人物。他不知疲倦，夜以继日地工作。他冷酷无情，信心满满。他认为独立而坚强的狄奥多拉（Theodora）是和自己相配的佳偶。她是一位女演员和一名暗娼（甚至她的同情者也承认这一点）。法律禁止与名声不佳的人结为不相配的夫妻，查士丁尼毫无畏惧地废止了这项执行了几个世纪的法律。这项法律最终得以幸存。"我们相信，我们可以尽可能地模仿上帝对人类的仁慈和宽厚，他屈尊宽恕人们日常的罪过，接受我们的悔改，使我们恢复到更好的状态。"这场婚姻好比一位现任美国总统娶了卡戴珊家的人一样。没有哪位皇帝在自己的时代里引发过如此众多文学上的仇恨。普罗柯比（Procopius）的《秘史》，就是对查士丁尼政权的一种耸人听闻的批判，书中的皇帝夫妇恣意堕落，甚至可能是恶魔在世。然而，在东正教传统中，查士丁尼和狄奥多拉却是圣徒。[7]

　　反对者很快就开始抵抗查士丁尼的统治。对既得利益者来说，皇帝的行政改革令人厌恶。富有的精英阶层和中央官僚之间存在一种默契。他们是一伙儿的。这些人收税的时候，手上沾满油水。查士丁尼为反腐斗争找来了一位狂热偏执的局外人。这位清理行动的设计师被人称作"卡帕多西亚人约翰"。约翰追求效率、透明和直接控制。他禁止贩卖总督职位，重新规划行省，并大幅减少了地方精英的自由裁量权。约翰激怒了君士坦丁堡的官吏；他被描绘成暴力、贪婪、粗野的人。532 年，沸腾的反对情绪终于无法压制，著名的尼卡起义在首都爆发。这场政变是由被剥夺权利的贵族派系领导的。城中整片整片的区域被烧为焦土，其中包括旧的圣索菲亚大教堂。政权通过可怕的手段幸存下来：数千人被处死。查士丁尼的政权最终没有受到损害。[8]

　　这些阴谋与我们如何看待查士丁尼的整体统治轨迹有着根本联系。皇帝疏远了有教养的蔑视者，在这些人中造成了怨恨的情绪。关于他的统治的历史记载是个罕见的、由失败者书写历史的案例。他们留下了一幅政权濒于失控的画像：战争和大量建筑工程带来的过度消耗，是用行省的血汗换来的，最终注定要失败；刽子手约翰只是皇帝实现自己肆心的工具。但这并不是一幅完全可信的画像。查士丁尼曾为各种雄心勃勃的计划寻求财政平衡。他的改革给研究晚期罗马政府最出色的学者 A. H. M. 琼斯（A. H. M. Jones）留下了深刻印象。而且，即使在诋毁者的字里行间，我们也能明显看出查士丁尼手下那些能臣惊人的才干。查士丁尼最大的天赋，或许就是捕捉人才的敏锐眼光。他任命的行政长官约翰、律师特里波尼安（Tribonian）、建筑师安特米乌斯（Anthemius）、将军贝利撒留（Belisarius），还有他的妻子狄奥多拉——都是被查士丁尼选中的超凡人物。或许从奥古斯都时代起，人才就没有如此集中地涌现过。[9]

他们取得的显赫成就有目共睹。其中最重要的就是《民法大全》（*Corpus iuris civilis*），这是一部里程碑式的罗马法汇编。用吉本的话说："查士丁尼各种空泛的胜利头衔化作尘土，但立法者的名字却被镌刻在美丽而永恒的纪念碑上。在他的统治期间，在他的关注下，民法被纳入《法典》《法学汇编》和《法学阶梯》等不朽著作中。"查士丁尼并非没有意识到这项成就的重要性。"对我们来说，这个任务是最困难的，甚至不切实际。然而，当我们双手伸向天堂祈求永恒的援助时，也把这个任务装在脑海中，我们依靠上帝，他的良善能让本来毫无希望的事情得到圆满的结果。"在特里波尼安的领导下，查士丁尼的团队将一千年来的法律和相关文献汇编成一个系统一致的整体。这座大厦于534年胜利完工。[10]

查士丁尼的建筑工程就摆在我们眼前，胜过任何言语。圣索菲亚大教堂是一个技术上的奇迹。"它高耸入云，与天空齐肩"，是古代世界最大的圆顶建筑。罗马万神殿的穹顶与之相比显得黯然失色。圣索菲亚大教堂融合了轴心式长方形会堂的原理与四边形的对称性，将穹顶抬升至182英尺的高度。查士丁尼可能是教会历史上最大的赞助人。他仅在君士坦丁堡一地就建造了30座教堂。耶路撒冷的新教堂（Nea Church）是献给圣母的一个奇迹；如果它能保存至今，将会是古代最伟大的遗迹之一。他还在帝国各地都建立了医院和济贫院。普罗柯比记录了约600个与查士丁尼有关的位于巴尔干半岛的军事据点，帝国与波斯的边境同样戒备森严。查士丁尼的建筑工程还展现出一种实用能力。从亚历山大里亚出发的运粮船常常要等待顺风才能穿过赫勒斯滂的狭窄航道。查士丁尼在航道南边的特内多斯岛建造了许多谷仓，足以让整个舰队卸下货物，然后再用驳船从那里将谷物运到首都。由于不再需要等待南风，运粮船可以在一个航行季节里往返两到三次。[11]

查士丁尼是罗马最后一位伟大的环境工程师。这个强大的国家仍然能按照自己的意志改变自然，其规模甚至可以让图拉真留下深刻印象。洪水调控是整个希腊、安纳托利亚，以及美索不达米亚北部地区的主要关注点。当埃德萨发生一场毁灭性的洪水后，查士丁尼为斯科尔图斯河修建了一条新河道，重新塑造了整个地貌。同样，他在塔尔苏斯附近也为赛德纳斯河挖了一条新河床。他在比提尼亚修建的桑加利厄斯（Sangarius）大桥，其遗迹至今令人印象深刻。德拉孔河在流入马尔马拉海时，会淹没河口附近的山谷；查士丁尼清理了一整片森林，改变了平原的形状，使水流得到控制。查士丁尼修复了荒废的引水渠，也建造了新的。在君士坦丁堡，他还修建了一个巨型蓄水池，以便为干燥的夏季储存淡水。[12]

收复西部省份的军事行动是查士丁尼最大胆的工程。查士丁尼来自多瑙河地区古老的家族，母语是拉丁语。重新征服西方中心地带的梦想点燃了他的复仇计划。532 年，他与波斯对手霍斯劳一世（Khusro I）签署了"永久和平"协议（尽管这个名字过于乐观），然后转向西方。533 年，贝利撒留率领一支远征军向汪达尔人开战。他率领一支 15 000 人的精锐部队，由 500 艘运输船组成的舰队护送。他们很快取得了胜利。534 年，贝利撒留回到君士坦丁堡，在凯旋仪式中走在战败的汪达尔国王前面。北非从此一直是罗马帝国一个稳定的部分，直到在伊斯兰征服运动中被夺走。[13]

将东哥特人逐出意大利的行动就没那么彻底了。536 年，贝利撒留被派往西方；他很快占领了西西里、那不勒斯和罗马。540年，贝利撒留抵抗住反击并控制了拉文纳。他抢走了王室珍宝，俘虏了国王维蒂吉斯（Vitiges），并再次荣归君士坦丁堡。然而，召回贝利撒留是为了应对波斯边境的紧急情况，因此对意大利的实际控制又变得遥不可及了。意大利顽强的抵抗持续到 6 世纪 50年代中期。随后，一段短暂而不稳定的和平在 568 年被入侵的伦巴第人打破。拜占庭在未来几个世纪里控制着罗马和拉文纳，还有意大利南部一些地区。最终，"查士丁尼收复西罗马帝国的梦想给意大利带来的只有痛苦"。但在 540 年，事态还远没有显现出这样的命运。[14]

与波斯的又一次摩擦分散了帝国力量。540 年春，霍斯劳出其不意，对罗马人发动袭击，这是自 3 世纪危机中沙普尔一世采取行动以来，最猛烈的一次波斯入侵。他在行军线路上占领了一座又一座无助的城镇。安条克遭到洗劫——"一座古老且非常重要的城市，在财富、规模、人口、美丽和繁荣方面，是罗马人在东方的第一大城市"。霍斯劳在地中海中沐浴。不过这时候，贝利撒留被派往堵住裂口，经过一个战季，霍斯劳动身返回波斯。就在这个胜负难料的时刻，鼠疫的中子弹被引爆了。

541 年，鼠疫降临在地中海沿岸的一个小镇贝鲁西亚。第二年春天，无形的敌人就出现在了首都。这是一个巨大的断裂点。大瘟疫开创了所谓的"另一个查士丁尼时代"。在接下来的 23 年里，他的统治在瘟疫的阴影下蹒跚前行。国家在组建强大军队时遇到重重困难。税收上升到难以忍受的高度。一种新的黑暗笼罩着皇帝，他自己也是腺鼠疫的幸存者。这个时代充满令人震惊的逆转。"我不明白，为什么上帝要把一个人或一个地方的命运抬高，然后又无缘无故地抛下来，让他们毁灭。"[15]

凶手的诞生：鼠疫耶尔森氏杆菌的自然史

我们有许多来自 6 世纪的证词，强调查士丁尼统治时期的自然剧变。现代历史学家一直绞尽脑汁想要弄清楚，到底该如何看待这些记录，因为这些报道不可避免地缺乏科学准确性，而且反映了一个完全不同的时代的假设和偏见。现在，查士丁尼瘟疫的病因已经确定无疑地被锁定为鼠疫耶尔森氏杆菌。一些遵守最严格实验计划的实验室已经对鼠疫患者考古遗骸中的基因进行了测序。这个信息就像是暴风雨中的船锚。它证实了我们的猜测，也让我们能够更深入地了解罗马帝国与鼠疫杆菌历史性碰撞的本质。

鼠疫杆菌是三次历史性黑死病的病因。第一次暴发于查士丁尼统治时期。中世纪的黑死病始于 1346—1353 年，随后持续了近 500 年时间。第三次发生在 1894 年的中国云南，并在全球范围内蔓延。这三次疫情实际上都是巨大的意外事故。在啮齿类动物疾病的交火中，人类只不过是误伤者。从细菌的角度来看，我们并不是理想的宿主，因为，当血液中的细菌浓度还没有上升到能让跳蚤把它带给新的受害者时，人通常就已经死亡了。大多数时候，感染鼠疫的人会成为终点站，而不是传播者。今天，鼠疫杆菌在全世界的啮齿类动物种群中，成了一种"地方性动物疾病"（在某种动物种群中永久存在）。它就在那里，潜伏着。[16]

鼠疫杆菌进化成一种非常致命的、无差别选择目标的杀手，它对某些类型的载体有强烈偏好。为了弄清人类如何会成为如此大规模的附带损害的对象，我们需要了解鼠疫杆菌的生物学特性。关于鼠疫杆菌的遗传历史和微生物学特性，人们研究得最为广泛，可能超过了任何其他主要致病因子。鼠疫杆菌是一种反复出现的传染病，被正式归类为生化恐怖威胁。幸运的是，当古微生物学诞生的时候就在研究鼠疫杆菌；1998 年，法国的一个实验室对 18世纪大型墓葬遗址出土的鼠疫杆菌基因进行测序，由此启动了古代 DNA 的研究。而且，耶尔森氏菌属（*Yersinia*）还被认为是病原体进化的"模型"。它的微生物学特性得到了科学界不同寻常的关注。[17]

耶尔森氏菌属属于肠杆菌科。肠杆菌科是一组革兰氏阴性杆状细菌，包括沙门氏菌、大肠杆菌和志贺氏菌等常见肠道病原体。耶尔森氏菌属有 18 个菌种，其中 15 种对人类无害——它们生存在土壤或水中，不具备使哺乳动物致病的能力。另外三种耶尔森氏菌进化出了感染哺乳动物的能力，分别是小肠结肠炎耶氏菌、伪结核耶氏菌和鼠疫耶氏菌。这三个菌种获得的基因使它们能够抵抗强大的免疫系统。不过，这些基因是在染色体外获得的，存在于质粒中。质粒可以说是遗传物质的悬浮轮，携带着一些特殊基因，你可以把它们想象为基因的应用程序。鼠疫杆菌的传记可以概括为三种质粒的故事。第一个被称为 yPV（致病性耶氏菌的质粒），小肠结肠炎耶氏菌和伪结核耶氏菌也有这种质粒。yPV会制造出一种致命武器：一种在接触时能将特殊蛋白质注射到宿主细胞内的针，这对破坏宿主的先天性免疫系统至关重要。这一手段被称为"耶氏菌的死亡之吻"。耶氏菌获取了这件工具，也

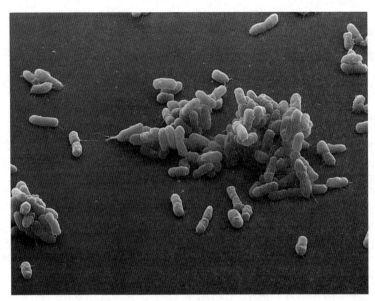

图 6.2　鼠疫杆菌，史上最致命的细菌，（图片来源，Scanning Electron Microscope, Science Source）

就向更加致命的命运迈出了第一步。[18]

　　但是，拥有了 yPV，耶尔森氏菌属还没有制造出它的怪物鼠疫杆菌。小肠结肠炎耶氏菌和伪结核耶氏菌还只是普通的致病性微生物，会引发人类的自限性肠胃炎：它们通过粪 – 口渠道入侵，在肠道中繁殖，导致腹泻，最终在战斗中败给免疫系统。鼠疫杆菌是由伪结核耶氏菌进化而来的。大约 5.5 万年前，它通过新增和删除一些基因实现了这一分化。鼠疫杆菌实际上失去了伪结核耶氏菌大约 10% 的基因。关键的进化步骤在于获得第二种致命质粒，被称为 pPCP1。它将一种温和的肠道致病菌变成了一个杀手。pPCP1 构建出一种酶（被称为 pla，即纤溶酶原激活物），它赋予鼠疫杆菌一种极具破坏性的力量，能够实现深层组织入侵。[19]

获取 pPCP1 质粒后，鼠疫杆菌就可以通过飞沫感染人类，引起肺鼠疫。肺鼠疫的症状特征是急性发热。它能在两到三天内将人体防御机制压垮，死亡率接近 100%。约 5.5 万年以来，鼠疫杆菌一直拥有引起这种致命呼吸道疾病的能力。早期鼠疫杆菌可能会通过体表寄生虫，比如跳蚤的叮咬传播；但这种细菌还没有掌握在跳蚤肠道里生存的遗传工具，所以，任何通过这条路径造成的感染都可能依赖所谓的"机械传播"，简单来说，就是通过吸食过血液的喙来传播，类似于受污染的针头。就鼠疫杆菌而言，这种传播的效率是有限的。但是，最近从散落在欧亚大陆北部的青铜时代骨骼中发现的 DNA 表明，出于某种原因，我们很久以前就和鼠疫打过交道了。[20]

坦白地说，我们尚不十分清楚原始鼠疫杆菌的流行病学特征。要成为大规模瘟疫的病原体，第三种质粒，即 pMT1，必须进化出一种基因（ymt），以制造被称为耶尔森氏鼠毒素的蛋白质。这种蛋白质扮演了一个不可或缺的角色：保护跳蚤肠道中的鼠疫杆菌。现在，这种细菌可以在跳蚤肠道里生成一层生物膜，然后在那里迅速繁殖；由于消化道被堵塞，饥饿的跳蚤会拼命寻找血液，在这个过程中将细菌反刍到新的受害者身上。这种基因的适应性改变，使鼠疫杆菌能更轻易地通过节肢动物媒介在宿主中间传播，成为一个超高效的旅行者。现在，鼠疫杆菌成了一种通过跳蚤传播的疾病。我们很久以前就知道，它特别喜欢一种叫作印鼠客蚤（*Xenopsylla cheopis*）的东方鼠蚤，不过近年来人们已经认识到鼠疫杆菌可以感染并阻塞许多种跳蚤的食道。鼠疫杆菌藏在跳蚤体内，成为一个失控的杀手。跳蚤叮咬的传播方式对于腺鼠疫最典型的病理特征（被称为腹股沟淋巴结炎的淋巴结肿大）也很重要。因为患者不是通过吸入飞沫受到感染，而是通过跳蚤将细菌注入真皮而被感染的，导致淋巴结受到攻击而形成腹股沟淋巴结炎。[21]

表格 6.1　一个怪物的进化过程

耶氏鼠疫杆菌的祖先	伪结核耶氏菌	早期鼠疫杆菌	现代鼠疫杆菌
		约 5.5 万年前	约 3000 年前
不致病	自限性肠炎	肺炎	肺炎 / 腹股沟淋巴结炎
	pPV（产生 T3SS）	pPCP1（产生 pla）	pMT1（产生 ymt）
	与普通免疫力对抗	大规模入侵，且破坏组织	生存在跳蚤肠道

　　大约在公元前 951 年前不久，现代鼠疫杆菌发生了进化，因为我们从死于这个日期的一位受害者身上发现了一组基因，证明所有三种质粒全都存在，还包括能导致疾病暴发的关键基因。作为一种偶尔会传染给人类的啮齿动物和跳蚤疾病，鼠疫杆菌是个进化的新生儿，而且显然是个让人头疼的"问题儿童"。

　　人们对现代鼠疫杆菌的基因做了大量研究。这一物种内部的遗传变异在现今全球范围内的分布，为这种细菌的历史提供了重要线索。我们在中亚发现了最基本和最多样化的鼠疫杆菌菌株，因此几乎可以肯定的是，现代鼠疫基因的进化事件就发生在那里。根据目前掌握的遗传数据来看，鼠疫杆菌的发源地很可能是中国的青藏高原。在鼠疫杆菌的大部分历史中，它都徘徊在所谓的维护阶段，也就是说，通过野生宿主间的传播来维持生存。鼠疫杆菌或许可以感染任何哺乳动物，但啮齿动物是其主要储存宿主。鼠疫杆菌在群居的穴居啮齿动物——例如土拨鼠和沙鼠——中非常活跃。它们的生活方式有利于细菌利用跳蚤传播。中亚大沙鼠和亚洲土拨鼠似乎对这种疾病有部分抵抗力，因此在长时间的地方性动物感染阶段（enzootic periods）能够维持鼠疫杆菌的传播。鉴于它的神通广大，鼠疫杆菌不需要过度依赖于任何一种宿主。[22]

三千年来，现代鼠疫杆菌一直是中亚穴居啮齿动物的一种地方性动物疾病。它在啮齿类动物中的历史，或许比我们能知道的要复杂和混乱得多。利用跳蚤作为媒介，它可以从维护阶段的宿主身上，散播到各种诱人但不稳定的啮齿类动物群体中。在扩散阶段，鼠疫杆菌会找到新的宿主，短暂地暴发为动物流行病。黑鼠的生理特征似乎格外适合于促进鼠疫扩散。它们的习性、个性和数量，既使它成为无助的鼠疫受害者，同时也是细菌传播的非自愿载体。它们并不是鼠疫杆菌理想的永久储存宿主，但对于助长大规模人类鼠疫却十分重要。黑鼠在我们所了解的鼠疫故事中不可或缺。[23]

黑鼠是一种共生动物，愿意和人类住在一起。它们很喜欢我们无意间提供的食物和住所。黑鼠是杂食动物，但有一些特别的偏好，比如谷物。黑鼠的长尾巴赋予它高超的攀爬技术。它通常住在高处，而且喜欢旅行。黑鼠被称为船鼠是因为它们喜欢待在海船上，靠水手的存粮把自己喂胖。黑鼠自身并不会远行，它们有一定的活动范围。黑鼠是一种多产动物，全年都在繁殖，一只成年雌鼠一年可以生下5窝；妊娠期为3～4周，而新生幼鼠在3～5个月内就能达到生殖成熟状态。对于具有爆炸性繁殖潜力的小型哺乳动物来说，食物通常是种群大小的限制因素。但黑鼠的捕食者——猫、猫头鹰，还有其他小型食肉动物——则是一种较弱的控制因素。只要在食物充足的地方，黑鼠的数量就会激增。[24]

黑鼠的生活被一种小跳蚤——印鼠客蚤所困扰，这是一种东方鼠蚤，它们生活在黑鼠的毛皮里，以吸食血液为生。在扩散阶段，跳蚤是鼠疫杆菌的主要载体，跳蚤从受感染的大鼠那里食入细菌，然后再传播给其他大鼠。黑鼠强大的免疫系统会进行反击，但这只会让细菌在大鼠死亡之前集中在血液里。随着大鼠数量减少，饥饿的跳蚤迫切地需要血液，会屈尊俯就地来吸食人类。因此，鼠疫在人类中的流行分为两个阶段。首先，鼠疫杆菌必须从野生动物储存宿主体内溢出，成为失控的动物流行病，然后，再从共生的啮齿动物跳到人类身上。人类流行病是啮齿动物流行病的一种意外后果。[25]

不管怎样，这是经典模型。几十年来，它一直受到各种各样的挑战。最根本的是，黑死病病原体的身份遭到了强烈质疑。这种怀疑在很大程度上是因为有人认为，中世纪的瘟疫太过广泛，太具爆炸性，因此不可能是一种依赖于啮齿动物和跳蚤传播的疾病。现在，DNA 证据已经平息了关于病原体身份的争议，但流行病学问题仍然存在。关于细菌在瘟疫期间通过其他途径传播的可能性，存在着一些建设性的争论。其中一些路径——例如通过人蚤或虱子等其他体外寄生物传播——将会绕过大鼠，而且似乎越来越可能是鼠疫扩散的额外途径。致痒蚤（Pulex irritans），又称人蚤，越来越像一个共犯，这种传播方式或许是"经典"模式之外的一种补充途径。[26]

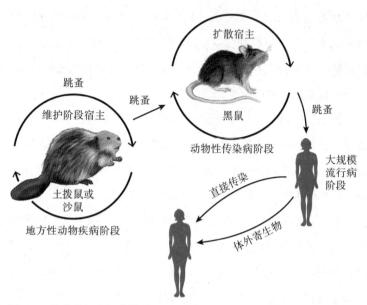

图6.3 鼠疫周期的经典模型

其他传播途径——如肺鼠疫在人类之间直接传播的方式——综合来看，似乎还是不太可能成为鼠疫传播的主要力量。不过，我们不应该低估鼠疫杆菌的神通广大。它可以感染许多种类的啮齿动物和其他哺乳动物。其他小型哺乳动物——比如兔类动物——的重要性或许被低估了。它们可能是鼠疫连环爆炸反应中沉默的一环。尽管我们应该强调黑鼠和东方鼠蚤在鼠疫传播中的主要地位，但鼠疫杆菌也可能利用自身的丰富才能，在大暴发中通过其他哺乳动物和人类寄生虫传播。大规模鼠疫是一颗病菌超新星。[27]

在大规模鼠疫流行之前，还需要一个复杂的生态平台准备就位。移居到西方的黑鼠就是一个先决条件。很久以前，在罗马统治的领土上并没有大鼠存在。黑鼠原是东南亚的本土动物，在不久前某个时间漂流到西方。它是一个入侵物种,而罗马帝国刚好加速了它最后一次向西方的大迁徙。用迈克尔·麦考密克的话说,"大鼠在整个欧洲的扩散,越来越像是罗马人征服事业的一部分"。

地中海西部最早的黑鼠遗骸来自公元前2世纪,正是晚期罗马共和国的时代。过去人们曾怀疑,在查士丁尼时期,黑鼠数量是否已经取得足够的进展,可以为第一次大规模鼠疫作出解释,但是,麦考密克在15年前表明,黑鼠的前进步伐已经超出了前人的认识;尽管考古学家很容易忽略大鼠骨骼,但近年来还是积累了更多的证据,能够拼配出罗马帝国的大鼠分布图。例如在英国,黑鼠就跟随着罗马人征服的脚步到达了那里。它深入到农村地区。罗马帝国的体制依赖于粮食运输和储存,因此成了黑鼠的天堂。对它们来说,罗马帝国是一处营养丰富的宝藏。[28]

罗马帝国为大规模鼠疫做好了生态准备。我们应该注意到一个奇怪的小细节。在查士丁尼之前,希腊人和罗马人并非完全不了解腺鼠疫。虽然它没有出现在早期希波克拉底的医学著作中,但是写作于1世纪末的以弗所的鲁弗斯就知道"疫病性腹股沟淋巴结炎"了。他还引用了其他权威人士在利比亚、叙利亚和埃及观察到的疫病情况。另一位同时代人,卡帕多西亚的阿莱泰乌斯(Aretaeus of Cappadocia)也简短提到了疫病性腹股沟淋巴结炎。但这些一定是鼠疫非常地方性或局限的形式。盖伦有丰富的临床知识和经验,但他似乎并没有见过腺鼠疫。4世纪的医生奥里巴西乌斯(Oribasius)创作了一部庞大的医学百科全书,其中摘录了鲁弗斯关于腺鼠疫的著作。但是,当他创作一本较短的医学实践手册时,鼠疫却被从中删掉了,说明

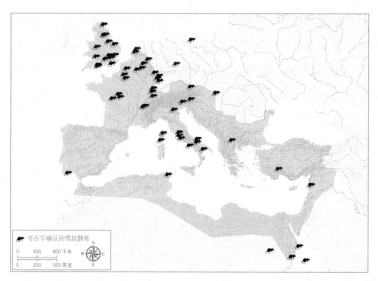

地图 17 罗马帝国的大鼠地图

这并不是实用的知识。[29]

在查士丁尼之前，鼠疫可能已经敲过帝国的大门了，但大规模瘟疫的时刻尚未到来。一直到 6 世纪，各种因素还没能联合起来引发重大事件。一些基因因素或生态因素的结合阻止了大规模暴发。或许是某种次要的基因转变提供了最终动力，这种可能性值得我们研究。从最新发现的青铜时代受害者身上找到的鼠疫杆菌 DNA 拥有它所需要的一切基因工具。但是，一个关键的毒性因子，也就是由 pPCP1 质粒构建的纤溶酶原激活物（pla），还缺少一个微小的改进，这种改进可以增强其致命的潜力。查士丁尼瘟疫暴发前的某个时候，pla 蛋白质中的 259 氨基酸发生了一次单一突变。在实验室测试中，这一微小替换将一种危险的细菌变成了凶残的细菌。这种突变，或者另一种类似的突变，或许可以解释这种细菌新的爆发能力。到了 6 世纪，鼠疫杆菌的基因构成已经让它成为能够引发大规模瘟疫的致命病因。[30]

6 世纪时，一些遗传和生态方面的先决条件致命地结合在了一起。零星火花很快会变成一场大火。黑鼠的扩散加上帝国的连通性，为鼠疫杆菌的致命菌株的大范围传播奠定了基础。鼠疫杆菌的传播只剩最后一个障碍：它必须从东方来到这里。引发第一次大规模瘟疫的鼠疫菌株不同于从中国西部高地的一个古老巢穴中发现的。人们在新疆地区的现代灰色土拨鼠和长尾地松鼠身上，发现了 6 世纪鼠疫杆菌支系已知最近的近亲。鼠疫是来自东方的天灾。用莫妮卡·格林（Monica Green）的话说，"所有关于鼠疫历史的叙述都必须与那个发源地联系起来"。[31]

鼠疫可以沿任意数量的路线向西蔓延。但关于它的旅程，同时代的证据给我们留下了一个明确的线索。疾病最先出现在帝国南部海岸，出现在位于尼罗河三角洲东部的贝鲁西亚。只有将分子证据和人类证词结合起来，我们才能追溯这种新病原体的航程。

全球背景：科斯马斯的世界

6 世纪的商人科斯马斯·印第科普莱特斯（Cosmas Indicopleustes）在他的《基督教世界风土志》（*Christian Topography*）中，传达了印度婆罗门哲学家的看法：如果将一根绳子从中国延伸到罗马，它会穿过波斯，将世界一分为二。在科斯马斯看来，中国是"丝绸之国"，"比印度最远的地方还远"，在大地的另一边。到中国最短的路线可能是途经波斯的陆路。"这就是为什么在波斯总能见到大量丝绸。"但对科斯马斯来说，水路显然是通往远东更熟悉的路径。中国"在那些进入印度洋的人左边"，经过波斯湾，在"塔普罗巴奈"——斯里兰卡——更远的地方。科斯马斯知道，丝绸贸易促使人们前往"大地的两端"。在6世纪，大地的两端是被丝线拉在一起的。[32]

"科斯马斯·印第科普莱特斯"的意思是"航行到印度的人科斯马斯"。这不是他的本名。他甚至可能从没去过我们所说的印度。这个名字是中世纪的抄写员起的，原作者只是自称"一名基督徒"。更重要的是，在古代，印度的概念比现在宽泛很多。它泛指环绕印度洋的所有土地，从埃塞俄比亚一直到印度。关于科斯马斯，我们所知道的一切都来自他自己的作品。他是一个从事红海贸易的亚历山大里亚商人，去过很多遥远的地方。他声称自己在三个海洋上航行过——地中海、红海和波斯海。他一定到过埃塞俄比亚，因为他在那里抄写过一段历史铭文，还见到了一头野犀牛。科斯马斯是个谨慎诚实的人，他没有声称自己去过印度次大陆。不过，他的《基督教世界风土志》是关于古代晚期连接各地的印度洋世界最优秀的作品。[33]

3世纪的一段冷却期过后，罗马在红海和印度洋上的贸易在古代晚期又出现了反弹。贝雷尼塞仍然是一个繁忙的贸易中心。红海北端的两个港口，克利兹马港（在苏伊士）和艾拉港，似乎变得越来越重要。红海南端的曼达海峡两岸，是地缘政治摩擦的热点地区。埃塞俄比亚强大的阿克苏姆王国与阿拉伯半岛南部与之敌对的诸王国对峙。罗马人有着旺盛的消费需求，但在印度洋的实力明显匮乏，这在印度洋商业生活中非常重要。罗马人勉强能控制红海，这是他们的水上后院。但把权力伸向更远的海洋则完全超出了帝国的能力。正如科斯马斯所坦率描述的那样，红海贸易将罗马人与一个充满冒险商人和小君主的粗野世界联系在一起。罗马人是有着强烈文明优越感的参与者，但没有任何实地优势。科斯马斯所认识的海域，是由希腊人、埃塞俄比亚人、阿拉伯人、波斯人和印度人共同分享的。[34]

《基督教世界风土志》列举了各种关于人、货物和思想动向的实用信息。胡椒和丝绸是珍贵的交易物品。香料贸易在古代晚期仍然是一门大生意。我们碰巧得知一个事实，君士坦丁对罗马圣彼得教堂的捐赠中就包括每年 755 磅胡椒。《基督教世界风土志》著名的第十一部书中，甚至还画有胡椒树的草图。[35]

除了香料贸易，丝绸贸易在古代晚期也成了一项大生意。丝绸是中国的代名词，蚕的秘密在中国受到严格保密。罗马人通过陆路和南部海域进口丝绸。帝国政府是个胃口庞大的消费者，但贵族和教会的需求也推动了私人市场的发展。丝绸贸易的重要性是以政治维度衡量的。在罗马历史上，我们很难想出有其他哪种商品具有真正的地缘政治重要性。在古代晚期，丝绸贸易具有全球影响力。波斯人将其用作筹码。而查士丁尼则积极地寻求控制这项贸易或绕开波斯。在他统治后期，一批来自印度的基督教修士曾"在印度以北一个非常遥远的地方待过很久，那里被称为'Serinde'（中国）"，他们主动提出可以泄露丝绸生产的秘密，并从东方走私来未孵化的蚕卵。于是他们被派往中国，然后成功返回，"从那时起，丝绸就可以在罗马人的土地上生产了"。我们只有对拜占庭丝绸进行化学分析，才能知道这种大胆的商业间谍行为是否真的成功了。[36]

除了丝绸和胡椒，还有其他贸易货物装满了货船，跨越大洋。象牙、香料、芦荟、丁香、丁香木、檀香木、黄金还有奴隶，

图 6.4　胡椒树：科斯马斯·印第科普莱特斯书中的草图（Florence, The Biblioteca Medicea Laurenziana, ms. Plut. 9.28, f. 269r. Reproduced with permission of MiBACT. 禁止以任何方式进一步复制）

都包括在科斯马斯所熟知的交易系统中。奴隶是不可忽视的商品。在现代有关奴隶贸易的历史著作中，大多情况下不会提到奴隶，但科斯马斯随意地写到，进口到罗马帝国的"大部分奴隶"都来自埃塞俄比亚。在更抽象的层面上，思想也在海面上穿梭。基督徒（许多都来自波斯）的传教事业在整个东方很成功。印度的哲学和禁欲主义也一直很有魅力，不断吸引着探求者。思想中的印度被带回西方，那里居住着脱离尘俗的圣人。[37]

　　我们还不清楚这种贸易的真正规模。罗马人努力控制着一座位于红海的岛屿，因为帝国政府要在这里对印度进口的货物征收通行费。据说这是一项"巨额"收入。人们在印度各地发现了从 4 世纪到查士丁尼统治时期的罗马晚期硬币。也许最能说明问题的是，在罗马与波斯冷战和热战交替上演的时期，红海战场突然重要起来。6 世纪初，埃塞俄比亚的基督教阿克苏姆王国正在崛

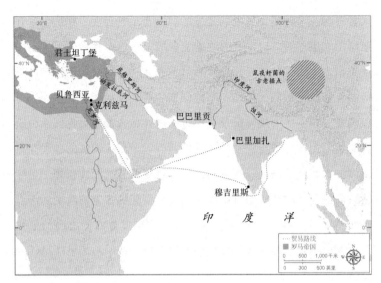

地图 18　鼠疫杆菌的征途：从中国到贝鲁西亚

起。阿拉伯半岛南部的希米亚里特王国皈依了犹太教——这是一
个非常好战的派别。古老的争端上又添加了宗教的敌意，525 年，
阿克苏姆人在罗马军事援助下入侵了希米亚里特王国。这场冲突
吸引了各个强权。在接下来的 20 年里，埃塞俄比亚人和希米亚
里特人分别是罗马和波斯的资助对象。一代人之后，穆罕默德
降生到这个世界，现在，这里被人们称为"伊斯兰的熔炉"。宗
教、政治和商业交织在一起，使这个地区具有重要的战略价值。
而罗马人则热衷于在他们无力控制的水域里维持一个稳定的桥
头堡。[38]

　　消费者对丝绸和香料的需求将东西方彼此拉近。思想和动物、
金钱和金属，都在海面上穿梭。病菌也跟随而来。541 年，一个
不受欢迎的偷渡者从世界的远方被偷运进帝国。阅览过相关资料
的人都不会否认，查士丁尼瘟疫最先出现在埃及。我们的明星证

人普罗柯比准确指出了疫病暴发的源头是贝鲁西亚。疾病出现在亚历山大里亚时，以弗所的约翰就在那里，他声称疾病"来自印度东南方向、库什、希米亚里特和其他地方"。由于鼠疫是从贝鲁西亚开始扩散的，再加上基因证据表明其起源于东部，我们可以确信，第一次大规模鼠疫是通过印度洋传入的。贝鲁西亚位于红海贸易主要集散点克利兹马港以北。远至印度而来的各种船只都停泊在克利兹马港。从克利兹马到贝鲁西亚的距离很短，走陆路只需要几天时间，也可以利用图拉真重建的古老的法老运河进行短暂航行，这条运河连接着克利兹马与贝鲁西亚南面的尼罗河。大规模鼠疫第一次登台亮相的地点位于帝国与印度洋世界的交会点。[39]

为了让细菌在罗马世界闪亮登场，我们还需要最后一个命运的扭转。亚洲高地制造了鼠疫杆菌这样一个怪物，帝国的生态则为流行病搭建好了基础设施，丝绸贸易随时可以运送这枚致命的包裹。但是，使火种燃烧起来的最后一环巧合是急剧的气候变化。536 年被称为"无夏之年"。我们现在知道，这是过去三千年来最严重的一系列火山爆发事件中第一次令人恐惧的阵痛。540—541 年，又出现了一次恶劣的火山冬天。我们在下一章将会看到，6 世纪 30 年代和 40 年代不仅是严寒，而且是全新世晚期中最冷的 20 年。查士丁尼的统治正被一个史诗级的、几千年一遇的全球寒流所围困。[40]

查士丁尼瘟疫到来之前的气候扰动是一道突然而又刺眼的闪光，我们本能地意识到，这必定与接下来发生的危机有一定联系。只是我们还不知道一件事究竟怎样引发了另外一件。鼠疫是一种连锁反应，至少涉及五个不同物种。这是一次重大的生物多米诺事件，牵涉到细菌、森林宿主（如土拨鼠）、扩散宿主（黑鼠）、节肢动物媒介（东方鼠蚤），还有我们自己。温度和降水的微小变化会影响反应环中每种生物的栖息地、行为和生理机能。时至今日，微弱的气候振动仍然会对啮齿动物种群的鼠疫周期产生明显影响。甚至年与年之间相对较小的气候变化，也能控制地方性动物鼠疫的热度。[41]

有一件事是肯定的：气候和鼠疫之间的关系不是直白或线性的。同许多生物系统一样，它的特征是有着剧烈的摇摆、狭窄的临界，还有狂热的机会主义。多雨年份会促进植被生长，从而在啮齿动物种群中产生一种营养级联 *。此外，水还会淹没啮齿动物的地下洞穴，迫使它们寻找新的领地。数量激增也会促使啮齿动物为了寻找新栖息地而迁徙。今天，厄尔尼诺现象与中国的鼠疫疫情有密切的联系。这些关联完全有可能也适用于过去。火山活动和厄尔尼诺现象之间存在着强相关关系，因此，或许是 6 世纪30 年代的火山喷发引发的变化扰动了中国的土拨鼠或沙鼠，让它们携带着鼠疫杆菌离开熟悉的地下栖息地，引发一场动物流行病，并传染给远航船上的啮齿动物，后者再通过海上贸易航线来到西方。总之，最有可能的情况是，6 世纪早期的气候模式——正如我们将在下一章看到的，被北大西洋涛动负指数所主导——给储存宿主物种的半干旱家园带来了更多降雨；植物生长促使穴居啮齿动物数量暴增，鼠疫杆菌由此蔓延到新的宿主群体。[42]

气候也可以通过影响在宿主之间传播细菌的跳蚤来调节鼠疫。跳蚤对环境温度的敏感性造就了鼠疫的基本季节性模式。繁

---

* 指在食物链中，当某种捕食者压制了猎物的自然数量，使猎物的下一级猎物免受捕食的情况。

殖期的跳蚤对温度很挑剔，只在一定区间的温度繁殖。而使得跳蚤反刍受感染的血液的肠道致命堵塞，也不喜欢过高或过低的温度。因此，我们熟悉的结果就是具有特定季节性的瘟疫周期。流行病在春天开始发力，但到了夏季，高温会突然抑制住疾病暴发。在 20 世纪初的印度，夏末的酷暑曾将腺鼠疫的发病率降低到几乎为零。因此，6 世纪 30 年代和 40 年代的急剧降温可能为鼠疫杆菌开启了前所未有的地理可能性。温和的夏天或许打开了原本湿热的南方通道的大门。"香料海岸"沿线的平均温度刚好下落到瘟疫周期的容忍界限上。[43]

鼠疫如何离开它的山区老巢，又如何探索穿越南部水域的新路线，这些事件具体是如何发生的，我们或许永远无法了解。透过阴影，我们能感觉到这个致命时刻的巨大偶然性。在创造这一关键时刻时，自然史与人类历史结合在一起，使我们无法区分什么是出于偶然，什么又是出于结构。我们能说的是，或许是出于一些最偶然的机缘，致命的病菌最终来到了罗马帝国的大鼠身上。

濒临灭绝的人类

普罗柯比和约翰两人本质上都是查士丁尼时代的人，他们代表着完全不同的文化世界，而这两种文化世界以一种不友好的方式共存。凯撒里亚的普罗柯比是个彻底的传统主义者。他接受过法律教育，进入帝国官员的行列，成为伟大将军贝利撒留的法律顾问，在查士丁尼的前半个统治期，他一直生活在贝利撒留的引力场之下。普罗柯比书写了 6 世纪最重要的历史，这是一本关于上层政治的古典风格著作。他同样以写了淫秽的《秘史》(Secret History) 而闻名，这是文学史上最著名的抨击作品之一。宗教不合他的口味。那个时代的神学争论消磨了他的耐心。"我认为探求上帝的本质，询问他属于哪一类，是一种极其愚蠢的行为。因为人们甚至不能准确理解人类的事情，更不用说那些与上帝本质有关的事情了。"普罗柯比更喜欢置身于希腊古典文化的世界中，这种文化刻意地与时代潮流保留一点距离。44

我们几乎很难相信，以弗所的约翰竟是他的同时代人。被普罗柯比漠然置之的教会冲突，恰恰是约翰生活的主要内容。约翰出生在东部边境叙利亚语地区一个叫阿米达的地方，幼年就被送入修道院。他后来成了基督一性论派*运动的领袖，深深卷入关于基督本质的神学争论中，自卡尔西顿会议（451 年）确立教义信条以来，这种旷日持久的争论就一直在东方制造裂痕。约翰以一个宗教流放者的身份来到君士坦丁堡。这位教士以他的作品而闻名，包括一部教会历史和一本内容丰富的东方圣徒故事，都是以叙利亚语保存下来的。在他的世界里，圣经历史界定了一切事物的框架。他坚定地认为，自己所经历的一切都在圣经的预言中。45

普罗柯比和约翰看起来不像是一对，然而却被某种偶然永远地联系在一起。他们都目睹过腺鼠疫的首次亮相，而且生动描述了它的毁灭力。因此，我们有两种截然不同的视角。对普罗柯比来说，这种"差点毁灭整个人类"的瘟疫就是无法解释的。他的报道和修昔底德的记述一样，主要是对疾病病理和大规模死亡造

---

* 基督神学的一种学说，认为耶稣基督同时具有人性和神性，二者合一，无法分割，但两种性质又彼此保持独立和纯粹。

成的直接社会创伤的一种冷静观察。而对约翰来说，瘟疫是一种惩罚。上帝的愤怒降临到那些城市，像"葡萄压榨机一样，把城市里的居民当作成熟的葡萄，无情地践踏和碾压"。人们的罪孽，特别是他们的贪婪，使得天堂降下杀戮，"像收割麦子的人"，"割断并放倒了无数人，把不同年龄、不同体型、不同等级的人一起收割"。[46]

我们在对待古代说法的时候，要兼具尊重和谨慎。关于鼠疫杆菌的生物学知识是一个巨大优势，我们有权使用它。引发第一次大瘟疫的鼠疫菌株与黑死病的病原体密切相关。这一事实为我们提供了一些期望和限制。与此同时，死亡事件的形态，特别是这种大规模流行病的形态，会受到构成了其扩散背景的生态环境和社会环境的影响。我们应当意识到其存在着特殊的形式，并且接受这样的一种可能性，即关于这种病原体在过去环境里的行为，我们的目击证人可能会记录下一些非常独特的表现。查士丁尼瘟疫只发生过一次，而他们当时在场。

我们要记得，鼠疫杆菌是个多面的杀手。许多问题都取决于感染方式。感染途径主要有两种：通过蚤咬植入真皮层和通过吸入空气飞沫。这种疾病的典型表现形式是腹股沟淋巴结鼠疫（或称"腺鼠疫"，bubonic plague），这个名字来源于痛苦而坚硬的淋巴结肿胀，希腊语称之为boubones。这种疾病的腺鼠疫形式通常是由跳蚤叮咬引起的。鼠疫杆菌被注射到真皮中，在那里繁殖，使局部组织变黑。淋巴系统将细菌排入最近的淋巴结。细菌在那里会躲避免疫反应，发生爆炸性繁殖，导致淋巴结肿胀。蚤咬的位置决定了肿胀的部位；颈部、腋窝，以及尤其是腹股沟都是最常见的肿胀部位。患者会在 3 ~ 5 天后出现症状，而病程将持续另外 3 ~ 5 天。发烧、寒战、头痛、虚弱以及神志不清会很快陆续出现。然后就是淋巴结肿胀，它们肿得像挂在身上的橙子或葡萄柚一样。受害者的免疫反应被鼠疫杆菌打败了后，就会出现败血症。在一个没有公共卫生基础设施和抗生素的世界里，病死率高达约 80%。[47]

在蚤咬感染的情况下，病情还会有具体不同的表现。在某些病例中，细菌会跳过淋巴系统，直接进入血液。这种情况属于原发性败血型鼠疫，免疫系统几乎没有时间做出反应。这会导致恐怖的结果。在疾病的外部症状出现之前，患者就会死于严重的败血症，有可能在最初感染的几个小时内一切就结束了。始于淋巴系统的感染也有可能跳到循环系统中。当鼠疫从受感染的淋巴结进入血液时，患者就会出现继发性败血型鼠疫，这个名字是因为它是原发性淋巴系统感染产生的后果。在继发性败血型鼠疫的病例中，细菌会阻塞毛细血管，引起小范围出血，从而造成瘀斑，也就是变色的小斑点。随后会有呕血和腹泻的现象。在这一病程中，败血症也有着惊人的速度，几乎总是致死：血斑的出现预示着死亡将在一天之内降临。[48]

跳蚤叮咬引起的感染还有另外一种病程。在腺鼠疫病例中，细菌可能会从淋巴系统进入肺部。这种病理被称为继发性肺鼠疫。肺鼠疫是一种呼吸综合征。病人很快开始咳嗽，而且痰中带血。身体的过度炎症反应会使肺部充满积液，损伤肺功能。肺鼠疫在古代大规模瘟疫中是致命的。[49]

鼠疫杆菌还可以通过空气飞沫传播。如果这些微生物在上呼吸道着陆，就会进入淋巴系统并引发淋巴腺感染；如果被吸入肺部，则会引起原发性肺鼠疫。原发性肺鼠疫的潜伏期很短，只有

2～3天，随后病人会出现支气管肺炎，伴有发烧、胸痛和咳血。病死率接近100%。原发性或继发性肺鼠疫患者都可以排出携带传染源的空气飞沫。我们还不完全清楚肺鼠疫直接传染的途经在历史上的大规模瘟疫中的重要性。这不是一种非常有效的传播手段。综合来说，原发性肺部感染可能更多的是一种补充动力，而不是基础动力。[50]

表格 6.2　鼠疫的感染模式

感染方式	途经	疾病表现
跳蚤叮咬	淋巴→淋巴结	腺鼠疫
	血液	原发性败血型鼠疫
	淋巴→血液	继发性败血型鼠疫
	淋巴→肺	继发性肺鼠疫
空气飞沫	上呼吸道	腺鼠疫
	肺	原发性肺鼠疫

鼠疫杆菌还能利用其他途径进入新的受害者。它实际上可以被消化吸收（这是不能吃啮齿动物的一个原因，尤其是在那些鼠疫是地方性动物疾病的地方）。但是，在重大鼠疫疫情中，跳蚤叮咬才是最主要的感染途经。

541年，强权之间的战争在一种新死亡的轰鸣声前暗淡了下来。它在这一年的仲夏始于贝鲁西亚。甚至在得到确凿的 DNA 证据之前，显示病原体为鼠疫杆菌的一些迹象就已经在大瘟疫中可以看到。根据普罗柯比的说法，疾病开始发作时会有轻微但缓慢升温的发热。然后"出现淋巴腺肿大"。肿胀的凸起主要从腹股沟，有时从腋窝、耳朵和大腿拱出。普罗柯比写道，"当淋巴腺肿块变得非常大，并且流出脓液后，病人会战胜疾病存活下来。"这是敏锐的临床记录。在疾病后期阶段，腹股沟淋巴结可能会化脓，这样病人有机会能活下来。普罗柯比还观察到了，幸存者会持续衰弱。组织坏死的后遗症会导致终身损伤。在约翰眼中，这种瘟疫的奇怪特征同样也是位于腹股沟的肿胀。他还提到其他动物——包括野生动物——也都染上了这种病。"甚至连老鼠身上也有肿块，它们被疾病击倒，奄奄一息。"[51]

如果鼠疫患者没有立即死亡，扁豆大小的"黑色水疱"就会出现在全身，病人会在接下来的一天内死去。约翰也提到了手上出现的黑点。"不管出现在谁身上，从出现的那一刻起，他们在一两个小时之内就会死去，最多也只有一天的延迟。"他认为，这样的结果是常见的病情。同样，普罗柯比还注意到，一些病人呕出了血，这是另一个即将死亡的征兆。[52]

当细菌直接进入血液时，原发性败血型感染快速而凶猛的病程，可以解释报告中提到的几乎瞬间的死亡。"当他们看着对方彼此谈话的时候，会突然开始蹒跚摇晃，在街上、家里、港口、船上、教堂里，还有其他任何地方倒下。还有可能发生这样的情况：一个人坐在那儿干他的活，手里正拿着工具，忽然倒向一边，他的灵魂就这样离开了躯壳。"[53]

现存记录中没有任何证据表明，肺鼠疫在第一次大规模鼠疫中表现突出。或许是因为呼吸系统症状太过平常，不值一提。但是，我们的古代证人仔细记录了其他常见症状，例如发烧和虚弱，所以这种缺失很有意义。而且在夏季，严重的呼吸道病理表现很难不被注意。其他线索则显示出，跳蚤媒介在第一次鼠疫中占据了主导地位。普罗柯比写道，医生和护理人员并没有感染这种疾病的特殊风险。最先死掉的是穷人。我们将在后面看到，疾病的传播在空间和时间上的规律，与鼠蚤机制在第一波整体扩散中的主导地位是一致的。简而言之，一切迹象都让我们相信，查士丁尼瘟疫的根源是流行病表面之下不可见的动物大灾难，动物的死亡浪潮无意中裹挟了人类。[54]

传染病在贝鲁西亚分成两股分支。一个向西，到达亚历山大里亚。根据普罗柯比的说法，在这之后才感染了埃及其他地区——这是个关键的记述，否定了尼罗河是瘟疫进入帝国的渠道的说法。另一股瘟疫向东蔓延，到达巴勒斯坦。我们碰到了惊人的好运气，因为约翰此时正走在去往东部的旅途上，他从亚历山大里亚出发，经过巴勒斯坦、美索不达米亚和小亚细亚。在埃及边境，有一座城市"完全荒废了，（只）剩下七个男人和一个十岁的小男孩"。在"整个巴勒斯坦"，各个村庄和城市里的"居民都不见了"。这场瘟疫也控制了叙利亚和美索不达米亚地区。当约翰长途跋涉穿过小亚细亚的中心地带前往君士坦丁堡时，他的车队遭到了瘟疫的尾随和袭击。"日复一日，我们就像所有人一样，敲响了坟墓的大门。""我们看到荒凉、呻吟的村庄，还有散落在地上的尸体，没有人来处理（和埋葬）他们。"[55]

瘟疫以两种速度传播：在海上迅速移动，在陆地上缓慢移动。仅仅是船只的出现就令人们感到恐慌。约翰记录了可怕的景象，"海上的水手突然被上帝的愤怒击中，于是船只变成了坟墓，继续在海浪中漂流，满载着主人的尸体"。海上到处是鬼魂。"许多人都看到了青铜船的形状，里面还坐着看上去像人的形象，只是没有头……没有头的黑人坐在一艘闪闪发光的小船上，在海上飞快地航行，仅仅是看到这样的景象就几乎使人丧命。"普罗柯比在一段更平淡的报告中指出："这种疾病总是从沿海地区扩散到内陆。"[56]

受感染的老鼠一旦登陆，罗马的运输网络就会加速疾病的扩散。大大小小的马车载着偷渡的老鼠沿罗马道路行进。麦考密克已经证明了河流的重要性，它们是 6 世纪时瘟疫在高卢传播的有效渠道。但是，鼠疫杆菌的传播也可以与人类毫无关系，因此让人难以捉摸。它能到达任何老鼠所到之地。普罗柯比曾提到，瘟疫在每个地方都燃烧得很缓慢。它"总是以固定的时间间隔移动和前进。像是在按照预定的计划行动：它在每个地方会持续一段固定的时间，刚好足以确保没有人能忽视它的存在，然后从这一点开始向不同方向扩散，到达人类世界的所有尽头，就好像担心地球上有哪个隐蔽的角落能逃避它的魔掌。它没有放过任何有人居住的岛屿、洞穴或山顶"。疾病深入到了古代乡村最隐秘的地方。[57]

病菌扩散的速度与背后的动物流行病进展有复杂的关联。在所到之处，鼠疫杆菌首先会在大鼠聚居地里扩散。随着大鼠数量减少，跳蚤会迫切地寻找血液。据研究黑死病的历史学家奥利·贝内迪克托（Ole Benedictow）估计，这个周期平均为两个星期。然后，饥饿的跳蚤不再挑食，从而转向人类。于是，人类瘟疫就此开始。在马赛的一次鼠疫暴发中，高卢主教图尔的格列高利（Gregory of Tours）记录了一艘来自西班牙的瘟疫船的到来，这艘船立刻夺走了一家 8 口人的性命。这之后是短暂的平静期，我们可以把这看作是动物流行病的定时炸弹在倒计时，接着瘟疫就暴发了。"就像被点燃的麦地一样，瘟疫的火焰在城市里熊熊燃烧。"两个月后，瘟疫自行熄灭了，可能是夏季气温上升所致。人们以为一切都过去了，便返回城市。然而，瘟疫却再次暴发。[58]

穷人的生活条件使他们不可避免地与啮齿动物密切接触。在中世纪的黑死病中，穷人最先倒下，但最终富人也无法幸免。在查士丁尼瘟疫中，疾病首先"急切地攻击躺在街上的穷人"。然而最终，大屠杀没有放过任何人。它降临在"大大小小美丽、令人向往的房子里，这些宅邸突然变成了屋主的坟墓，仆人和主人同时倒地而死，腐烂的身躯混杂在一起"。"人们生活的地点、方式、性格、职业，以及许多方面都各有不同，但是遇到这种疾病的时候，这些因素没能产生哪怕是最微弱的影响——这样的情况只发生在这一种疾病身上。"[59]

鼠疫不可避免地从亚历山大里亚传播出去。如果谷物贸易是帝国流通的血液，那亚历山大里亚就是它搏动的心脏。亚历山大里亚出现瘟疫的消息漂洋过海，激起了各种末日预言。在瘟疫到达君士坦丁堡之前，人们就已经产生了恐惧。"来自四面八方的传闻在这里流传了一两年之后，瘟疫才抵达这座城市。"看起来，有可能是一艘政府船只冒着冬季的暴风雨，为首都带来紧急的消息。瘟疫于542年2月下旬到达君士坦丁堡。整个瘟疫留存下来的最早记录，刚好就是查士丁尼颁布的一项法令，因为银行家协会需要帮助，以便解决大规模死亡事件中的债务问题。"死亡的危险已经渗透到每个地方，任何人都没有必要听别人讲述他的经历……发生了许多意料之外的事，这在以前从未出现过。"这是542年3月1日。更糟的还在后面。[60]

瘟疫第一次出现在君士坦丁堡时，持续了四个月。普罗柯比和约翰都在现场。他们来自不同的精神世界，但他们的证词却惊人地相似。第一批受害者是那些无家可归的人。死亡人数开始上升。"起初，只有少数几例死亡超过了正常死亡率，但随后死亡人数一路上升，达到每天 5000 人，然后是 1 万人，甚至更多。"约翰的每日统计与之相似。每天的死亡人数最高达到 5000，然后是 7000、1.2 万、1.6 万。一开始，表面上人们还能维持公共秩序。"人们站在港口、十字路口和城门口清点死者。"根据约翰的说法，可怕的死亡统计一直累积到 23 万。"在那之后，人们只是把尸体抬走，不再统计了。"据约翰估算，死亡总数超过了 30 万人。这座城市在灾难前夕大约有 50 万人口，那么 25 万至 30 万的死亡人数，完全符合暴发黑死病地区的死亡率的最审慎的估计，即 50% 至 60% 之间。[61]

社会秩序陷入混乱，然后彻底坍塌。所有工作都停止了。零售市场被迫关闭，随之而来的是一场奇怪的食物短缺。"在一个货物充足的城市里，一场真正的饥荒正在弥漫。""整个城市陷入停顿，好像它已经死去，所以食物供应也跟着停止……食品从市场上消失了。"钱也没有用。恐惧笼罩着街道。"每个人出门时都会在脖子上或胳膊上挂上标签，上面写着自己的名字。"皇宫也在劫难逃。从前庞大的侍从队伍如今只剩下几个仆人。查士丁尼自己也染上了瘟疫。他很幸运，成了从感染中幸存的那五分之一患者的一员。国家机构也逐渐消失殆尽。"一切经历可以总结为：（在君士坦丁堡）再也见不到任何人穿着短斗篷（chlamys）"，短斗篷是代表帝国秩序的人所穿的鲜明服装。[62]

城市里很快就堆满了尸体。一开始，埋葬死者的工作由家属坚持来完成。后来，这就像试图在泥石流中站稳脚跟一样。"混乱开始用各种方式统治一切地方。"庄严的仪式还有基本的环境控制都消失了。皇帝连想要清除街上的尸体都很困难。普罗柯比和约翰都讲述过一个细节，查士丁尼曾任命他的私人牧师狄奥多罗

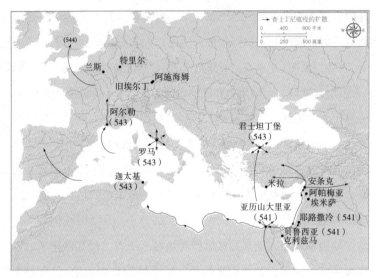

地图 19　鼠疫杆菌的征途：从贝鲁西亚到地中海世界

斯（Theodoros）来负责组织应急工作。人们在城市周围的田野里挖了许多深坑，但很快就被填满了。于是又用油布把死者拖到岸边，放到船上运到海峡另一边。根据普罗柯比的记述，位于赛凯的军事塔楼里"杂乱地堆满"尸体。约翰的描述更加形象。死者层层交叉堆叠，就像"草垛里的干草"一样。死者"被踩踏而过，就像被踩坏的葡萄……那些被践踏的尸体沉下去，浸在下面一层尸体的脓液里"。约翰真切地认为，他看到的就是"上帝烈怒的大榨酒池"*，这是末日的征兆。[63]

　　这些关于君士坦丁堡疫情的生动的感官记录，与帝国其他地区的寂静形成了鲜明对比。我们的线索提供者坚持认为，大瘟疫

---

* 出自《圣经·启示录》14：18—19："又有一位掌管烈火的天使从祭坛那里出来，对手拿镰刀的天使高喊：'挥动你锋利的镰刀，收取地上葡萄树的果实吧！它们已经熟透了。'于是，那天使挥动镰刀，收取了地上的葡萄，抛到上帝烈怒的大榨酒池中。"

吞没了"整个世界"。它横扫了罗马帝国以及更远的地区，包括波斯人和"其他野蛮人"。它席卷了整个东部，包括"库什"和阿拉伯半岛南部；还蔓延到巴勒斯坦、叙利亚、美索不达米亚和小亚细亚。其他编年史向我们证明，鼠疫曾到达多瑙河诸省、意大利、北非、高卢、西班牙和不列颠群岛。尽管这些记录非常简陋，与色块图像相差无几，但我们却不能忽视它们。[64]

第一次大规模鼠疫的地图上布满阴影，偶尔会被一束束细小的光亮穿透。我们在这些零星证据中寻找第一次大规模鼠疫的流行病学线索时，必须保持谨慎。我们应该提出两个关键问题。首先，从物理地理和人文地理的角度来看，第一次鼠疫传播到了哪里？第二，在瘟疫所到之处发生了什么？鼠疫杆菌的生物学特性是绝对的主导因素，但不是唯一的因素。在某种程度上，瘟疫的进程也受到人类因素，也就是瘟疫的社会和经济环境的影响。通过提出正确的问题，我们可以更清楚地了解我们掌握了哪些信息，而且至少可以限制我们的猜测范围。

地中海东部的城市遭受到重创。亚历山大里亚被"荒废、遗弃了"。其他伤亡记录包括耶路撒冷、埃米萨（位于离海岸直线距离 70 千米的内陆）、安条克、阿帕梅亚、米拉和阿弗洛狄西亚斯。这是一份不太详尽的名单。我们从中找不出明显的规律。大多数东部城市可能都曾遭到袭击，但是，严格谨慎的态度提醒我们，目前还没有明确的证据。死亡事件本身吞噬了大多数曾经存在过的证词。[65]

查士丁尼瘟疫出现之前，病原体的移动能力是古代疾病规模的限制因素。大多数人会因为古代不便利的旅行和通信条件而受到保护。即使是在相互连通的罗马帝国，生活也以非机械化运输的缓慢节奏在前进。农村人口在整体结构中占主导地位，从而缓解了任何死亡危机的影响；城市人口最容易感染在人类之间直接传播的病原体，比如天花病毒。在关于查士丁尼瘟疫的现代文献中，有一种随意但根深蒂固的设想，认为最严重的破坏发生在城市。但是，没有什么比这更容易让我们偏离鼠疫病菌威力的秘密的了。[66]

鼠疫与众不同。鼠疫杆菌并不依赖于人与人之间直接传播的途径，也不靠环境污染传播。因此，人口密度不是重要的因素，除非它对大鼠的密度产生了影响。在乡村和野外，作为载体的啮齿动物数量非常多。鼠疫杆菌在那些稠密的无处不在的啮齿动物网络中不知疲倦地扩散。人类的贸易网和通信网是一种催化剂，让细菌能在相距遥远的各个鼠群中快速传播。而且，鉴于这种瘟疫还可以利用其他小型哺乳动物和人类寄生虫作为传染媒介，其多样的传播能力可以为鼠疫传播提供额外的助力。

第一次鼠疫发生时，鼠疫杆菌在乡村不受阻碍地蔓延。它无情的肆虐超出了正常的预期。田里的庄稼没人收割，葡萄也挂在藤上慢慢腐烂。在地中海东部，瘟疫的触角延伸到各个村庄。基督教圣徒赛科恩的西奥多（Theodore of Sykeon）在 12 岁的时候感染了腺鼠疫。他所在的村庄位于一条穿过安纳托利亚中部的罗马大道旁边，距离最近的城镇约 11 英里。在安条克附近，一个生活在柱子上的圣徒曾目睹过瘟疫席卷"整个乡村……到达乡村的每一个地方"。疾病还袭击了耶路撒冷的农村地区。根据一块碑文记载，腺鼠疫出现在了外约旦的佐拉瓦村。在埃及亚历山大里亚上游 24 英里的地方，一位圣者隐居在"门迪斯沙漠"的某间小屋里，他也被瘟疫夺去了性命。[67]

　　在西方，证据甚至更加零零星星。鼠疫蔓延到了北非、西班牙、意大利、高卢、日耳曼和不列颠。但是，它的传播路径和渗透深度都非常不清楚。这种疾病在非洲"点燃了火焰"。"瘟疫开始摧毁男男女女和他们周围摇摇欲坠的世界。"在伊比利亚半岛，"几乎整个西班牙"都在第一波瘟疫中受到创伤。在意大利，一片诡异的寂静笼罩着这片土地。只有一份孤独的报告证实了意大利的疫情。在高卢，而且只在高卢，我们拥有更多信息。作品颇丰的主教图尔的格列高利，让我们得以瞥见一个瘟疫肆虐的世界。他为我们提供的信息是无价的。543 年，受感染的大鼠抵达了高卢海岸阿尔勒。在河流运输网的推动下，瘟疫开始向北方蔓延。第一波瘟疫并没有到达位于奥弗涅的克莱蒙，格列高利住在那儿的时候还是个小男孩。它缓慢移动到北边很远的地方，到达特里尔和兰斯。这场瘟疫似乎还穿越了英吉利海峡，于 544 年抵达欧洲的西部边界。576 年，爱尔兰暴发的一场疫情被记入编年史，但是，直到 660 年发生的又一波重大疫情，瘟疫在这些岛屿上的严重程度一直模糊不清。[68]

　　矛盾的是，西方的交通系统应该可以减缓鼠疫杆菌的传播。但这一论点并不具有太多说服力。事实是，鼠疫在所有可能出现的地方都得到了证实。现在，最惊人的证据来自一个我们认为超出了瘟疫范围的地方。在德国南部的慕尼黑郊外，分别位于阿施海姆和旧埃尔丁的两个公墓，为我们提供了鼠疫杆菌的古代分子证据。阿施海姆的墓地在 6 至 7 世纪期间一直被使用。这块墓地规模很小，使用墓地的定居点只有不到一百个居民。在 6 世纪中期的几十年里，多次埋葬频率异常之高，看起来非常可疑，很像是一段死亡危机时期的墓葬。从死者身上提取到的 DNA 最终确认这些受害者死于鼠疫杆菌。野兽曾经到过这里。在西方偏远农村地区发现瘟疫的意义再怎么强调也不过分。如果鼠疫曾经到过这里，那它一定还到过许多其他地方，这些地方在我们的地图上仍处于黑暗之中。[69]

分子分析的奇迹或许能给我们带来更多信息。其他遗传物质碎片就在某个地方。人们总是认为，查士丁尼瘟疫并没有以集体墓地的形式留下考古遗迹。麦考密克的艰苦努力现在已经证明，事实刚好相反。通过一份包括大约 85 个考古遗迹的目录，他得出了一个非常有说服力的结论，即集体墓地数量的突然上升与腺鼠疫的出现有关。暴力和其他自然灾害肯定也是古代晚期一些多人群葬的原因之一。但是，来自巴伐利亚的基因证据确凿地表明，从不列颠群岛到巴勒斯坦边境，鼠疫杆菌重新塑造了葬礼这样一般私密又保守的庄严的事情。查士丁尼瘟疫的影响范围非常宽广。[70]

对于当时的人来说，任何能够免于瘟疫的毁灭的民族都是值得一提的。据说，摩尔人、突厥人，还有生活在沙漠中的阿拉伯人都不曾受到全球灾难的影响。关于发生在非洲的瘟疫，一份诗意的描述曾强调，鼠疫消灭了罗马人，但却没有"影响到那些心怀愤懑的部落"。突厥人吹嘘道："从时间源头起，他们就从未经历过盛行的鼠疫。"一种传统观点认为，这场瘟疫放过了阿拉伯的心脏地带。"尽管近东其他地区都暴发了鼠疫，但麦加和麦地那都没有受到影响。"7 世纪，著名的圣凯瑟琳修道院院长西奈的阿纳斯塔修斯（Anastasius of Sinai）写道，异教徒居住的"荒凉干旱"的地方"从未经历过鼠疫"。摩尔人、突厥人以及阿拉伯中部的居民都以游牧为生。这很显然可以从生态上得到解释：

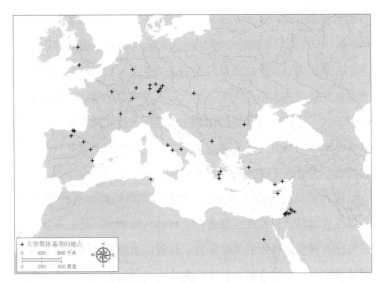

地图 20　大规模死亡的地理位置（基于 McCormick 2015 and 2016）

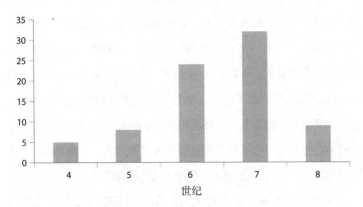

图 6.5　每个世纪的集体墓葬数量（基于 McCormick 2015 and 2016）

面对大鼠－跳蚤－瘟疫的致命网络，非定居的社会形态可以提供保护。[71]

　　瘟疫像个黑夜中的小偷，一瞬间逆转了人类两个世纪以来为增长人口而集体付出的艰苦努力。死亡人数难以估量。约翰声称，只有不到千分之一的人存活下来。这未免有点夸张。普罗柯比在《秘史》中认为，大约有半数人死于鼠疫。"瘟疫也暴发了……带走了一半"人口。它扫清了"大部分农民"。"与死去的人相比，至少有同样多的人幸存下来，要么没有被感染，要么是在感染后痊愈了。"一位巴勒斯坦人的墓碑上写到，6世纪后期暴发的一次鼠疫带走了三分之一的人类。关于第一次鼠疫的全球死亡率，这些是唯一明确的证词。[72]

古代社会的重心总是倾向于农村。当时约有85%～90%的人居住在城市之外。鼠疫渗透到农村地区的能力，是它有别于以往其他大规模流行病的主要地方。这种能力使鼠疫比其他疾病更加致命。一旦开始流行，鼠疫杆菌这个杀手的生物学特性就掌握了主动权。正如古代作者所强调的那样，鼠疫不加选择地攻击受害者。小孩和老人、男人和女人、穷人和富人，在来势汹汹的鼠疫面前全部倒下。不过，死神特别折磨体弱的人。因此，即便是面对鼠疫这样可怕的敌人，人群的基本生理状态也并非完全不重要。在查士丁尼瘟疫前夕的若干年中，剧烈的气候异常曾导致食物供应减少。罗马世界不健康的疾病环境也削弱了居民的体质，而且耗损了他们的免疫系统。所有这些变量都说明，第一次鼠疫前夕的罗马人十分脆弱。第一次鼠疫击中了一群饥饿且虚弱的人。[73]

中世纪黑死病令人震惊的死亡率的可信度经受住了最严格的审查，甚至还被向上调整过。中世纪晚期的文献相当丰富，因此，利用这些更密集的记录重建出的死亡统计，可以为我们提供一些线索。历史学家广泛认同，"当14世纪中叶黑死病第一次来袭时，欧洲、中东和北非总计损失了约40%～60%的人口。"各个国家的死亡率差异不大。贝内迪克托精心整合的数据揭示了

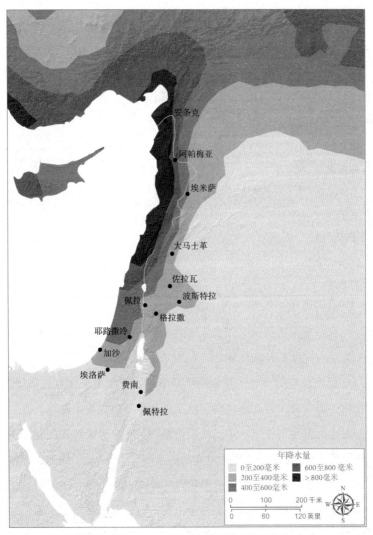

安条克

阿帕梅亚

埃米萨

大马士革

佐拉瓦

波斯特拉

佩拉

格拉撒

耶路撒冷

加沙

埃洛萨

费南

佩特拉

年降水量

0至200毫米 ▨　　　600至800毫米 ▥
200至400毫米 ▨　　> 800毫米 ■
400至600毫米 ▨

0　　　　100　　　　200 千米

0　　　60　　　120 英里

地图 21　近东的瘟疫生态

这一点。[74]

表格 6.3 中世纪黑死病地区死亡率

地区	死亡率（%）
英格兰	62.5
法国	60
萨沃伊	60
郎格多克	60
普罗旺斯	60
意大利	50 ~ 60
皮德蒙特	52.5
托斯卡纳	50 ~ 60
西班牙	60

我们掌握的所有关于查士丁尼瘟疫的信息，也都基本符合这一结论——死亡人数约为人口总数的一半。

瘟疫很快就动摇了正常的生活节奏。成熟的庄稼烂在田里。食物变得稀缺。但不久之后，由于需要供养的人越来越少，食物变得比往常还要充足。小麦的价格暴跌。与之形成对比的是，工资飙升。544 年，查士丁尼颁布的法令中写道："众所周知，即使在上帝出于对人类的爱而给予我们惩戒（也就是鼠疫）之后，那些忙于交易和策划的人、各种手工艺人、农民，甚至是水手，这些本该变得更好的人，却仍然转向贪婪，违背古老的惯例，索要两倍或三倍的价格和工资。"继承体系陷入混乱，在一个拥有广泛信贷网络的经济体中，银行会迫切地将债务强加给继承者。除了教堂，所有建筑活动都停止了。[75]

国家陷入困境。查士丁尼发行的金币跌破了七十二分之一磅的神圣标准。这是自君士坦丁以来对金币的首次操纵，引起了官员们的愤慨。军队的过度扩张本已到了危险境地，现在兵员大幅度减少。这场瘟疫标志着一场前所未有的军事与财政危机的开始。在未来几代人的时间里，罗马政府在动员军队时，以及更多时候在为军队买单时，遇到了很大困难。查士丁尼拒绝豁免在人口灾难过后那几年拖欠的税款，直到553年他才最终妥协。由于他不肯降低整体税负，幸存者被财政负担压得喘不过气来。查士丁尼统治中期的帝国税率，可能是罗马历史上的最高点。普罗柯比对这个政权的批判就建立在对财政掠夺的指控上。与此同时，改革议程戛然而止。据彼得·萨里斯（Peter Sarris）统计，从533年到542年，帝国一共颁布了142项法令和章程（平均每年14.2个）。从543年到565年，一共有31个（平均每年1.3个）。我们在下一章将会看到，人口崩塌与东部帝国的失败之间有着相对简单的因果联系。[76]

然而，第一波瘟疫带来的冲击只是个开始。

两百年的死亡：顽固的鼠疫

当第一波突袭完成后，鼠疫杆菌就采取了回避策略。像天花这样的病毒会在免疫系统中留下印记，给幸存者带来强大而持久的免疫力，但鼠疫杆菌可能只为幸存者提供了暂时且不完全的免疫力。问题远远没有得到定论，特别在涉及历史中的瘟疫的情况下。在第一次鼠疫中，埃瓦格里乌斯·斯克拉斯提库斯（Evagrius Scholasticus）曾写到，一些被感染过一次甚至两次的人，也会死于再次降临的鼠疫。黑死病中也有类似的情形。人体的适应性免疫系统可以保存记忆，特定的 B 细胞和 T 细胞能够识别以前战斗过的细菌。在来自现代中国的研究中，人们发现鼠疫幸存者确实携带着一些获得性免疫工具，能在下次感染时帮到他们。但是，这些记忆细胞并不能保证安全。在一场艰难的多边战争中，获得性免疫力更像是一件额外的武器，而不是一件坚不可摧的防具。[77]

从长远来看，鼠疫还有另一种更阴险的策略。像天花这样的专属人类的寄生菌缺少能让它在疾病暴发间隙隐藏起来的动物储存宿主。鼠疫则更有耐心。当第一波浪潮从一片废墟中退去时，一个个小的潮汐池留在了原地。鼠疫可以潜伏在任意数量的啮齿动物种群中。鼠疫的这些生物武器——不会赋予被感染者强大的免疫力，而且拥有动物储存宿主——使第一次瘟疫持续了两个世纪，并不断引发多次大规模的死亡事件。如果要正确看待它，我们就应该把第一次鼠疫看作一场持续了两个世纪的连环爆炸，而不是一次性大爆炸。

中世纪时，接续黑死病的大规模流行病在欧洲逗留了 4 个世纪。最近我们能够更清楚地了解到，它是如何持续这么长时间的。鼠疫在西方成了地方性动物疾病：它能在共生物种或森林物种中间生存。鼠疫的周期性复发并不需要从中亚重新反复引进鼠疫杆菌。关于这一点，最传统和最新颖的证据倾向于一致的结论。安·卡迈克尔（Ann Carmichael）作出的优秀推论指出，地方性动物鼠疫出现在以阿尔卑斯山麓为中心的地区，高山土拨鼠是其维护阶段的主要宿主。来自鼠疫患者的新基因证据显示，引发后期鼠疫的细菌是黑死病的直系后代。这种外来细菌进入西方之后，就长久逗留在那里，然后才神秘地消失。[78]

第一次鼠疫从 541 年鼠疫杆菌进入帝国开始，一直持续到 749 年最后一次强烈的暴发。在这两个世纪中，瘟疫会不定时地突然从动物储存宿主身上暴发出来。人们一直习惯将这些暴发视为瘟疫的一系列"波次"。我们在这里会小心避免这样的看法。关于第一次鼠疫的学术研究已经因这种比喻而受困。鼠疫的第一次来访的确是波状的，它从外面进入帝国，呈一道不断扩大的弧线迅速扩散，搅动成千上万的鼠群，一直到达大西洋。但是，后续的模式则更为复杂和不对称。如果我们想要了解持久性的生态原因，就必须摒弃这个旧的比喻。[79]

第一次来访过后，鼠疫就不再需要从外面闯入帝国了。最初的扩散留下灾难复发的种子，隐藏在废墟之中。在接下来的两个世纪里，各种量级的扩散事件应该都来自帝国境内的鼠疫疫源地。附录 B 提供了一份包含 38 个类似事件的目录，其中一些可能存在相互关联。一些扩散事件似乎是局部且短暂的，而另一些则影响深远。我们永远无法绘制出鼠疫在这两百年间的完整迂回线路图。不过，我们可以在这几个世纪的剧变中看到自然和社会的相互作用。鼠疫持久性的生态因素——其在动物中的隐秘活动——决定了它在何时何地会突然暴发。而不断变化的帝国结构以及连通性，则在无意中微妙地引导着每一次新疫情的暴发力量。

鼠疫后续的第一阶段一直持续到 620 年，其中君士坦丁堡占据着统治地位。重大扩散事件频繁发生。海上交通扩大了疫情暴发的影响。我们并不清楚鼠疫储存宿主的真实位置。君士坦丁堡城中的鼠群可能即使在沉寂期也培育着瘟疫的种子。但更有可能的是，鼠疫是从各个行省传到这里的。在整个 6 世纪，君士坦丁堡一直是整个地中海东部的神经中枢，其触角还延伸到遥远的西部。查士丁尼重新征服西方的真正遗产之一，就是确保地中海西部与东部疾病系统之间保持联系。扩散事件几乎可以起源于任何地方，然后通往君士坦丁堡；首都是个中转站，聚集帝国内的病菌，然后再充当发散的引擎。[80]

表格 6.4　君士坦丁堡暴发的瘟疫（年份）

542
558
573
586
599
619?
698
747

　　首都第一次出现鼠疫 16 年后，再次发生了疫情。似乎鼠疫从未完全消失过。"它从未真正停止过，只是从一个地方转移到另一个地方，以这种方式给那些幸存下来的人一个喘息的机会。"一些受害者"在家里、街上或他们碰巧在的任何地方，正做着平常的事情，会突然倒下然后死去"。历史学家阿加提阿斯（Agathias）指出，男性比女性受到的影响更大，这或许是因为啮齿动物数量在首都的商业和工业区出现了回升。这次首都疫情暴发三年后，鼠疫扩散到了更广阔的地区，从安纳托利亚东部、叙利亚和美索不达米亚地区，一直到波斯王国境内。我们目前还不清楚，这些是首都疫情的后续事件，还是东方某个鼠疫储存宿主地引发的扩散。又过了 15 年，在 573—574 年，一次跨区域的疫情席卷了东

罗马帝国。这是首都第三次被鼠疫践踏。城市里每日的死亡人数达到 3000 人。586 年，据说（有点夸张地）一场瘟疫仅在首都就杀死了 40 万人，但是这次暴发在君士坦丁堡以外并没有得到证实，所以可能是一次本地现象。[81]

大约 597 年，一场鼠疫席卷了塞萨洛尼基和其周围的乡村。我们可以跟踪这次扩散事件的一些细节。死亡造成的景象如此凄凉，以致入侵东欧的蛮族敌人阿瓦尔人受到鼓舞，想从中获利。然而第二年，就在占领色雷斯的时候，鼠疫追赶上了他们；据说，他们的首领在一天内失去了七个儿子。到了下一个疫期，600 年，鼠疫到达了首都。死亡率高得离奇。据一份叙利亚编年史记载，首都有 38 万人死亡。似乎瘟疫一旦到达首都，也就到达了所有地方。它从陆路来到比提尼亚和整个小亚细亚，进入叙利亚。同时也向西移动，接触到亚得里亚海，向南到达北非，沿意大利西海岸上行，在罗马造成可怕的后果。一次可能起源于巴尔干高地某处森林储存宿主的扩散事件来到君士坦丁堡，再从那里启程前往地中海的各个港口。

然而，这次暴发是君士坦丁堡最后一次担任巨大散播机制的角色。从 542 年到 619 年，鼠疫袭击首都的平均频率为 15.4 年一次。此后，鼠疫在 128 年间只出现过两次，也就是每 64 年一次。这种突然的转变发生在君士坦丁堡在东地中海的统治地位衰减之后。从 7 世纪中期开始，这座城市在第一次鼠疫的流行病学中，变成了一个边缘和被动的角色。[82]

在西方，纪录一直很稀少。中世纪早期给这个世界蒙上了一层帷幕。阴影上破裂的缝隙只够让我们看到瘟疫进程最粗略的轮廓。我们不能排除眼睛在昏暗光线下被欺骗的可能性。但是，如果我们拥有的少量记录是可信的，那么在两代人的时间里，西方的经历一直受到君士坦丁堡的影响。鼠疫不断从东方通过海路传入。随后，7 世纪上半叶出现了一段平静期。在西方鼠疫的最后一个世纪里，疫情可能来自伊比利亚的疫源地，或者是从伊斯兰世界重新传入安达卢西亚的。

表格 6.5　西方的瘟疫阶段（年份）

拜占庭阶段	524—600
7 世纪的间歇期	600—660
伊比利亚阶段	660—749

　　第一波查士丁尼瘟疫一直横扫到大西洋边缘。之后，鼠疫在西方沉寂了二十多年。接下来，鼠疫反复从海上引入，引发了一系列扩散事件。鼠疫第一次复发始于 565 年到 571 年的利古里亚，这是拜占庭控制下的一片沿海地带。疾病从那里蔓延到意大利北部，越过阿尔卑斯山，到达罗马帝国的旧边界。历史学家执事保罗（Paul the Deacon）在事件发生后大约两个世纪，曾有过一段生动的记述。"在腹股沟和其他一些敏感部位出现了腺体肿胀，大小像坚果或枣子，随后是难以忍受的发烧，第三天，人就死了。"事件的影响是灾难性的。"你可能会看到这个世界又回到了古时的静默，没有田野的声音，没有牧人的哨声……庄稼熟过了收获季节，依然等着人收割而无人触碰……人类居住地变成了野兽的避难所。"[83]

　　意大利北部的扩散事件与几乎同时出现在高卢的鼠疫复发事件有关。高卢暴发的疫情很严重，袭击了像奥弗涅这样以前未受影响的地区。里昂、布尔日、索恩河畔沙隆和第戎都受到了冲击。

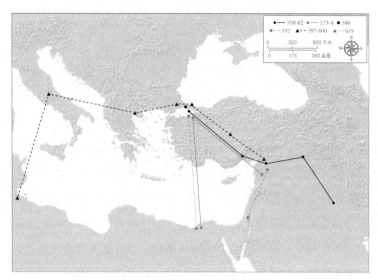

地图 22　公元 550—620 年，东方的瘟疫扩散

这份名单显示出河流网在扩散中的重要性。经常复发的瘟疫可能并没有深入到河流以外的地方。但大规模流行病继续在高卢肆虐。582 年至 584 年，小规模鼠疫袭击了高卢西南部。588 年，一艘停靠在马赛的西班牙船只引发了一场瘟疫。鼠疫像火焰一样燃烧了两个月。它还以闪电般的速度在罗讷河上传播。但是没有迹象表明，这次扩散超出过罗讷河走廊的范围。[84]

　　在 6 世纪的最后十年里，鼠疫在西方暴发过两次。590—591 年发生在罗马的瘟疫将大格列高利（Gregory the Great）推向了教皇宝座而因此闻名。教皇宣称，大多数人都死去了。这不是一次局部事件。鼠疫至少到达了远在纳尔尼的内陆地区，而且通过陆地或海洋还到达了意大利东海岸。这次鼠疫还传播到高卢，罗讷河的运输网又把它抛向内陆的阿维尼翁和维维耶。但自此之后，我们再也没有听到过高卢的疫情。从 6 世纪末开始，高卢将目光转向北方而不是南方。它的重心从地中海转移到了欧洲大陆。在短期内，这种孤立形成了一道生物防波堤。[85]

599—600 年的瘟疫是最后一次来自君士坦丁堡的扩散事件。这场灾难在西方影响深远，袭击了亚得里亚海、北非和包括罗马在内的意大利西海岸地区。教皇格列高利知道，这次鼠疫来自东方。但他想象不到的是，一段安宁的时期就在眼前。至少从我们拥有的零星资料来看，鼠疫自此在西方逐渐缓和。一份来自科尔多瓦的拉丁文墓志铭写于 609 年，纪念 7 世纪初一名鼠疫受害者。这份孤单的证据提醒我们，还有许多事情尚不明了。同时它也提出了伊比利亚存在鼠疫疫源地的可能性。来自托莱多的一份 7 世纪的基督教布道手册也表明情况如此。其中四条现成的训诫试图解决腺鼠疫造成的道德困境。从 6 世纪末开始，当鼠疫在西方再次抬头时，伊比利亚半岛总是包括在内。西班牙是西方唯一一个经常出现鼠疫，却没有明显海外来源的地区。[86]

如果鼠疫在伊比利亚半岛找到了一个地方性动物储存宿主的话，那么对于 664—666 年和 684—687 年发生在不列颠群岛的两次鼠疫来说，伊比利亚半岛就是合理的中转点。查士丁尼时代的第一波鼠疫延伸到大西洋，但在这之后，我们缺乏腺鼠疫曾经跨越英吉利海峡的确凿证据。考古学家注意到，大鼠骸骨的数量在经过罗马时代的高峰之后，在 6 至 7 世纪的遗址中几乎消失了。这种缺失很有意义。根据英国的考古实践标准，我们能从证据的缺失中得出大鼠种群消亡的推论。在这里和其他地方，共生的老鼠种群数量恢复得很缓慢，因此阻碍了腺鼠疫在第一次来袭之后的传播进展。当鼠疫于 664 年左右终于回到不列颠时，首先出现在肯特郡，因此它的源头很有可能是伊比利亚半岛。我们在考古和文献证据中发现，中世纪早期的大西洋贸易区将英格兰和欧洲大陆联系在一起。病菌或许是这种交流为中世纪世界的西方边缘带来的意外后果。[87]

表格 6.6　西方的瘟疫扩散（年份）

意大利	高卢	伊比利亚	不列颠
543	543	543	543
571	571		
	582—584		
	588		
590	590		
599			
		609	
			664—666
680			
			684—687
		693	
		707—709	
745			

　　我们可以合理地认为，整个第一次鼠疫可以看成是叙利亚历史上的大事件。从第一次到最后一次，叙利亚在两个世纪中一直是鼠疫肆虐的热点地区。在叙利亚寻找瘟疫的风险在于，我们这就像在路灯下寻找钥匙的醉汉——只因为这里有亮光 *。叙利亚的编年史传统为我们提供了丰富的材料。但君士坦丁堡的年鉴同样不间断地记录了首都的重大事件。因此，鼠疫在黎凡特的突出表

---

* 意思是说，不管东西丢在哪里，只愿意在看得见的地方寻找。

现并不是一种海市蜃楼。在这几个世纪里，叙利亚赢得了瘟疫贮藏地的名声。我们从铭文证据中得到了额外的证实。这里的生态环境也提供了合理的背景。叙利亚北部不断成为扩散事件的发源地。基督教定居点散布在从奥龙特斯河谷到上美索不达米亚的平

表格 6.7 东方的瘟疫扩散

埃及	巴勒斯坦	叙利亚	美索不达米亚
543	543	543	543
		561—562	561—562
573—574		573—574	
	592	592	
		599—600	
	626—628		626—628
	638—639	638—639	638—639
			670—671
672—673	672—673		672—673
		687—689	687—689
689—690			
		698—700	698—700
		704—776	704—706
		713	
714—715			
		718—719	718—719
		725—726	725—726
		729	
732—735	732—735	732—735	732—735
743—749	743—749	743—749	743—749

原和山坡上。鼠疫细菌通常就寄生在半干旱地区的高海拔啮齿动物身上。尼克海特·瓦尔利克（Nükhet Varlik）对奥斯曼世界出现的黑死病做出了有启发性的研究，他向我们展示了鼠疫如何集中在这些地区的啮齿动物种群中。在第一次鼠疫期间，安纳托利亚东部的干旱高地很有可能就是鼠疫潜伏的危险核心区。[88]

瘟疫可能很快就在东方找到了藏身之处。561—562 年的第一次复发袭击了奇里乞亚、叙利亚、美索不达米亚和波斯。目前尚不清楚，这次扩散是 558 年君士坦丁堡瘟疫的连带反应，还是一个独立事件。一份编年史记录了奇里乞亚惨重的死亡率。这次疫情可能起源于托罗斯山脉。可以肯定的是，592 年出现在东方的那次扩散与首都的疫情无关。599—600 年的重大死亡事件同时席卷了多个地区。但此后，黎凡特瘟疫区和拜占庭帝国彼此脱离。鼠疫在叙利亚反复暴发，而且经常蔓延到巴勒斯坦和美索不达米亚地区。伊斯兰早期资料中记载了两次扩散事件，分别是 626—628 年的"希拉维（Shirawayh）瘟疫"和 638—639 年的"阿姆瓦斯（Amwas）瘟疫"。后者实际上是穆斯林与腺鼠疫的第一次接触。在经历了大约一代人的间歇之后，鼠疫再次出现在叙利亚和美索不达米亚地区，而且变得更加频繁，直到大瘟疫结束。[89]

一些复发的疫情很严重：592 年的铭文写到，全世界死去了三分之一的人。其他一些疫情可能更有限，也更局部化。黎凡特地区和其他地区的交通连接很好，也是古代晚期政治和文化边界上的能量区，盘踞在伊斯兰世界中心地带附近的鼠疫，显然会因为这些因素而造成更大影响。单是鼠疫暴发的频率，可能就足以使后期疫情的严重程度相形失色。啮齿动物数量的恢复可能是部

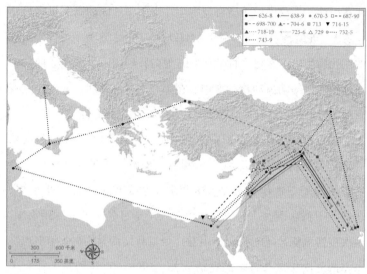

地图 23　公元 620—750 年，东方的瘟疫扩散

分的和不均衡的。但是，鼠疫的现实是倭马亚王朝兴衰的一个活
跃背景。[90]

　　第一次大规模鼠疫的终曲非常惨烈。最后一次扩散事件发生
在 740 年，其地理范围是第一波暴发以来最广泛的一次。它始于
阿拉伯王国，然后向南蔓延。但是，到达伊弗里基叶（Ifriqiya）*
后，瘟疫开始跳向北方，大概是通过航行于迦太基、西西里岛和
意大利之间的运奴船传播的，那里曾经是罗马人谷物船队航行的
地方。凶险的鼠疫时隔 65 年又一次来到罗马。从那里，瘟疫又沿
着地中海北岸窜向东方，于 747 年抵达君士坦丁堡。死去的人又
一次多到无法被全部掩埋。皇帝不得不采取强迫移民的办法来补
充城市人口。[91]

---

* 中世纪地区名称，包括现今的突尼斯、的黎波里塔尼亚（利比亚西北部）和阿尔及
利亚东部，整个地区曾经属于罗马帝国的北非行省。

　　最后一次大规模流行的地理范围遵循了一个新的中世纪地中海世界的轮廓。我们可以用病菌的旅程来衡量一下，这个世界自查士丁尼时代以来已经有了多大的变化。8世纪中叶的时候，中世纪复苏开始了。在西方，以卡洛林王朝历任国王为中心，一种全新的秩序开始出现，他们建立起一个新帝国——信仰基督教，名义上是罗马帝国，然而起源和特征则完全属于欧洲。东地中海和西地中海之间重新出现了一种奇怪且不稳定的联系。生物学历史并不总和人类历史相符合。但是这一次，第一次鼠疫在740年的大暴发中完美谢幕，却具有一种象征意义。这场瘟疫注定不会成为新的中世纪地中海的一部分。它消失了几百年，静静地待在遥远的中亚山区。[92]

　　541年来到罗马帝国，并且在两个世纪中造成了巨大破坏的鼠疫杆菌分支在进化上走进了一条死胡同。查士丁尼瘟疫的病原体是该物种一个已经灭绝的分支。它的消失和它的出现一样神秘，或许更加难以捉摸。啮齿动物种群的隐性动态，以及气候变化的支配力量，导致了鼠疫的消退。也许很重要的一点是，当第一次鼠疫结束的时候，晚古小冰期正让位于中世纪盛期的温暖时代，不过我们并不了解这之间到底有怎样的关联。鼠疫的第一个时代像它开始时一样突然而出人意料地结束了。[93]

走向世界末日

　　我们很难充分理解如此重大的生物事件。鼠疫杆菌的兴起是人类历史上一个具有里程碑意义的事件。人类或许从来没有面对

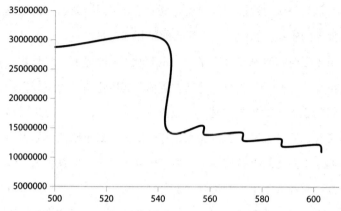

图 6.6 东罗马人口的概念模型，约公元 500—600 年

过如此致命和狡诈的敌人。相对来说，将整个中世纪夹在中间的两次大规模鼠疫，是历史上最严重的生物灾难。最初的浪潮在眨眼之间就扭转了两百年的人口增长趋势。接着，持续两个世纪的反复暴发，扼杀了复苏的希望。举例来说，假设第一波疫情之前的正常年增长率为 0.1%、东罗马 3000 万人口的总死亡率为 50%，并且，结合之后较快的恢复率（每年 0.2%）和较小规模的后续事件（每 15 年 10% 的死亡率，大约是君士坦丁堡在瘟疫期间的情况），那么，后续的扩散事件足以使人口维持在较低的水平。就好像空气突然变得沉重，压迫着人类社会在无形的重量下折腰。[94]

　　然而，任性的大自然并不满足于召唤出一种最致命的病菌。虽然鼠疫的冲击使查士丁尼重新统一旧帝国的梦想陷入困境和颓败，但罗马帝国消亡的最后阶段并不仅仅代表着病菌的胜利。我们无法脱离气候史来单独衡量鼠疫的影响。一个不友好的新气候格局，也在同样程度上决定了罗马帝国的覆灭，这个新的气候阶段现在越来越普遍地被称为"晚古小冰期"（Late Antique Little

Ice Age）。瘟疫和气候变化结合在一起，耗尽了帝国的气力。无尽的悲伤和恐惧让幸存者感到，时间本身已经快要走到尽头。"世界末日不再只是预言中的故事，它正在慢慢现身。"[95]

第七章

审判日

大格列高利的世界

　　罗马教皇大格列高利是在查士丁尼打造的世界里长大的。他出生在饱受战争摧残的罗马，就在这座城市被贝利撒留的军队夺回之后不久。鼠疫很快到来了。尽管格列高利的罗马在后来几代人的时间里一直被疾病和战争所折磨，但至少在他成长的岁月里，古老的首都还没有变得面目全非。这里仍然是帝国属地，格列高利也是一个帝国子民。他是古老贵族血统的后裔，是古罗马贵族最后的面孔之一。他仍能自信地穿行在帝国控制的地中海。他的家族地产散布在西西里岛繁荣的土地上。他在非洲的资产提供了一种后备力量。格列高利曾在君士坦丁堡待了七年，担任教皇的外交使节。他的职责是赢得皇帝莫里斯（Maurice）的军事援助。虽然这项任务失败了，但他文雅、虔诚的举止给东部首都的女士们留下了深刻印象，同时，他也获得了一种对现实地缘政治的强烈感知，这在他自己的教皇任期内给了他莫大帮助。他还成了皇帝儿子的教父。格列高利一个垂死的血脉的最后一代，但却是个了不起的代表。[1]

　　格列高利经常被看作是守卫着古代和中世纪边界的哨兵。在他的一生中，古代世界最明显的特征逐渐消失。罗马元老院骄傲

图 7.1　纽伦堡编年史：大格列高利（15 世纪图印，俄克拉何马大学科学史收藏）

地存在了一千多年，格列高利眼见这个组织悄然无息地消融了。在他的时代，元老院已经成为一种幻肢*。我们是从格列高利的信件中了解到这一点的，我们还可以从这些信件中看出，他曾试图通过自己的努力来维持某种表面上的公共秩序。他的职业生涯塑造了中世纪教皇制，但他并不是有意识地这么做的。格列高利本人不会有这样的想法。他一切行为的精神框架属于罗马帝国——"神圣的共和体"（sacred republic）。最重要的是，格列高利坚信，时间本身正在走向终结。[2]

　　格列高利的末世论是把他的思想和事业串联起来的主线。如果我们想要了解他眼中的世界，就必须理解，他确信世界正在走向末日。这种情感源自他对周遭自然环境的直接反馈。大自然正

———————

* 幻肢感，在医学上指截肢者感到被截的肢体依然存在的感觉。

在经历垂死前的痛苦挣扎。格列高利的教皇任期始于一次极端的自然危机。589 年末，暴雨淹没了意大利。阿迪杰河暴发洪水。台伯河也溢出堤岸，比罗马城墙还要高。城市里大片地区没入水下。教堂倒塌，教皇的粮仓被毁。没有人见过如此势不可挡的洪水。590 年初，鼠疫尾随而至。这次鼠疫来自东方，并带走了教皇贝拉基二世（Pope Pelagius II）。城市将目光转向了格列高利。在激荡的自然灾害背景下，格列高利登上了圣彼得的宝座。[3]

刚开始出现的鼠疫引发了一种充满活力的礼拜行为。格列高利组织了精心策划的游行仪式——悲恸的祈祷者在街上游行，称为"祈祷仪式"（rogation）——以抑制瘟疫肆虐。即使这些仪式真的起了作用，也只是得到短暂的缓解。599 年，来自东方的瘟疫再次席卷西方。"鼠疫带给我们的痛苦从未间断。"疲惫的主教无法阻止这个时代冲向其终点。"我渴望找到制止死亡的方法。如此多的发热疾病攻击着这座城市的神职人员和市民，几乎没有什么自由人或奴隶还能留下来从事任何工作或服务。死亡在邻近城镇里造成毁灭，每天都有消息传到我们这里……东方来的人描述的景象更加悲惨。随着世界末日的临近，通过所有这些事情，你知道苦难是普遍存在的。"[4]

物理环境残酷而反复无常的暴力，助长了格列高利的末世论。格列高利感觉到，"大气中有新奇的东西，天空中有恐怖的东西，暴风雨脱离了原有的季节秩序……"我们要小心，不要把这些当作随意的胡言乱语。从我们俯视的角度，很容易漠视一个古代教士的幼稚轻信，将他的焦虑视为不值一提。有人认为，瘟疫、地震和暴风雨在古代地中海世界毕竟一直都存在。但是，自然档案敦促我们要停下来，以更多同情心来审视这些恐惧。查士丁尼瘟疫是到当时为止人类历史上最大的死亡事件。事实上，这一时期被各种异常剧烈的地震所撼动。而且，晚古小冰期对罗马帝国的政治工程造成的负面影响，就像气候最优期曾为教皇遥远的祖先带来的有利条件一样重大。格列高利的一生经历了全新世晚期最严重的气候恶化。[5]

晚古小冰期跨越了古代和中世纪伊始的分界线。它属于最严重的环境事件。它的起源远远超出人类作用的范畴，但对人类的影响却是巨大的，并且与第一次大规模鼠疫造成的后果是分不开的。气候变化和疾病一起，破坏了罗马帝国残余的秩序。最主要的是人口影响。格列高利时代的罗马可能只有 1 到 2 万人蜷缩在城墙内，这些人勉强只够填满大竞技场中的一角。在旧罗马世界大部分地区，古老的定居点枯萎殆尽。国家新陈代谢的能量被剥夺，开始了痛苦的萎缩。

从贝利撒留夺取罗马，到帝国军队在伊斯兰教的闪电征服下撤退，过去了整整 100 年。在那段时间里，罗马政府尽其所能对抗着势不可挡的压力。它不肯就这样静静地落入深渊。我们努力去理解击败了生活在古代晚期混乱世界中的人的时代潮流，但这么做并不是在贬低人类的能动性。事实上，通过试图理解人们为什么相信自己生活在时间的边缘，我们会对他们的经历更加尊重。因为，这种末世论的心态非但没有让这最后几代人消极地面对一系列事件，反而激发了他们最惊人和最持久的行动。对厄运的感知没有成为套在脖子上的枷锁，而是更像一幅隐藏的地图，在混乱时代为他们的行动提供方向。这是历史上第一次，末日情绪渗透到一个庞大而复杂的社会中。不止格列高利一个人感知到了即将到来的尽头。末日的基调跨越了传统、语言和政治的边界。如果仔细聆听，我们可以把古代晚期世界中看似不相干的部分更紧密地联系在一起，同时，我们也在为古代最后一幕场景恢复一些生气。[6]

罗马帝国的每一次重大环境动荡都引起了不可预知的精神回响。安东尼瘟疫使人们的想象力转向古老而日益普遍的阿波罗崇拜。西普里安瘟疫动摇了古代民间多神论的基础，使基督教得以出现在公众面前。6 至 7 世纪，鼠疫和气候恶化的连锁反应催生了一个末世论的时代，范围覆盖基督教、犹太教，以及古代晚期最后的遗产——伊斯兰教。环境灾难、政治解体和宗教动乱同时发生，敲定了罗马灭亡的最终过程。7 世纪时，帝国最重要的残余部分被一股外围势力吞并，这股崛起的力量既不完全来自古典地中海势力范围之内，也不完全来自其外。无论从物质上还是精神上来说，如果没有自然环境的剧变，伊斯兰教的崛起是不可想象的。

这是世界的末日。

冰河时代降临

在 6 世纪的智识生活中，两种古老的相互对立的关于大自然的看法重新开始尖锐对抗。一种观念认为，自然是秩序和规律的典范。它永恒的完美是道德理性的源泉，人类所能做的最好的事情，就是与宇宙和谐共处。新柏拉图哲学给这种仁慈的观点建立一种复杂的形而上学，在帝国官僚阶层中，它成了一种实用的意识形态。他们管理下的帝国是有序宇宙的一面镜子。与之截然相反的观点认为，物质世界是变迁、变化和暴力的源泉。查士丁尼皇帝是这种观点最坚定的信徒。在他眼里，大自然是敌对的，其利爪和牙齿上沾满鲜血。这不是一场空泛的争论，而是一场关于如何统治帝国的辩论：使用理性还是意志，遵循传统还是进行改革。自然环境及其躁动不安的扰动迹象让两种人生观的对立显得尤为紧迫。[7]

在查士丁尼时代，自然动荡创造了全新世的一段气候历史，现在被称为"晚古小冰期"。这是一个戏剧性融合的产物。在晚古小冰期，气候在多个时间维度上同时发生变化，形成了过去几千年中气候历史上最特殊的一个阶段。[8]

全新世晚期是一段降温时期。从全新世早期的多次温暖峰期到近期人为因素造成的变暖，轨道力学的巨大影响给地球带来了一段以千年为尺度的渐进冷却期。但是，在冷却地球的过程中，气候发生了周期性摇摆，长尺度的下滑被罗马气候最优期这样的温暖阶段所暂停或逆转。全新世也曾被骤然的寒冷所打断，比如以 17 世纪为中心的著名小冰期。当驱使全新世走向其深层命运的力量积聚起足够动力时，就出现了晚古小冰期这样的寒冷插曲。如果说，罗马气候最优期是对全新世中期的回顾，那么晚古小冰期就是下一次冰河期的预热。

罗马气候最优期在公元 150 年前后接近尾声，随之而来的是三个世纪的动荡和混乱。大约从 300 年到 450 年，最显著的气候特征是北大西洋涛动指数为正。我们在中低纬度地区看到了明显的干旱迹象，在从西班牙到中亚的地区形成一条干旱带。从 5 世纪 50 年代开始，这种一致性被打破，全球气候格局出现了重组迹象。最值得注意的是，北大西洋涛动指数发生了翻转。从 5 世纪下半叶开始，它一直呈现出负相，将冬季风暴轨迹推向南方。在西西里，一个更为湿润的时代从 450 年左右开始。在安纳托利亚大部分地区，从干旱到湿润的转变明显而迅速。这时候，划时代的寒冷期还没有表露出即将到来的迹象，但重要的一点是，在重大事件发生之前，气候就已经处于变迁的过程中。我们可以将 450—530 年这段时间看作是晚古小冰期的前奏。[9]

随后，各种行星事件取代了微妙的气候变化。我们很早就从古代记载中得知，天空中出现了奇怪的扰动。536 年是个"无夏之年"，这使当时全世界的人感到敬畏。普罗柯比描述了太阳变暗的"可怕预兆"，当时他正在意大利参加贝利撒留的战役。"整整一年，太阳像月亮一样发出微弱的光芒，看起来就像日蚀，它发射出的光束不像平常那样明亮。从这件事发生的那一刻起，战争、瘟疫，以及任何可以给人类带来死亡的事情就从未停止过。"以弗所的约翰在东方也给出了同样的证词。"日头变暗了，它在黑暗中一待就是一年半，也就是十八个月。虽然（每天）有两三个小时可以看到它周围的光线，但却像生了病一样虚弱，水果无法完全成熟。所有的葡萄酒都是生葡萄的味道。"另一份精确的年表将不祥的扰动与教皇阿加佩图斯（Agapetus，格列高利的一位祖先）到访君士坦丁堡联系在一起，他于 536 年 3 月 24 日抵达，537 年 6 月 24 日离开。[10]

在任何情况下，太阳的消失都是一个令人不安的征兆；而且，它还碰巧触及了君士坦丁堡当时最敏感的一些意识形态分歧。对于像吕底亚人约翰（John Lydus）这样心怀不满的职业官僚来说，这不仅仅是一种奇怪的反常现象。这是他世界观里一个潜在的裂隙。在他的专著《论预兆》（On Portents）中，他勇敢地尝试作出自然主义的解释。他把太阳的异常现象归因于大气中可控的物理原因。"太阳变得昏暗，是因为上升的湿度让空气变得厚重——就像不久前发生在第十四次财政征税 * 期间（535—536）的情况一样，当时持续了将近一整年。"这是一种挽救脸面和拯救大自然的规律性的还说得过去的尝试。[11]

最详细的一份来自"无夏之年"的报告出自一位名叫卡西奥多鲁斯（Cassiodorus）的意大利政治家之手。他的公共信件文集叫作《变化》（Variae），这份记录就保存在其中最后几封信中。536 年，卡西奥多鲁斯正在东哥特国王手下担任意大利地区的禁卫军长官。最重要的是，他在汇编《变化》时，已经来到了君士坦丁堡。得益于沙恩·比约恩利（Shane Bjornle）的一项敏锐研究，我们得知，《变化》绝不是卡西奥多鲁斯在行政部门任职期间的一份中立记录。实际上，它们组成了一份微妙的争论性文件，旨在给查士丁尼政权中像吕底亚人约翰或普罗柯比这样博学的异见者留下深刻的印象。君士坦丁堡的官僚群体往往偏向新柏拉图主义，对他们来说，宇宙是永恒完美的代表和道德秩序的源泉，而查士丁尼则是个可怕的宗教狂热分子，刚刚用屠杀的方式在一场未遂的政变中幸存下来。卡西奥多鲁斯非常理解这种感知，他对昏暗太阳的精心雕琢记述其实是首都紧张政治对话的一部分。[12]

卡西奥多鲁斯写道，"每一件事都有其原因，世界上也不存在偶然事件。"主动背离传统已经足够痛苦了。"当国王们改变既定习俗时，人们会感到焦虑（可以说是折磨）。"我们应该能

---

* Indiction，即定额征税法，是罗马皇帝制定的以 15 年为周期征收定额财政税的制度。

够想象，查士丁尼是这些尖刻言论的真正目标。"但是，当黑暗的、违背习俗的事情似乎来自星辰时，又有谁能不被惊扰、不满怀宗教的恐惧呢？我问你，看到太阳失去它平日的光亮，凝视着满月——夜晚之辉耀——却看不到它自然的光彩，是多么奇怪的事？我们看着像海一样蓝的太阳。我们感到惊奇，因为正午时的身体没有影子，最炽烈的热力变成了极度温和的虚弱。这不是短暂的日食，而至少持续了一整年的日食……我们度过了一个没有风暴的冬天，没有温暖的春天，没有炎热的夏天。"

随之而来的是意大利的农作物歉收。不过，卡西奥多鲁斯作为禁卫军长官，审慎地命令手下用去年的丰收来缓解今年的短缺。在信中，他接着又回到了关于太阳消失的哲学问题，在一段很长的附证中，他给出了一个纯粹的科学解释：寒冷的冬天产生了挥之不去的稠密空气，填满地球和天空之间的巨大空间，遮蔽了太阳。"那些迷茫大众眼中神秘的东西，对你来说应该是有理可循的。"[13]

这是一种精湛的修辞表演，展现了一个在面对大自然的可以预见的多样性时依然保持睿智的态度，并进行稳健管理的保守形象，同时夹杂着对查士丁尼的微妙批判。这些言辞的争论性质更加突出了这一证词的价值，它向我们表明，昏暗的太阳让当时的人们深感不安。无夏之年波及了全世界。爱尔兰的年鉴中出现饥荒。中国编年史也记载，夜空中第二亮的"老人星"消失了，山东在 7 月份出现降雪——这里和西西里处于同一纬度。整个地球都受到了这一事件的影响。[14]

这一系列令人印象深刻的证词一直隐藏在人们视线之外，直到 1983 年才被发现。美国宇航局的两位科学家将注意力转向了"无夏之年"，他们将文字资料与火山活动留在冰芯中的物理证据联系起来。他们的直觉指向了正确的方向。但是，书面证据并不能证明火山爆发就是事件的起因，而且，冰芯断代结果中微小但让人困扰的矛盾使人们很难得出确切的结论。冰芯本身不带有时间标记，因此，校准冰层年代是一种了不起的成就。在不确定的情况下，包括小行星撞击在内的其他理论，人们也在探讨中。由于自然证据无法提供确切结论，第一份关于书面资料的详细分析终于在 2005 年问世，并且提出了一个相当简洁的假设：原因可能是局部的火山爆发。这时候，问题仍待解决。[15]

　　关键性的突破来自树木年代学家迈克尔·贝利（Michael Baillie），他坚持认为，根据树木年轮提供的证据，冰芯断代的结果需要重新校准。持续积累的新冰芯和不断完善的记录最终证明他是正确的，古气候研究界从物理记录中得出了非常出色的校正结果。现在，关于这些让同时代人惊恐异常的事件的时间和规模几乎不存在质疑：一连串的火山爆发可以与全新世的任何事件相提并论。6 世纪 30 年代和 40 年代是一个猛烈的火山爆发时期，在整个全新世晚期也是无与伦比的。[16]

　　536 年初，北半球发生了一次大规模火山喷发，大量硫酸盐浮质被喷射到平流层。目前还不清楚具体是哪一座火山，但是到了 3 月底，其影响已经在君士坦丁堡显现出来。陨石撞击造成额外混乱的可能性依然存在。但物理证据已经阐明，在 539 或 540 年发生了第二次更具灾难性的爆发。第二次喷发发生在热带地区，却在两极都留下了痕迹。在四年时间里，地球曾两次向平流层喷射出大量硫酸盐，阻挡了太阳能的吸收。[17]

　　如果只有来自冰芯的证据，我们只会看到一系列令人印象深刻的火山爆发。但树木却揭示了这些事件真正的戏剧性后果。从整个北半球来看，536 年是过去两千年中最冷的一年。欧洲各地的夏季平均气温立刻下降了 2.5 摄氏度（最高），这实际上是非常惊人的数字。539 年至 540 年的爆发过后，全球气温骤降。在欧洲，各地的夏季平均气温又一次下跌了最多 2.7 摄氏度。从全球的物理指示剂中可以看出，6 世纪 30 至 40 年代是个严酷的寒冷时代。而 536 年至 545 年是过去两千年中最冷的十年，比小冰期最寒冷的时候还要冷。事实上，其严重程度超出了人们对火山喷发的预期。气候背景条件或是集中喷发产生的协同效应通过某种方式，使这一连串火山爆发的总体影响甚至超过了它们单纯的相加总和。晚古小冰期已经到来。[18]

这些事件并没有立即造成摧枯拉朽的后果。虽然粮食歉收，但幸运的是，前一年的收成很充裕，地中海社会固有的恢复力也使他们免遭即时饥荒。如果说这种剧烈的气候异常产生了任何直接影响，那就是在火山活动频发后的几年里触发鼠疫杆菌扩散的潜在生态因素。目前还不清楚，寒冷是否在中亚引发了人类迁徙：与气温异常相比，干旱是更严重的问题。总而言之，6 世纪 30 年代和 40 年代的寒冷岁月并没有引发罗马世界的社会崩溃或政府失败。在帝国秩序已经被大规模战争所拖累的情况下，这些严酷的年份又悄悄施加了更多压力，使帝国很快成了鼠疫杆菌的受害者。

6 世纪 30 年代和 40 年代的骤冷可能很剧烈，但却是短暂的。不过，火山活动与一段时间更长、幅度更大的太阳输出下降期相重叠。太阳非常不稳定的动态输出水平下降。公元 500 年左右，太阳活动达到一个适度的峰值，随后急剧下降，在 7 世纪末期跌

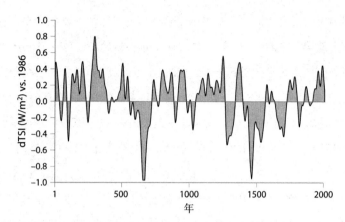

图 7.2 太阳辐射总量的变化，以 1986 年为基准（数据来源：Steinhilber et al. 2009）

到谷底。铍同位素不受火山活动影响，因此可以准确测量太阳的能量输出。它告诉我们，就在火山向平流层输出大量反射浮质的同一时刻，太阳射向地球的热量开始减少。[19]

　　太阳输出水平的下降与火山喷发相比，属于更深层次的变化，影响也更持久。以 7 世纪末期为中心的太阳极小期，是近两千年来最大的一次太阳能骤降。它甚至比 17 世纪著名的蒙德极小期（Maunder minimum）还要低。一份与这段寒冷时期相吻合的证据来自阿尔卑斯山脉的冰川。在这段时间里，冰川沿山谷向下俯冲。在 7 世纪上半叶，阿尔卑斯山的冰川范围达到了公元第一千纪的最大值。这股寒流不是一次瞬间的冲击，由于太阳输出呈现递减，因此它是古代世界最后一幕的长期背景。自然变化、火山活动和弱化的太阳辐射结合在一起，使晚古小冰期成了全新世气候的一个独特阶段。[20]

　　最冷的时期持续了一个半世纪，从 6 世纪 30 年代中期一直持续到 7 世纪 80 年代。但即使是晚古小冰期这样一个显著的全球性气候现象，表现在各个地区的影响也是不同的。虽然温度变化在空间上往往是一致的——几乎所有地方的温度都有下降——但湿度却对区域性或地方性气候机制更为敏感。在发生火山爆发和日晒减弱之前，北大西洋涛动的指数就已经开始向负相转变，并且在晚古小冰期最寒冷的时候仍在继续，甚至可能变得更加突出。整个欧洲南部的风暴路径向南转移。在晚古小冰期，较冷的全球气温与较低的北大西洋气压梯度相互重叠，在整个北半球造成了错综复杂的结果。[21]

关于这一点，人类资料和自然档案得到了相互印证。大格列高利关于气候的记述这时候变得更加具体。在西西里岛，西方残存的土地持有阶级还维持着拥有跨区域地产的习惯，在这一时期，这里出现了农业繁荣。充沛的雨水为罗马社会最后一批显贵带来了小麦经济的再次繁荣。但与此同时，气候机制也有带来过量水分的危险。6 世纪时意大利频繁的洪水就是一个迹象。589 年，定期引导着地中海地区降水量的气候机制突然激化，使意大利许多地区发生了毁灭性的冬季洪水。[22]

在安纳托利亚这块生态非常多样化的次大陆，晚古小冰期的各种大小变化留下的痕迹随处可见。公元 300—450 年左右，北大西洋涛动正指数给大多数地区带来了干旱。但是在 5 世纪，过去的干旱光景消失了。冬天变得更寒冷，高地上的雪也更厚重。从整个安纳托利亚到美索不达米亚北部地区，洪水成了人们主要关切的问题。查士丁尼重新修补了从比提尼亚西部平原到托罗斯山脉东部丘陵地带的水利设施。洪水毁坏了像埃德萨和达拉这样的地方。奇里乞亚的塔尔苏斯是圣保罗的出生地，这里也被融化的冰雪和春雨淹没。塔尔苏斯河"彻底摧毁了所有郊区……然后咆哮着冲向这座城市，冲毁较小的桥梁，淹没所有市场和街道，漫进房屋，甚至是上面的楼层，造成了巨大破坏"。安纳托利亚的湿润气候对小麦生产来说是一个福音，但霜冻却给敏感的橄榄树造成了麻烦。花粉记录显示，这种典型的地中海植物被迫从所有地方撤退到低地和海岸，后撤的距离是自橄榄树进入地中海地区以来最远的一次。[23]

在南方，晚古小冰期的情况更加模糊不清。整个北非的干旱趋势仍在继续，但年代记录并不精确。我们很难分清自然和人类的作用。在帝国南部，撒哈拉地区的地下水位大幅下降。生活在费赞的加拉曼特人用各种更加迫切的手段从地下取水。罗马人与"摩尔人"之间的冲突从5世纪后期开始不断升级，这或许表明有新的民族从干旱的南方逃向北非更湿润的气候地带。[24]

北非的水分平衡变化可能改变了一些社会的命运。考古学证据表明，在5世纪末到6世纪初出现了一段困难时期，这些动乱的时间点与汪达尔人入侵或是拜占庭战争的时间并不吻合。普罗柯比记录了气候变化在北非的明显累积效应。托勒密位于昔兰尼加，"在古代曾经是一座人口众多而繁华的城市，但随着时间流逝，由于水资源极度匮乏，它变得几乎荒无人烟"。不过，这段文字的目的是歌颂查士丁尼的水利工程，因此我们有理由怀疑他的动机。查东边更远一些的地方，塞普提米乌斯·塞维鲁的家乡大莱普提斯"在古时候规模庞大，人口众多"，现在却被遗弃了，"大部分埋在沙子底下"。不过，查士丁尼在这里重建了一道城墙和几座教堂，这是最值得一提的事情了。即使站在最有利的角度来看，这座城市也没能给人留下从前那样深刻的印象。沙丘已经不可逆转地占领了曾经自豪的文明前哨。[25]

在黎凡特，水的历史被赋予了各种意义。该地区变幻无常的历史在较大程度上源自基础的气候因素。有雨水滋润的定居地和荒芜沙漠之间的边界有着政治意义。古代晚期之所以在该地区的气候历史上占有特殊地位，在很大程度上是因为 7 世纪时巨大的文化重组。叙利亚和巴勒斯坦是古代晚期东方的中心地带。它们是宗教活力和经济动力的无尽源泉。定居农耕是巨大财富的来源，向外拓展的农田比以往任何时候都要广阔。但从某个时候开始，沙漠成了掠夺者。甚至连灌溉式农业也无法挽救叙利亚"死去的村落"和加沙地带曾经富饶的葡萄之乡。这些令人难忘的证据非常有力地表明了发生一些变化，但具体的时间顺序和原因仍然存在争议。[26]

我们可以仔细分析，把问题拆开来看。北纬约 30° 到 40° 之间的南北陡峭的梯度就值得我们特别注意。近东也在这段纬度之间，而且，从赤道向极点的每一段，没有任何其他一段如此意义重大。我们观察到，在古代晚期，安纳托利亚和黎凡特地区的降水情况并非一致，而是呈现出一种反关系。当安纳托利亚干旱的时候，巴勒斯坦是潮湿的（约 300—450/500 年）。当巴勒斯坦开始变干燥时（约 500 年），安纳托利亚却被雨水浸透了。这种差异可能是一种被称为"北海 – 里海模式"（North Sea–Caspian Pattern）的上层大气遥相关所驱动的。在冬天，高层压力差决定了空气如何在东地中海循环。当空气从东北被推向西南时，以色列会相对湿润；当空气被反向推送时，以色列变得干燥，而土耳其则变得湿润。主导气流在古代晚期时可能一直摇摆不定，并在 500 年时发生了改变。无论如何，值得记住的是，地中海东部各个社会的命运并不是拴在一起的。[27]

如果我们继续研究气候证据，并暂时不考虑人类对环境做出的反应，就可以从自然指示剂中看出，在公元500—600年之间的某个时候，黎凡特出现了更干旱的环境。即使人类报告有主观性，我们也不应该排除它提供修正补充的价值。6世纪早期，一位名叫加沙的普罗柯比的作家，描述了在巴勒斯坦的埃洛萨发生的一场炙热干旱。沙土被风吹散，葡萄藤被吹得露出了根；泉水干涸变咸，宙斯也不再送来雨水。皇帝阿纳斯塔修斯（Anastasius，统治期为491—518年）对耶路撒冷的引水渠进行了著名的重要修缮。517年，巴勒斯坦开始了长达四年的干旱。一份叙利亚编年史可能提到了同一场干旱，说它持续了15年，并声称耶路撒冷的西罗亚池（Pool of Siloam，耶稣曾让一个盲人来这里治疗）干涸了。6世纪后期，一位来访的圣徒来到耶路撒冷，发现这里正在经历一场大旱，城市里所有的蓄水池都干涸了。正当巴勒斯坦的故事里充满旱灾的时候，势不可挡的洪水却成了6世纪安纳托利亚文献场景中的背景色，这足以说明一些问题。然而，这个地区缓慢的干燥化似乎并没有使文明进程立即枯萎；更确切地说，人类技巧与自然之间的紧张关系不断积累，直到以后的某一个时刻才被突然释放。[28]

晚古小冰期的到来，让我们以另一种眼光来审视查士丁尼的建筑工程。查士丁尼建造了蓄水池、引水渠、粮仓和运输仓库；他还挪移了河床，重新开垦泛滥平原。这些大量的环境工程并不是单纯出于虚荣的野心。他试图运用国家力量来控制自然的波动（在一个自然剧烈波动的时刻）。查士丁尼"将森林和峡谷连在一起"，还"把海洋和高山系到一起"。但是，即使是在赞扬查士

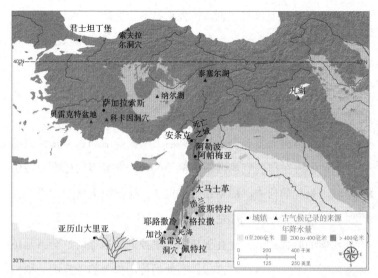

地图 24 晚期罗马的近东

丁尼建筑工程的时候，历史学家普罗柯比也巧妙地将这位皇帝比作古代的波斯君主薛西斯（Xerxes）。这可不算是什么恭维。薛西斯的肆心使他相信，大自然可以像一个温顺的臣民那样，任由自己主宰。查士丁尼很快也会知道，自然不会被轻易征服。[29]

查士丁尼的反对者错误地认为，自然秩序充满了可预见的和谐与规律。而查士丁尼关于自然界充满暴力和不断变化的看法更接近事实。然而，皇帝在智识上取得的胜利，并没有使他的帝国在气候变化的压倒性力量面前变得更加坚固。

最后的轨迹：衰败地带，能量地带

在查士丁尼统治期间的某个时刻，布施者约翰（John the

Almsgiver）出生在塞浦路斯岛。他结过婚，生有"一大堆"孩子。他们都"在花样的年纪"里过早地死去了，于是约翰隐退到宗教生活中。他发现了教会政治的诀窍，因此到606年，他已经成了亚历山大里亚牧首。他将在这个职位上度过一个多事的十年。从他丰富多彩的传记中可以清楚地看到，即使在这样一个古典末期的时代，亚历山大里亚仍然是充满活力的商业活动和文化活力的中心。地中海东部的贸易网络生机勃勃。古典城市的标准配备仍然是城市景观的代表。即使在7世纪初，亚历山大里亚也仍旧在古典世界暗淡的背景下闪耀着它的光芒。[30]

约翰的时代的人们走在亚历山大里亚的街道上时，会感觉仿佛进入了一个时空隧道。这或许是他的传记作者们的意图。他们生活在之后的时代里，但并没有完全抹去在约翰的时代背景中已经出现的微妙变化。在他的生平记述中，我们能明显感觉到教会十分热衷于参与海上贸易。当一场饥荒逼近这座城市时，是约翰缓解了这场危机，他将"教会的两艘快船"派往西西里寻找粮食。（埃及需要进口小麦，就相当于英国的纽卡斯尔需要购买煤炭。）*船长和水手——包括那些受雇于教会的人——在约翰的传记中占据了重要篇幅。教会拥有一支由13艘大型船只组成的舰队，我们能够得知这一细节，是因为他们曾在亚得里亚海的风暴中被迫抛弃船上的重型货物——包括谷物、白银和纺织品。约翰那些著名的施舍行为，至少在某种程度上是由教会大胆的资本主义行为支撑的。[31]

约翰所在的世界就像一个光圈，在黑暗的围拢下越缩越小。

---

* 纽卡斯尔是英国著名的产煤地，也是煤炭运输大港。

亚历山大里亚城和它的舰队可能是罗马领海上古老秩序的最后一个据点。在 7 世纪初，这里仍然能见到从北非、小亚细亚和塞浦路斯运来的陶器。这座城市仍然是地中海商业的中心。然而到了 7 世纪末，这些最后的联系也被切断了，这座城市已经锐减的需求只好依靠埃及内陆供应。在罗马世界坍塌的过程中，约翰亲身经历了其中一个决定性的时刻。当波斯人于 616 年逼近这座城市时，他乘船回到了自己的故乡，那里也是他去世的地方。618 年，由国家出资向君士坦丁堡运输谷物的航线永远停止了。帝国连通性的脊梁就此折断。[32]

历史的变化既不突兀，也不利落。瘟疫和冰期的双重灾难并没有干净地彻底摧毁罗马帝国。它们甚至没有推翻查士丁尼的政权，他一直控制着国家的杠杆，坚持到生命的尽头。但是，恶化的环境削弱了帝国的活力。从长远来看，解体趋势占据了上风。在布施者约翰的一生里，也就是从 6 世纪后半叶到 7 世纪初的头几年，帝国跨越了一个转折点。在面对死亡和气候变化的冲击时，帝国内部的不同地区表现出了各自的节奏。一些地方迅速衰败，而另一些则在一段时间内经受住了变革的风暴。由于帝国系统本身就是一个网络，而且，这个连通的系统内部存在着巨大的生态和经济差异，因此帝国可以利用剩余的能量区域来维持生命。就像一棵高耸的橡树从腐朽的根系中汲取最后一点营养一样，帝国也慢慢地从内部开始坏死，然后，才被来自外部的迅速的一击打倒。

很多时候，真正重要的历史变化也只是沉默的。在战争的喧嚣之下，决定着帝国命运的人口变化的脉搏声被彻底淹没了。难怪研究古典时代的学者要经常求助于考古学，从沉默的证词中找回过去。考古学家的艰苦工作可以追踪把罗马时代地中海联系在一起的贸易网络，还可以揭示出定居点的变化情况以及城市的历程，这些城市的兴衰代表着文明的轨迹。考古学可以从贸易、定居点和城市化留下的痕迹中追踪出复杂的模式，而我们必须要从这些线索中寻找环境变化的影响。在大多数地区，罗马帝国的衰落是一种基本生活环境的深刻转变。我们要在考古记录中寻找的，除了更多复杂的定性指标，还有关于人类和繁荣的原始证据。人们从未从罗马帝国的旧领土上消失，只是生活方式被简化了，也更加本土化。从旧帝国的一端到另一端，这种剧变的迹象出现在城镇衰落和贸易衰退的过程中。[33]

在西方最遥远的角落，急剧衰败最为显著。教皇大格列高利认为最终的审判即将到来，他急切地派遣传教士前往不列颠群岛，让那里的异教徒皈依基督教，然而，这些传教士见到的不列颠早已面目全非。4世纪时点缀着罗马城镇和繁荣农场的地貌景观被粗暴地抹去了。到了5世纪末，"那里没有城镇，没有庄园，也没有硬币"。罗马时代的农民吃饭时，用的是大规模工场业方式生产的餐具；而现在，即便是特权阶级，也回到了使用手工陶器的时代。我们不能低估这种基本的倒退的程度；这相当于我们放弃了冰箱，又回到冰块保鲜的时代。在许多方面，中世纪早期精英的生活方式与罗马帝国晚期的中产阶级相比要差得多。城镇变成了从前的影子。不列颠成了一个落后地带，不过从未被完全从帝国切断联系：格列高利的信件显示，他曾经对一种新兴奴隶贸易做出过反应，这些贸易将西方人带到富裕的东方市场出售。[34]

在伊比利亚半岛，即使在西哥特人的统治下，罗马秩序也没有轻易消退。4世纪的定居地主要是由城镇和贵族建造的庄园组成的，这些贵族的财富来源于商业化农业。而对5至6世纪的考古研究显示出最突出的现象是碎片化，这是异质性的胜利。5世纪时，城镇和乡村里的新建筑减少了，但现有的城镇和庄园仍在运作。半岛上有人口衰退的迹象，在西班牙沿海地区尤为明显。地层中的进口陶瓷逐渐消失。"当政治开始聚焦于内陆中心（先是托莱多，然后是科尔多瓦），并且海运贸易持续衰退时，西班牙地中海沿岸地区从大约550年起被逐渐边缘化。"城镇并没有在一夜之间消失，但从600年左右开始，大部分主要城市进入了最终的衰退期。在西班牙，罗马秩序在5世纪后期和6世纪一步步解体，其后期阶段——约550年至600年——可能由于鼠疫的袭击而突然加速。[35]

在高卢，后罗马世界被一条沿卢瓦尔河的南北分界线一分为二。在北边，罗马秩序迅速消退。旧的制度四分五裂。在5世纪后期和6世纪初，硬币几乎从经济中消失了几代人之久。相比之下，南边的生活仍然围绕着地中海旋转。城市结构延续到了6世纪；虽然没有新的建设，但庄园里仍然有人居住；来自东方的商人和货物还会抵达高卢海岸。随后在6世纪中叶，第一波鼠疫从地中海横扫到大西洋。罗马城市生活的最后一些堡垒（如阿尔勒）完全消失了。马赛还维持着昔日的影子，这是连通性的最后一个前哨基地。反复出现的鼠疫可能影响到了高卢南部，而北方的孤立状态则使它免于遭受后续的暴发的影响。在法兰克人占据的北部，中世纪秩序的种子开始萌发。在这里，一种没有受到鼠疫梦魔纠缠的新文明发展起来。[36]

当贝利撒留的军队踏上收复西方的征途时，意大利的未来仍然是个悬念。城市市场已经萎缩，庄园经济也趋于崩溃。各个城市开始以急缓不一的节奏收缩，教堂变得更加显眼，旧的建筑遗迹被挪作他用，公共空间变成了私人空间；城市里建起防御工事，但通常只围住了旧城的一部分；城镇变得乡村化，动物就在街道上吃草。尽管如此，在公元500年左右，意大利半岛仍然呈现出罗马时代的基本面貌。货币经济还在运行。来自地中海各地的陶瓷制品不仅抵达了旧首都，还出现在整个半岛的各个城镇。围绕着分散的、由庄园和农场构成的低地网格，定居点的层级仍然井然有序。尤其是南方，生活仍在继续。旧的秩序还没有被推翻。[37]

在东哥特人统治的几十年里，意大利度过了一段谨慎乐观的时期。大臣卡西奥多鲁斯的档案显示出人们试图沿着古老路线恢复意大利繁荣。"我们关心的是整个共和国，出于这一点，我们借助上帝的力量，正在努力让所有东西都回到以前的状态。"人们修缮水渠、道路和其他公共基础设施。罗马大竞技场被装饰一新，在6世纪20年代还举办过各种比赛。然而，536年时，东罗马的军队到来了，他们的细菌在543年也随之而来。战争、瘟疫和气候变化的结合具有不可抵挡的力量。6世纪中叶是意大利大部分地区的一个转折点。缓慢的恢复被扼杀在摇篮里。无论在城镇还是乡村，都能见到这种停顿。大部分城镇变得空空荡荡，或是彻底湮灭。在城市的死亡旋涡中，罗马只是个最著名，也最富有戏剧性的例子。普罗柯比声称，这座城市到了547年只剩下500人：这个数字可能并不完全可信，但意思传达到了。罗马大竞技场陷入了沉寂。后来它被教会征用，到大格列高利的时代已经成了一个面包施舍所。6世纪末的时候，古老的石刻铭文的传统做法不声不响地终结了。[38]

6 世纪的气候变化扭转了意大利几个世纪以来的人类辛劳。早熟的城市和整洁的田野曾经深入自然界，小心驾驭着大自然变幻无常的力量。但是，人口的减少和国家能力的衰竭，削弱了文明奇迹赖以生存的控制系统。6 世纪时，一个恶性循环发挥了作用。更严酷的环境条件——更冷、更潮湿的气候阻碍了人口恢复，而人力短缺又使社会在面对自然环境时处于不利的境地。我们在编年史中见到的洪水，与其说是大自然的原始力量，不如说是源于环境压力与社会失效不合时宜的结合。河岸平地被冲毁，港口被淤塞，冲积层覆盖了罗马人耕种的山谷。沼泽和森林在人们耕种了几个世纪的土地上蔓延，野性重新夺回了它的地盘。[39]

即使我们假设查士丁尼瘟疫杀死了一半人口，依旧还有剩下的人散布在这片土地上。但事实是，在帝国的某些地方很难找到人的踪影。人们从意大利的物质记录中奇怪地消失了。"一千年来支撑着高度文明的村庄和农场，似乎大部分都消失了。""在野外勘察甚至是发掘中，很难找到 7 至 8 世纪定居地的任何线索。""大约公元 550 年之后，很难辨认出人的痕迹。"从考古调查中得出人口统计数据，是个众所周知的高风险方法，但有个大胆的学者冒险提出，意大利的人口减少到了罗马时代的一半或四分之一。[40]

意大利发生的状况不只是衰退，而是坍塌和重组。现在除了少数几个拜占庭据点，曾经无处不在的硬币在其他地方全都消失了。从海外进口的普通家居用品先是减少，然后是彻底不见。罗马社会的拱形结构内卷化，只留下一种极端简化的二元对立——富人和穷人。贵族的巨大财富蒸发了，中产阶层无法恢复，而基督教会则意外地发现，在一个不那么繁荣的世界里，自己竟成了最富有的继承者。一种全新的定居逻辑出现在这片土地上，肥沃的低地由于暴露在环境压力和蛮族掠夺者之下被人遗弃，人们退居到山上的村庄里。正如布莱恩·沃德 - 珀金斯（Brian Ward-Perkins）所说，意大利出现了倒退，其技术和物质文化水平之低，自从伊特鲁里亚人到来之日起就没出现过。战争、瘟疫和气候变化共谋，逆转了一千年来的物质进步，将意大利变成了早期中世纪的闭塞地区，这里的重要性更多地来源于圣徒遗骨，而不是其经济或政治实力。[41]

北非夹在急剧衰落的西方和拥有持续活力的东方之间。汪达尔人的征服活动没有造成很长的停滞。在罗马北非的许多地方，4 至 5 世纪是人类定居的高峰期。在东部地区（整个利比亚），这种活力在 5 世纪时就被中断了。罗马文明的壁垒被推倒，新的民族从撒哈拉沙漠进入罗马社会的边缘。但是，在突尼斯的中轴线上，繁荣得以延续。非洲细红陶在地中海世界仍然保持着巨大的市场份额。迦太基是连接富饶的内陆和外部世界的枢纽，其繁荣一直延续到 6 世纪。然而，从 6 世纪后期开始，整个非洲中心地带出现了明显衰退。人们认为，海上商业网络的剥离是阻碍财富流入非洲各行省的原因，但是，在一场痛苦的人口危机中，瘟疫也应该被看作是罪犯之一。在这里，死亡危机和气候变化的冲击，又一次加速了旧制度多方面的 长期的消亡。[42]

我们已经认识到，地中海东部发生变化的时间点是完全不同的。那些与君士坦丁堡保持连通的地区在古代晚期很兴盛。从爱琴海北部到埃及海岸这条沿海弧线上的各个地区，从未如此紧密地联系在一起，或是经历过如此广泛的繁荣。在查士丁尼刚刚接手的帝国中，唯一的坏死组织实际上正是他的家乡多瑙河行省。在不断入侵的打击下，这个北方军事行省在恢复昔日的经济活力时举步维艰。查士丁尼费了很大力气来保护他祖辈的土地，付出了大量金钱。但是，这些昂贵的举措却无法逆转潮流；重建后的城镇最终变成了宏伟的避难城堡，只有在紧急情况时才被乡下人拿来当作巨大的掩体。鼠疫的冲击使这些地区很容易成为斯拉夫人和阿瓦尔人渗透的目标。在 6 世纪的后 50 年里，它们一点一点脱离了罗马人的掌控。[43]

从这里向南，我们在希腊的核心地区遇到了一个快速增长的世界。历史悠久的城市重新繁荣起来，"一直持续到至少公元550 年（在查士丁尼时期达到顶峰）"。许多壮观的教堂在五六世纪拔地而起。农村地区出现了爆炸式的定居热潮。贸易将各种货物从遥远的地方运送到内陆山区。但是到了 6 世纪中叶，这些繁荣景象戛然而止。上升趋势遭遇到猛烈的逆转。位于希腊世界西端的布特林特在约公元 550 年之后表现出急剧衰落的迹象，这里是考古学家最仔细发掘的地中海城市之一。科林斯在公元 600 年之前开始衰落。城市退化与乡村衰败步调一致。马其顿在"查士丁尼统治后期经历了一场彻底而'无声'的革命。从前充满活力的定居系统，现在失去了所有的特征——货币化、等级化，以及经过专业装饰的教堂建筑"。在南方，6 世纪中叶之后的时期被描述为"彻底的荒凉"。事实上，崩溃的状况如此残酷、如此彻底，"让学者们绞尽脑汁，他们想知道所有的人都到哪儿去了"。[44]

希腊的案例具有很大的参考价值，因为希腊的城市和山谷都经过了人们精心排查。在这里，战争损耗和政治更迭都不能成为合理的解释。希腊半岛各处偏远的角落也陷入了衰败。从一个遗址到另一个遗址，6 世纪中叶的拐点非常一致。人们可能会发现一些稀疏的居住痕迹，而且可以肯定的是，人类仍然在某种程度上占据着土地，一直延续到中世纪早期，只是在地层中留下的痕迹比以前更少。甚至直到 7 世纪初，人们还能发现海外陶瓷的痕迹。但这只能表明，人口崩陷发生在商业线路消失之前。这里的原因比其他地方更加孤立清晰。瘟疫和气候变化在 6 世纪中叶引发了一场同步的动荡。[45]

安纳托利亚的转折点同样出现在 6 世纪。在这里，罗马晚期的几百年是个快速发展和人口增长的时期。在许多地区，定居情况在 5 世纪或 6 世纪初期达到顶峰。一串面朝爱琴海的城市形成了晚期帝国城市化程度最高的走廊之一。就在 6 世纪中叶，这种势头突然停止了。各处共生的城镇 – 腹地系统同时衰落。在萨加拉索斯遗址，城市和附近的乡村都被仔细勘察过，结果显示，这里的破裂非常严重。"很可能由于反复的瘟疫，萨加拉索斯似乎变成了一座完全不同的城市。"在这里，一个紧密的结构突然松散了。[46]

在安纳托利亚一些地方，实际上有两次关键的变动，分别发生在 550 年和 620 年左右。在第一次变动中，尽管发展停滞不前，但定居体系并没有被推翻。在反复出现的鼠疫面前，幸存者仍然努力维持着古老的生活方式。潮湿和寒冷的环境使耕地减少，而且大多数土地上栽培的都是单一作物。几辈人在明显退化的条件下艰难前行，直到波斯的突然入侵给这个摇摇欲坠的社会最后的致命一击。到 7 世纪中叶，大部分人造的地貌特征已经被抹杀得难以辨认。古典文明的中心地带之一回退到原始、破碎的状态，在过去一千多年的时间里，人们从未见过这般景象。[47]

在危机时代，埃及的命运像一个谜。尼罗河流域独特的生态环境总是左右着埃及的事态。我们在普罗柯比的一段描述中，透过一幅微缩画面捕捉到了变化的动态。就在鼠疫第一次出现几年后，尼罗河洪水涨到十八肘尺高*，在正常情况下，这意味着天赐的水源和肥沃的淤泥。尼罗河上游一切正常。但是下游却发生了意想不到的变化。"至于下游的乡村，当河水淹没地面之后，并没有退去，而是保持着这样的状态直到播种期结束，这样的事情从来没发生过。"这样的过度泛滥只能被归结为自然和人为因素的结合。尼罗河流域是古代世界里人类工程最密集的生态区。每年洪水泛滥的时候，神圣的河水会被分流到巨大的运河网中，用以灌溉土地。错综相连的堤坝、运河、水泵和水轮，是人类创造力和辛勤劳动谱写的巨幅交响曲。上游地区的人力资源突然消失，使水利网络陷入了失修状态。河谷中的导流被中断，于是，位于肥沃三角洲的下游居民不堪重负。值得注意的是，中世纪的黑死病过后，几乎一模一样的事情又重演了一次。[48]

埃及的经济依赖于庞大的水资源管理机制。技术的动态和其所有权可能在查士丁尼瘟疫过后的尼罗河流域起到了沉默但关键的作用。用普罗柯比的话说，"如今，尼罗河泛滥变成了巨大不幸的缘由"。更糟糕的是，埃及依赖于商品经济。埃及人过度专注于小麦生产。在6世纪后期，随着国内外人口减少，小麦价格急转直下。供应远远大于需求。租金水平停滞不前。工资最多也只有些许增长。就像黑死病过后的埃及马穆鲁克王朝一样，鼠疫并没有给农民带来好处。由于市场整合度降低，贸易收益下降，

* 古代长度单位，相当于手腕到肘的距离。

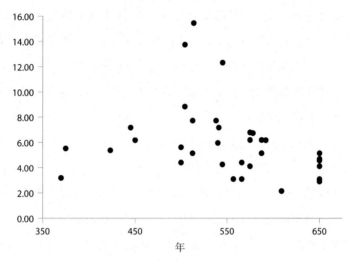

图 7.3　以金币支付的小麦价格（克拉 / 百升）

所有人的利益都被损害，同时，技术损坏还降低了劳动生产率。此外，富裕的土地所有者通过各种正当或肮脏的手段，将劳动力置于他们的控制之下。[49]

在所有古埃及的贵族地产中，阿皮翁庄园最为著名，它在第一波鼠疫过后的 50 年中处于鼎盛时期。在流行病之后的一代人时间里，这处地产的发展令人目眩。在危机期间，本已规模庞大的阿皮翁庄园似乎扩大了一倍。关于这次增长还没有充分的解释。我们可以假定，在这种激进收购的背后，是混乱的人口崩溃造成的困境，它使集中化的土地所有权成为可能。然而，在鼠疫的余波中，从阿皮翁地产挤出的利润似乎非常不健康。我们或许正在慢镜头下注视着贵族阶级的经济基础不断遭到侵蚀。据说，地产管理者对劳动力短缺的问题感到"忧心如焚"，他们总是试图将工人拴在地产上。我们在这里看出，埃及的精英利用他们对资本、技术和财政系统的控制，获得了大片土地，然而却难以实现哪怕是不高的回报。另一方面，这处家族产业延续到了 7 世纪，这显示出某种程度的稳定。精英阶层也许并没有更加富有，但至少能够维持原样。[50]

进入 7 世纪，亚历山大里亚的状况比任何其他古代大都市都要好。布施者约翰作为牧首的无所顾忌的领导力，需要一个充满活力的背景。亚历山大里亚的生命力在很大程度上要归功于海洋。海洋将这座大都市指向了黎凡特繁荣的海岸，在这些海岸后面的，是古代晚期唯一的一块大能量区。叙利亚和巴勒斯坦是五六世纪的精神和经济中心。从巴勒斯坦南部一直延伸到托罗斯山麓的这道弧线，实现了蓬勃发展。从大约 350 年到 550 年这段时间里，人口持续扩张。城市也繁荣起来，以安条克和耶路撒冷为首，再次的是数十个面对地中海贸易网的次级城镇。黎凡特商人主宰了从红海到西地中海的贸易。加沙的葡萄酒在国际上颇有声誉，是古代晚期的"特级酒"。（在一段记述中，主教布施者约翰对圣餐用的酒的优良品质产生了怀疑，当他得知这竟然是从加沙进口的葡萄酒时，感到非常愤怒。）[51]

黎凡特的城市维持着古典秩序。浴场、竞技场和剧场里非常热闹。新的信仰完美融入城市生活中。"圣地"被彻底基督教化，在古代晚期，没有哪个地区如此活跃地建起大批教堂和修道院。这种繁荣源自乡村，也返回到乡村。顽强的村庄遍布海岸平原、丘陵内陆，以及从美索不达米亚北部到内盖夫的半沙漠干旱地带。许多村庄都离大城市很远。在叙利亚的石灰岩山丘上，用石头建起的村庄不是沿海地区精英的杰作，而是属于大批农民。[52]

人口浪潮在 6 世纪中叶时达到波峰。此后，新的建筑工程逐渐放缓或变得断断续续。北方的危机非常严重。鼠疫、波斯侵略和一系列地震组合在一起，形成势不可挡的力量。在地壳活跃的地中海，地震是文明的灾星。在 6 世纪早期，人们对地震做出的反应是重建。然而从 6 世纪末开始，社会已经很难从自然灾害中恢复过来。6 世纪下半叶时，安条克的繁荣不再，周围的村庄也同样遭殃。在各个"死城"里，收缩和简化——但不是彻底的消亡——从 6 世纪下半叶开始出现。[53] 在黎凡特南部，6 世纪中期与其说是一次逆转，不如说是一次颠簸。城市的面貌开始发生改变(有些地方发生了剧变)，失去了古典城市自上而下的政治理性，形成一种更狂热也更简单的生活方式。沿海地区遭受的损失可能比内陆准沙漠地区更大。危机减缓了建筑热潮，但并未使之终结。不过，我们在将建筑工程作为经济繁荣的衡量标准时需要谨慎。它并非 GDP 的直接指标。从公元 550 年前后开始，教堂几乎成了唯一的公共建设。现在它的重心向村庄倾斜。正如我们即将所见，许多村庄里的教堂（ 其中有不少都很精致，还装饰着华丽的马赛克 ）都是因为人们出于虔诚的恐惧而修建的。这些教堂是一扇交流的小窗口，在这里，人类可以在混乱的世界中寻求强大保护者的帮助。教堂是经济活力的指标，也是世界末日氛围的晴雨表。但总的来说，黎凡特南部是整个古代地中海世界最有韧性的角落。[54]

　　关于气候变化对阻碍黎凡特经济增长势头所起的作用仍然模糊不清。叙利亚的石质遗迹，以及加沙地带背后的沙漠中孤独的葡萄压榨池，似乎展示了一幅全新世晚期气候变化的延时照片。黎凡特东部和南部的沙漠，总是威胁着沿海地区贫瘠的、半干旱的文明地带。但是，在一个总是处于干旱边缘的半干旱世界里，人类胜利地定居并改造了地貌。资本流入和市场整合提供了开拓高风险环境的途径。严格的土壤保护和大规模的灌溉技术部署，使农业扩张能够进入到生态险恶的环境。在内盖夫取得的成就，不亚于"任何时代地中海地区最成功的地貌改造"。但人类因素和气候因素并没有齐步并进。事实上，我们或许在 6 世纪看到了两者之间逐渐开始出现紧张关系。即使干旱已经出现，并开始起反向作用的时候，农业仍在持续发展。农民发明出巧妙的方法来阻止沙漠，试图拖住它不可阻挡的前进步伐。[55]

鼠疫在这个世界上肆虐。但反复发生的死亡事件并没有将人类栖居地清空，也没有推翻它的运行逻辑。鼠疫扎根于东部地中海带来的真正后果，或许是使巨大的能量脱离海岸地带，转移到更深的内陆地区。位于约旦河东部的准沙漠是一片荒凉之地，这里生机勃勃的社会一直持续到危机发生后很长一段时间。从佩特拉到大马士革的沿线内陆深处，整个阿拉伯基督教社会都在蓬勃发展。他们与罗马帝国有很深的联系，尽管一直处于边缘地带。这里有灌溉农业、绿洲农业、游牧业和商队贸易，彼此紧密联系，错综交织。6 世纪末时，这些社会将目光转向西方，转向罗马帝国。但很快，帝国就让他们失望了。他们会"悄无声息，而且几乎心甘情愿地步入一个新的、重要的时代，但这个时代的重要意义在当时并没有受到重视"。[56]

从地中海一端到另一端，勤奋的考古学家已经复原了这些扩张和衰落的无声历史。每一片被勘察的地貌、每一座被发掘的城镇，都在讲述自己的故事，根据当地情况的差异而略有不同。但在这种细致的复杂性背后，还有更深层的、共通的变化模式。近年来，权威的综合性研究发现了帝国政府、贸易网络、区域贵族和农业生活之间相互依赖的万花筒模式。但是，在这些故事中，物理环境不可能是故事的惰性背景，生产繁衍的物质基础和生物基础一定发挥了不小的作用。如果没有人口结构的深层变动，政府形态和社会秩序就会成为无足轻重的抽象概念。自然环境和人口结构是由国家、经济和社会秩序所决定的，但它们反过来也对这些因素施加影响并做出反馈。自然环境和人口结构的原动力对最高级别的政治组织造成了很大影响——就像即将发生的那样。

艰难的气候条件和恶毒的病菌已经让整个帝国的领土发生了深刻变化，清算就在眼前。当布施者约翰离开亚历山大里亚前往他的家乡塞浦路斯时，看到地中海的古罗马秩序开始在他周围土崩瓦解。他在 7 世纪初经历了罗马和波斯之间的全面战争，见证了令人精疲力竭的暴力；这对双方来说都是毁灭性的打击。君士坦丁堡城内的粮食补贴终止了，这标志着一个时代的终结。但是，波斯军队只是一段前奏，之后还有更重大的时刻，它对地中海甚至全球历史的长期影响是不可估量的。在约翰去世 4 年之后，一位末日论先知带领他的追随者从麦加来到叶斯里卜（麦地那），即所谓的希吉拉（hegira）。不久，他们就会到达罗马的阿拉伯边界。约翰的朋友（也是他的传记作家）耶路撒冷牧首索弗洛纽斯（Sophronius），将会亲眼看到，罗马世界最后一个能量地带就这样从精疲力竭的帝国手中失落。也许，重心已经默默地转移到了干燥、崎岖的内陆。即将到来的事件会将黎凡特的注意力决定性地转向东方，这是千年以来的第一次。

帝国的衰败

559 年，也就是查士丁尼统治的第 33 年，他召回了被强制退休的将军贝利撒留。这年春天，多瑙河结冰了，"和往常一样……冰层很厚"（这是对晚古小冰期生活的一个意外评论，因为在今天，多瑙河在一代人的时间里只会冻结一次）。数千名科特里古人（Kotrigurs）——来自黑海之外的游牧骑兵——穿过冻结的河流，瞄准君士坦丁堡实施闪电袭击。贝利撒留接受了委任。这位伟大的指挥官"又一次戴上他的胸甲和头盔，穿上年轻时熟悉的制服"。由于主力部队都在遥远的边疆作战，贝利撒留只召集到300名士兵和一群准备不足的农民。然而，利用纪律和欺骗手段，贝利撒留击退了侵略军，使帝国首都免遭战败的耻辱。贝利撒留再一次成了国家的捍卫者。[57]

这是历史学家阿加提阿斯精心设计的艺术描绘，他的历史继续了普罗柯比的叙述。这个故事凸显出尖锐的问题。现在的帝国只不过是以前曾经强大的帝国的可怜的幽灵，在一小群骑兵面前畏畏缩缩，这大概是对事态最好的总结。"罗马帝国的命运已跌落至如此地步，以至于就在首都郊区，一小撮野蛮人就能犯下这样的暴行。"在贝利撒留拯救这座城市的一年前，第二次腺鼠疫撼动了帝国，而此时，帝国仍然处于一种不可持续的过度扩张状态。在阿加提阿斯看来，军事–财政的死亡旋涡是查士丁尼统治时期的核心问题。他为读者提供的数据具有自信的精确度，到现在仍然让学者们感到着迷且困惑。一支曾拥有64.5万士兵的军队现在只剩下15万人。前一个数字高得令人难以置信，后者虽然低得让人起疑，但还不至于无法想象。但总之，传达给我们的意思是一样的。"实际上，罗马军队没有维持在早期皇帝所达到过的期望值，而是已经缩减到过去的一小部分，无法满足维持一个庞大帝国的需求。"[58]

以人口结构而言，更多人口并不总意味着更好。人口压力可以使有限的农村拥挤不堪，让资源紧缺。但是，众多的人口对国家来说几乎总是有利的，因为国家依赖可供消耗的人力。在第一次鼠疫之前，东罗马帝国就从长期人口增长中得益甚多。在6世纪早期，罗马军队仍然能够轻而易举地补充军队。军职继承和自愿入伍提供了足够的人力。"可供吸收的人力储备包括大量失业或未充分就业的人，特别是没有土地的农民。"然而，鼠疫时期的人口大出血标志着罗马国家权力的一个新时代的开始。从鼠疫时期开始，罗马帝国就面对着一个无法解决的终极难题。帝国无法为自己的国土提供足够军队，也无法为能够召集起来的军队买单。从查士丁尼到希拉克略（Heraclius）最后的灾难，在这段绝望的岁月里，这一戏剧性演变发生的确切顺序是由偶然性决定的。但结构机制是最重要的决定性因素。[59]

查士丁尼四处征战，使帝国的财政－军事能力吃紧。在鼠疫暴发前的振兴时期，非洲战役引发了财政部门的严重焦虑。波斯前线重燃的战火代价不菲，尽管付出了高昂代价，查士丁尼还是有能力修复东部以及西部地区的局势。然而，542年的打击从根本上改变了形势。意大利的战争停滞不前，贝利撒留于544年被调回西方。已经遭受损失的东部军队抽不出人手，所以贝利撒留只好在色雷斯征兵，召集到大约4000人。更严重的问题是如何支付这些军队的报酬。贝利撒留恳求皇帝提供军队和经费，"甚至他手上仅有的那一点士兵也不愿意战斗，说国家欠他们很多钱。"他们"没有人，没有马，没有武器，没有钱，我想，如果这些东西得不到充足供应，没有人能继续发动战争"。这只是一场新的治国危机不祥的开端。[60]

罗马帝国的权力一直受到某种因素的限制，一直到 17 世纪，这种因素默默限制了所有政体：国家缺乏大规模借贷的能力。债务融资的缺失束缚了国家的手脚。在银币时代，皇帝可以将货币贬值。但到了 6 世纪，士兵的报酬是实物和黄金，因此，无法用贬值作为应急措施。在金融困境中，帝国有两个选择：不支付士兵的工资，或是压榨纳税人。从 6 世纪 40 年代开始，罗马帝国经常双管齐下。我们得知，查士丁尼"总是拖欠士兵的工资，而且通常使用粗暴的方式对待他们"。他"开始公开从士兵那里骗走一部分工资，而剩下的部分要拖很久才会支付"。据说，查士丁尼取消了士兵每五年一次的金币津贴，自第一个军营皇帝以来，这项津贴一直是互惠忠诚的基础。而且，他有可能连边境驻军的佣金都一起剥夺了。在罗马漫长的历史上，从来没有发生过这样的事情。查士丁尼是第一个赖账的皇帝。[61]

军队感觉到了压力。纳税人也是如此。起初，查士丁尼拒绝豁免欠税；通常来说，皇帝会不定时地宣布大赦之年，然而查士丁尼却是铁石心肠。终于，在 553 年，他不情愿地免除了第一波瘟疫结束那年以来的欠款。甚至在公众面前，他的态度也并不和蔼。"由于上帝的仁慈，共和国得以扩张，与周围野蛮人的战争也相应扩大，因此，许多开支现在或一直以来对共和国来说都是必需的，尽管如此，我们……免除了臣民拖欠的所有税款。"这只能算是微小的让步。[62]

税收定额是按地区征收的，虽然劳动力数量大减，但总额却没有调整，因此，幸存者的实际税率飙升。"当鼠疫暴发的时候……大部分农民都死去了，可以想象，这导致许多地产被遗弃。然而，他没有对这些地产的主人仁慈。他从来没有放弃过年税，不仅索要分摊到他们身上的税额，还要求他们上缴已故邻居的那一份。"上埃及的阿佛洛狄托村是这一时期最丰富的莎草纸来源地，在这里，我们可以看到一些不断上涨的税率。加税幅度达到了惊人的66%。6世纪后期的税率始终高于罗马历史上的任何时期。[63]

令人诧异的是，查士丁尼竟没有被推翻。不过，他在执政初期就经历过一次政变，并且削弱了人们对新叛乱的热情。他对待贝利撒留——功勋卓著又忠诚的将军——冷酷的态度似乎让人震惊。但是，查士丁尼不会冒险让臣民的不满聚焦于这样一位最自然的候选人，而且，这位将军忠诚得像只狗一样。皇帝的非凡才能让他把权力牢牢地攥在手里。反对派没能找到一个拥护对象。一段始于极高希望的统治——罗马法改革、政府改革、建筑工程，尤其是对地中海帝国的恢复——以帝国的重伤告终。当查士丁尼最终去世时，国家已疲惫不堪。他的继任者查士丁二世（Justin II）所继承的财富，是一堆无法收回的混乱债务。他立即免除了欠款。他曾公开承认，自己接手的军队"由于缺少各种必要的东西已经快走向毁灭，因此，共和国才会被野蛮人的无数次侵略所伤害。"[64]

查士丁尼之后的皇帝或许可以填补堤坝上的漏洞，但对汇集起来的潮水却无能为力。查士丁二世（统治期为565—574年）终止了对蛮族的外交贿赂，但这一举动只会加倍边境地区的暴力冲突。每一轮鼠疫都在不断扼杀国家的生命力。573年的疫情过后，提比略二世（Tiberius II，统治期为574—582年）在东部和西部都展开了紧迫的征兵活动。帝国对巴尔干半岛的控制权摇摇欲坠，意大利的属地也在不断减少。莫里斯（统治期为582—602年）和任何穿过紫袍的人一样能干，他继续大肆征兵。即使在这段绝望时期的挣扎中，帝国也能召集起数量可观的作战部队，而莫里斯撰写的军事手册假定帝国有能力将 1.5 万名士兵编队。但是，帝国的军事系统在财政方面是不可持续的。莫里斯迈出了灾难性一步，直接削减工资。以前，罗马皇帝可以通过贬值货币来达到同样的目的，这至少还是一种伪装。没有一个皇帝敢直接减薪。预料之中的事终于发生了。莫里斯被推翻，他的篡位者很快也被人篡位。古老的内战灾祸再次降临到帝国身上，这超出了国家的承受力。皇帝希拉克略（统治期为 610—641 年）的统治将见证帝国最后的失败。[65]

对经历过这一切的人来说，世界末日似乎即将降临。

最终时刻：穆罕默德的世界

修士作家约翰·莫斯克斯（John Moschus）出生在查士丁尼统治中期。他的出生地可能是奇里乞亚，然而他在年轻时就听到了尤地亚沙漠的召唤。莫斯克斯是布施者约翰严格的同时代人；他和他的朋友及旅伴索弗洛纽斯一起，写了那位亚历山大里亚牧首的传记。这三人属于最后一代还能在被帝国凝聚起来的地中海世界中自由行动的人。这种轻松的流动性是《精神牧场》(*Spiritual Meadow*)的重要背景，这本启示故事集是莫斯克斯最著名的作品。这一系列短小质朴的文字是约翰对古代晚期修道文学的不朽贡献，把我们带回到罗马帝国最后的日子，回到幽弱的阳光下斑驳的风景中。[66]

在其中一个故事里，我们遇到一位名叫普罗柯比的巴勒斯坦律师。当沿海城市凯撒里亚暴发鼠疫的时候，这位律师正在耶路撒冷。他害怕他的孩子们会死去。"我应该派人去把他们接回家吗？没有人能逃避上帝的愤怒。我应该把他们留在那里吗？他们可能在见到我之前就会死去。"律师犹豫不决，于是去寻求一位著名的圣徒阿巴·扎哈约什（Abba Zachaios）的建议。普罗柯比在圣母马利亚教堂找到了正在祈祷的圣徒。阿巴·扎哈约什转向东方，"两个小时里一直把手伸向天堂，一句话也没说"。然后圣徒转向普罗柯比，向他保证，他的孩子们会活下去，而且瘟疫会在两天内平息，这两件事都应验了。[67]

这是个感人的故事，同时也是一则关于良好行为的寓言。它希望将读者轻轻指向某种令人心安的方向。律师在圣母马利亚教堂找到了正在祈祷的阿巴·扎哈约什。当时的人简单地把它叫作"新教堂"。它是查士丁尼建造的，在第一次鼠疫出现后的一年刚刚完工。这是查士丁尼对耶路撒冷建筑的重要贡献。他重塑了城市的整个核心地带，以使他的教堂与君士坦丁的圣墓大教堂保持和谐。查士丁尼有意将教堂建成所罗门圣殿的两倍大小。巨大的砖石和壮观的火红色柱子是帝国权力的夸张宣言。教堂是耶路撒冷天际线上最显眼的人类艺术创造，直到 7 世纪，教堂一直是罗马帝国在圣城的一份不朽声明。那位律师寻求建议的地方是个类似于帝国授权的神圣场所。[68]

在那里，律师找到了举臂祈祷的阿巴·扎哈约什。我们怀疑，他的祷告是念给圣母马利亚的。在这方面，帝国的影响力更为微妙。巴勒斯坦是马利亚崇拜的摇篮。5 世纪时，马利亚信仰开始出现在中央帝国，到了 6 世纪，它从君士坦丁堡传播到帝国各地。几十年来的瘟疫把君士坦丁堡变成了马利亚的城市。帝国处于她的保护之下。为了理解这个在古代晚期获得崇高精神地位的马利亚，我们必须从脑海中消除中世纪马利亚的形象。主宰着古代晚期的马利亚并不是中世纪那位温柔的悲伤之母（*mater dolorosa*），中世纪圣母的受苦引起整个人类的共鸣。相反，抓住了帝国想象力的马利亚是天堂的女王。她是一个令人生畏的存在，忙于各种大事。到了审判日，她会在愤怒的上帝面前为人类代求。那个迫切想要见到孩子的律师，并没有获得个人奇迹或是特殊的同情。相反，通过阿巴·扎哈约什这个媒介，他获得了一种短暂但让人平静的视野，可以看到正在他周围展开的宇宙事件。[69]

在新教堂寻求帮助的律师教徒承认"没有人能逃避上帝的愤怒"。这不是一个虔诚者顺从的宿命论，而是整个时代的共同情感。6 世纪后期和 7 世纪的居民认为，他们生活在当时快速坍塌的悬崖边缘。在这样的环境中，鼠疫的无可逃避性是个关键的事实。安条克的一名基督徒声称，任何逃离鼠疫城市的人都将被其无情的力量捕获。一位西奈半岛的神父写了一篇关于是否能逃离瘟疫的思考作品。在伊斯兰教中，围绕着鼠疫的无可逃避性发展了一大套圣训传统。除了是用阿拉伯语书写，其中一些论点似乎就像是从当时的拉丁语、希腊语和叙利亚语文本中摘出来的。这些相似之处并不止于表面。在它们背后，是一片共同的末世论情绪的海洋。[70]

人类对六七世纪不断加速升级的环境危机的反应，激活了周遭宗教氛围中的全部末日潜力。基督教是一种末世论信仰。世界末日的音符就像永恒的背景音乐贯穿了整个教会历史。但其强度并不总是一致的。在第一代基督徒的狂热之后，人们对迫近的审判日的期望有所减弱。帝国皈依基督教的行动也使人们对末日的忧虑进一步减少。像"公元500年即将来临"这样的事件可能会引发短暂的千禧年猜测，但当这一年在平淡无奇中过去之后，在一段时间里，胜利的曲调会再一次淹没悲观的音符。[71]

随后，大自然介入了。6世纪的各种自然灾害引发了人类历史上最严重的情绪波动。太阳的遮挡、地球的震动，以及遍布整个世界瘟疫的出现，在整个基督教世界和其他地区点燃了末世预言的火焰。人们在非常不相干的北欧神话和中国佛教中，也发现了深远的集体痛苦的痕迹。我们只能在罗马帝国内部的一些细节中，追踪人们汹涌的末日即将到来的感觉。当鼠疫第一次靠近时，黑暗的传言已经四起。在君士坦丁堡首次暴发疫情的前夕，一位妇女"进入了狂喜状态"，她被带进教堂，说："三天之后，海水会上升并带走所有人。"死亡激起了难以名状的恐惧，往往比基督教还要古老。"依据埃及人的古老神谕和现今波斯的主要占星家所说，在无穷尽的时间里，会发生一连串幸运和不幸的循环。这些杰出的人物让我们相信，我们正在经历这种周期中最悲惨、最不祥的一段时期：因此才会有普遍的战争和内部纷争，以及频繁而顽固的瘟疫的大流行。"[72]

主流基督教对鼠疫时代的反应，以弗所的约翰已经简略描绘过了，他试图描述鼠疫第一次出现时的恐怖。面对如此无法解释的暴力，唯一可能的结论就是末日已经临近了。鼠疫是上帝愤怒的杯忒。约翰遍寻传统的先知和启示以了解鼠疫。它是《圣经·启示录》中上帝烈怒的榨酒池。上帝吞噬一切的正义确保"人们对上帝公正的审判感到惊讶，并一直感到迷惑，它无法被人类理解或领会，正如经上所写，'你的判断如同深渊'"。鼠疫所造成的痛苦是"一种惩戒（chastisement）"。在一个熟悉主奴关系中黑暗极端特征的社会里，这是一个具有特殊深度的词；惩戒是最终的、绝望的、最残忍的肉体折磨，以改变一个桀骜奴隶的精神意志。查士丁尼公开把鼠疫称为上帝仁慈的标志，是他"对人类的爱"。大规模死亡为幸存者敲响了警钟，这是大审判到来之前发出的礼貌警告。[73]

6 世纪的恐惧产生了一种有组织的教会反应，形式是礼拜祈祷，这是一种旨在抵御瘟疫的大型公共仪式。这些仪式是在大瘟疫到来之前的 5 世纪开创的，最初是作为一种通用的礼拜仪式而临时发起的，用来抵偿一个群体的罪恶。这是作为一种万不得已手段的礼拜仪式，在查士丁尼时代，它仍然算是一种新事物。543 年，克莱蒙的主教（编年史作家图尔的格列高利的叔叔）在大斋节期间，带领他的教众一路进行漫长的祈祷游行，唱着赞美诗，走到一个遥远的乡村神龛，抵挡住了这场瘟疫。他们得以幸免。这些礼拜仪式就像电脑病毒一样迅速传播开来，而且人们不知其传播路径。在基督教世界的另一端，位于叙利亚的东方教会也上演了几乎相同的祈祷仪式。[74]

人们这些绝望的回应大多没有保存在历史记录中。但我们对教皇大格列高利精心安排的精神活动却有生动的了解。他组织起游行队伍，沿着宗教建筑的路线行进，这些宗教地标覆盖了罗马古老的城市坐标。连续三天，唱诗班唱起赞美诗和《垂怜经》，整个城市回荡着祈祷和吟唱的声音。在某个星期三，人们集结在城市各处的七个教堂。他们的祈祷队伍在城市中穿行，直到壮观的连祷队伍汇聚到……圣马利亚大教堂——著名的圣母大殿（Santa Maria Maggiore）。"在那里，我们可以用眼泪和叹息向天主慢慢祈祷。"一名执事目睹了 80 人在祈祷中死去。"教皇从未停止向民众布道，人们也从未停止祈祷。"[75]

　　这些祈祷仪式只是庞大的宗教共同语中一种可见的元素，这种共同语以带有末日恐惧色彩的集体祈祷来应对鼠疫。即将来临的审判是号召人们悔罪。鼠疫是最后一次脱离罪的机会。在古代晚期人的心目中，没有什么罪比贪婪更严重。正如彼得·布朗（Peter Brown）所展示的那样，围绕财富所产生的焦虑在古代基督教中引发了一场持久的道德危机。世俗财产是对信仰的考验。在这里，瘟疫袭击的是一条脆弱的神经。在以弗所的约翰的短篇故事中，最令人难忘的是那些因贪欲而被选出来接受惩罚的个体。从某种角度来说，鼠疫是上帝最后一次可怕的尝试，试图撬动我们紧握尘世物品的双手。[76]

　　在某些情况下，它确实起了作用。我们碰巧在上埃及一个遥远的村子里看到，瘟疫引发了虔诚施舍的风潮。在其他地方，幸存者的感恩行为规模宏大。为了履行在恐惧中许下的诺言，人们修建起许多非凡的新建筑。教堂现在仍然是公共建筑中最活跃的一种形式，这并不是偶然的。自然危机是这一波建筑浪潮不远处的背景。在佩特拉一座6世纪教堂的墙上，我们发现上面写着《诗篇》第91首："他的诚实是大小的盾牌。你必不怕黑夜的惊骇，或是白日飞的箭；也不怕黑夜行的瘟疫，或是午间灭人的毒病。"许多新建筑都是献给马利亚或米迦勒的。例如位于内盖夫的一座小镇内萨那，在瘟疫暴发过后，立刻建起了一所新教堂（被称为南教堂）献给圣母马利亚。上面刻有非常典型的题词：恳求她"请给予帮助和怜悯"。同样的模式在西方也很盛行。545年在拉文纳，两个人建造了一座小教堂献给大天使米迦勒，感谢他赐给他们的"福泽"，也就是在鼠疫肆虐中得到的宽恕。教堂内的马赛克描绘了位于基督两侧的米迦勒和加百列。其他天使则吹起启示的号角。这是一份奢侈的感谢声明，来自一位富有的幸存者，他在审判的第一阵声响过后，依然站在那里。[77]

对大天使米迦勒的感激之情并不是另类现象。一条来源不明的科普特语训诫声称，一本以大天使米迦勒为名义赐予的《新约》，可以为教堂或家庭提供辟邪的力量："无论疾病、瘟疫，还是不幸，都永远不能进入它所在的房子。"对末世论的热忱将米迦勒推到了宗教信仰的最前线。在这场瘟疫中，人们看到"上帝的天使，头发洁白如雪"，降临人间，进行审判。这位大天使的地位在鼠疫到来之前已经有所上升，而现在更是前所未有地固化在文化之中。他是上帝最后审判的工具。他的任务就在眼前。[78]

在这场危机中，唯一更大的受益者是上帝之母。她在 6 世纪晚期的宗教生活中享有新的声望，尤其是在君士坦丁堡。"圣母在这座城市的宗教生活中占据主导地位——或许是唯一占主导地位的。"就在瘟疫期间，第一次主进堂节（Hypapante）的盛宴在君士坦丁堡举行。这个东方节日相当于西方的圣烛节，纪念圣母洁净圣殿。主进堂节在 2 月 2 日庆祝，刚好是鼠疫的季节，净化之日可能触及了原始的宗教情感。查士丁尼下令在整个帝国内进行庆祝。圣母信仰在整个社会中变得更加普遍。马利亚的形象也更经常地出现在家用物品上，而且通常认为带有辟邪的作用。一件炫目的 6 世纪晚期的胸饰上的文字祈求圣母的援助。"请保护戴着它的女子。"一个臂章上的文字恳求道："圣母，请帮助安娜。"马利亚在宗教仪式中的重要地位，以及圣母形象的爆炸性增长，表明我们在文学作品中看到的宗教思想反映了一种更广泛的、带有末日基调的文化敏感性。伟大的《圣母颂》（Akathistos）是早期拜占庭宗教虔诚的核心作品，在最后一节中，人们向她恳求：
"从一切邪恶和即将到来的惩罚中，将所有向你哭诉的人解救出
来：哈利路亚！"[79]

　　同样是在鼠疫和气候危机的年代，圣像崇拜在教会的宗教活
动中占据了重要位置。最近，米沙·迈耶（Mischa Meier）在埃夫
丽尔·卡梅伦（Averil Cameron）的观点基础上提出，大瘟疫带来
的令人困惑的痛苦促进了圣像崇拜进一步传播。这是一种可信的
关联。这个时代最深刻的精神产物，或许就是悬挂于罗马圣母大
殿内的拜占庭式圣母肖像，被称为 Salus populi Romani——罗马
人的拯救（或健康）。她很可能是 6 世纪的真品，象征着圣母崇
拜和 6 世纪东西方的联系。不管有多少参考价值，中世纪晚期
的《黄金传说》（Golden Legend）中有教皇大格列高利在祷告
仪式上带着圣母圣像的描述。大天使米迦勒还出现在了圣天使
堡的屋顶上，宝剑入鞘，结束了那场瘟疫。这可能是传说中的
东西，还带有许多中世纪的添枝加叶。但这种精神氛围与 6 世
纪晚期却是完全一致。[80]

　　我们永远不该忘记，格列高利曾在东部首都待过许多年。他
在君士坦丁堡至少经历过一次重大的鼠疫复发。他亲眼看见过那
些危难时期的大型公共连祷。大格列高利的东方基督教经历影响
了他的末世论情感。就像以弗所的约翰那样的人物一样，对格列
高利来说，瘟疫和战争带来的痛苦是对悔罪的强烈召唤。"上帝
的灾祸还在远处时，就已经让我们感到害怕，而当它们真正到来
时，必定会让我们更加恐惧，我们已经尝到了苦头。当前的试炼
一定会开启我们的皈依之路……我看到我的全体教众被上帝的狂
怒之剑所击倒，他们一个接一个，遭遇了突如其来的毁灭。"迫在

眉睫的审判是行动的助力。它激发了格列高利向不列颠异教徒传教的举动，他要抓紧所剩不多的时日为他们带来救赎。圣徒的奇迹意味着这个时代还"没有被完全抛弃"。然而，自然灾害却明确标志着这个时代的宏伟建筑正在迅速崩塌。[81]

基督教的权威人物，例如以弗所的约翰或大格列高利，他们的信仰框架都来自圣经叙事。《圣经》正典为末日思想提供了一整套权威的图像和符号。这个传统就其本质上来说如同一个万花筒。那些零散、坦率地说怪异的符号可以无穷无尽地被塑造成新的形态。但这个传统也是一道无形的警戒线，限定了言语和思想的界限。"尽管权威的神学理论（patristic theology）没有给私人预言留下余地，却为有关《圣经》文本的创造性解读提供了广阔空间。"值得注意的是，关于《启示录》的评论始于6世纪。《启示录》一直有点偏离基督教主流传统，但在鼠疫的年代，人们怀着一种新的紧迫感对其进行了梳理。末日思想的界限正在经受考验。[82]

严格地说，在犹太教和基督教中，先知预言的时代早已结束。但神迷的经历和宗教幻象总是徘徊在正统的边缘。像锡永的尼古拉斯（Nicholas of Sion）这样的圣徒曾被大天使迦勒亲自拜访，得到了瘟疫的预警。阿巴·扎哈约什也曾在新教堂的权威领地内与上帝沟通。但是，天赋的异能并不总能安全地限制在一定范围内。在6世纪后期和7世纪，末日预言的松散能量开始溢出圣经旧传统的堤岸。[83]

这种情况在犹太教中和在基督教中一样明显。在危机中，一个充满活力的犹太末日文学新时代开始了。不断发生的自然灾害加上罗马与波斯漫长而艰难的对抗，在地中海和近东的犹太人中间激起了一种新鲜的神秘主义和预期。"神圣者，他是有福的，会将太阳的热量连同憔悴和发烧、许多可怕的疾病、鼠疫和瘟疫，一起引入这个世界。每天会有一百万外邦人死去，以色列的所有邪恶的人也必将灭亡。"罗马政府和其犹太臣民之间日益升级的敌对情绪，也点燃了狂热的救世主情感，并在 630 年前后的强迫受洗运动中达到高潮。在压力之下，犹太人开始寻找"弥赛亚的足迹"。犹太人的预期具有自己的特征，但他们显然和周围人一样感受到末日的氛围。[84]

7 世纪初，政治事件的势头给末日思想带来了新的不稳定的动力。罗马和波斯之间无休止的战争可谓火上浇油。被称为"世界的两只眼睛"的两大帝国之间的冲突，似乎是一场终极对抗。这场斗争有一丝圣战的意味。早在莫里斯统治时期，罗马军队就用"圣母"作为口号。602 年至 628 年间，暴力突破了其传统的战场的范围，成为一场全面战争。波斯军队深入到帝国腹地。圣地也沦陷了。叙利亚于 610 年被占领，巴勒斯坦于 614 年被占领。耶路撒冷的沦陷是一次精神上的打击，同时相伴的还有大规模屠杀。圣物真十字架被波斯人占有。耶路撒冷沦陷的"心理影响""或许只能与 410 年罗马被洗劫时所经历的创伤相提并论"。世界末日到来的时间加快了。下一个沦陷的是埃及，然后是安纳托利亚。有些地方，例如小亚细亚，再也没有复苏。[85]

这种破坏是巨大的，最坏的情况已经出现了。626 年，波斯人出现在君士坦丁堡城墙外。一批阿瓦尔人的军队也同时向首都进发。在最黑暗的时刻，人们将目光转向圣母。她的圣像被举到大街和城墙上游行。这座城市似乎得到了超自然的救赎。其间，皇帝希拉克略发起了猛烈反击。希拉克略带着基督和圣母的圣像

（以及大量突厥盟军的援助），于628年收复了战火余烬中的东部省份。旧的政治平衡得以恢复，尽管只持续了很短暂的一段时间。真十字架胜利地回到了位于耶路撒冷的家。政治事件被创造性地纳入末日含义，自《但以理书》中所记载的先知以来，这种情况还是第一次出现。现在，整个世界都带着末世的期望屏息凝视着各种政治事件。[86]

皇帝希拉克略被誉为宇宙级的重要人物。但他的复兴却是短暂的，下一幕的速度总是让人惊讶。当罗马和波斯陷入血腥对战的时候，南方发生了骚动。只用了短短几年时间，阿拉伯入侵者就将罗马东部的宝贵领土与位于君士坦丁堡的神经中枢分离开来。阿拉伯的信士军队包围着黎凡特地区的沙漠边缘和控制的区域，肢解了罗马帝国。征服运动迅速而无情，但在进行史上最大规模之一的地缘政治抢劫时，巨大的破坏是不必要的。在雅尔穆克战败（636年）后，皇帝希拉克略下令撤军。这表明，瘟疫、气候变化和无休止的战争的连锁反应耗尽了罗马帝国的活力。叙利亚、巴勒斯坦和埃及在10年内被全部占领。新疆界形成的速度比同时代的人理解这些戏剧性变化的速度还要快。[87]

后来，阿巴斯王朝宫廷的宣传者把伟大的征服归功于阿拉伯纯洁而强壮的儿子们。这是个极具诱惑力的故事。但对罗马人来说，阿拉伯人并不陌生。格伦·鲍尔索克（Glen Bowersock）的学术工作为我们展示了伊斯兰教诞生之初，阿拉伯心脏地带的全景观，它的四面都被外部世界所包围。几个世纪以来，围绕着阿拉伯人的红海贸易网一直是大国地缘政治的一部分。阿拉伯人曾充当过罗马人和波斯人的同盟军，并且非常熟悉近东的商业网络。在罗马的沙漠中，到处都有阿拉伯基督徒；基督教传教士曾在阿拉伯半岛各地传教。有一段时间，阿拉伯半岛南部还存在过一个犹太王国。就连汉志（Hijaz）*也并非只有游牧民族才敢于探索的异域沙漠。这片地区并非让人望而生畏。贝都因人、商人和定居农人都生活在这里。7世纪时，阿拉伯世界卷入了大国之间漫长而艰难的对抗之中。甚至有人认为，穆罕默德的希吉拉是由君士坦丁堡宫廷通过幕后渠道和当地门客策划的。[88]

　　点燃阿拉伯大火的火花是一种新兴的一神论宗教意识形态，这种意识形态会团结起一个跨越各古老部落分歧的信士团体。穆罕默德的宗教使命并不是简单地从近东世界的末日氛围中产生的。但它对这种古代晚期的宗教共通语言也不陌生。随着大规模鼠疫和冰期的到来，这种宗教使命是一种末日狂热的独特产物。末世恐惧的种子随风吹散到罗马边界之外，扎根于陌生的土地。让新宗教与众不同的与其说是本土的阿拉伯元素，不如说是其更大的行动空间。犹太教和基督教的末世论被启示的封闭传统所限制，但在阿拉伯，一个新的先知声称，他通过天使吉卜利勒（即基督教中的加百列）得到了神的最终启示。这条信息本身对于以弗所的约翰或大格列高利来说，似乎并不完全陌生。这是一道紧迫的启示：敬拜唯一的神，因为最终时刻即将到来。[89]

　　对伊斯兰教的批判性研究剥离了随后几个世纪的各个层面，由此发现，一神论和末世论的警告是先知穆罕默德宗教信息的核心。"即将到来的审判实际上是《古兰经》第二个最常见的主题，只比对一神论的呼吁要少。"《古兰经》声称自己是"古时的那些警告者之中的一个警告者。临近的事件，已经临近了"。"天地的

---

* 位于现今沙特阿拉伯西部。

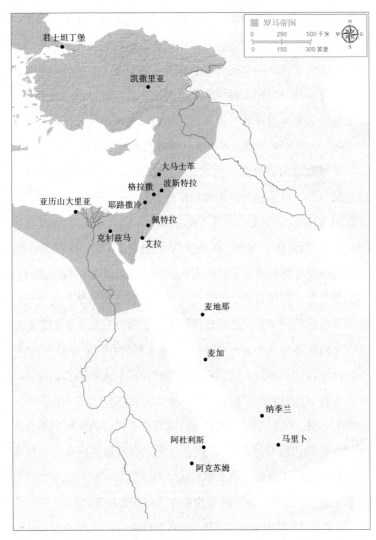

罗马帝国

0   250   500 千米

0   150   300 英里

君士坦丁堡

凯撒里亚

大马士革

格拉撒   波斯特拉

亚历山大里亚

耶路撒冷

佩特拉

克利兹马   艾拉

麦地那

麦加

纳季兰

阿杜利斯   马里卜

阿克苏姆

地图 25 早期的伊斯兰世界

幽玄只是真主的。复活时刻的到来，只在转瞬间，或更为迅速。"伊斯兰教起源于一次紧迫的末世论运动之中，运动者愿意用刀剑来传播它的启示，宣布时刻即将到来。在这里，7 世纪的末世论能量找到了最自由的发挥空间。这激发了人们的行动。这条信息是这场完美风暴的最后一个元素。帝国的东南边境几乎消失于一夜之间，一千年来的政治界线在一瞬间被永久地重划了。[90]

耶路撒冷的新教堂，也就是我们遇到那位律师和阿巴·扎哈约什的地方，将圣地的政治地理指向了罗马帝国。这座教堂最后一次出现在历史中是在 634 年的圣诞节，作为牧首索弗洛纽斯（约翰·莫斯克斯的朋友，布施者约翰的传记作者）布道的场景。索弗洛纽斯比他的朋友们活得更久，亲眼见证了耶路撒冷落入伊斯兰教手中。在他看来，阿拉伯人是"那些先知清楚告诉过我们的令人憎恶的不幸"。他们是一种惩戒，因为只有上帝的意志才会让他们"赢得一次又一次胜利"。他仍然没有失去希望。"如果我们忏悔自己的罪过，我们将会嘲笑萨拉森敌人的消亡，并且很快就会看到他们的彻底毁灭。因为他们那沾满鲜血的剑将会刺入自己的心脏，他们的弓会被折断，箭留在自己体内，他们将会为我们打开通往伯利恒之路。"但是，索弗洛纽斯的声音是失败者的。新教堂最终消失在历史中。这座曾经象征着罗马权力的巨石建筑可能被拆毁用于建造圆顶清真寺，旧石造新楼。[91]

7 世纪 30 年代到 40 年代，东部省份被一场末世论先知运动所征服，这可以被看作是罗马帝国覆灭的最后一击。随着东部属地的分离，帝国失去了最后一个大能量区。地中海世界被割裂了。罗马帝国沦落为一个拜占庭残余国家，其散乱的财产微薄而贫瘠。现在，伊斯兰哈里发国获得了过去是，以后仍然会是文化、精神

地图 26　中世纪初的地中海

和科学领域最具活力的中心地带，新月沃地再次拿回了文明的核心和十字路口的称号。支离破碎的拉丁西方地区成了欧亚大陆的闭塞地区。它们注定要在文明的外层轨道上度过一个漫长的周期。从此，再也没有一个泛地中海帝国能把旧大陆的能量联系在一起，形成一股统一力量。一个新的时代到来了。

罗马帝国总是在脆弱与韧性之间摇摆不定，最终，瓦解的力量占了上风。但是，气候和疾病在这个故事中起到的主导影响，减轻了一点人们去寻找导致帝国灭亡的隐藏缺陷或致命选择的欲望。罗马帝国的衰落并不是某些内在缺陷在时间的考验下必然显现的后果，也不是一些更明智的选择就可以避免的不必要的结果。爱德华·吉本对罗马的命运进行了长久反思，让他感到惊讶的不是罗马帝国的衰落，而是它"维持了这么长的时间"。从吉本到现在这短时间内我们对罗马所了解的一切，尤其是近年来令人振奋的发现，只能证实甚至扩大这种非常有同情心的观点。面对无情的逆境，帝国稳住了阵脚。在无可言表的悲痛中，她的人民挺了过来。直到帝国的框架最终再也无法承受，骄傲的新文明就在灰烬留下的肥沃土壤中诞生。

后　记

人类的胜利?

1798 年，一位圣公会的乡村牧师匿名发表了《人口论》，这是那部精彩而有争议性的作品的众多版次中的第一版。在之后几版中，托马斯·罗伯特·马尔萨斯增加了一长篇关于罗马的章节，从而在大卫·休谟和罗伯特·华莱士关于"古代国家的人口密度"的辩论中添加了自己的观点。这个看似晦涩的争论标志着一道无声的分水岭。休谟的负面评价使古典文明走下了神坛，并在某种程度上增强了现代性的自我意识和优越感。在马尔萨斯的文章中，只是把罗马简单地置于一种宽泛、模糊的文明范畴，在这些文明中，"人口似乎很少被精确地按照平均和永久的生活资料来测量，而是通常在两个极端之间摇摆"。马尔萨斯对罗马历史的见解不能说是独到或深刻。但是，事实证明，《人口论》具有深远的影响力和持久的适应性，因为它的核心学说是正确的：人类社会依赖于生态基础。时至今日，这仍然是一种思考人类境况——以及我们与罗马这样遥远的文明之间的关系——的具有启发的方式。[1]

　　当马尔萨斯出版第一版《人口论》的时候，在地球的某个地方，一个拥有特殊意义的孩子出生了。人类历史上人口第一次突破了 10 亿。这是一场长途跋涉。人类数量的扩张始于走出非洲的伟大迁徙，以及我们这个物种能够在地球上几乎任何环境中生存的神秘力量。尽管如此，当我们睿智的石器时代祖先发现了驯化动植物的可能性时，地球上只有约 500 万人，稀疏地散布在宜居的大陆上。农业的兴起是一场能源革命，将太阳辐射转化为可消耗的卡路里，其效率改变了一切。农业革命的爆炸性潜力就体现在急剧增加的人类数量上。[2]

从能源基础的角度来说，最初的农耕文明与 1800 年马尔萨斯所认识的世界并没有太大区别。在马尔萨斯出生时的英格兰，人均工资比农业刚刚兴起时高了一点，但并不多。事实上，18 世纪英格兰的平均收入远更接近罗马时期，而不是现今发达国家的收入水平。正如马尔萨斯所写，人类是否已经逃脱了前工业化经济体的能源陷阱，这一点还远远不清楚。而且，显然不是所有社会都逃脱了。例如，就在工业革命之初，中国文明核心地带的工资和人类福利水平与大多数欧洲国家相差无几。但在 18 世纪和 19 世纪，中国的人口数量成倍增长，超过其生态容纳能力，导致了马尔萨斯主义基本学说所预测的那种饥荒和社会灾难。[3]

讽刺的是，马尔萨斯作为一名先知，最大的失误就是关于自己国家的案例研究。以英国人为先锋，人类策划出另一次影响更广泛的能源革命。地底下凝结成化石的太阳能被挖掘出来并应用到机械上；实用技艺背后的科学事业被动员起来。更多能源、更多食物、卫生改革，以及（晚些时候的）微生物理论和抗生素药物的结合，使得人口膨胀达到了地球生命史上前所未有的程度。就在过去两个世纪里，人类数量又增长了 60 亿。尽管这场革命就在牧师马尔萨斯的鼻子底下展开，但他却没有理解技术创新将人类社会从能源陷阱的可怕影响中解放出来的方式。在今天的 70 亿人当中，大多数人的物质生活水平和预期寿命都超过了罗马人所能理解的范畴。

　　那么，我们这些现代世界的居民，是否因为现代能源机制看似无穷无尽的潜力而与古人不同，站在鸿沟的另一边？在某些方面，是这样的。我们的危险在于富余的废气，而不是站在稀缺性的刀锋上。但是，本书提出了一些将我们与过去联系在一起的意料之外的方式，这些方式能够跨越现代化造成的鸿沟。在这里，我们还可以从马尔萨斯的重要经验中找到灵感，即使我们现在的位置使我们拥有了更广阔的视野。本书的核心论点是，罗马帝国的崛起催生了经济上的繁荣，反过来也密切依赖于这种繁荣。吉本的"最幸福"的时代就是历史上这样的时期之一，贸易和技术超过了收益递减的报复性力量。在很长一段时间里，罗马人享受着真正集约式的增长。更具普遍性的意义是，前工业化的经济体是有弹性的，马尔萨斯理论中的"摆动"可以在一段时间之后自行抵消。现代性建立在非凡的能源突破之上，而先例是存在的，罗马就是其中之一。

　　我们还看到，大自然创造了前现代社会赖以为生的"生活资料"，它绝不是一个静止的背景。按照其自身的方式和节奏，大自然改变了人类社会谋求生计的条件。即使在相对平静的全新世，太阳也像个匪夷所思的调光器，调节着地球接收到的能量；火山和地球自身不稳定的内部系统进一步扰乱了人类社会的命运。这种不规则的脉冲撼动并摇摆着本已复杂的状况。政体和社会建立在经济和人口基础之上，而这些基础又在自然反复无常的外部影响下发展和收缩。

　　前工业化社会的能源限制是有延展性的，而且在不断变化。这些改善没有推翻而是发展了马尔萨斯定律。不过，本书提出了另一个更深层的逻辑，这超出了马尔萨斯的想象力。马尔萨斯机

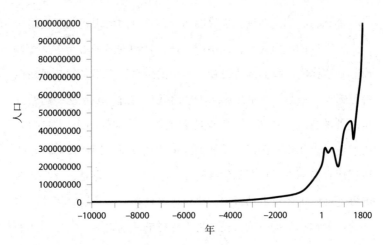

图 E.1　全球人口增长（估值）

制描述了植物能量的生态限制。（肉类只是被低效转化为美味食物的植物能量。）当这种能量变得稀缺时，人类数量就会被一连串致命、普遍、可互换的可怕手段（包括流行病）减少到一定规模。然而，比起严格的能量限制定律所能预见的事情，现实中的死亡事件是一股更疯狂、更独立、更不可预测的力量。原因之一是，流行病完全依赖于病原体的生物学特性，而调节人口数量正是这些病原体的工作。食物短缺能够招引并驱动某些传染病病原体，但另一些病原体则对它们所尾随的社群的营养状况漠不关心。我们粗略地看一下人口增长的历史轨迹就会发现，从发明农业到最初的 10 亿人口，少数几个微生物敌人对人类社会的命运来说具有多么不可估量的决定性作用。[4]

以这个架构来看，马尔萨斯定律最终还是太过局限而无法成立。马尔萨斯定律把我们的所有注意力都集中在人类和植物身上。但微生物并不只是难以控制的小麻烦或是轻微的干扰。它们属于更深层的规律，也就是更完整的地球生态环境，在这里，我们与其他物种竞争和合作，包括那些看不见的物种。细菌、病毒和其他寄生物不是系统中的惰性部分；相反，它们会为了自身利益而抓住面前的一切机会。这种视角使人类的胜利看起来更谦卑，或许也更不明确。

"人类世"（Anthropocene）是个正被不断接纳的名字，用来描述地球历史上当前的时代，以承认人类文明对地球物理和生物系统造成的不可磨灭的影响。除了加速气候变化，以及通过核技术的放射性痕迹留下我们存在的永久标记之外，我们还重新定义了地球上几乎所有物种之间的竞争和合作的环境。用约翰·麦克尼尔的话说，"人类世已经改写了陆地上和海洋中所有物种的进化规则。生物适应度——定义为生存和繁殖的成功——越来越多地依赖于与人类活动的相容性。那些适应人类化地球的物种，如鸽子、松鼠、老鼠、牛、山羊、杂草、水稻和玉米，都能够繁衍兴旺"。但这里还有一个更不祥的悖论没有说明。人类数量的增长也改写了地球上共生微生物的游戏规则。[5]

微生物的种类大概共有一万亿；每个人身上平均约有 40 万亿个细菌细胞。它们在这里已经有 35 亿年了。这是微生物的世界，我们只是生活在其中。这些万千种类中的大多数都对我们漠不关心。只有约 1400 种已知微生物能对人类致病。尽管我们拥有免疫系统这样卓越的防御性武器，但这些微生物还是进化出分子工具——各种致病因子能够威胁我们。一个充满病原体的星球的崛起，是微生物进化的结果，而人类数量的激增以及我们在全球范围内无情地改变地貌的行为，反过来又深刻影响了微生物的进化。进化是由随机突变的盲目力量所推动的，但我们创造了进化进行修改和实验的环境。[6]

在本书中，我们只是处于一种新认知的初始阶段，正挣扎着从越来越多的混乱的新数据中理出头绪。世界各地的实验室不断发现这样的事实：历史上的重要病原体都非常年轻。微生物基因学的未来发展很可能会进一步彰显出过去几千年来（并且一直到今天）物种进化的戏剧性。我们关于"新兴传染病"的意识就是认识到创造性的进化破坏力还在持续，甚至可能在加速。但到目前为止，大多数新兴传染病的分类只算到大约一百年前左右出现的传染病。这一时间跨度是武断的，并且具有误导性。在过去几千年中，致病性微生物进入了一个进化骚动的新时代。罗马帝国就被卷入了这条剧烈加速的湍流中。

古人敬畏命运女神可怕的统治，他们以自己的方式意识到，历史的主宰者似乎是结构与机缘——自然法则与纯粹运气的混合体。罗马人生活在人类历史中的一个决定性时刻，罗马人无法想象，他们所建立的文明正是自身成功和无常环境的受害者。罗马人持久让我们着迷的力量，至少在某种程度上是来自于我们关于他们的知识所带来的惋惜之情——他们正站在未知变化的无形边缘上。人类与自然漫长且错综复杂的故事充满了悖论、惊奇和盲打误撞。这就是为什么历史的特殊性很重要。和人类一样，自然也很狡猾，但是受制于过去的境遇。我们的故事和这个星球的故事是密不可分的。

我们可能会在许多方面看到，环境在创造并毁灭历史上最耀眼的文明之一中发挥了重要作用。罗马不可避免地成了一面镜子和一种尺度。但是，我们不应该把罗马看作是一个灭亡文明的实例教训。相反，作为一个未完故事的一部分，罗马人的经验很重要。罗马人与自然的相遇，代表的不是一个永远消失的古代世界的最后一幕，而是一场新戏剧的序章，这样的情节仍在我们周围继续上演。在一个发展过快的全球世界，大自然的复仇开始显现，尽管人们一直在幻想一切都在掌控之中……这一切听起来似乎并不陌生。在这个文明的命运中，自然环境的支配地位以我们未曾想象的方式，将我们与罗马人彼此拉近，拥在一起，为古老的奇观和未知的将来欢呼。

致　谢

　　在这个课题项目中，我所得到的帮助远远多于我所能表达的感谢，在同事、机构、朋友和家人的支持下，我完成了这本书，感激之情超出了我的表达能力。这个项目最初是由古根海姆基金会慷慨资助的。在过去几年中，我有幸能与各地颇具想法的听众分享这一论题的不同版本，受益匪浅，这些地方包括伯克利、哥伦比亚大学、耶鲁大学、普林斯顿大学、印第安纳大学、俄克拉何马大学科学史讨论会和校长联合会、斯坦福大学（我很幸运，在那里短暂地做过访问学者）和哈佛大学（曾有过多次交流）。

　　承蒙几位同事和我分享了他们的数据，尤其是丽贝卡·高兰和克里斯蒂娜·基尔格罗夫，她们不仅是杰出的学者，而且是慷慨和开放的典范。我还要感谢许多同事，他们分享了自己的工作进展，或是就我的工作提出自己的想法，包括卡姆·格雷、科林·埃利奥特、吉勒斯·布朗斯堡、利蒂希娅·奇科利尼、克利福德·安多、彼得·特明、约瑟夫·布赖恩特、亚当·伊兹德布斯基、布伦特·肖，马塞尔·凯勒、早利·格鲁伯和约翰·马尔霍尔。我要感谢马扎·科明科协助我追查到一幅图像；杰克·塔努斯分享了关于鼠疫鲜为人知却非常精彩的参考资料；约瑟夫·欣内布施为我解答关于跳蚤的问题；亨德里克·波伊纳尔和安娜·达根和我进行了关于天花的有益讨论。

大卫·博伦校长领导下的俄克拉何马大学是一个了不起的地方。在我的人生中，这里给了我许多非凡的机会，我对朋友、老师和同事给予我的不断支持深表感激。我很幸运能得到斯凯勒·安德森和史蒂文·索恩这样有能力的研究助理来协助这个项目。托德·费金是一位才华横溢的制图师，负责整本书的地图。大学图书馆的专门小组值得特别说明。克里·马格鲁德和乔安·帕尔梅里提供了专业的协助。流通与馆际互借团队一直都在向我提供帮助，而且有无限的耐心。多年来，古典学与文学系一直是个美好而富足的家，我也要感谢曾经有幸一起共事过的教务处同事。许多部门的同事，包括气象学系、人类学系、生物学系和历史系，都好心忍受了我不断的询问，并教给我很多东西。对所有的同事、朋友和学生，我很感激。比尔、大卫、路易斯、斯科特、安德鲁，谢谢你们所做的一切。总之，从头到尾，这是一本俄克拉何马大学的书：Boomer Sooner[*]。

能与普林斯顿大学出版社合作是我的荣幸。事实证明，杰伊·博吉斯是名王牌编辑。马特·罗哈尔和卡伦·卡特非常友善而且乐于助人。从起始到完成，我的编辑罗布·滕皮奥在许多方面引导着这本书的出版；许多大大小小的改进都要归功于他优秀的判断力，这本书也因此变得更好。

我有幸得到沃尔特·沙伊德尔、约翰·麦克尼尔和威廉·哈里斯三位专家的慷慨评审，他们广泛而坦诚的建议使我避免了许多错误，并强化了整个论证过程。我很感激安·卡迈克尔阅读了我的部分手稿，并告诉我许多有关疾病史的信息。同样，米歇尔·齐

---

* 俄克拉何马大学的战歌。

格勒也好心阅读了关于鼠疫的章节，并提出宝贵的建议。丹尼尔·萨金特读了这本书的内容，提供了一些我得到的最有帮助的建议。我很感激克里斯·梅，他以非凡的细心和洞察力阅读了整篇手稿，他的医学经验使我的思考和表达变得更加敏锐。斯科特·约翰逊也是一位了不起的朋友和慷慨的同事，他几乎对每一页都作出了评论。谢谢你们所有人。

　　在我的人生中，从埃德蒙公立学校到俄克拉何马大学和哈佛大学，我总是非常幸运地遇到优秀的老师，我希望这本书是对他们的影响和启发的小小致敬。已故的 J. 鲁弗斯·费尔斯在俄克拉何马大学的本科高级课程中，带我走进了"罗马帝国的衰亡"这个话题，我在写这本书的时候，曾经无数次想起他。我的研究生导师克里斯托弗·琼斯告诉我，关于罗马人还有很多东西需要研究；多年来，他的学术榜样和不变的友谊一直是一种鼓励。还有，这本书带有迈克尔·麦考密克的明显印记。由于他的进取心和创造力，在我还是一名研究生的时候，就被使用自然科学来照亮人类过去的令人振奋的可能性所包围。多年来，迈克尔对我的支持无以计数。"人类历史科学计划"（The Initiative for the Science of the Human Past）是科学与人文学科交汇的前沿研究的典范，我很感激迈克尔给了我这么多参与的机会。如果没有他，这本书就不会存在。

　　最后，感谢我的母亲和全家人，感谢你们的爱、牺牲和支持。米歇尔，在我所做的每一件事情上，你都是我真正的、最爱的伴侣，这本书是我们的书。西尔维、奥古斯特和布莱斯——你们是我最好的朋友，这是献给你们的。

附录 A

意大利历史人口的股骨长度数据

遗址	参考	样本个数（男性）	样本个数（女性）	年代	男性股骨（毫米）	女性股骨（毫米）	原始数据/重建数据
Spina	Marcozzi and Cesare 1969	6	–	前 1000—前 600 年	448.8	–	重建
Atestino (Padova) = Este	Corrain 1971	5	1	前 9—前 6 世纪	469.1	391.0	重建
Osteria dell'Osa	Becker 1992	47		前 900—前 650 年	449.1		重建
Campovalano Abruzzo	Coppa et al. 1987	6	6	前 10—前 4 世纪	456.5	424.3	原始
Monte Casasia（西西里）	Facchini and Brasili Gualandi 1980	19	11	前 7—前 6 世纪	443.1	414.5	原始
Castiglione	Facchini and Brasili Gualandi 1977–9a	7	8	前 7—前 6 世纪	434.4	409.0	原始
Salapia	Corrain, Capitanio, and Erspamer 1972	9	8	前 9—前 3 世纪	436.8	412.1	原始
Sirolo (Numana, Marche)	Corrain and Capitanio 1969	7	1	前 8—前 4 世纪	450.1	413.0	原始
Camerano I	Corrain, Capitanio, and Erspamer 1977	27	7	前 6—前 5 世纪	454.3	417.5	原始

续前表

遗址	参考	样本个数（男性）	样本个数（女性）	年代	男性股骨（毫米）	女性股骨（毫米）	原始数据/重建数据
Selvaccia	Pardini and Manucci 1981	9	5	前6—前5世纪	455.9	408.3	重建
S. Martino in Gattara Ravenna	Facchini 1968 2	2	1	前5世纪	465.0		原始
Pontecagnano	Pardini et al. 1982	145	84	前5—前4世纪	452.0	416.6	重建
Certoso di Bologna	Facchini and Evangelisti 1975	4	4	前5—前4世纪	431.0	403.0	重建
Pantanello / Metaponto	Carter 1998	20	40	前515—前275年	427.3	410.5	原始
Rutigliano (Bari)	Scattarella and De Lucia 1982	16	13	前6—前4世纪	438.0	416.0	原始
Satricum (S Lazio)	Becker 1999	6	4	前5—前3世纪	474.0	411.0	原始
Tarquinia	Mallegni, Fornaciari, and Tarabella 1979	5	5	前6—前2世纪	455.5	417.3	重建
Camerano II	Corrain, Capitanio, and Erspamer 1977	30	14	前4—前3世纪	450.3	410.3	原始
Tarquinia	Becker 1993	13	11	前4—前3世纪	455.9	420.0	重建
Dos dell'Arca (Valcamonica)	Corrain and Capitanio 1967	3	4	前5—前2世纪	453.7	431.4	重建
Monte Bibele (Bologna)	Gruppioni 1980, Brasili Gualandi 1989	10	4	前4—前2世纪	445.3	417.5	重建
Castellaccio Europarco (republican)	Killgrove 2010a	6	4	前4—前1世纪	431.0	393.0	原始

续前表

遗址	参考	样本个数（男性）	样本个数（女性）	年代	男性股骨（毫米）	女性股骨（毫米）	原始数据/重建数据
Valeggio (sul Mincio, Verona)	Capitanio 1986–7	12	6	前 1 世纪—公元 1 世纪	422. 0	415.0	重建
Collelongo (Aquila)	Borgognini Tarli and La Gioia 1977	14	10	前 1 世纪—公元 1 世纪	422. 0	407.0	重建
Pompeii	Lazer 2009	148	?	79 年	440.0	407.5	原始
Pompeii	Henneberg and Henneberg 2002	?	?	79 年	444.7	408.0	重建
Pompeii	Gowland and Garnsey 2010	?	?	79 年	433.2	407.5	重建
Herculaneum	Capasso 2001	?	?	79 年	423.6	395.1	重建
Via Collatina	Buccellato et al. 2008	?	?	70—200 年	452.1	412.6	重建
Le Palazzette (Ravenna)	Facchini and Brasili Gualandi 1977–9b	12	11	1—3 世纪	448.7	410.6	重建
Potenzia	Capitanio 1974	9	6	1—3 世纪	443.2	425.0	原始
Via Basiliano	Buccellato et al. 2003	?	?	70—240 年	452.1	416.2	重建
Urbino	Corrain, Capitanio, and Erspamer 1982	29	12	1—3 世纪	450.2	396.0	原始
Casal Bertone	Killgrove 2010a	20	7	1—3 世纪	439.0	410.6	原始
Castellaccio Europarco (imperial)	Killgrove 2010a	19	6	1—3 世纪	443.5	383.3	原始

遗址	参考	样本个数（男性）	样本个数（女性）	年代	男性股骨（毫米）	女性股骨（毫米）	原始数据 / 重建数据
Tomba Barberini	Catalano et al. 2001a, 2001b	12	7		445.3	405.7	重建
Quadraro	Catalano et al. 2001a, 2001b	9	7		448.3	413	重建
Serenissima	Catalano et al. 2001a, 2001b	9	7		445.3	403.2	重建
Vallerano	Catalano et al. 2001a, 2001b; Cucina et al. 2006	8	3		452.5	421.5	重建
Casal Ferranti/ Osteria Curato	Catalano 2001a, 2001b	7	2		447	417.4	重建
Fano	Corrain, Capitanio, and Erspamer 1982	7	5	2—3 世纪	451.7	401.7	原始
Bagnacavallo (Ravenna)	Facchini and Stella Guerra 1969	6	3	2—3 世纪	434.0	401.0	重建
S. Vittorino	Catalano 2001a, 2001b	4	3		456.5	414.2	重建
Velia	Gowland and Garnsey 2010				443.5	407.2	原始
Isola Sacra	Gowland and Garnsey 2010			1—3 世纪	437.4	409.0	原始
Basiliano	Gowland and Garnsey 2010				449.1	404.2	原始
Serenissima	Gowland and Garnsey 2010				437.1	395.2	原始
Lucrezia Romana	Gowland and Garnsey 2010				451.0	410.0	原始

遗址	参考	样本个数（男性）	样本个数（女性）	年代	男性股骨（毫米）	女性股骨（毫米）	原始数据/重建数据
Potenzia	Corrain, Capitanio, and Erspamer 1982	13	8	2—4 世纪	441.4	418.6	原始
La Marabina (Classe, Ravenna)	Martuzzi Veronesi and Malacarne 1968	4		2—4 世纪	422.5		原始
Mont–Blanc Aosta fase 2 (VAO)	Corrain, Capitanio, and Erspamer 1986; Corrain and Capitanio 1988	46		2—4 世纪	438.0		重建
Castellecchio di Reno (BO)	Belcastro and Giusberti 1997	21	11	2—4 世纪	457.0	419.3	重建
Civitanova Marche (MAR)	Corrain, Capitanio, and Erspamer 1982; Erspamer 1985	23	23	4 世纪	451.2	406.3	原始
Vadena (Laimburg) Bozen	Capitanio 1981	6		350—410 年	–	439.0	重建
Mont–Blanc Aosta fase 2 (VAO)	Corrain, Capitanio, and Erspamer 1986; Corrain and Capitanio 1988	39		4—5 世纪	438.8		重建
Agrigento	Carra 1995	7	7	多数为 350—450 年	444.1	400.6	重建

续前表

遗址	参考	样本个数（男性）	样本个数（女性）	年代	男性股骨（毫米）	女性股骨（毫米）	原始数据/重建数据
Chieri (PIE)	Mallegni et al. 1998	15	8	5—6 世纪	428.1	414.2	重建
Dossello di Offanengo (Cremona)	Capitanio 1985	4		5—8 世纪	474.0		原始
Centallo (PIE)	Mallegni et al. 1998	36	13	6—7 世纪	414.7	400.0	重建
Mola di Monte Gelato	Conheeney 1997	3	8	中世纪初	447.3	418.2	原始
Mont–Blanc Aosta fase 2 (VAO)	Corrain, Capitanio, and Erspamer 1986; Corrain and Capitanio 1988	27		6—7 世纪	441.5		重建
Rivoli (PIE)	Mallegni et al. 1998	7	2	6—8 世纪	421.8	391.1	重建
Mont–Blanc Aosta fase 2 (VAO)	Corrain, Capitanio, and Erspamer 1986; Corrain and Capitanio 1988	47		7—8 世纪	442.5		重建
Acqui (PIE)	Mallegni et al. 1998	15	8	7—11 世纪	418.4	386.2	重建
Atesino	Corrain 1971	5	1	前 1000—前 300 年	469.1	391.0	原始
Fermo	Corrain and Capitanio 1972	4	5	前 9—前 6 世纪	455.2	426.4	原始
Monte Saraceno (Mattinata, Gargano)	Corrain and Nalin 1965	5	3	前 7—前 6 世纪	434.6	402.7	原始

附录 B

第一次大规模鼠疫期间的扩散事件

（558—749）

在这份扩散事件的目录中，在每一条我认为可能与上一条有所关联的内容前面，都写了备注。

1. 时间：558 年

影响地区：君士坦丁堡

说明：阿加提阿斯很好地描述了腺鼠疫和败血型鼠疫的症状。根据阿加皮奥（Agapios）的说法，这次疫情也影响了周边农村。

资料来源：

Agathias, *Hist.* 5.10

John Malalas, *Chron.* 18.127 (489)

Theophanes, *Chron.* AM 6050

Agapios, *Kitab al-Unwan*

另参见：Stathakopoulos no. 134

2. 可能是事件 1 的延续。

时间：561—562 年

影响地区：奇里乞亚、叙利亚、美索不达米亚、波斯

说明：据塞奥法尼斯（Theophanes）的说法，561 年在奇里乞亚和阿奈宰尔波斯（Anazarbos）[与斯泰撒科普洛斯（Stathakopoulos）和康拉德（Conrad）相反，我认为他并没有将安条克包括在 561 年的事件内] 发生了大规模死亡事件（没有指明是腺鼠疫）。但是，斯泰撒科普洛斯提出了令人信服的理由，说明小西米恩（Simeon the Younger）的《传记》

（*Vita*）126—129 中所描述的安条克瘟疫就发生在公元 561 年左右。一位名叫托马斯的美索不达米亚牧师撰写了一部叙利亚编年史，其中描述了一场始于公元 562 年 4 月的鼠疫，大概位于叙利亚西部。关于在叙利亚以及约瑟夫担任主教期间的萨珊王国暴发的众多次腺鼠疫中，这一次是最好的研究对象，这场疫病使约瑟夫的历史形象变得晦暗。这次瘟疫应该是埃瓦格里乌斯提到的第二次瘟疫（一共有四次），但我同意斯泰撒科普洛斯的意见，埃瓦格里乌斯没有理由把这次事件推定为公元 558 年。有证据显示，第二次腺鼠疫始于奇里乞亚，并在公元 561—562 年间向东传播。这次扩散可能与三年前君士坦丁堡的鼠疫复发有关，也可能是起源于安纳托利亚东部的某个匿藏地。

资料来源：

Theophanes, *Chron.* AM 6053

Vita Symeon Stylites Junior, 126–129

Chron. ad a. 640 (tr. Palmer, *The Seventh Century in the West-Syrian Chronicles*, p. 15)

Barhadbsabba, PO 4, p. 388–389

Chron. Seert, PO 7, pp. 185–186

Amr ibn Matta, ed. Gismondi p. 42–43

另参见：Stathakopoulos no. 136

3. 时间：565—571 年

影响地区：利古里亚、意大利北部

说明：在一篇最能引起共鸣的西方鼠疫记载中，执事保罗描述了一场始于利古里亚的疫情，它的毁灭性影响一路席卷向北，止步于巴伐利亚人和阿拉曼尼人的边界，只影响了罗马人。按照年序线索，它发生在纳尔塞斯（Narses）[*]在意大利活动的末期，以及查士丁二世统治的头几年。因此，同斯泰撒科普洛斯一样，我倾向于将这次瘟疫定位于 570—571 年左右，并将其与下一个事件联系起来。

资料来源：

Paul the Deacon, *Hist. Langobardorum* 2.4

另参见：Stathakopoulos no. 139

---

[*] 查士丁一世时的拜占庭帝国将军。

4. 可能是事件 3 的延续。

　　时间：571 年

　　影响地区：意大利、高卢

　　说明：马里乌斯（Marius）记录了一场在意大利和高卢夺去许多生命的瘟疫。与第一次来袭不同，这次瘟疫到达了格列高利的家乡，位于奥弗涅的克莱蒙。它还袭击了里昂、布尔日、索恩河畔沙隆和第戎。因此，我倾向于将这次事件以及前面第 3 条有关的扩散事件，看作是一次更广泛的事件。这次瘟疫到达了意大利的里维埃拉，然后向内陆渗透，抵达高卢南部，然后沿罗讷河移动。

　　资料来源：

　　　　Marius of Avenches, an. 571

　　　　Gregory of Tours, *Lib. hist.* 4.31–32

　　另参见：Stathakopoulos no. 144

5. 时间：573—574 年

　　影响地区：君士坦丁堡、埃及、东方

　　说明：比克拉罗的约翰（John of Biclaro）的目击证词着重指出，腺鼠疫又一次摧残了君士坦丁堡；叙利亚人迈克尔（Michael the Syrian）认为，首都每天有 3000 人死亡。所有资料都一致认为首都的疫情很严重。尼基乌的约翰（John of Nikiu）来自埃及，他认为，瘟疫已经影响了"所有地方"。阿加皮奥和叙利亚人迈克尔也声称，这次疫病流传很广。这大概是埃瓦格里乌斯统计的四次疫情中的第三次。

　　资料来源：

　　　　John of Biclaro, an. 573 (MGH AA 11, p. 213)

　　　　Agapios, *Kitab al-Unwan*

　　　　John of Nikiu, 94.18

　　　　Chron. ad an. 846

　　　　Michael the Syrian, 10.8 (346)

　　另参见：Stathakopoulos no. 145

6. 时间：582—584 年

　　影响地区：高卢西南部

说明：格列高利听说，腺鼠疫曾于公元 582 年在纳博讷肆虐。公元 584 年，他又一次记录了许多地方的瘟疫，特别是纳博讷的，这里的居民在鼠疫第一次出现的三年后回到这里；他们错误地认为自己已经安全，然而却死去了。阿尔比城也惨遭不幸。纳博讷是个沿海城市，这再次说明鼠疫来自海上并向内陆渗透。如果格列高利的报告是完整的，那么这次扩散的范围比较有限，而且凌乱。

资料来源：Gregory of Tours, *Lib. hist.* 6.14 & 6.33

7. 时间：586 年

影响地区：君士坦丁堡

说明：没有具体的信息表明，这次瘟疫是腺鼠疫，但据阿加皮奥记述，在莫里斯统治的第四年，首都有 40 万人死亡。虽然这一数字只能说明"人数非常之多"，但先前关于瘟疫"波次"的概念，可能低估了这次君士坦丁堡的扩散事件是腺鼠疫的可能性，这仍然有待确定。

资料来源：Agapios, *Kitab al-, Unwan*

8. 时间：588 年

影响地区：高卢

说明：格列高利提供了一个非常生动、在流行病学上可信的叙述。当一艘来自西班牙的船停靠在马赛时，一次扩散事件开始了。某个家庭几乎立刻死去，然后是一段沉寂，接着，整个城镇在瘟疫中燃烧了两个月；瘟疫停止了，然后复发，这可能与炎热的夏天使疫情减缓有关。此外，马赛的瘟疫沿罗讷河迅速蔓延到里昂城外的一个村庄。

资料来源：

Gregory of Tours, *Lib. hist.* 9.21–22

9. 时间：590—591 年

影响地区：罗马、纳尔尼、罗讷河流域

说明：在极端的洪水之后，罗马暴发了严重的瘟疫。贝拉基二世去世，大格列高利成为教皇。大格列高利还记录了在阿维尼翁和维维耶暴发的腺鼠疫，再次强调了河流运输网对腺鼠疫传入高卢的重要性。在 *Ep.*2.2 中，大格列高利提到了 591 年在纳尔尼的一场流行病，表明瘟疫渗透到了意大利内陆。

资料来源：

　　Gregory of Tours, *Lib. hist.* 10.1 & 10.23

　　Gregory the Great, *Dial.* 4.18, 4.26, 4.37; *Ep.* 2.2

　　Paul the Deacon, *Hist. Langobardorum* 3.24

　　Liber pontificalis 65

另参见：Stathakopoulos no. 151

10. 可能与事件 9 有关。

时间：591 年

影响地区：拉文纳、格拉多、伊斯特里亚

说明：据执事保罗记录，瘟疫袭击了位于亚得里亚海的三个地方。

资料来源：

　　Paul the Deacon, *Hist. Langobardorum* 4.4

另参见：Stathakopoulos no. 154

11. 时间：592 年

影响地区：叙利亚、巴勒斯坦

说明：腺鼠疫第四次袭击了安条克，这一次，瘟疫杀死了埃瓦格里乌斯的女儿和孙子。来自费南的墓葬铭文提到，全世界死去了三分之一的人。这次扩散可能就是哈桑·伊本·萨比特（Hassan ibn Thabit）的诗歌中所描述的事件，尽管无法确认。

资料来源：

　　Evagrius, *Hist. eccl.* 4.29

　　Inscriptions from Palaestina Tertia Ib, nos. 68–70

　　Hassan ibn Thabit (Conrad 1984)

另参见：Stathakopoulos no. 155

12. 时间：597 年

影响地区：塞萨洛尼基及其乡村

说明：《德梅特留斯的奇迹》（*Miracles of Demetrius*）一书的作者声称，上帝不仅给这座城市，还给整个乡村带来了腺鼠疫，导致人们大量死亡。阿瓦尔人因为听说人口减少而袭击了这座城市。斯泰撒科普洛斯提供了非常有说服力的理由，将这次暴发定位于 597 年。

资料来源：

   Mir. Demetr. 3 & 14

另参见：Stathakopoulos no. 156

13. 可能与事件 12 有关。

  时间：598 年

  影响地区：色雷斯

  说明：入侵的阿瓦尔人遭到腺鼠疫的袭击，据说 "查甘"（Chagan）在一天之内失去了七个儿子。

  资料来源：

   Theophylact Simocatta, 7.15.2

  另参见：Stathakopoulos no. 159

14. 可能与事件 12 和事件 13 有关。

  时间：599—600 年

  影响地区：君士坦丁堡、小亚细亚、叙利亚、北非、意大利

  说明：迈克尔的编年史记录了君士坦丁堡令人难以置信的死亡数字（318 万），并声称疫情席卷了比提尼亚和 "亚洲" 所有地方。据《公元 1234 年纪事》（*Chronicle of 1234*）记录，君士坦丁堡有 38 万受害者。在 *Ep.* 9. 232 中，格列高利描述了一场席卷罗马、附近其他城市、非洲以及东方的毁灭性死亡事件。他明确指出，这种疾病从东方兴起，那里甚至更加荒凉。在没有具体年代的情况下，保罗记录了另一次发生在拉文纳的疫情，然后是维罗纳。埃利亚斯（Elias）和托马斯还证实了发生在叙利亚的疫情。

  资料来源：

   Michael the Syrian, 10.23 (387)

   Chronicon ad an. 1234

   Gregory the Great, *Ep.* 9.232, 10.20

   Paul the Deacon, *Hist. Langobardorum* 4.14

   Elias of Nisibis, an. 911

   Thomas of Marga, *Book of Governors* 11

  另参见：Stathakopoulos no. 160

15. 时间：609 年

　　影响地区：西班牙

　　说明：科尔多瓦的一篇拉丁文墓志铭描述了一个死于腺鼠疫的受害者，这次扩散事件没有其他佐证。

　　资料来源：

　　　　CIL II 7.677

16. 时间：610 年

　　影响地区：中国

　　资料来源：参见 Twitchett 1979

17. 时间：610—641 年

　　影响地区：君士坦丁堡

　　说明：希拉克略统治时期，首都发生了一场致命的瘟疫。目前还未发现其他疫情。斯泰撒科普洛斯把这次暴发与布施者约翰在亚历山大里亚见到的瘟疫联系起来。

　　资料来源：

　　　　Mirac. sanct. Artemii 34

　　另参见：Stathakopoulos no. 173

18. 时间：626—628 年

　　影响地区：巴勒斯坦、美索不达米亚

　　说明：迈克尔记录了巴勒斯坦的一场严重瘟疫。根据欧提基乌斯（Eutychius）、塔巴里（al-Tabari）以及其他许多阿拉伯语资料，疫病也出现在波斯王国。塔巴里声称，大部分波斯人都死亡了。

　　资料来源：

　　　　Michael the Syrian, 11.3 (409)

　　　　Eutychius, *Annales*

　　　　al-Tabari 1061

　　　　Arabic sources in Conrad, p. 159ff.

　　另参见：Stathakopoulos nos. 177, 178

19. 时间：627—628 年

影响地区：新疆哈密

说明：中文资料记录了发生在突厥人中间的一次瘟疫，但尚不明确是否是淋巴腺鼠疫。

资料来源：

> Julien 1864, p. 231

20. 时间：638—639 年

影响地区：巴勒斯坦、叙利亚、美索不达米亚

说明：一场瘟疫袭击了巴勒斯坦、叙利亚和美索不达米亚。它被称为"阿姆瓦斯瘟疫"，在阿拉伯传统中非常著名。

资料来源：

> Michael the Syrian, 11.8 (423)
>
> Elias of Nisibis, (AH 18)
>
> *Chronicle of 1234*, 76 (AH 18)
>
> Arabic sources in Conrad, pp. 167ff.

另参见：Stathakopoulos no. 180

21. 时间：664—666 年

影响地区：英格兰和爱尔兰

说明：据比德（Bede）描述，一场始于英格兰东南部的瘟疫席卷了整座岛屿以及爱尔兰。阿达姆南（Adamnan）将其描述为两次全球瘟疫中的第一次。对腹股沟淋巴结炎的描述，以及其广泛传播的性质，都证明了腺鼠疫的可能性。

资料来源：

> Adamnan, *Vita Columbae* 47
>
> Bede, *Hist. eccl.* 3.23, 27, 30; 4.1, 7, 8
>
> Bede, *Vit. Cuthb.* 8 (*Two Lives of Saint Cuthbert*, 180–85)

另参见：Maddicott 2007

22. 时间：670—671 年

影响地区：库法（美索不达米亚）

说明：库法暴发了一次腺鼠疫，但在其他地方没有得到证实。

资料来源：

    Arabic sources in Conrad, pp. 250–53

另参见：Stathakopoulos no. 185

23. 时间：672—673 年

    影响地区：埃及、巴勒斯坦、美索不达米亚

    说明：塞奥法尼斯记录了埃及的一次死亡事件（他在简洁的报告中没有特别指明这是腺鼠疫）。阿加皮奥声称，腺鼠疫袭击了埃及和巴勒斯坦。在美索不达米亚，库法和纳杰夫都有鼠疫存在的明确证据。

    资料来源：

    Theophanes, *Chron.* AM 6164

    Agapios, *Kitab al-Unwan*

    Arabic sources in Conrad, pp. 253ff.

另参见：Stathakopoulos no. 186

24. 时间：680 年

    影响地区：罗马、帕维亚

    说明：据保罗描述，一场严重的流行病在罗马和帕维亚持续了三个月（7—9 月）。斯泰撒科普洛斯认为这是腺鼠疫，他的论证有一定道理。

    资料来源：

    Paul the Deacon, *Hist. Langobardorum* 6.5

    Liber pontificalis 81

    另参见：Stathakopoulos no. 192

25. 时间：684—687 年

    影响地区：英格兰和爱尔兰

    说明：据比德描述，一场瘟疫肆虐了"许多行省"。阿达姆南将此描述为两次全球瘟疫中的第二次。

    资料来源：

    Adamnan, *Vita Columbae* 47

    Bede, *Hist. eccl.* 4.14

    另参见：Maddicott 2007

26. 时间：687—689 年

影响地区：叙利亚、美索不达米亚

说明：约翰·巴尔·彭凯（John bar Penkaye）以一种高度末日论的风格，描述了一场毁灭性的腺鼠疫。一场同时期的饥荒留下了很多记录。阿拉伯语资料详记述了这次扩散事件造成的巨大损失，将其称为"洪流般的瘟疫"。正如康拉德所论证的，我们目前还不清楚，应该将 7 世纪 80 年代出现的状况设想为单一的扩散事件，还是短时间内的一系列爆发。

资料来源：

> John bar Penkaye, *Rish melle*
>
> Arabic sources in Conrad, pp. 263ff.

另参见：Stathakopoulos nos. 194, 195

27. 可能与事件 26 有关联。

时间：689—690 年

影响地区：埃及

说明：根据记载，埃及爆发了一次腺鼠疫。康拉德认为，将这次事件与第 26 条联系起来的理由不够充分。

资料来源：

> Arabic sources in Conrad, pp. 271ff.

另参见：Stathakopoulos no. 196

28. 时间：693 年

影响地区：西班牙、高卢西南部

说明：据《公元 754 年的莫札拉比纪事》记载，国王埃吉卡（Egica）时期暴发了一场腺鼠疫，这可能与一项法律中记载的腺鼠疫死亡事件有关，该法律强化了第十六次托莱多地方议会的法案；第十七次议会的皇家法案中，描述了纳尔波南西斯（Narbonensis）人口缩减的情况。

资料来源：

> *Mozarabic Chronicle of 754*, 41

另参见：Kulikowski 2007, p. 153–154

29. 时间：698—700 年

影响地区：君士坦丁堡、叙利亚、美索不达米亚说明：瘟疫于同一年出现在君士坦丁堡和叙利亚。皇帝莱昂蒂乌斯（Leontius）疏通了尼奥瑞恩港，这说明人们认为该港口及其水域与瘟疫病因有关。《公元 819 年纪事》中提到，它覆盖了“叙利亚所有地区”。瘟疫从那里向东蔓延。正如斯泰撒科普洛斯指出的，我们掌握的信息还不够详细，无法确认鼠疫是从叙利亚传播到君士坦丁堡的，还是反之，尽管康拉德的假设很有吸引力，他认为瘟疫从叙利亚开始，并沿这两个方向向外扩散。

资料来源：

　　Elias of Nisibis (AH 79 and 80)

　　Chron. ad an. 819, AG 1011

　　Arabic sources in Conrad, pp. 274ff.

　　Theophanes AM 6190 & 6192

　　Nikephoros, *Brev.* 41

　　Leo Grammaticus, *Chron*, ed. Bekker p. 167

另参见：Stathakopoulos nos. 198 and 199

30. 时间：704—706 年

影响地区：叙利亚、美索不达米亚

说明：迈克尔的编年史声称，一场严重的瘟疫杀死了（可能是叙利亚）三分之一的人口。从 706 年起，瘟疫到达伊拉克，袭击了巴士拉和库法。它被称为“少女的瘟疫”（Plague of the Maidens）。

资料来源：

　　Michael the Syrian, 11.17 (449)

　　Chron. Zuqnin (AG 1016)

　　Arabic sources in Conrad, pp. 278ff.

另参见：Stathakopoulos nos. 201, 203

31. 时间：707—709 年

影响地区：西班牙

说明：在 707、708 和 709 年，一场瘟疫杀死了安达卢斯（al-Andalus）一半的人口，为后来的征服铺平了道路。

资料来源：

　　Akhbar majmu a, 7.BkS, tr. James 2012

另参见：Kulikowski 2007

32. 时间：713 年

　　影响地区：叙利亚

　　说明：在一系列灾难中，据说腺鼠疫是上帝送来的，它袭击了安条克。

　　资料来源：

　　　　　Chronicle of Disasters (AG 1024)

　　　　　Michael the Syrian, 11.17 (452)

　　　　　Chron. ad an. 819 & ad an. 846 (AG 1024)

　　另参见：Stathakopoulos no. 205

33. 时间：714—715 年

　　影响地区：埃及

　　说明：据塞韦罗斯（Severos）说，在主教亚历山大二世时期，瘟疫连年复发，导致大规模死亡。致病因子的身份证据是间接的，但斯泰撒科普洛斯和康拉德都认为这与腺鼠疫有关。

　　资料来源：

　　　　　Severos, *History of the Patriarchs*, 17

　　另参见：Stathakopoulos no. 207

34. 时间：718—719 年

　　影响地区：叙利亚、美索不达米亚

　　说明：虽然这场瘟疫可能与围攻君士坦丁堡的阿拉伯军队中流行的疫病有关，但军队中的疫病太过常见，因此推断这些事件与叙利亚和美索不达米亚地区暴发的腺鼠疫之间存在关联非常危险。可以肯定的是，叙利亚的瘟疫再次蔓延到了伊拉克。

　　资料来源：

　　　　　Arabic sources in Conrad, pp. 286ff.

　　另参见：Stathakopoulos no. 209

35. 时间：725—726 年

　　影响地区：叙利亚、美索不达米亚

　　说明：包括正在圣地旅行的西方朝圣者威利鲍尔德（Willibald）在

内的许多证人指出，叙利亚暴发了严重的腺鼠疫。叙利亚人迈克尔表示，
美索不达米亚也遭到袭击。而且发生了动物流行病。

资料来源：

Theophanes, *Chron.*, AM 6218

Vita Willibaldi, 4

Michael the Syrian, 11.19 (436)

Agapios, *Kitab al-Unwan*

Elias of Nisibis (AD 107)

Chron. ad an. 819 (AD 1036)

另参见：Stathakopoulos no. 213

36. 时间：729 年

影响地区：叙利亚

说明：根据迈克尔的记录，叙利亚暴发了一次腺鼠疫。

资料来源：

Michael the Syrian, 11.21 (463)

37. 时间：732—735 年

影响地区：埃及、巴勒斯坦、叙利亚、美索不达米亚

说明：一场瘟疫从埃及和巴勒斯坦（阿加皮奥）一直延伸到叙利亚
（塞奥法尼斯）和美索不达米亚（阿拉伯语资料）。

资料来源：

Theophanes, *Chron.* AM 6225

Agapios, *Kitab al-Unwan*

Arabic sources in Conrad, pp. 291ff.

另参见：Stathakopoulos no. 214

38. 时间：743—749 年

影响地区：埃及、北非、叙利亚、美索不达米亚、西西里、意大利、
希腊、君士坦丁堡、亚美尼亚

说明：第一次大规模鼠疫的最后一次暴发，这是自鼠疫出现以来，
覆盖地理范围最广的一次。阿拉伯语资料认为，疫病的源头来自美索不
达米亚北部，尽管它在埃及暴发的时间同样早，并且连续几年每年暴发

一次。它向西传播，从北非跃入西西里岛，从那里感染了意大利大陆，可能包括罗马，然后又迅速向东扩散到君士坦丁堡，在那里，它在几年时间里造成了毁灭性的死亡率。

资料来源：

Severos, *History of the Patriarchs* 18

Michael the Syrian, 11.22 (465–66)

Chron. Zuqnin, an. 1055–56, an. 1061–62

Chron. ad an 1234

Theophanes, *Chron.* AM 6238

Nikephoros, *Brev.* 67

Nikephoros, *Antirhetikos* 3

Theodore Studites, *Laud. Platonis* (PG 99: col. 805)

Glycas, *Annales*, p. 527

John Zonaras, *Epit. hist.* 15.6

John of Naples, *Gesta episcoporum neapolitanorum* 42 (with Mc- Cormick 2007, p. 292)

Arabic sources in Conrad, pp. 293ff.

另参见：Stathakopoulos no. 218–22

注 释

引言 自然的胜利

1. 关于这次造访的相关仪式和其他类似仪式，见 McCormick 1986, 123–24。关于古代晚期的罗马人口，见 Van Dam 2010；Harris 1999b 中的文章；Sirks 1991；Durliat 1990。这份公共清单保存在两份相关的文件中，叫作 *Curiosum* 和 *Notitia*，编选于 Nordh 1949。读者需要知晓，它们更接近于商会手册，而不是严格的人口普查。参见 Arce 1999; Reynolds 1996, 209–50; Hermansen 1978。

2. "超越了……城市"：Claudian, *Stil.* 3.130–34，摘自 Platnauer 1922 的译本。

3. "平衡"：Claudian, *Stil.* 3.10, tr. Platnauer。

4. 关于克劳迪安，见 Ware 2012; Cameron 1970。关于诗人的出生地，见 Mulligan2007。"从微小的起点"：Claudian, *Stil.* 3.136–54, tr. Platnauer。

5. "写进了无上的年表中"：Claudian, *Stil.* 2.475–76, tr. Platnauer。"森林之荣耀"：Claudian, *Stil.* 3.317, tr. Platnauer。"南国之珍奇"：Claudian, *Stil.* 3.345–46, tr. Platnauer。关于罗马竞技会中进口的动物，见 Toner 2014; Van Dam 2010, 23–24; Guasti 2007; MacKinnon 2006; Jennison 1937。

6. 关于克劳迪安的雕像：*CIL* 6.1710; Ware 2012, 1。"在一座城市里"：Jerome, *Comm. In Ezech.* pr. 关于洗劫罗马，参见第五章。

7. Gibbon 1781，第三部，第 38 章，"罗马帝国在西方衰亡的总体情况"。关于这一段文字，见 Bowersock 2009, 28。

第一章 环境与帝国

1. 关于早期罗马的考古学，Holloway 1994。关于考古证据的挑战性阅读，见 Carandini 2011。以长远视角看待罗马的崛起，见 Broodbank 2013 中精彩的审视。

2. 关于希腊的崛起，见近期的 Ober 2015。迦太基：Ameling 1993。

3. 关于罗马的共和政体，见 Mouritsen 2013，兼有古代文献的，见 Lintott

1999。Harris 1985 是关于罗马人尚武精神的最佳论述。关于更广泛的地缘政治背景，见 Eckstein 2006。总体参见 Beard 2015, 关于这里 257。

4. 前现代的地中海世界全景，见 Braudel 1972–73。

5. "在前现代历史上地理连续的帝国中"：Scheidel 2014, 7。

6. 关于地中海的总体情况，见 Broodbank 2013; Abulafia 2011; Grove and Rackham 2001; Horden and Purcell 2000; Sallares 1991。

7. 关于"重大交易"的概念，见 Scheidel 2015a and 2015b。关于罗马与行省的关系，见 Noreña 2011; Mattingly 2006; Ando 2000; Woolf 1998. 关于尤地亚，见 Isaac 1992。关于公民身份的传播，见 Lavan 2016。

8. 参见第二章。

9. Malthus 1798 第 7 章。关于回报，见 Harper 2016a。另参见第二章。

10. Goldstone 2002。

11. 关于发展的概念框架，见 Temin 2013。关于"有机经济"的概念：Malanima 2013; 最初由 Wrigley 1988 提出。关于贸易和技术，第 2 章有更详尽的论述。

12. Gibbon 1776, 第三章。关于吉本的精神世界，见 Matthews 2010; Bowersock 2009。

13. Brown 1971 界定了"古代晚期"作为一个具有自身特点的独立时期的概念。本书采用了他的时间范围——从马可·奥勒留到穆罕默德。关于社会发展指数，见 Morris 2010 and 2013。

14. 各种理论的目录参见 Demandt 1984，以及 2014 年的第二版。关于前现代帝国的动力机制，Goldstone and Haldon 2009 中的文章给出了全面的概述。关于罗马帝国相继的国家性危机，有说服力的、最新的综述，尤其见 Kulikowski 2016。

15. 关于这些新的方法，见 Izdebski et al. 2015 (focused on climate); McCormick 2011。另参见 Scheidel forthcoming; Harper 2016b; Harris 2013a。关于地中海古气候研究的一份有价值的概述，见 Lionello 2012。生物考古学：Larsen 2015; Killgrove 2014; MacKinnon 2007。考古遗传学：Krause and Pääbo 2016。

16. 很明显，我在很大程度上受益于环境历史学家开拓性的学术成果，特别是那些在地中海工作的研究人员，他们几十年来一直敦促人们更加关注环境问题。除了脚注 6 中提到的作品外，我还要简要注明一下，例如 Meiggs 1982; Hughes 1994; Shaw 1995。本书的论证结构在很大程度上要归功于一些历史学家的近期研究，他们强调了环境变化在人类历史中的作用，特别是 Campbell 2016; Knapp and Manning 2016; Brooke 2014; Cline 2014; Broodbank 2013; Parker 2013; White 2011; Lieberman 2003。最后值得注意

的是，有时一些孤立的声音（通常是局外人）会声明，环境的急剧变化是
罗马衰落的一个因素，例如 Huntington 1917, Hyams 1952。完整的论述参
见 Demandt 2014, 347–68。

17. 更新世: Brooke 2014; Ruddiman 2001。太阳活动变化: Beer et al. 2006。

18. 全新世的变化: Mayewski et al. 2004; Bond et al. 2001。人类对气候系统的
影响始于农业的传播，而不是工业革命，该观点参见 Ruddiman 2005。

19. 关于这些时期，书中有详细的叙述。为了清晰起见，需要说明的是，罗马
气候最优期是通用的说法，但在时间范围上缺乏共识。我的建议是公元
前 200 年到公元 150 年。关于罗马过渡期的研究很少。这个词是我自己提
出来的。正如后面章节中显而易见的，我认为它大致可以分为干燥的前期
（150—300）和被北大西洋涛动正指数主宰的后期（300—450）。晚古小
冰期是个刚刚开始通用的术语。我为其划定的起始时间比其他人稍早一些
（大约为公元 450 年），但同意其最明显的阶段发生在 530 年至 680 年前
后。概述参见 Harper and McCormick forthcoming; McCormick et al. 2012;
Manning 2013; Luterbacher et al. 2013。

20. 在 Harper forthcoming 中，我更全面地概述了气候和疾病史重叠的一些不
同方式。

21. McNeill 1976. Wolfe, Dunavan, and Diamond 2007; Diamond 1997; Crosby
1986; Le Roy Ladurie 1973。概述参见 Carmichael 2006。这证明了麦克尼
尔的天才，他的理论结构是在一个没有古分子证据的时代建立起来的，而
且多年来一直能立住脚。关于传染病的历史生态学，我从 Landers 1993
中获得了启发；关于死亡率的强大影响力，参考了 Hatcher 2003。

22. 尤其参见 Shah 2016; Harkins and Stone 2015; Barrett and Armelagos 2013;
Harper and Armelagos 2013; Quammen 2012; Jones et al. 2008; Garrett 1994。

23. 参见 Sallares 2002，更多内容见第 3 章。

24. 关于罗马帝国的疾病生态学及其对人口结构的影响，见 Scheidel 2001a and
2001b。

25. 关于这一视角打开的各种可能性，Green 2014b 中的文章给出了一份中世
纪世界背景下的概览，同时参见 Green 2017。以广阔的视角看待罗马时期
在全球化中的重要性，参见 Belich, Darwin, and Wickham 2016, 9。关于罗
马人与"全球化"，见 Pitts and Versluys 2015。

26. 关于融会贯通的概念，见 Wilson 1998。关于融会贯通在前现代历史中的
应用，见 McCormick 2011。

27. Butzer 2012; Scheffer 2009; Folke 2006. The essays in McAnany and
Yoffee 2010 中的文章展示了如何在历史背景和考古背景中应用该范例。
Carmichael 2006, esp. 10。最近，Campbell 2016, esp. 23 将这种范例充分运

用于中世纪欧洲的环境历史中。

28. 参校 Cronon 1983, 13 中的不同语境："最初，环境可能决定了一个人在某一特定时刻所能选择的范围，但随后，文化在应对这些选择时又重塑了环境。改造后的环境为文化再生产提供了新的可能性，从而建立了一个相互决定的新循环。"

第二章 最幸福的时代

1. 两篇近期的概述为研究盖伦的学者提供了很好的参考：Mattern 2013; Schlange-Schöningen 2003。Nutton 1973 提供了基础。Bowersock 1969, 59–75 将盖伦纳入了他的文化背景。"所有亚洲人"：Philostratus, *Vita Apoll.* 4.34。哈德良与帕加马：Birley 1997, 166–68; Halfmann 1986, 191。关于这种信仰中医学方面的一般情况，见 Steger 2016。

2. 关于盖伦的旅行，见 Jones 2012a。亚历山大里亚：Galen, *Anat. Admin.* 1.2, tr. Singer.

3. 罗马是一种缩影，以及"因为罗马城里的人是如此之多"：Galen, *Hipp. Artic* 1.22，引用了修辞学家波莱莫（Polemo）的话。关于罗马是一种缩影，另见 Athen. 1.20b。"每天可以发现一万人"：Galen, *Purg. Med. Fac.* 2。关于这几段文字，见 Mattern 2013, 126。

4. "尽管曾被嘲笑"：Galen, *Praecog.* 3.19, tr. Nutton。波提乌斯：*Praecog.* 2.25, tr. Nutton。猪：Galen, *Anat. Admin.* 8.3, tr. Singer。无声表演：Galen, *Anat. Admin.* 7.13。见 Mattern 2013, 183–86。

5. "伟大就是盖伦的名字"：Galen, *Praecog.* 5.4, tr. Nutton。

6. 关于安东尼瘟疫的参考书目，见第 3 章。

7. 盖伦最长的一篇临床描述，见于 *Meth. Med.* 5.12, tr. Johnston and Horsley。在那篇临床记录中，他探讨了来自高地牛的牛奶。亚美尼亚的泥土：*Simp. Med.* 9.1.4 (12.191K)。尿液：*Simp. Med.* 10.1.15 (12.285K)。关于阿波罗的角色，见第 3 章。

8. ILS 2288。

9. "各个民族的边界"：Appian, *Hist. Rom.* pr.1。大体情况见 Luttwak 2016; Millar 2004, esp. 188; Mattern 1999; Whittaker 1994; Isaac 1992. 夸地：Cassius Dio, *Hist. Rom.* 71.20.2。

10. 关于空间摩擦和协调军力所面对的挑战，Scheidel 2014 给出了非常发人深省的意见；关于帝国后期，见 Kelly 1998, 157。关于 160 名元老院议员：Eck 2000a, 227。

11. "边际成本"：Whittaker 1994, 86。"掌控"：Appian, *Hist. Rom.* pr. 26。"凯尔特人有价值的东西"：Pausanias 1.9.6, tr. Levi。

12. "不仅"：Hassall 2000, 321，关于罗马军队的规模和结构的总体论述，见 Le Bohec 1994。关于士兵的来源，见 Roselaar 2016; Ivleva 2016。

13. 关于薪水，见近期的 Speidel 2014，其中一些细节与 Alston 1994 不同。Campbell 2005a, 20–21。GDP 的 百 分 比：Scheidel 2015b; Hopkins 1980, 124–25。

14. "在共和国时期"：Herodian, 2.11.4—5,tr. Whittaker。低水平的动员力：Bang 2013, 421–23; Hopkins 2009a, 196; Mattern 1999, 82–84。

15. Aelius Aristides, *Or.* 26.58, 63, 67, 99, tr. Behr。与那些持有怀疑的评价不同，我们同意 Birley 1987, 86 中的意见："当我们把所有情有可原的因素考虑进去后，这份致辞还是很精彩的。"

16. Aelius Aristides, *Or.* 26.76, tr. Behr。

17. Aelius Aristides, *Or.* 26.6, tr. Behr。

18. 关于休谟，Mossner 1980, 266–68。

19. 从 Beloch 1886（34–36 关于休谟）开始，专家们就试图重建罗马的人口规模。Brunt 1987; Lo Cascio 1994 and 2009; Frier 2000 ；关于这场辩论到 2001 年之前的过程，特别参见 Scheidel 2001b 所作的贡献。近期的贡献包括 Launaro 2011; De Ligt 2012; Hin 2013。任何有关帝国人口的全球性数据都是区域估值的集合，而在上世纪，在贝洛赫（Beloch）奠定的坚实基础之上，学者们为罗马世界的各个地区建立起更加精确可信的数字。尽管精确只是相对而言，但 7500 万的最大值是来自表 1.1 中每一个分项在合理范围内的最大值（主要依据 Scheidel 2001b, 48）。关于区域总数的最佳证据来自意大利和埃及。在意大利，我们很大程度上依赖于一系列从奥古斯都时期开始的人口普查数据。Hin 2013 取得了突破性进展，提出令人信服的数据（1100 万 ~ 1200 万）。在没有死亡事件冲击的情况下，前现代人口的长期年均增长率可以达到 0.1% ~ 0.15%（Scheidel 2007, 42），因此，公元 166 年的意大利的最佳估值约为 1400 万。这一数字让人感到满意的另外一点是，它略高于中世纪的最高水平，略低于 18 世纪早期意大利的人口水平。关于埃及，我们有一份来自犹太历史学家约瑟夫斯（Josephus）的重要报告，其中写到，不包括亚历山大里亚这座大都市，埃及的人口是 750 万。从一系列证据来看，这是完全不可能的，公元 2 世纪时，500 万左右的人口峰值更为可信。历史文献参见 Bowman 2011，特别是 Rathbone 1990。一般来说，其他地区的估值存在更大误差，但由于近年来许多学者耐心的工作和仔细的推理，7000 万 ~ 7500 万的居民数量有了相对可靠的依据。关于不列颠，见 Bonsall 2013, 17–18; Mattingly 2006。

20. 关于罗马世界的总体生育率，见 Hin 2013; Holleran and Pudsey 2011 中的文章；Scheidel 2001b, esp. 35–39; Bagnall and Frier 1994。婚配年龄：

Scheidel 2007; Saller 1994; Shaw 1987。寡妇：Krause 1994。罗马人的婚姻：Treggiari 1991。"女性通常都会结婚"：Soranus, *Gyn*. 1.9.34, tr. Owsei。

21. 关于身份在塑造生殖文化中的重要性，见 Harper 2013a。避孕：Frier 1994; Caldwell 2004。

22. 据 Maddison 2001, 28 估计，全球人口在公元第一千纪之初约为 2.3 亿。另见 Livi-Bacci 2012,25; McEvedy and Jones 1978。托勒密，见 *Geogr*.1.11, 1.17, 6.16。中国人口：Marks 2012, 106; Deng 2004; Sadao 1986。"在行省"：Lewis 2007, 256–57 中的引文。

23. 关于"太多"罗马人：Scheidel 2012; Lo Cascio 2009; Frier 2001。粮食危机：Garnsey 1988。

24. 尽管指示证据非常诱人（De Callataÿ 2005 中有一则应用，Wilson 2009 提出了有力的辩护），但对我来说，Scheidel 2009 中提出的方法论异议似乎是尖锐且不可逾越的。但是，动物骨骼证据（例如 Jongman 2007）似乎不能支持任何关于罗马帝国"人口过剩"的理论。有成千上万的猪骨、牛骨和羊骨的聚集物。主要的限制因素是，肉类消费受口味的影响：成为罗马人意味着要吃猪肉。尽管如此，这些数据的吸引力是不可抗拒的，因为肉类消费是对马尔萨斯式资源枯竭的直接反映。而且，即使考虑到人们口味的罗马化以及不精确的断代（特别是使用"2 世纪"而不是鼠疫之前 / 之后作为时间界限的倾向），肉类消费的大规模增长仍然否定了资源长期减少导致生存危机的理论。

25. Bowman and Wilson 2009 中的文章很有启发性。工资证据见于 Harper 2016a，数据文件可以在 darmc.harvard.edu 的"Data Availability"页面下找到。在我看来，这似乎是我们目前所能获得的密集增长的最佳方式。

26. 我们终于在 Hanson 2016 的精彩综述中，看到了罗马城市生活的全面研究。

27. 关于罗马精英的财产规模，见 Scheidel 2017; Harper 2015b; Duncan-Jones 1990, 121–42; Duncan-Jones 1982。关于财富分配，见 Scheidel and Friesen 2009。

28. "罗马帝国的财富"：Frier 2001, 158。增长的种类：Temin 2013, 195–219。关于全盛期的概念：Goldstone 2002。

29. "从来没有"：Greene 2000, 754。

30. "大量"：Wilson 2002, 11。总体情况，见 Schneider 2007。

31. "规模"：Greene 2000, 756。大型三角帆：Whitewright 2009。

32. "如此多的商船"：Aelius Aristides, *Or*. 26.11, tr. Behr。"地上的商人"：*Apoc*. 18:11–13 (KJV)。一般性概论，见 Harris 2000。

33. 关于制度在促进贸易方面的作用：Frier and Kehoe 2007。另见 Kehoe 2007。罗马经济中的信用：Rathbone and Temin 2008; Harris 2008; Harris 2006;

Temin 2004; Andreau 1999; Bogaert 1994。

34. Harris 2000, 717（谷物）和 720（葡萄酒）。葡萄酒贸易：Morley 2007;
Tchernia 1986; Purcell 1985。关于之后的时期：Pieri 2005。美国葡萄酒产
量数据，www.wineinstitute.org。

35. 关于使用"曲棍球棒"来比喻社会发展的不恰当之处，见 Morris 2010 and
2013。Goldstone 2002 也颇具洞见。一种类似于这里提出的有关环境变化
的观点，见 Campbell 2016。

36. 关于托勒密观察记录的理性反思，见 Lehoux 2007, 119–20. Sallares 2007a,
24–25。

37. 关于中世纪亚洲"奇怪的并存"：Lieberman 2003。关于中国的人口增长与
气候，另见 Lee, Fok, and Zhang 2008。Campbell 2016 and 2010 有力展示
了气候在中世纪欧洲发展和衰退节奏中的力量。罗马气候最优期，见 Hin
2013; Manning 2013; McCormick et al. 2012。

38. 关于不稳定的开关的形象，见 Burroughs 2005; Taylor et al. 1993。

39. Burroughs 2005; Ruddiman 2001。人类影响：Brooke 2014。

40. "曾有可能实现的美好时光"：Broodbank 2013, 202–48。

41. 全新世的分期：Walker et al. 2012。中至晚期全新世：Finné et al. 2011;
Wanner 2008。季节性：Magny et al. 2012a。

42. 全新世气候变化：Mayewski et al. 2004。"在银河系中"：http:// science.
nasa.gov /science–news/science–at–nasa/2013/08jan_sunclimate/ . 哈尔施塔
特：Usoskin 2016。

43. 罗马权力的南部边界：Alston 1995, 34–35; Strabo *Geogr.* 17.1.12。参见
Scheidel 2014。

44. 关于地中海的动态以及对人类社会的影响，见 Horden and Purcell 2000 和
Sallares 1991。关于地中海气候的一般性论述，见 Lionello 2012; Xoplaki
2002。

45. 一般性论述，见 Harper and McCormick forthcoming; Manning 2013; Lionello
2012; McCormick et al. 2012。Lamb 1982 已经重建了许多轮廓，但证据却少
得多。

46. 关于罗马气候最优期的起始时间，提出的建议有：公元前 550 年，公元前
450 年，公元前 400 年，公元前 200 年，公元前 1 年；结束时间包括：公
元前 50 年，公元 50 年，公元 250 年，公元 300 年，公元 350 年。这些分
歧除了让人感到绝望，还说明了问题的复杂性，它需要超越受当地条件影
响的个别指示剂，进行更深入的整合。

47. 参见 Usoskin 2016; Steinhilber et al. 2012; Gray et al. 2010; Beer et al. 2006;
Usoskin and Kromer 2005; Shindell et al. 2003; Shindell 2001; Bond et al.

2001; Beer, Mende, and Stellmacher 2000。

48. 图表 3 的数据：ftp://ftp.ncdc.noaa.gov/pub/data/paleo/climate_forcing/solar_variability/steinhilber2009tsi.txt.。

49. 关于火山活动的时间和规模，见 Sigl et al. 2015。

50. Lamb 1982 已经非常好地利用了书面证据和植物学证据。冰川：Le Roy et al. 2015; Six and Vincent 2014; Holzhauser et al. 2005; Hoelzle et al. 2003; Haeberli et al. 1999。

51. 一般性论述，见 Manning 2013。阿尔卑斯山的记录：Büntgen et al. 2011。

52. 洞穴堆积物的一般性论述：：McDermott et al. 2011; Göktürk 2011; McDermott 2004. Spannagel: Vollweiler et al. 2006; Mangini, Spötl, and Verdes 2005. Iberian: Martín-Chivelet et al. 2011. Kocain: Göktürk 2011. Uzunturla: Göktürk 2011. Grotto Savi: Frisia et al. 2005。

53. 伊比利亚 - 罗马湿润期：Pérez-Sanz et al. 2013; Currás et al. 2012; Martín-Puertas et al. 2009。奥地利南部的 Klapferloch 洞穴显示，公元前 300 年到公元 400 年是一个潮湿的时期：Boch and Spotl, 2011。一系列意大利湖泊显示出共和国晚期很高的水位：Magny et al. 2007; Dragoni 1998。"令人难以置信的人造景观"：Aldrete 2006, 4。关于台伯河洪水的一般性论述，见 Aldrete 2006 的宝贵研究。一般性论述，见 Wilson 2013, 269-71；Camuffo and Enzi 1996. Pliny, Ep. 8.17。

54. 森林退化：Harris 2013b and 2011; Hughes 2011; Sallares 2007a, 22-23。另见下文。图表 4、5 的洪水数据来自 Aldrete 2006。

55. 样本量很小（n=11），不能排除偶然性。但是，我们从罗马帝国得到的大部分证词都是具体且可信的。Ovid, *Fasti* 3.519-20：这些比赛从马尔斯广场转移到西里欧山。来自罗马的水文证据也让托勒密写于沿海的亚历山大里亚的天气报告展现出不同的视角。就像夏季洪水的证据一样，在今天的气候条件下，规律的夏季雨水是不可能的。两者都表明了晚期全新世地中海水文系统的深刻变化。科卢梅拉：见 Hin 2013, 80。一般性论述，另见 Heide 1997, esp. 117。

56. 灌溉：Leone 2012。体制：e.g., Kehoe 1988, 81-88。

57. 大象；Pliny the Elder, *Hist. Nat.* 8.1。特别参见 Leveau 2014。Wilson 2013, 263："长久的争论"仍然没有平息，但积累的证据现在已经能够令人信服了。Jaouadi et al. 2016; Essefi et al. 2013; Detriche et al. 2008; Marquer et al. 2008; Bkhairi and Karray 2008; Faust et al. 2004; Slim et al. 2004; Ballais 2004; Stevenson et al. 1993; Brun 1992。关于历史文献的讨论，见 Gilbertson 1996。

58. Mattingly 2003-13。

59. "甚至有可能"：Wilson 2012. Cremaschi and Zerboni 2010; Cremaschi et al.2006; Burroughs 2005, 231："目前的超级干旱条件直到大约 1.5 kya 才出现。"

60. 塔木德：Bavli Ta'anit 19b, tr. Sperber 273。死海：Bookman 2004; cf. Migowski et al. 2006。考古证据参见 Hadas 1993。讨论参见 McCormick et al. 2012。Hirschfeld 2006 专注于后期，但提出了很有价值的见解。索雷克：Orland 2009。

61. 关于早期季节性规律，见 Magny et al. 2012a，该文认为，较早时期的哈德里环流圈的形成相对较弱。

62. "每一天"：Lucretius, *De. Re. Nat.* 5 lines 1370–71. Lucan, *Pharsalia*, 9。哈德良：Harris 2013b, 182–83。关于这些森林退化的文化模型，见 Ando forthcoming。

63. 地中海地表变化造成的影响的气候模型：Gates and Ließ 2001; Gaertner et al. 2001; Reale and Shukla 2000; Reale and Dirmeyer 2000. *Contra*, Dermody 2011。森林退化：Ando forthcoming; Harris 2013b; Hughes 2011; Harris 2011; Sallares 2007; Chabal 2001。Harris 2013 的论述尤其细致入微，他主张时间和区域之间的区别，例如利用考古证据和孢粉证据，来证明长木材（特别是在那些容易连接到海上运输网的地区）在罗马帝国中的消耗量更大。不列颠：Dark 2000, 115–19。

64. 到目前为止，Hin 2013, 85ff 是将扩张和气候联系起来的最佳尝试。在山区：Pliny, *Nat. Hist.* 18.12.63。500 万公顷：Lo Cascio and Malanima 2005, 219。另见 Spurr 1986, 17："针对'地势较陡的地方'的建议，证明谷物确实曾在这样的地区生长。"

65. 对温度的反应：Dermody et al. 2014; Spurr 1986, 21。对降雨的反应：Touchan et al. 2016。收成：Spurr 1986, 82–88。

66. 生存能力：Garnsey 1988, 10–12. Cf. Leveau 2014; Mattingly 1994, 9–11："不稳定的变化是常态。"

67. "无情的暴力"：Columella, *De Re Rust.* 1.1.4–5。偏远的橄榄压榨设备：e.g., Foxhall 1990, 109。另见 Waelkens et al. 1999。

68. 关于"有利的背景"的概念，见 Campbell 2016。另见 Campbell 2010; Galloway 1986。

69. 哈德良的行程：Halfmann 1986, 192。铭文：ILS 2487。"没有哪位皇帝"：*Hist. Aug., Vita Hadr.* 13.5.

70. "当他来到"：*Hist. Aug., Vita Hadr.* 22.14。铭文：*CIL* 8.2609–10。小麦价格：见 Harper 2016a。迦太基水源供给：Leveau 2014; Di Stefano 2009; Wilson 1998。

71. Fronto, Ep. 3.8.1。关于这一形象，见 Jones 1972, 143–44。

72. Butzer 2012; McAnany and Yoffee 2010; Scheffer 2009; Folke 2006。

73. 一般性论述，见 Horden and Purcell 2000; Sallares 1991; Garnsey 1988。"大麦"：Galen, *De Subt. Diaeta* 6。"带到城市之后"：Galen, *Alim. Fac.*,［page 93］, tr. Grant。应急食物：Galen, *Alim. Fac.*,［page 95］, tr. Grant。储存：Garnsey 1988, 52–54。

74. 埃维亚演说：Dio Chrysostom, *Or.* 7。"孪生概念"：Garnsey 1988, 57。

75. 普林尼作为保护人：见 Saller 1982。

76. "沿海城市"：Gregory of Nazianzus, *Fun. Or. in Laud. Bas.* 34.3, tr. Jones 1940。

77. 罗马人的干预：例如，公元 92—93 年位于皮西迪亚的安条克：AE 1925, tr. Levick 2000b, 120。私人干预：Garnsey 1988, 14. E.g., SEG 2.366 (Austin 113); Syll-3 495 (Austin 97); I. Priene 108; I. Erythrai–Klazomenai 28; IGR 3.796; IGR 4.785; IG 4.944; 5.2.515。马其顿：SEG 17.315 = Freis 1994 no. 91。

78. 图拉真：Pliny, *Pan.* 32。哈德良：Cassius Dio, *Hist. Rom.* 69.5.3。

79. 塞普提米乌斯·塞维鲁：*Hist. Aug., Vita Sev.* 23.6。"如果像我们祈祷的"：I. Ephesos 2.211, tr. Garnsey 1988, 255。另见 Boatwright 2000, 93–94。信号船：Seneca, Ep. 77。关于谷物供应的一般性叙述，见 Erdkamp 2005; Garnsey 1988, esp. 218–70; Rickman 1980。

80. 弃婴：Harper 2011, 81–83; Corbier 2001; Bagnall 1997; Harris 1994; Boswell 1988。移民：Hin 2013, 210–59。见第 3 章。

81. 元老院：Eck 2000a and 2000b。"来自……的家庭"：Hopkins 2009a, 188–89。

82. "承重"：Shaw 2000, 362。重大交易：Scheidel 2015a and 2015b。薄层：Hopkins 2009a, 184。

83. 关于转变为领土帝国，见 Luttwak 2016。

84. 关于卡西乌斯·狄奥的观点，见 Saller 2000, 818。

85. 这段论述得益于 Hopkins 2009a。Scheidel 2015a and 2015b 也作出了重要贡献。

86. 维斯帕西安：Suetonius, *Vesp.* 23 and Cassius Dio, *Hist. Rom.* 65.14.5。图密善：Cassius Dio, *Hist. Rom.* 67.4. Griffin 2000, 79–80。哈德良和马可：Birley 2000, 182。

87. Luttwak 2016。另见 Mattern 1999; Whittaker 1994; Le Bohec 1994, 147–78; Ferrill 1986。安东尼时期的麻烦：*Hist. Aug., Vita Anton.* 5.4–5; De Ste. Croix 1981, 475; *Hist. Aug., Vita Marc.* 5.4; *CIL* 3.1412 = ILS 7155。演讲：Aelius

Aristides, *Or.* 35.14，接纳 Jones 1972 中的论证。另见 Jones 2013。贬值：
Butcher and Ponting 2012, 74。

88. 关于盖伦第一次来到罗马，见 Schlange-Schöningen 2003, 140-42; 卢修斯的行程：Halfmann 1986, 210-11。关于这场战役：Ritterling 1904。

89. 关于这场战役的过程和统帅，见 Birley 2000, 161-65; Birley 1987。关于军队的元老院指挥权：Goldsworthy 2003, 60-63。

90. 关于塞琉西亚，见 Hopkins 1972。"污染了一切"：Ammianus Marcellinus, *Res gest.* 23.6.24, tr. Rolfe。

91. "逃跑的奴隶"和"登上第一班船"：Galen, *Praecog.* 9.3 (14.649K), tr. Nutton。

第三章 阿波罗的复仇

1. 尼罗河：Aelius Aristides, *Or.* 36。疾病：48.62-63, tr. Behr。关于阿里斯蒂德斯：Downie 2013; Israelowich 2012; Harris and Holmes 2008 中的文章；Bowersock 1969; Behr 1968。

2. 关于他的病，见 Israelowich 2012。盖伦：Jones 2008, 253; Bowersock 1969, 62。"医生"：Aelius Aristides, *Or.* 48.63, tr. Behr。神经官能症：e.g., Marcone 2002, 806, "un sofista ipocondriaco." Beard 2015, 500："神经官能症"。

3. 士麦那：Aelius Aristides, *Or.* 19; Philostratus, *Vita. Soph.* 2.9。Israelowich 2012 和 Jones 2008 提出了阿里斯蒂德斯的"常态"。

4. Aelius Aristides, *Or.* 48.38, tr. Behr 中有关于瘟疫事件的叙述。

5. 《神圣故事》与瘟疫经历密切相关的观点：Israelowich 2012。安东尼瘟疫曾被认为是罗马历史上的一个重要事件 [例如巴托尔德·尼布尔（Barthold Niebuhr），现代史学的奠基者之一]，并且在 Boak 1955 中主张的人力短缺理论中一直占据着主要地位。出于种种原因，包括摩西·芬利（Moses Finley）对数字和人口学的厌恶，它失去了这种地位。Gilliam 1961 和其他文献提出了一种有影响力的最小化观点。但 Duncan-Jones 1996 又一次将注意力转移到瘟疫上，过去 20 年来，活跃的探讨一直在继续，其中具有代表性的有 Lo Cascio 2012 中的文章；Bruun 2007; Jones 2006; Jones 2005; Gourevitch 2005; Bruun 2003; Greenberg 2003; Zelener 2003; Marcone 2002; Bagnall 2002; Scheidel 2002; van Minnen 2001; Duncan-Jones 1996; Littman and Littman 1973。

6. 关于人类的传染病历史，有价值的介绍包括 Barrett and Armelagos 2013; Oldstone 2010; Crawford 2007; Goudsmit 2004; Hays 1998; Karlen 1995; McKeown 1988; McNeill 1976。

7. "生命之树"（Great Tree）：Darwin 1859, 130。

8. McNeill 1976; already Le Roy Ladurie 1973。见 Armelagos et al. 2005。

9. 遗传病史：Harkins and Stone 2015; Trueba 2014; Harper and Armelagos 2013; Pearce-Duvet 2006; Brosch et al. 2002。麻疹：见 Newfield 2015，特别是关于麻疹的近亲曾在古代晚期欧洲活跃的看法。肺结核：见下文。

10. 小核糖核酸病毒：Lewis-Rogers and Crandall 2010。昏睡症，雅司病：Harkins and Stone 2015。

11. 更健康的旧石器时代：Brooke 2014, 213–20。

12. 纬度物种梯度：Jablonski et al. 2017; Fine 2015; Davies et al. 2011。关于病原体：Stephens et al. 2016; Hanson et al. 2012; Dunn et al. 2010; Martiny et al. 2006; Guernier et al. 2004。

13. 新石器时代的转折点：Brooke 2014, 220–42。Harkins and Stone 2015 是利用新基因证据的最好的综述之一。

14. 瘟疫：Rasmussen 2015; Valtuena forthcoming；另见第 6 章。肺结核：见下文。

15. "伟大的城市"：Talmud Bavli, *Pesahim* 118b, from Hopkins 2009a, 192。"罗马的力量"：Josephus, *Bell. Jud.* 2.16.4 (362) tr. Whiston。Purcell 2000 生动地描绘了首都罗马。

16. 罗马社会的死亡率在没有明确细节的情况下被广泛研究。罗马最著名的律师乌尔比安根据生命表制定了一份年金计划，这份生命表显示了罗马人死亡率的惨淡状况（参见 Frier 1982）。但它与现实的关系一直没有定论。无数份古代墓石上的死亡年龄都被罗马纪念活动的选择性习惯所扭曲。这些都是令人失望的死胡同。我同意瓦尔特·沙伊德尔关于流行病死亡率所扮演的角色的看法以及它对模型生命表的价值的影响：Scheidel 2001c, 以及城市墓地效应，Scheidel 2003。参见 Hin 2013, 101–71; Bagnall and Frier 1994, 75–110; Frier 1983; Frier 1982。预期寿命：Scheidel 2001b, 39。罗马人的断奶时间：Prowse et al. 2008。罗马城的人口：Morley 1996, 33–39。

17. Bagnall and Frier 1994; Scheidel 2001c。

18. 列位皇帝：Scheidel 1999。福斯蒂娜和马可：Levick 2014, 62–63; Birley 1987。

19. 关于简单介绍，参见 Larsen 2015。关于罗马样本的整体应用，见 Killgrove 2010a。关于罗马研究中的生物考古学，见 Killgrove 2014。

20. 例如，由于致病性感染、营养不良或先天性贫血等原因，多孔性骨肥厚经常被认为是人群生物应激的一个指标，但目前来自罗马帝国的数据缺乏足够可靠的标准化，因此得出结论则是毫无根据的。

21. 将身高作为健康指标的概述，见 Steckel 2013; Floud et al. 2011。

22. Steckel 2013, 407

23. 有些方法通过整个骨架来重建身高，但大多数人类学家使用数学公式通过长骨，如肱骨、桡骨、胫骨，尤其是股骨的尺寸来估算身高。长骨尺寸与整体身高相关：高个子的人股骨更长。但是，由于将骨长度转换成身高的公式来自于不同的现代人口（特别是一组 20 世纪中期的美国白人和非裔美国人，他们有过多的影响力），因此带来了不确定性，尤其是胫骨和桡骨等远端骨，在承受压力的人群中可能存在更大弹性。最糟糕的是，人类学家几十年来使用了各种不同的公式，因此得出了不同的结果。参见 Klein Goldewijk and Jacobs 2013。

24. 不列颠：Gowland and Walther forthcoming。Bonsall 2013, 228-29。Roberts and Cox 2003 仍然是一份有价值的元研究。

25. 这份元分析是我自己的，尝试复制和更新 Kron 2005。附录 A 中有基础数据。我要补充的是，我认为这一分析的价值受到了原始研究的局限性的严重影响，这些研究主要来自早期意大利生物人类学的传统。原始的研究报告有时会记录原始的股骨长度，有时则只有不同回归公式得出的平均身高。有原始数据时，我就用原始数据；如果只有身高，我就通过了解回归方程来推断股骨长度，这是基于身高来自股骨长度推算的假设，但事实并不总是如此；因此，我在图表中区分了原始数据和重建数据。原始的研究几乎从不包括标准偏差，我也没有根据样本数量来加权分析：图表 3.2 并不具备统计学的有效性。时间变量是报告给出的范围的中点。简而言之，比起其他元研究（包括我自己的），我更信任 Giannecchini and Moggi-Cecchi 2008 的一项大型研究，它受到仔细的控制，而且不存在观察者的差异带来的风险。

26. 目前，最重要的研究来自 Giannecchini and Moggi-Cecchi 2008。它的作者们能够接触到各种各样的意大利收藏品，然后分析并报告了实际的长骨长度。早期的研究包括 Koepke and Baten 2005 和 Kron 2005。

27. 特别参见 Garnsey 1999, 1998, and 1988 的研究成果。

28. 罗马人的饮食：Killgrove 2010; Cummings 2009; Rutgers et al. 2009; Craig et al. 2009; Prowse et al. 2004。动物骨骼的考古学：Jongman 2007; King 1999。不列颠：Bonsall 2013, 28："人们现在认为肉类在普通人的日常饮食中所占的比重比过去认为的要大得多。"Cummings 2009; Muldner and Richards 2007。

29. Cucina et al. 2006; Bonfiglioli et al. 2003; Manzi 1999。

30. 多塞特郡：Redfern et al. 2015; Redfern and DeWitte 2011a; Redfern and DeWitte 2011b。约克：Peck 2009。

31. 荷兰人：Maat 2005。内战前的悖论：Treme and Craig 2013; Sharpe 2012; Zehetmayer 2011; Komlos 2012（提出了不同的观点，主张工资减少的重要性）; Alter 2004; Haines, Craig, and Weiss 2003。"似乎有……"：Malthus

1826, 408。

32. 城市化比例：Hanson 2017; Morley 2011; Wilson 2011; Lo Cascio 2009;
Scheidel 2001b, 74–85; Morley 1996, 182–83。地区疾病生态：Scheidel
2001a and 1996。盖伦的帕加马：Galen, *Anim. Affect. Dign.* 9。关于城市
墓地效应，见 Tacoma 2016, 144–52; de Ligt and Tacoma 2016 中的文章；
特别是 Lo Cascio 2016; Hin 2013。在罗马，墓地效应的程度仍有争议。
但在我看来，极高水平的城市死亡率得到了最佳证据的支持：（1）越来
越多的生物考古学证据证明，帝国早期有大量人口迁入（参见 Prowse
2016; Bruun 2016; Killgrove 2010a; Killgrove 2010b; Prowse et al. 2007）；
（2）疟疾流行的一致证据；（3）身高证据；（4）考古证据表明，公共卫生
系统几乎没有改善城市糟糕的卫生条件（Mitchell 2017; Koloski-Ostrow
2015）。尽管如此，我还是会接受例如 Lo Cascio 2016 提出的论证，即从
奥古斯都到马可·奥勒留时期，罗马的人口可能有所增长。我还认为，在
许多地方，农村的死亡率也很高，所以，城乡的差异可能并不是极端的。
正如 Hin 2013, 227 所说，城市和农村的死亡率落在同一个区间内。

33. 关于反对罗马"城市墓地效应"的论述，见 Lo Cascio 2016; Kron 2012;
Lo Cascio 2006。关于罗马的厕所和下水道，见 Koloski-Ostrow 2015,
"hallmark" at 3; van Tilburg 2015; Hobson 2009。

34. 关于房间内的便壶，See Koloski-Ostrow 2015, 88–89。"卫生意义"：
Scobie 1986, 411 and waste volume at 413。Mitchell 2017, 48, 提出了一项重
要的考古学综合结论，认为"公共卫生措施不足以保护人类不受因粪便污
染而传播的寄生虫侵扰"。

35. 所有的季节性死亡数据都是基于我自己的数据集，汇编自罗马的基督教铭
文全集。Harper 2015c; Scheidel 2001a and 1996; Shaw 1996。图表中的数
字是将每月不同的天数正规化后的指数（假如全年的死亡率都相同，就
会在 100 的位置出现一条直线）。关于季节性差异的原因，见 Grassly and
Fraser 2006。

36. Harper 2015c

37. "这种不规律"：Galen, *Temp.* 1.4.528 tr. Singer。

38. 关于急性腹泻，见 DuPont 1993, 676–80。一般性论述，见 Scheidel 2001a。
1881—1882 年意大利城镇特定病因的季节性死亡率指数，来自 Ferrari and
Livi Bacci 1985, 281，并记录了"呼吸道疾病"和"肠炎与腹泻"的数据。

39. "一种可怕的力量"：Sallares 2002, 2。疟疾在过去与现在的角色，见 Shah
2010。疟原虫的全球遗传多样性，见 Faust and Dobson 2015。疟疾在
1874—1876 年的罗马造成的季节性死亡率数据来自 Rey and Sormani 1878,
采用了他们的"恶性间歇性发烧"类别。

40. 疟疾的年龄和遗传历史：见 Loy et al. 2017; Pearce–Duvet 2006, 376–77; Sallares 2004。意大利之后的时期，见 Percoco 2013。DNA: Marciniak 2016。

41. Sallares 2002 是重要的基本论述。公元 1 世纪的医生塞尔苏斯（Celsus）的认知（例如 *De medicinia* 3.3.2）是重要的证词。"我们不再": Galen, *Morb. Temp.* 7.435K。"主要在": Galen, *Hipp. Epid.*, 2.25, 17.A.121–2。见 Sallares 2002, 222。

42. 季节性规律: Shaw 1996, 127。

43. 见 O'Sullivan et al. 2008; 特别是 Sallares 2002, 95。"如果有人": Pliny, *Hist. Nat.*36.24.123。

44. "为什么人……？": Ps.-Aristotle, *Prob.* 14.7.909, tr. Sallares 2002, 282。莫妮卡（Monica）: Sallares 2002, 86。协同疟疾: Scheidel 2003。

45. 农学家: Palladius, Op. Ag. 1.7.4。潮湿的春天: Ps.-Aristotle, Prob. 1.19.861。18 世纪的法国，气候对疟疾的影响分析，见 Roucaute et al. 2014。

46. "当一整年": Galen, *Temp.* 1.4.531, tr. Singer。"每 5 到 8 年暴发一次": Sallares 2002, 229。"如果一个人": Seneca, *De Clem.* 1.25.4。

47. 如果我们再往前追溯，历史学家李维列举了（主要是罗马或军队中的）各种流行病。雅典的瘟疫也值得一提。在公元前 5 世纪 20 年代到 4 世纪 60 年代期间，一系列被证实的传染病或许与之有关，但它们的周期性和流行病学并不能说明它们之间存在任何联系。

48. Pliny the Elder, *Nat. Hist.* 7.51 (170)。我们不能完全排除入侵性病原体侵入帝国的可能性。通过节肢动物传播的病毒，如登革热和黄热病，在随后几个世纪都到达了地中海；它们也可能在古代就已经出现了，而且在很大程度上与其他疟疾和胃肠道传染病混合在一起。理论上，流感的可能性更大，但是缺乏确凿的证据。以弗所的鲁弗斯是图拉真时期的一名医生，他著作中的一段文字显示出，他对"疫病性腹股沟淋巴结炎"很熟悉，这可能只是鼠疫杆菌（真正的腺鼠疫）的早期形式。关于这一点，我们到时候会再次论述。在他的时代，腺鼠疫显然从未流行过，盖伦的文集也没有提到过这种疾病。对鲁弗斯来说，瘟疫涉及"每一件可怕的事情"造成的连锁反应: 腹泻、发烧、呕吐、谵妄、疼痛、痉挛等等，但是不包括腹股沟淋巴结炎。从所有现象看来，帝国的各种流行病都来自境内。

49. 肠道寄生虫的传播与罗马征服: Mitchell 2017。肺结核基因: Achtman 2016; Bos et al. 2014; Comas et al. 2013; Stone et al. 2009。肺结核的历史重要性: Roberts 2015; Müller et al. 2014; Holloway et al. 2011; Stone et al. 2009; Roberts and Buikstra 2003。不列颠: Taylor, Young, and Mays 2005。"分水岭": Eddy 2015。

50. 这个问题的在 Green 2017, 502–5 中得到了很好的概括。麻风病的基因历史：Singh et al. 2015。麻风病的历史：Donoghue et al. 2015; Monot et al. 2005; Mark 2002（特别是关于从印度到埃及的传播，还包括了对早期理论的探讨）；Roberts, Lewis, and Manchester 2002 中的文章，esp. Lechat 2002, 158. Pliny the Elder, *Nat. Hist.* 26.5; Plutarch, *Mor.* 731b–34c. Rufus apud Oribasius, *Coll. Med.* 4.63。罗马人的案例：Inskip et al. 2015（后罗马时期）；Stone et al. 2009; Mariotti et al. 2005; Roberts 2002。儿童骸骨：Rubini et al. 2014. 种系发生：Schuenemann et al. 2013。

51. 普鲁塔克，*Moralia* 731b–734c，"种子"见 731d。

52. 关于种系发生，见 Duggan et al. 2016; Babkin and Babkina 2015; Babkin and Babkina 2012. 更新了 Shchelkunov 2009; Li et al. 2007。沙鼠和骆驼的生物地理学将人类天花的起源明确指向了非洲。单独来说，非洲的天花菌株拥有最多的遗传多样性这一事实，也表明天花的进化起源来自非洲。关于骆驼进入非洲，见 Farah et al. 2004。

53. 总体情况参见 FHN volume 3 中收集的珍贵资料。奥古斯都：Strabo, *Geogr.* 16.4.22–27。Purcell 2016; Seland 2014; Tomber 2012; Cherian 2011; Tomber 2008; Cappers 2006; De Romanis and Tchernia 1997; Casson 1989; Raschke 1978。费拉桑群岛：Phillips, Villeneuve, and Facey 2004, with Nappo 2015, 75–78; Speidel 2007。关于罗马政府的角色，见 Wilson 2015。关于印度洋贸易的规模，以 Raschke 1978 为代表的怀疑观点长期以来一直存在，但这种观点的基础——教条的韦伯式原始主义——已经过时，加上发现于穆吉里斯的纸莎草纸，以及积累的考古证据（根据 Tomber 的细心汇编，来自罗马的红海港口以及印度洋沿岸），在我看来，这种观点已经被抛弃了。

54. 米奥斯赫尔墨斯港的扩大：Strabo, *Geog.* 2.5.12。贝雷尼塞：Sidebotham 2011。很难找到信息：Strabo, *Geog.* 15.1.4。Pliny the Elder, *Hist. Nat.* 6.101。小塞内加（Seneca the Younger）写过一本关于印度的书，现已遗失，书中展现出一种非罗马人的意识，认为同样宏伟的帝国有可能存在于世界遥远的角落：Pliny the Elder, *Hist. Nat.* 6.60. 见 Parker 2008, 70。诗人：Statius, *Silv.* 5.1.603。"那些经常"：Ptolemy, *Geogr.* 1.9, tr. Stevenson。"如此多的商船"：Aelius Aristides, *Or.* 26.11–12, tr. Behr. 尼罗河：Aelius Aristides, *Or.* 36.1, see FHN 3.198ff.

55. "商业往来"：Frankopan 2015, 16。伯里浦鲁斯游记（Periplus）：Casson 1989, 10。Pliny the Elder, *Hist. Nat.* 12.84。穆吉里斯的纸莎草纸：De Romanis 2015; Rathbone 2000（关于经济重要性）；Casson 1990。

56. 亚历山大里亚的关税：Dig. 39.4.16.7。关于阿比修斯食谱中的种类：Parker 2008, 151–52。香料数量：Parker 2008, 153。胡椒价格：Pliny the Elder,

Hist. Nat. 12.28。哈德良长城：Vindolanda Tablet #184。关于红海和印度洋贸易的考古证据，Tomber 2008 提供了非常宝贵的概述。

57. 关于连接印度洋与中国的路线：Marks 2012, 83。

58. 关于罗马硬币，见 Darley 2013。泰米尔人的诗歌：Power 2012, 56; Parker 2008, 173; 关于这些诗歌来自更晚的时代，见 Seland 2007。殖民地：Casson 1989, 19ff。中国：McLaughlin 2010, 133–34。去过中国的旅行者以及中国对罗马的认知：*Hou Hanshu* 23, tr. Hill。

59. 阿杜利斯：*Periplus Mar. Eryth.* 4, tr. Casson。犀牛：Buttrey 2007。佐斯卡勒斯：*Periplus Mar. Eryth.* 5, tr. Casson。

60. "所有……大门"：Aristides, *Or.* 26.102, tr. Behr。Dio, *Or.* 32.36 and 39, tr. FHN III, 925。索科特拉岛：Strauch 2012。从长远的视角看待印度洋：Banaji 2016。

61. Jenkins et al. 2013。应该指出的是，最新的工作成果正不断显示出，源自动物的疾病具有惊人的地理范围：Han et al. 2016。

62. Rossignol 2012; Marino 2012。关于抹黑卢修斯的声誉，见 Bowersock 2001。阿历克斯卡奥斯：Ritti, Şimşek, Yıldız 2000, 7–8; MAMA IV.275a. Aelius Aristides, *Or.* 48.38, tr. Behr。文本证据：Marino 2012; Marcone 2002。雅典瘟疫：Pausanias, 1.3.4。

63. 阿拉伯半岛的瘟疫：*Hist. Aug., Vita Ant.* 9.4。赛伯伊铭文：Robin 1992。与安东尼瘟疫的联系，见 Rossignol 2012; Robin 1992, 234, 阿拉伯半岛南部"le foyer initial de la contagion（最初的重要传染病）"。

64. 关于盖伦在瘟疫暴发时的行为，见 Mattern 2013, 187–89。

65. "像野兽一样"：Pseudo-Galen, *Ther. Pis.* 16 (14.280–1K), tr. Mattern 204。高卢、日耳曼：Ammianus Marcellinus, *Res Gest.* 23.6.24。雅典：Philostratus, *Vit. Soph.* 2.561, tr. Wright。Jones 2012b, 82–83; Jones 1971, 179。SEG 29.127, 60–63; SEG 31.131。奥斯蒂亚港：OGIS 595。多瑙河以外：ILS 7215a。

66. 阿波罗神殿：Ammianus Marcellinus, *Res Gest.* 23.6.24; HA, *Vit. Luc.* 8。民主化：Brown 2016。讽刺作品：Lucian, *Alex.* 36。

67. 伦敦：Tomlin 2014。铭文：Jones 2006 and 2005。它们的地理位置见地图 10。接吻：Jones 2016。

68. 这些铭文来自卡里波利斯（Callipolis）（I. Sestos, IGSK 19 no. 11）；帕加马（IGRR 4.360）；迪迪马（I. Didyma 217）；凯撒里亚特洛凯塔（Caesarea Troketta）（Merkelbach and Stauber I, Klaros no. 8）；奥德索斯（Odessos）（Merkelbach and Stauber I, Klaros no. 18）；萨迪斯／以弗所（Graf 1992 = SEG 41, 481）；希拉波利斯（Hierapolis）（Merkelbach and Stauber I,

Klaros no. 12）；皮西迪亚（Anat. St. 2003 151–55）。虽然没有精确的日期，但这些铭文都趋向于使我们相信，它们来自马可·奥勒留时期的瘟疫。Oesterheld 2008, 43–231; Faraone 1992, 61–64; Parke 1985 有这些铭文的综合探讨。"可悲！可悲！"：Callipolis, tr. Parke 1985, 150–51。熏蒸法：Pinault 1992, 54–55。"你不是唯一"：Hierapolis, tr. Parke 1985, 153。"可以摧毁"：Hierapolis, tr. Parke 1985, 154。从康茂德时期开始，小亚细亚的行省硬币上出现了"APOLLO PROPULAEUS"：Weinreich 1913。另外参见一篇来自安条克的铭文，见 Perdrizet 1903。

69. 淋巴腺鼠疫不符合临床现象和流行病学。斑疹伤寒也同样如此，虽然偶尔会被提及，但不符合临床（例如它会引起高热，没有脓疱性病变）、流行病学（它是通过虱子传播的"露营"热病），以及历史（直到几个世纪之后才出现相关证据）。麻疹不是完全没有可能，因为它的传染性比天花还要强。但是，从受害者身上脱落下来的脓疱结痂是一种天花皮疹，而且，麻疹最常见的并发症是呼吸系统疾病，这在我们的报告中并没有出现。关于麻疹，参见 Perry and Halsey 2004。最近的分子时钟分析表明，麻疹可能在安东尼瘟疫暴发几个世纪之后才出现，但 Wertheim and Pond 2011 提出了对该日期准确度的一些合理怀疑。关于盖伦和这场瘟疫的一般性叙述，见 Marino 2012; Gourevitch 2005; Boudon 2001。无数：Galen, *Praes. Puls.* 3.4 (9.357K)。黑胆汁：Galen, *Atra Bile* 4 (5.115K)。发烧：Galen, *Hipp. Epid.* 3.57 (17a.709K) and *Simp. Med.* 9.1.4 (12.191K)。皮疹和溃疡：Galen, *Meth. Med.* 5.12 (10.367K) and *Atra Bile* 4 (5.115K)。粪便：Galen, K17a.741 and *Hipp. Epid.* 3.57 (17a.709K)。干燥：*Meth. Med.* 5.12 (10.367K)。Great and longest-lasting, e.g., at Galen, *Praes. Puls.* 3.3 (9.341–42 and 357–8K); 17a.741K; 17a.885K; 17a.709K; 17a.710K; 7b.683K; 12.191K; 19.15, 17–8K.

70. Galen, *Meth. Med.* 5.12 (10.367K), tr. Johnston and Horsley.

71. "不需要"：Galen, *Meth. Med.* 5.12 (10.367K), tr. Johnston and Horsley。Galen, *Atra Bile* 4 (5.115K)。

72. 见 Fenner 1988。Fenn 2001 提供了易懂的概述。

73. 出血性症状：Fenner 1988, 32, 63。

74. 结膜炎：Galen, *De Substantia Facultatum Naturalium* 5 (4.788K)。发烧：Galen, *Hipp. Epid.* 3.57 (17a.709K) and *Simp. Med.* 9.1.4 (12.191K)。融合性：Galen, *Atra Bile* 4 (5.115K)。

75. 天花的年龄和基因学：Duggan et al. 2016; Babkin and Babkina 2015; Babkin and Babkina 2012。

76. 我在网页上提供了一份比较完整的关于天花或类似天花病毒的历史证据的目录（从 1000 年左右开始），http://www.kyleharper.net/uncategorized/

smallpox-resources-and-thoughts/。来自印度的重要证据，出自 7 世纪伐格跋多（Vagbhata）的著作 Aṣṭāṅgahṛdayasaṃhitā，以及马达瓦卡拉（Madhava-kara）在 8 世纪初撰写的《马达瓦疾病论》（*Madhava nidanam*）。中国最早的证据出自葛洪的《肘后备急方》，"紧急情况下的便捷疗法"。见 Needham et al. 2000, 125-27。伪柱上修士约书亚（Pseudo-Joshua the Stylite）的《纪年》第 26 和第 28 节中，描述了 5 世纪后期的埃德萨，发生过一场很可能是天花的流行病：见 Harper forthcoming。最后，从 7 世纪的亚历山大里亚到 10 世纪的伊拉克，以优秀的医生拉齐斯（Al-Rhazes）为代表的一系列医学作家显示出对天花（以及水痘和麻疹）的深入了解。关于更晚近的资料，见 Carmichael and Silverstein 1987。

77. 关于瘴气的古代概念，见 Bazin-Tacchela et al. 2001 中的文章。

78. 全世界：*Hist. Aug., Vit. Ver.* 7.3。"整个军队"：Eutropius, *Brev.* 8.12.2。传播：Jerome, *Chron.*, an. 172。"污染了一切"：Ammianus Marcellinus, *Res Gest.* 23.6.24 tr. Rolfe。"许多行省"：Orosius, *Hist. Adv. Pag.* 7.15.5-6。死亡统计估计值：Zelener 2012 (20-25%); Paine and Storey 2012 (over 30%); Jongman 2012 (25-33%); Harris 2012 (22%); Scheidel 2002 (25%); Rathbone 1990 (20-30%); Littman and Littman 1973 (7-10%); Gilliam 1961 (1-2%)。

79. 最成熟的一项（坦白说是唯一的）关于安东尼瘟疫的流行病学研究，来自 Zelener 2003，其结论见于 Zelener 2012。Riley 2010 and Livi Bacci 2006 非常有帮助。

80. Riley 2010, 455. Cf. Brooks 1993, 12-13："尽管有许多关于它不断在大陆上来回穿梭、像野火一样蔓延，或是横冲直撞的记述，但在现实世界中，天花只会感染住在同一所房子或医院里的人。"

81. "病原体负荷"：Livi Bacci 2006, 225。

82. Galen, *Hipp. Epid.* 3.57 (17a.710K)。关于三角洲的危机，见 Elliott 2016 and Blouin 2014。

83. 特别参见 Zelener 2003。诺里库姆：AE 1994, 1334。埃及：见下文。罗马：Cassius Dio, *Hist. Rom.* 73.14。

84. P. Thmouis 1. See Elliott 2016; Blouin 2014, 255; Marcone 2002, 811; Rathbone 1990。土匪：Alston 2009。

85. SB XVI.12816. Hobson 1984。特别参见 Keenan 2003; van Minnen 1995; Rathbone 1990。

86. 希腊征兵：Jones 2012b。军队：Eck 2012。

87. 专家们会注意到，我回避了一些争论的内容，这些内容出现的时间，是在 Duncan-Jones 1996 的重要文章和 Scheidel 2002 的重要贡献之后。我认为，像 Bruun 2012、2007 和 2003 这样的质疑性研究是有建设性的，而且有助于明确一些证据的局限性，但就目前而言，对话已经陷入僵局。Duncan-Jones 1996 建立了一个有力的间接推论，认为在此期间的许多中断（比如建筑铭文）指向了严重的医疗危机。一些证据是立得住脚的，但这种分析只能是暗示性的，因为它没有指出危机的原因。但无论如何，它重启了这种辩论。这里提出的观点，是从一直缺失的东西开始的：更清晰的"流行病"背景和规模，以及一种明显的新型病原体的流行病学可能性。我认为这一论述给了文献证据更多可信性，如果加上碑文证据，那么想要弱化瘟疫的影响就变得更加困难。此外，我对纸莎草纸的研究在很大程度上证实了 Scheidel 2002（在租金和土地价格方面非常肯定，工资则更复杂）。我的解释与 Elliott 2016 的观点一致，认为气候变化是危机的一部分，但并不会降低疾病因素的重要性。

88. 银矿：Wilson 2007。埃及铸币：Howgego, Butcher, and Ponting 2010。城市铸币厂：Gitler 1990–91 and Butcher 2004。价格：Harper 2016a (wheat); Rathbone and von Reden 2015; Rathbone 1997 and 1996。

89. Harper 2016a。另见 Scheidel 2002 and Bagnall 2002。

90. 22% ~ 24%：Zelener 2012。

91. 潜伏期：Fenner 1988, 5, 以及下文。天花的一般性论述：Hopkins 2002。

92. "长期影响"：Livi Bacci 2006, 205。另见 Cameron, Kelton, and Swedlund 2015; Jones 2003。

93. 马可：*Hist. Aug., Vita Marc.* 17.5。Galen, *Bon. Mal. Succ.* 1 (6.749K). Cf. Orosius, *Hist. Adv. Pag.* 7.15.5–6. 盖伦在 *Bon. Mal. Succ.* 1 中描述的"连续的饥荒"很可能是瘟疫之后的一段时期。一场严重的生存危机记录于 165—171 年前后：Kirbihler 2006, esp. 621; Ieraci Bio 1981, 115. De Ste. Croix 1981, 13–14。

94. 1804 封请愿书：P. Yale 61。

95. Birley 1987。

96. Lo Cascio 1991。

97. "没有遇到"：Cassius Dio, 72.36.3, tr. Cary。"一个人一旦"：Marcus Aurelius, Med. 4.48。

第四章 世界的晚年

1. 这些竞技会的一般性介绍，见 Korner 2002, 248–59。各种动物：*Hist. Aug., Tres Gord.* 33.1–3。关于世纪竞技会，见 Ando 2012, 119; Pighi 1967。Gibbon 1776，第一部，第 7 章。关于放弃世纪竞技会，见第 5 章。读者可能会立刻注意到一些数学上的问题，因为菲利普的统治期并没有跨越奥古斯都统治的百年纪念。从皇帝克劳狄开始，罗马人在如何计算世俗周期上有一个很方便的分歧，致使他们会在两个不同的周期上庆祝世纪运动会。

2. 关于城市原点，见 Swain 2007, 17, 及下文。祈祷文：Lane Fox 1987, 464, 来自之前的庆祝活动。硬币：*RIC* Philip, 12–25。

3. 关于菲利普，Ando 2012, 115–21; Körner 2002。

4. 这一章取材于 Harper 2016b, 2016c, and 2015a。3 世纪的"危机"产生了大量的参考书目，但主要的引导者为 Ando 2012; Drinkwater 2005; Potter 2004; Hekster, de Kleijn and Slootjes 2007 中的文章；Swainand Edwards 2004 中的文章, esp. Duncan-Jones 2004; Carrié and Rousselle 1999; Witschel 1999; Strobel 1993; Bleckmann 1992; MacMullen 1976; Alföldy 1974。

5. "新帝国"：Harries 2012; Barnes 1982; 自爱德华·吉本以来的惯用语。"第一次衰落"：Scheidel 2013。

6. 马可与福斯蒂娜：Levick 2014, 62–63。

7. 关于塞普提米乌斯的背景和晋升，见 Campbell 2005a, 1–4; Birley 1988。

8. "铁锈"：Cassius Dio, *Hist. Rom.* 72.36。塞维鲁王朝"更像是安东尼王朝的延续，而不是戴克里先的先驱"：Carrié 2005, 270。

9. 塞普提米乌斯"不是一个'军人皇帝'"：Campbell 2005a, 10。"和睦相处"：Cassius Dio, *Hist. Rom.* 77.15.2。

10. "涌入高层"：Birley 1988, 24。

11. 向尤利娅·多姆纳求婚：Birley 1988, 75–76。

12. 安东尼宪法：P. Giss. 40; Dig. 1.5.17; Buraselis 1989, 189–98。卡西乌斯·狄奥心怀敌意的报告把这一法案归结于金钱上的动机：它扩大了纳税人的队伍。真正的动机可能来自宗教，因为新公民扩大了公民崇拜的范围。罗马法的传播：Garnsey 2004; Modrzejewski 1970。马其顿：ISMDA no. 63。黎凡特：Cotton 1993。"因为所有人……法律"：Menander Rhetor, *Epid.* 1.364.10。

13. Ibbetson 2005。关于塞维鲁时期伟大的法学家乌尔皮安的职业生涯，见 Honoré 2002。

14. 关于塞维鲁时期的行政制度：Lo Cascio 2005b, "不足" at 132。Campbell 2005a, 12–13。塞普提米乌斯的确将一些骑士阶级放到了原本留给元老的神圣职位上，最突出的就是他三个新军团（第一、第二和第三帕提亚军团）中的副将职位。但这些情况都有恰当的原因，而且，他巧妙避免了元老院成员的职位低于骑士阶级的情况。

15. 图密善：Griffin 2000, 71–72。军队涨工资：Herodian, 3.8.4; Campbell 2005a, 9。

16. 军人结婚：Birley 1988, 128。

17. 塞维鲁时期上层文化是安东尼时代的延伸，但也有自身的特征。盖伦的职业生涯堪称典范：他一直活到公元 216/217 年，他在塞普提米乌斯统治时期的职业生涯和马可时期差不多长。哲学领域产生了像阿弗罗狄西亚的亚历山大（Alexander of Aphrodisias）这样的新星，他是继那位大师本人之后，亚里士多德学派最伟大的学者之一。毫无疑问，塞维鲁时代见证了柏拉图主义的兴起，一度占统治地位的斯多葛学派和伊比鸠鲁学派的地位有所下降。希腊散文小说是一个充满活力的领域。占据一整个大陆的叙利亚文化曾经默默无闻，现在第一次出现在人们的视野中。这段时期充满了惊喜，就像著名的诗人塞普提米乌斯·内斯托尔（Septimius Nestor），他的避字作品《伊利亚特》（诗集中的每一本都重写过，以避免使用代表那本书序号的字母）展示出精湛的技艺，使他在东方和西方声名鹊起。雅典的菲洛斯特拉图斯（Philostratus of Athens）也崭露头角，他经典化了他称为"第二智术"的文学运动，并撰写了行奇迹的圣徒——泰安那的阿波罗尼奥斯（Apollonius of Tyana）——的传记。总体情况，见 Swain, Harrison, and Elsner 2007 中的文章。关于塞维鲁时期的罗马，见 Lusnia 2014; Wilson 2007; Reynolds 1996。水磨坊和谷物：Lo Cascio 2005c, 163。

18. 宏大的建筑建造在最后一位塞维鲁皇帝时期接近终结：Wilson 2007, 291. Tertullian, *De anima* 30。

19. 见 Bowman 2011, 328; Keenan 2003; Alston 2002 and 2001; van Minnen 1995; Rathbone 1990。

20. 工资：Southern 2006, 108-9.。塞普提米乌斯似乎在没有引发重大反响的情况下，于公元 194 年完成了贬值（降至约 45% 的白银）。Butcher and Ponting 2012; Corbier 2005a and 2005b; Lo Cascio 1986。信用 / 价格水平：Haklai-Rotenberg 2011; Rathbone 1997 and 1996。

21. 关于马克西米努斯，见 Syme 1971, 179-93。近期的 Campbell 2005a, 26-27。他被推翻：Drinkwater 2005, 31-33; 细节见 Kolb 1977。

22. 关于这些年间事件的叙述，见 Drinkwater 2005, 33-38。"平静地"：Peachin 1991。

23. "如此极端"：Duncan-Jones 2004, 21。

24. Cyprian, *Ad Demetr.* 3.

25. 关于隐喻，见 Zocca 1995 and Fredouille 2003, 21-38。"性燃料"：Ach. Tat. 2.3.3。"干燥的特性"：Galen, *Temp.* 2.580-81, tr. Singer。"由于死亡"：Galen, *Temp.* 2.582, tr. Singer。"落日的余晖"：Cyprian, *Ad Demetr.* 3。

26. 根据新研究提供的观点，相比其他有价值的有关罗马气候的研究（如 Elliott 2016 and Rossignol and Durost 2007），我可能更少强调罗马气候最优期末期的火山作用。169 年的一次火山喷发可能导致了一定降温，266 年那次更大的喷发可能也造成了同样的结果。关于火山活动的时间和规模的可靠研究，见 Sigl 2015。日照量：Steinhilber et al. 2012。冰川：Le Roy

et al. 2015; Holzhauser et al. 2005。西班牙温度记录：Martín–Chivelet et al。奥地利的洞穴堆积物：Vollweiler et al. 2006; Mangini, Spötl, and Verdes 2005。色雷斯的洞穴堆积物：Göktürk 2011。

27. Cyprian, *De Mort.* 2. Cyprian, *Ad Demetr.* 7. 富人：Cyprian, *Ad Demetr.* 10。"即使葡萄藤不再结果"：Cyprian, *Ad Demetr.* 20。

28. 来自 Sperber 1974。关于阿尼纳·巴·哈马，见 Miller 1992。气候证据：见 Issar and Zohar 2004, 210, 特别是位于库姆兰附近 ᶜEin Fashkha 的一座庄园的记录。

29. Marriner et al. 2013; Marriner et al. 2012; Abtew et al. 2009; Jiang et al. 2002; Krom 2002; Eltahir 1996.

30. 古人以及尼罗河：Bonneau 1971; Bonneau 1964。水位计：Popper 1951。尼罗河的变化：Macklin et al. 2015; Hassan 2007。尼罗河水文学：Said 1993。

31. 原始数据：McCormick, Harper, More, and Gibson 2012。应用：Izdebski et al. 2016; McCormick 2013b。

32. Marriner et al. 2013; Marriner et al. 2012; Abtew et al. 2009; Hassan 2007; De Putter et al. 1998; Eltahir 1996. 此外，厄尔尼诺 – 南方涛动（ENSO）是全球最强大的气候机制之一，其影响范围覆盖地中海和近东地区。它对从北非到黎凡特的大片地区有着复杂的影响，经常与尼罗河流域的影响相反：ENSO 年能给半干旱的地中海南部带来雨水。然而，ENSO 脉冲的消退阶段与急剧干旱存在相关性。无论如何，如果北非、巴勒斯坦和埃及的干旱之间存在联系，那么一定是因为 ENSO 这样的全球机制，而且我们可以假设，罗马过渡期的深刻变化之一，就是厄尔尼诺事件变得更加频繁。罗马帝国的粮仓依赖于南半球的大规模气候机制：Alpert et al. 2006; Nicholson and Kim 1997。在这里，厄尔尼诺现象的频率是由厄瓜多尔的沉积记录重建而来的，见 Moy et al. 2002，数据位于 ftp://ftp.ncdc.noaa.gov/pub/data/paleo/paleolimnology/ecuador/pallcacocha_red_intensity.txt。

33. P. Erl. 18 (BL III 52); P. Oxy. XLII 3048; P. Oxy. 38.2854. 参见 Rathbone and von Reden 2015, 184："这是罗马时代的埃及最严重的一次粮食短缺。"Tacoma 2006, 265; Casanova 1984. 主教：Eusebius, *Hist. Eccl.* 7.21。这次危机给亚历山大里亚带来的震动在第十三篇西卜林神谕（Sibylline oracle）中有所回应：*Orac. Sibyll.* 13.50–51。

34. 收成：Rathbone 2007, 703; Rowlandson 1996, 247–52; Rathbone 1991, 185, 242–44。总产量：Rathbone 2007, 243–44。400—800 万阿塔巴：最小值来自 Scheidel and Friesen 2009; 最大值来自 Justinian's Edict 13。价值计算依据 1 阿塔巴 = 12 德拉克马 = 3 第纳尔 = 3/25 奥里斯。饥荒：Borsch 2005; Hassan 2007。

35. Brent 2010; Sage 1975. 基督徒数量：见下文。

36. McNeill 1976, 136–37. 见 Brooke 2014, 343。"影响了"：Corbier 2005b, 398。

37. 全面的论述，见 Harper 2015a and 2016c. 我们现在可以加上第二十四条证词（或许是个间接证据），来自 *Martyrdom of Marian and James*, 12 中的"ex eventu"预言。我要感谢约瑟夫·布莱恩特（Joseph Bryant）让我注意到这一条参考。

38. 底比斯：Tiradritti 2014。年代学：Harper 2015a。

39. 十五年：这份报告来自 3 世纪的雅典历史学家菲洛斯特拉图斯，关于他，见 Jones 2011. Evagrius Scholasticus, *Hist. Eccl.* 4.29; *Excerpta Salmasiana* II (ed. Roberto = FHG 4.151, 598); Symeon the Logothete (Wahlgren 2006, 77); George Kedrenos, *Chron. Brev.* vol. 2, 465–66; John Zonaras, *Epit. Hist.* 12.21。

40. "罗马几乎"：Orosius, *Hist. Adv. Pag.* 7.21.5–6。"摧毁了"：Jordanes, *Get.* 19.104。"折磨着城市和村庄"：Zosimus, *Hist. Nov.* 1.26.2, tr. Ridley。

41. "疼痛"：Cyprian, *De Mortalitate* 8。"这些都是信念的证明"：Cyprian, *De Mortalitate* 14。另见 Grout–Gerletti 1995, 235–36。

42. "每天都……带走"：Pontius, *Vit. Cypr.* 9, tr. Wallis。"痛苦突然降临"：Gregory of Nyssa, *Vit. Greg. Thaum.* 956–57, tr. Slusser。关于内容，见 Van Dam 1982。

43. 见 Harper 2016c. Ps.–Cyprian, *De Laud. Mart.* 8.1。

44. "非常不知疲倦"：Orosius, *Hist. Adv. Pag.* 7.22.1。

45. "空气"：Orosius, *Hist. Adv. Pag.* 7.27.10。"疾病……传播"：*Excerpta Salmasiana* II (ed. Roberto = FHG 4.151, 598)。这个资料来自雅典的菲洛斯特拉图斯。眼睛可以放射物质的想法：Bartsch 2006。

46. "这座巨大城市"：Eusebius, *Hist. Eccl.* 7.21, tr. Williamson 1965. 62%: Parkin 1992, 63–64。5000/ 天；*Hist. Aug., Vit. Gall.* 5.5。"整个人类"：Cyprian, *Ad Demtr.* 2, tr. Wallis。

47. Eusebius, *Hist. Eccl.* 9.8。斑疹伤寒：Grout–Gerletti 1995, 236。

48. Barry 2004。

49. Barry 2004, 224–37. 我要感谢我的同事塔西·赫希菲尔德（Tassie Hirschfeld）促使我更仔细地思考流感问题。

50. 关于病毒性出血热的一般性论述，见 Marty et al. 2006。黄热病：关于它对新世界的影响，见 McNeill 2010; Cooper and Kiple 1993。

51. Harper 2015a 展示了沙粒病毒的可能性，尽管仍有可能，但我现在认为，这种疾病的传播机制似乎是通过人类之间直接传染。

52. 丝状病毒的遗传学：Aiewsakun and Katzourakis 2015; Taylor et al. 2010;

Belyi et al. 2010。埃博拉的一般性论述：Quammen 2014; Feldmann and Geisbert 2011。病死率：非常有用的数据 http://epidemic.bio.ed.ac.uk/ebolavirus_fatality_rate。

53. Drinkwater 2005, 38–39。

54. "帝国需要"：Cassius Dio, *Hist. Rom.* 52.28–29。

55. "阿勒曼尼人"：Eutropius, *Brev.* 9.8。关于这一系列事件，见 Drinkwater 2005, 28–66; Wilkes 2005a; Potter 2004, 310–14. Todd 2005, esp. 442。

56. *Orac. Sibyll.* 13.106–8, 147–48, with Potter 1990。佐西穆斯（Zosimus）的《新历史》中的相关内容主要取材于同时代的雅典的德克西普斯（Dexippus of Athens），在他对这个时代的描绘中，鼠疫和不安全感之间的直接关系非常显著。沙普尔：*Excerpta Salmasiana* II (ed. Roberto = FHG 4.151, 598)。

57. 哥特人：Todd 2005。波斯人：Frye 2005。

58. "技术融合"：Todd 2005, 451。

59. "罗马人民"：Zosimus, *Hist. Nov.* 1.37.2。胜利女神的祭坛：Ando 2012, 161。高卢帝国：Drinkwater 1987。总体论述：Drinkwater 2005, 44–48。

60. 总体论述：Corbier 2005a and 2005b。银币：Estiot 1996; Walker 1976。价格：Harper 2016a。银行家：P. Oxy. 12.1411。贮藏：De Greef 2002; Duncan-Jones 2004, 45–46; Bland 1997。信用：Haklai-Rotenberg 2011。图表 4.3 中的银含量取自 Pannekeet 2008［academia.edu 有英文版］，以及 Gitler and Ponting 2003; Walker 1976。

61. 村庄：Keenan 2003; Alston 2001; van Minnen 1995。人口普查记录：Bagnall and Frier 1994, 9。捐赠：Corbier 2005b, 413。碑文：MacMullen 1982。神殿：Bagnall 1988 以及下文。艺术作坊：Corbier 2005b, 419。

62. 加里努斯的背景：Syme 1983, 197; Drinkwater 2005, 41。"担心……帝国权力"：Aurelius Victor, *Caes.* 33.33–34, tr. Bird。关于加里努斯的改革：见 Piso 2014; Cosme 2007; Lo Cascio 2005c, 159–60; Christol 1986; Christol 1982; Pflaum 1976; de Blois 1976。

63. Scheidel 2013。关于这一地区：Wilkes 2005b; Wilkes 1996。很少出元老院议员：Syme 1971, 180。

64. Scheidel 2013。"能量地带"：Syme 1984, 897。

65. 法律程序：Johnston 2005; Corcoran 2000。关于行政改革，见第 5 章。这并不是说该地区没有得到恩惠和资助（比如戴克里先的宫殿）。

66. 转折点：Bastien 1988。另见 Callu 1969。亲自发放：Lee 2007, 57–58。阿拉斯，又称博兰宝藏（Beaurains hoard）：Bastien and Metzger 1977。

67. 治愈者阿波罗的硬币：RIC IV.3: Trebonianus Gallus, nos. 5, 19, 32, 103 and

104a-b; RIC IV.3 Volusianus, nos. 188, 247, 248a-b; RIC IV.3 Aemilianus, no. 27; RIC V.1, Valerianus, no. 76. Manders 2012, 132。"众神的平和"：*Hist. Aug., Vit. Gall.* 5.5。对瘟疫的宗教反馈：Reff 2005。

68. 关于"迫害"问题，见 Ando 2012, 134–41; Manders 2011; Luijendijk 2008; Bleckmann 2006; Selinger 2002; Rives 1999。

69. 波菲利：in Eusebius, Praep. Ev. 5.1.9。

70. 基督教传播的速度：Schor 2009; Harris 2005; Hopkins 1998; Stark 1996; Lane Fox 1987; MacMullen 1984; Barnes 1982。专有名词学：Frankfurter 2014; Depauw and Clarysse 2013; Bagnall 1987b; Wipszycka 1988 and 1986; Bagnall 1982。很明显，我基本上接受了 Depauw and Clarysse 的观点，而他们遵循的又是 Bagnall 的观点。

71. "充满神明的世界"：Hopkins 2009b。新民族：Buell 2005。关系网：Schor 2011; Brown 2012。见 Stark 1996，这本书的意见被过于轻率地否定了。

72. "一个人该怎样描述"：Eusebius, *Hist. Eccl.* 8.1.5。在俄克喜林库斯，已知的第一座教堂建筑可以追溯到 304 年：Luijendijk 2008, 19。第一个确定身份的基督徒：P. Oxy. 42.3035。索塔斯：Luijendijk 2008, 94ff。

73. 总体论述：Rebillard 2009; Bodel 2008; Spera 2003; Pergola 1998。早期墓葬：Fiocchi Nicolai and Guyon 2006; Ferrua 1978; Catacombs of Priscilla, *ICUR* IX 24828ff。卡利克斯特（Callixtus）：*ICUR* IV 10558。

74. 奥林匹亚宙斯神庙：Pausanias 1.18.6; Levick 2000a, 623。"眼睛"：Libanius, *Or.* 30.9; 参见 Fowden 2005, 538。关于 3 世纪后期的民间异教，Bagnall 1988 仍然是最具启发性的论述，在 286："Après cela, le silence tombe sur les temples d'Égyptet"。Bagnall 1993, 261–68。关于停滞不前的反对意见：Lane Fox 1987, 572–85，其基础是 Louis Robert 的研究成果。

75. 关于晚期异教，Jones 2014 提供了平衡的看法。以弗所：Rogers 1991。

76. "一座……祭坛"：Apuleius, *Flor.* 1, tr. Fowden 2005, 540。生动的回忆见 Watts 2015, 17–36。关于君士坦丁的皈依，见第 5 章。

77. 奥勒利安：Drinkwater 2005, 51–53。

78. 低潮：Duncan-Jones 2004, is a useful summary。

第五章　飞速旋转的命运之轮

1. Claudian, *Carm.* 20. 关于这首诗的前言和内容，见 Rostvig 1972, 71。

2. 日期：Cameron 1970, 391。

3. "这个框架"：Prosper of Aquitaine, *Cram. Ad Uxorem* 7–8, see Santelia 2009; Roberts 1992, 99–100。

4. "很少有比……"：Harris 2016, 220。

5. 官员：Kelly 1998, 163。

6. "很少使用"：Jones 1964, 48。"划分"：Lactantius, *De Mort. Pers.* 7.4, tr. Johns。总体论述，见 Lo Cascio 2005a; Corcoran 2000; Barnes 1982; Jones 1964, 37–76, esp. 42–52。

7. 关于戴克里先的军队数量，一位 6 世纪的官员记载了 435266 这样一个异常精确且非常可信的数字：John Lydus, *Mens.* 1.27. Campbell 2005b, 123–24; Whitby 2004, 159–60; Lee 1998, 219–20; Treadgold 1995, 43–64; Ferrill 1986, 42; Jones 1964, 679–86, esp. 679–80. 财政政策：Bransbourg 2015; Carrié 1994; Cerati 1975; Jones 1957. 一般性论述，见 Bowman 2005.

8. *Edictum De Pretiis Rerum Venalium*, pr., ed. Lauffer。关于这条法令，见 Corcoran 2000, 205–33。关于经济背景，见 Camilli and Sorda 1993 和 Bagnall 1985 中的文章。

9. 关于评价，见 Lenski 2016，书中有关于现代历史学家对君士坦丁各种评价的精湛概论。过去十年中的重要论述，包括 Potter 2013; Barnes 2011; Van Dam 2007; Lenski 2006 中的文章；Cameron 2005。君士坦丁与奥古斯都的比较：Harper 2013b; Matthews 2010, 41–56; Van Dam 2007。

10. 行政 / 元老院：Harper 2013b; Kelly 2006; Heather 1998b; Jones 1964, 525–28。君士坦丁堡：Dagron 1984。所有的骑士阶级都消失了，只留下一个等级，而那些曾经通过才能和付出得到提拔的人，现在有希望获得最高的荣誉。君士坦丁将皇帝宫廷人员的特设机构 *comites* 规范化，成为一个具有三个荣誉等级的正式编制，每个等级都有不同特权。他大胆恢复了古时的贵族（*patricius*）头衔，现在这个头衔不再专属于那些拥有高贵血统的人，而是纯粹由皇帝授予。在君士坦丁统治时期，皇帝自己的家族姓氏弗拉维乌斯（Flavius），是一个被广泛授予的介于名字和某些政府官员头衔之间的称谓。现在，皇家侍从甚至也共享皇帝的姓氏。弗拉维乌斯在整个古代晚期一直被使用，这反映了君士坦丁作为一个新秩序的建立者的成就：Keenan 1973 and 1974。

11. McGinn 1999 特别具有启发性，同样还有 Evans Grubbs 1995。"只有这样……广大群众"：CT 11.16.3, tr. Pharr。奴隶制：Harper 2013b, 取材自 Harper 2011, Part 3。私生子：Harper 2011, 424–62。离婚：Harper 2012; Memmer 2000; Arjava 1988; Bagnall 1987a。

12. 关于皇帝宗教政策的某一种观点，见 Barnes 2011。

13. Herodian, 1.6.5. 特别参见 Grig and Kelly 2012 中几篇精彩的文章；Mango 1986; Dagron 1984。

14. 挥霍（Profligate）：Zosimus, *Historia nova* 2.38.2–3。"反复不断地……"：Eusebius, *Vit. Const.* 4.1–2。"……的重任"：Eusebius, *Vit. Const.* 4.71。

15. 火山作用：Sigl et al. 2015。日照量：Steinhilber, Beer, and Fröhlich 2009。冰川：Le Roy et al. 2015。

16. 北大西洋涛动：Burroughs 2005, 170–75; Hurrell et al. 2003; Marshall et al. 2001; Visbeck et al. 2001。

17. 比较北大西洋涛动的持续正指数对中世纪气候异常期（又称"中世纪温暖期"）的影响（特别是长期影响）：Trouet et al. 2009. Manning 2013, 107–8。

18. Baker et al. 2015; 在格陵兰岛具有高分辨率的湖泊沉积物中，还发现了另一份古气候记录：Olsen et al. 2012。西班牙：Martin-Puertas et al. 2009; Curras et al. 2012。橡树：Büntgen et al. 2011。

19. 值得注意的是，台伯河洪水的频率在4、5世纪时急剧下降，但这只是相对于气候最优期的异常高水平而言的。"一处空旷的风景"：Brown 2012, 100。来自希腊的Kapsia洞穴记录显示出更大的湿度：Finné et al. 2014。来自阿尔巴尼亚东部的Shkodra湖泊记录：Zanchetta et al. 2012。

20. 关于地中海东部的气候机制概述：Finné et al. 2011; Xoplaki 2002。干燥的安纳托利亚：Haldon et al. 2014。Sofular：Göktürk 2011; Fleitmann et al. 2009。贝雷克特低地（Bereket Basin）：Kaniewski et al. 2007. Nar Gölü: Dean et al. 2013; Woodbridge and Roberts 2011. Tecer Lake: Kuzucuoğlu et al. 2011. Israel: Migowski et al. 2006; Bookman et al. 2004。关于潮湿阶段的开始和结束时间，还存在一些不确定性。相关讨论见McCormick et al. 2012。另见第7章。

21. Stathakopoulos 2004 是最全面的；Teleles 2004 聚焦于气候事件；Patlagean 1977 仍然很有价值。Brown 2002 和 Holman 2001 有助于我们理解古代晚期时的新视角。

22. 见 Holman 2001; Garnsey 1988, 22–23。凯撒里亚的巴西尔：*Dest. Horr.* 4. Harper 2011, 410–11。

23. "所有行省的希望"：Symmachus, *Rel.* 3.15, tr. Barrow。

24. Stathakopoulos 2004, no. 29, 207。"各行省之间……救济"：Symmachus, *Rel.* 3.17, tr. Barrow。"……不均"以及"……为生"：Symmachus, *Rel.* 3.16, tr. Barrow。Ambrose, *Ep.* 73.19, tr. Liebeschuetz。这次饥荒还被同时代的作家"安布罗斯特"（Ambrosiaster）提及，普鲁登修斯也有所暗示。

25. 埃及的问题：P. Lond. 3.982。见 Rea 1997; Zuckerman 1995, 187。下一年，安条克出现了大规模饥馑。Stathakopoulos 2004, no. 30, 209。公元451年的剧烈气候事件也在整个地中海造成了同样的后续影响。与阿提拉的入侵重叠，见下文。

26. 见第3章。

27. Stathakopoulos 2004。Eusebius, *Hist. Eccl.* 9.8。米兰的安布罗斯声称，公元 378 年蛮族之间的战争向全世界散播了恐怖、饥荒和瘟疫。公元 442 年，编年史家希达修斯（Hydatius）记录了一颗彗星的出现，接着就是一场蔓延到全世界的瘟疫。没有找到其他的同时代证据可以证实这两份证词，它们都增加了末日预言的修辞效果。因此，这些证词的实际作用降到了安全的最小范围。

28. 关于这次疟疾爆发，见下文。

29. 这一幕被生动地记录在 Ps.–Joshua Stylites 38–46 中。Stathakopoulos 2004, no. 80, 250–55。Garnsey 1988, 1–7, 20–36。另见 Harper forthcoming。

30. 一周的旅行时间，见 orbis .stanford .edu. 关于帕拉弟乌斯的旅行，见 *Hist. Laus.* 35。

31. "私人预言家"：Zuckerman 1995, 193。尼罗河：*Hist. Monach. in Egypt.* 11。

32. 关于约翰，见最近的 Sheridan 2015, van der Vliet 2015, 165–67。将这些纸莎草纸中的阿帕·约翰的身份指认为莱科波利斯的约翰（John of Lycopolis），见 Zuckerman 1995。不是所有人都信服：Choat 2007。这不会从实质上改变这里的论点。征兵与自残：CT 7.13.4 (AD 367); CT 7.13.5 (AD 368); 这里采用了 CT 7.13.10 (AD 381), tr. Pharr。对行省来说，残疾的新兵只能算一半成果：两个人算作一个征兵名额。

33. Lo Cascio 1993; 国家对贵金属实行强制征用，并以价值被高估的合金铜币作为补偿，这始于戴克里先时代，被称为 "le trait le plus original de la fiscalité de Dioclétian"，Carrié 2003; Carrié 2007, 156。价格法令似乎 "低估" 了黄金，而在接下来的 25 年里，政府将继续以政策的方式低估黄金价值。关于通货膨胀，见 Bagnall 1985。小麦价格来自 Harper 2016a。

34. 君士坦丁让黄金 "自由流通"：Lo Cascio 1998 and 1995。税：*collatio lustralis* 或 *chrysargyron* 是一种每五年征收一次的商业税，显然是为了筹措支付给士兵的五周年纪念奖金的费用。此外，他还设立了 *collatio glebalis*，一项年度税收，即以黄金支付的元老院议员的财产税。这两种税收都是累进的，主要对象是富裕阶级；尽管两者都非常不受欢迎，但还是延续下去了。新的黄金经济：Carrié 2007; Banaji 2007; Corbier 2005a, 346; Brenot and Loriot 1992; Callu and Loriot 1990; Morrisson et al. 1985, 92–95。零星发现的索里达金币的数量，在君士坦丁统治期之后明显增多：Bland 1997, 32–33。

35. "罗马晚期……的特定融合"：Banaji 2007, 55。赫利奥多罗斯：Libanius, *Or.* 62.46–8。

36. 银行的消失：Andreau 1998; Andreau 1986。CJ 5.37.22 (AD 329) 的说明很清晰。关于银行业的复苏目前还没有完整的论述，可以参见 Barnish 1985;

Petrucci 1998; Bogaert 1973。John Chyrsostom, *In Pr. Act.* 4.2 (PG 51: 99)。
见 Bogaert 1973, 244, 257–58，把它称为所有希腊文学中最明确的银行
定义。"商人"：John Chrysostom, *Hom. In Io.* 1.3 (PG 59: 28)。另见他的
Hom. In 1 Cor. 14.3 (PG 61: 117); *De Laz.* 1.3 (PG 48: 966)。"航海和贸易"：
Augustine, *Enarr.* In Ps. 136.3, tr. McCormick 2012, 57。

37. 关于非洲细红陶的参考书目非常庞大。参见 Fentress et al. 2004。"一个……
    的商人"：Ps.–Macarius, *Serm.* 29.2.1, tr. McCormick 2012, 57。将《说明》
    (*Expositio*) 比作"实用手册"：McCormick 2001, 85。

38. 麦科塔的收割者（Harvester of Mactar）：ILS 7457, tr. Parkin and Pomeroy
    2007, 39。见 Shaw 2015; Brown 2012, 4–6。铜匠、制作香肠的人：Libanius,
    Or. 42 with Petit 1957。圣奥古斯丁：*Conf.* 6.13 and 6.15。见 Shanzer 2002,
    170。

39. 总体论述，见 Harper 2011，包括更多文献资料。梅拉尼娅：Palladius, *Laus.
    Hist.* 61; Gerontius, *Vit. Mel.* 10–12。以及 Harper 2011, 192; Clark 1984。

40. Harper 2011, 46–49。"这个男人"：Libanius, *Or.* 47.28。公元 383 年的一项
    法律允许色雷斯镇议会从平民中招募"大量奴隶"，他们由于"低微身份
    的掩盖"而避免了国家兵役：CT 12.1.96。

41. "就连……的家庭"：John Chrysostom, *In Ephes.* 22.2 (PG 62: 158)。牧师等：
    Harper 2011, 49–56。织布人：*CIL* 15.7184; *CIL* 15.7175。以及 Thurmond
    1994, 468–69。助理教授：Libanius, *Or.* 31.11。"拥有少量"：Bagnall 1993,
    125。

42. "西方的元老阶层精英"：Wickham 2005, 156。另见 Jones 1964, 778–84。
    奥林匹奥多罗斯（Olympiodorus）：*Frag.* 41. Harper 2015b。Matthews
    1975。梅拉尼娅：见注释 34。

43. 关于赫尔莫波利斯（Hermopolis）的土地登记，见 esp. Bagnall 1992 和
    Bowman 1985。内容见于 Harper 2015b。

44. 关于制度框架，见 Kehoe 2007。君士坦丁：CT 11.16.3, tr.Pharr。Synesius,
    Ep. 148, tr. Fitzgerald。

45. 关于古代晚期的贫困，见 Holman 2008 中的文章；Atkins and Osborne 2006
    中的文章；Brown 2002; Holman 2001; Neri 1998; Patlagean 1977。安条
    克：Libanius, *Or.* 27; Stathakopoulos 2004, no. 30, 209。圣马丁：Sulpicius
    Severus, *Dial.* 2.10, tr. Hoare。"他们栖居于"：Gregory of Nyssa, *De Benef.*
    453, tr. Holman 2001, 194。

46. "我们应该"：Gregory of Nazianzus, *De pauperum amore*, 15, tr. Vinson。"你
    能看到"：Gregory of Nyssa, *In illud: Quatenus uni ex his fecistis mihi fecistis*,
    ed. van Heck, 114。"患病的穷人"：Gregory of Nyssa, *De Benef.* 453, tr.

Holman 2001, 195。

47. 关于古代晚期的罗马，总体情况见 Grig and Kelly 2012; Van Dam 2010; Harris 1999b。"关注实在太少了": Aurelius Victor, *Caes.* 28.2。另见 Zosimus, *Hist. Nov.* 2.7。"目之所及": Ammianus Marcellinus, *Res Gest.* 16.10.13, tr. Rolfe。关于市民权利: Sirks 1991（面包见 308; 油见 389–90; 酒见 392–93; 猪肉见 361ff.）。

48. 人口: Van Dam 2010, 55; Zuckerman 2004。"陆地": Van Dam 2010, 55。关于君士坦丁堡的总体情况: Dagron 1984。

49. 亚历山大里亚: Fraser 1951，总体叙述见 Haas 1997。古代晚期的城市生活是一个有争议的大话题。Liebescheutz 2001 中有权威和详细的论述，在这里和第 7 章都有采用。

50. Wickham 2005 是对相关考古学及其经济含义的权威概论。另见 Brogiolo and Chavarría Arnau 2005; Chavarría and Lewit 2004; Lewit 2004; Bowden, Lavan, and Machado 2003; Brogiolo, Gauthier, and Christie 2000。关于边境地貌，现在变得"伤痕累累因而毫无魅力"，见 Christie 2011, 20。关于东方的活力，见 Decker 2009。另见第 7 章。

51. 可继承: Jones 1964, 615。"庞大的……队伍": Jones 1964, 933。一半: Van Dam 2010, 27。征兵的一般性论述: Campbell 2005b, 126–27; Lee 1998, 221–22。

52. 特别见 Ferrill 1986。

53. 总体论述，见 Christie 2011, 70–73。Ferrill 1986, 78–82; Jones 1964。"当一群": Thompson 1958, 18。

54. Di Cosmo 2002, 13–43。

55. "无尽的荒芜": Ammianus Marcellinus, *Res Gest.* 31.2.13, tr. Rolfe。"他们没有": Ammianus Marcellinus, *Res Gest.* 31.2.17, tr. Rolfe。

56. 特别参见 Di Cosmo 2002, esp. 269–77。

57. Ying-Shih 1986, 383–405。关于汉朝有所减弱的匈奴压力: Mansvelt Beck 1986, 357–76。

58. De la Vaissière 2015; 2005a, 2005b, and 2003。英译版本 Juliano and Lerner 2001,no. 8, 47–49。关于匈人最好的一般性论述（虽然没有年代），仍然是 Maenchen-Helfen 1973（他对这里所采纳的身份指认表示质疑）。另见 Thompson 1996。

59. Ammianus Marcellinus, *Res Gest.* 31.1.1, tr. Rolfe。"匈人……入侵": Heather 2015, 212。这是大草原历史上一个持久的转折点。Maas 2015, 9: "通向遥远东方人口的大门会保持开放，而对阿瓦尔人和突厥人来说，大门立刻打开了……"

60. 都兰－乌兰：Cook 2013，他详细制定了气候框架。相对于厄尔尼诺－南方涛动，我会更加强调北大西洋涛动的作用，而他则反之。干旱的中亚：Campbell 2016, 48–49; Oberhänsli et al. 2011; Chen 2010; Oberhänsli et al. 2007; Sorrel et al. 2007。

61. Heather 1995。Frankopan 2015, 46："在大约 350 年到 360 年之间，有一波巨大的移民潮，许多部落被迫离开他们的土地，被推向西方。这很可能是气候变化引起的，使得草原上的生活异常艰辛，并引发了激烈的资源争夺。"

62. Ammianus Marcellinus, *Res Gest.* 31.2.1, 3, 6, and 10, tr. Rolfe。

63. "一系列独立的"：Heather 2015, 214；另见 Heather 1998a, 502。匈人的马：Vegetius, *Mul.* 3.6.2 and 5, tr. Mezzabotta 2000。它们的外表给人留下不可磨灭的印象。"这群健壮的马有大大的、钩状的脑袋，突出的眼睛，狭窄的鼻孔，宽阔的双颊，强壮、僵硬的脖子，鬃毛一直垂到膝下，比寻常马更大的肋骨，弯曲的脊柱，多毛的尾巴……"

64. "很难制造"：Luttwak 2009, 25。虽然 cf. Elton 2015, 127 不同意它是全新的事物。Maenchen-Helfen 1973, 221–28。"坚信射出的箭"：Sidonius Apollinaris, *Cram.* 2.266–69, tr. Anderson。"你会毫不犹豫"：Ammianus Marcellinus, *Res Gest.* 31.2.9, tr. Rolfe。

65. "保持着平静"：Ammianus Marcellinus, *Res Gest.* 31.5.17, tr. Rolfe。数字：Heather 2015, 213。Maenchen-Helfen 1973, 26–30。这场战役：Ferrill 1986, 56–63。

66. 阿德里安堡：Hoffman 1969–70, 440–58。蛮族化：Whitby 2004, 164–70 有非常谨慎的解读，包括早期文献；Curran 1998, 101–3; Lee 1998, 222–24; Elton 1996, 136–52; Ferrill 1986, 68–70, 83–85。

67. "平衡"：Claudian, *Stil.* 3.10, tr. Platnauer。

68. 希瑟的重建：Heather 2015; 2010; 2006; 1995。

69. 公元 395 年，匈人在黑海以东的高加索地区发动了一次大规模进攻，公元 408/409 年越过了黑海以西的多瑙河。正是在这几年，君士坦丁堡建成了巨大的狄奥多西城墙，巨大的双墙系统可以保护这个城市一千年。乌尔丁：Maenchen-Helfen 1973, 59–72。

70. "在一座城市里"：Jerome, *Comm. In Ezech.* Pr.。

71. 5 世纪：关于这些问题有用的、最新的概述，见 Kulikowski 2012。

72. "撞在疾病的岩石上"：Isaac of Antioch, *Homily on the Royal City*, tr. Moss, 61, 69。关于 5 世纪 40 年代阿提拉的行动，见 Kelly 2015, 200–1; Maenchen-Helfen 1973, 108–25。

73. "将阿提拉画在"：Priscus of Panium, tr. Kelly 2008, 260。

74. "在凶猛的外表之下": Jordanes, *Get.* 186, tr. Mierow。"天赐的灾难": Hydatius, *Chron.* 29, tr. Burgess 103。Maenchen-Helfen 1973, 129-42。卢加诺的婴儿墓地是罗马考古学史上最令人毛骨悚然的发现之一: Soren and Soren 1999, 461-649。在罗马以北 60 英里的一处乡间别墅遗址上，发现了至少 47 个 5 世纪中期的胎儿和婴儿的墓葬。很明显，他们是在短时间内被埋葬的，时间间隔为几周或几个月，这反映了流行病杀死的严重程度。在发掘中，人们发现了黑暗魔法仪式的痕迹，这些仪式在农村腹地仍然盛行。两种独立的科学方法——DNA 测序，以及找回一种叫作"疟原虫色素"（hemozoin）的标志性化学副产物——已经证明，凶手正是疟疾。尽管这片墓地位于匈奴人入侵最远端的南方，但考古学家并非毫无理由把这片墓地与导致阿提拉撤退的情况联系起来。疟疾的暴发依赖于蚊子的繁殖周期，而蚊子的繁殖又对气候波动很敏感，而且可以覆盖大片地区: Roucaute et al. 2014。疟原虫色素: Shelton 2015。DNA: Sallares et al. 2003; Abbott 2001。总体论述: Bianucci et al. 2015。

75. 最后的薪水: Eugippius, *Vita Severin.* 20。关于该地区的考古，见 Christie 2011, 218。"西罗马军队": Whitby 2000b, 288. cf. Ferrill 1986, 22。

76. 硬币: McCormick 2013a。教堂: Brown 2012。

77. "很明显": Cassiodorus, *Var.* 11.39.1 and-2, tr. Barnish。季节性: Harper 2015c。

第六章　上帝烈怒的榨酒池

1. *De cerem.* 2.51, tr. Moffatt and Tall。这一开篇援引了 McCormick 1998，这是第一次大瘟疫的生态学研究真正的开端。

2. 小麦数量及"我们认为": Justinian *Edictum* 13, tr. Blume. Jones 1964, 698。

3. "各种各样的人": Procopius, *De aedific.* 1.11.24, tr. Dewing。语言: Croke 2005, 74-76 生动再现了"拥挤喧闹"的城市。碑文证实了移民，见 Feissel 1995。

4. "它们……悄悄": Mitchell 1992, 491[orig. 1944]。

5. "中子弹": Cantor 2001, 25。Little 2007a 的精品论文集代表了该领域的现状。重要论述包括 Meier 2016; Mitchell 2015, 409-13, 479-91; Horden 2005; Meier 2005; Meier 2003; Stathakopoulos 2004; Sarris 2002; Stathakopoulos 2000; Conrad 1981; Durliat 1989; Allen 1979; Biraben 1975, 22-48; Biraben and Le Goff 1969。更通俗的研究，但内含有价值的见解，包括 Rosen 2007 和 Keys 2000。

6. Maas 2005 提供了关于查士丁尼统治的优秀概述。一份极为负面的评价，见 O'Donnell 2008。Meier 2003 令人信服地强调，自然灾害在破坏查士丁尼各项工程中起到了重要作用，并且渲染了整个时代。

7. CJ 5.4.23, tr. Blume。见 Daube 1966–67。

8. 反对者：见 Bjornlie 2013; Kaldellis 2004; Maas 1992; Cameron 1985, 23–24。Haldon 2005 关于查士丁尼的帝国行政结构的概述十分有益。关于尼卡起义的概述：Cameron 2000a, 71–72。Liebeschuetz 2000, 208 and 220："显要人物"控制着税务系统。

9. Jones 1964, 278–85。另见 Stein 1968, II.419–83。狄奥多拉：参见见解深刻的传记 Potter 2015，来自大量文献。特里波尼安：Honoré 1978。

10. Gibbon 1788, Vol. IV, Ch. 44。在他统治之初，查士丁尼就委任了一个由卡帕多西亚人约翰领导的工作组，收集和协调从哈德良时代到现在的帝国法律。第一版是在 529 年颁布的。但这个野心勃勃的行动，暴露了当时的罗马法是多么不同和复杂。编纂项目的范围被扩大，涵盖了罗马所有的立法和法理。见 Honore 2010, 28; Humfress 2005。"这个任务"：Justinian, *Deo Auctore* 2, tr. Watson。300 万行：Cameron 2000a, 67。

11. "它高耸入云"：Procopius, *De aedific.* 1.1.27, tr. Dewing。关于查士丁尼赞助的概述，Alchermes 2005, 355–66; Cameron 1985, 86–87。 忒涅多斯岛（Tenedos）：Procopius, *De aedific.* 5.1.7–17。

12. 埃德萨：Procopius, *De aedific.* 2.7.4。关于幼发拉底河，见 2.8.18; 关于奥龙特斯河，见 2.10.6。塔尔苏斯：Procopius, *De aedific.* 5.5.15–20。桑加利厄斯：Procopius, *De aedific.* 5.3.6。见 Whitby 1985。德拉孔河：Procopius, *De aedific.* 5.2.6–13。引水渠：Procopius, *De aedific.* 3.7.1 (Trabezond); 4.9.14 (Perinthus); 4.11.11–13(Anastasiopolis); 5.2.4 (Helenopolis); 5.3.1(Nicaea)。贮水池：Procopius, *De aedific.* 1.11.10。Crow 2012, 127–29。

13. Cameron 2000a, 73–74。

14. Humphries 2000, 533–35, at 535。

15. "一座……的城市"：Procopius, *Bell.* 2.8.23, tr. Kaldellis。成千上万的俘虏被迫到波斯，在一个新城市定居："Khusro's Better Than Antioch（库斯鲁比安条克好）。"另一个时代：Meier 2003。"我不明白"：Procopius, *Bell.* 2.10.4, tr. Kaldellis。

16. Slack 2012; Eisen and Gage 2009; Gage and Kosoy 2005。

17. 第一个测序的：Raoult et al. 2000; Drancourt et al. 1998。模型：McNally et al. 2016。

18. McNally et al. 2016; Hinnebusch, Chouikha, and Sun 2016; Pechous 2016; Gage and Kosoy 2005; Cornelis and Wolf-Watz 1997。

19. Zimbler et al. 2015; Chain et al. 2004。

20. 传播：Hinnebusch 2017。青铜时代：Rasmussen et al. 2015。

21. Ymt : Hinnebusch et al. 2002。各种跳蚤：Eisen, Dennis, and Gage 2015。Miarinjara et al. 2016。

22. Cui et al. 2013。见 Varlık 2015, 19–20。

23. 总体论述：McCormick 2003。

24. Varlık 2015, 20–28。

25. Varlık 2015, 28–38。

26. 致痒蚤：e.g., Ratovonjato et al. 2014。最近已经证实，除了印鼠客蚤，鼠疫杆菌还可以阻断其他蚤类（Hinnebusch 2017）。目前一个重要的问题是，这种让传播更有效率的阻断机制是否适用于致痒蚤？我要感谢欣内布施（Hinnebusch）博士在这一点上慷慨给予我的信息。

27. 人类跳蚤 / 体表寄生虫：Campbell 2016, esp. 232–33; Eisen, Dennis, and Gage 2015; Eisen and Gage 2012; Audoin-Rouzeau 2003, 115–56 有关于早期文献的全面论述。其他途径：Varlık 2015, 19–20; Green 2014a, 32–33; Carmichael 2014, 159; Anisimov, Lindler, and Pier 2004。

28. McCormick 2003, 1。地图 17 中的数据基础来自 McCormick 的数据库，见 darmc.harvard.edu，同时，我更新了一些可以找到的数据（并不全面）。以前的资料，见 Audoin-Rouzeau 2003, 161–68。

29. Rufus apud Oribasius, *Coll. Med.* 44.41 and esp. 44.14。鲁弗斯将"驼背的狄奥尼修斯"（Dionysius the Hunchback）、波塞多尼奥斯（Poseidonius）和"迪奥斯科里季斯"（Dioscorides）作为权威而引用。尽管现代人作出了一些推测，但我们完全无法识别这些人物。Aretaeus, *De Causis et Signis Acutorum Morborum* 2.3.2。感谢约翰・马尔霍尔（John Mulhall）非常有益的谈话：他即将发表的著作将理清古代医学文献中的腺鼠疫历史。更简短的便览：Oribasius, *Syn. Ad Eust. Fil.* 另见 Sallares 2007, 251。

30. Rasmussen et al. 2015; 关于这个毒性因子的重要性，见 Zimbler et al. 2015。其他微小的进化事件也是可能的。与毒力基因有关的第一次大瘟疫基因组的其他小特征，见 Feldman et al. 2016。

31. Green 2014a, 37。非常重要的一点是，新的具有高覆盖率的旧埃尔丁重建工作（Feldman et al. 2016），证实了"将产生查士丁尼菌株的分支定位于分支 0，并且介于两种从中国啮齿类动物（0.ANT1 and 0.ANT2）中分离出的现代菌株之间。"

32. Cosmas Indicopleustes, *Top. Christ.* 2.46。

33. 关于科斯马斯，见 Darley 2013; Kominko 2013; Bowersock 2013, 22–43; Wolska-Conus 1968; Wolska-Conus 1962。关于古代晚期的红海，见 Power 2012。

34. 例如 Cosmas Indicopleustes, *Top. Christ.* 11.15. Banaji 2016, 131, 很好地描

绘了这种活力。

35. Cosmas Indicopleustes, *Top. Christ.* 11.10, see Wolska-Conus 1973, 335。在希腊文《殉道者圣阿雷萨斯》(*Martyrdom of St. Arethas*) 关于纳季兰 (Najran) 殉道者的描述中，印度是产"香料、胡椒、丝绸和珍贵的珍珠"的地方：*Mart. Areth.* 2。关于 6 世纪最活跃的港口的线索，另见 *Mart. Areth.* 29。港口：ilson 2015, 29-30; 关于贝雷尼塞见 Power 2012, 28-41,esp. 41。君士坦丁：Seland 2012。

36. "待过很久"：Procopius, *Bell.* 8.17.1-6, tr. Kaldcllis。关于罗马与中国的总体概述，见 Ferguson and Keynes 1978。

37. 奴隶：Harper 2011, 89-90。"大部分奴隶"：Cosmas Indicopleustes, *Top. Christ.* 2.64。象牙：Cutler 1985, 22-24。思想中的印度：Ps. Palladius, *De Gent. Ind. et de Brag.*, tr. Desantis 中有这位埃及律师的故事，他最远游历到了孟加拉湾，带回有关婆罗门的故事。古代晚期时关于印度的概念，见 Johnson 2016, 133-37; Mayerson 1993。

38. "巨额"：Choricius of Gaza, *Or.* 3.67 (Foerster p. 65)。见 Mayerson 1993, 173。硬币：特别参见 Darley 2015 and 2013 中的谨慎研究；Walburg 2008; Krishnamurthy 2007; Turner 1989。地缘政治：Bowersock 2013, esp. 106-19; Bowersock 2012; Power 2012, 68-75; Greatrex 2005, 501。

39. Procopius, *Bell.* 2.22.6。以弗所的约翰，见 Michael the Syrian, *Chron.* 9.28.305, p. 235。叙利亚语资料认为，瘟疫的遥远起源地位于库什，库什是圣经中南方异域土地的名称，正如《基督教世界风土志》所指明的，这可能是指阿拉伯半岛南部的希米亚特地区。克利兹马：Tsiamis et al. 2009。Green 2014a, 47; McCormick 2007, 303 提出了令人信服的建议，即穿越印度洋之后进入了帝国南部。关于贝鲁西亚的考古，见 Jaritz and Carrez-Maratray 1996：可见的活动消失于 6 世纪中期。

40. 更多讨论见第 7 章。比较 Varlık 2015, 50-53 中关于黑死病的有价值的思考。另见 McMichael 2010。

41. 关于极端气候事件与传染病的关系，总体论述见 Mc-Michael 2015; Altizer 2006。

42. 关于鼠疫与气候之间复杂的关系网络，见 Ari et al. 2011; Kausrud et al. 2010, Gage et al. 2008。食物来源控制了啮齿类动物种群的大小，因此，气候可以引发剧烈的波动，见 White 2008, 230。啮齿类动物种群的动态，特别是迁徙：Krebs 2013。厄尔尼诺：Zhang et al. 2007; Xu et al. 2015; Xu etal. 2014; Enscore et al. 2002。关于黑死病，见 Campbell 2016。

43. Ari et al. 2011, 2; Audoin-Rouzeau 2003, 67-70; Cavanaugh and Marshall 1972; Cavanaugh 1971; Verjbitski, Bannerman, and Kápadiâ 1908。

44. 普罗柯比：Kaldellis 2004;《战争》中关于鼠疫的题外话，见 Cameron 1985, esp. 42–43。"我认为"：Procopius, *Bell.* 5.3.6–7, tr. Kaldellis。

45. 关于约翰，见 Morony 2007; Kaldellis 2007; Ginkel 1995; Harvey 1990。

46. 普罗柯比的叙述，见 *Bell.* 2.22–23。约翰的叙述保存在后来的编年史中，最多见于一本名为 *Chronicle of Zuqnin* 的作品。英译本为 Witakowski 1996。关于普罗柯比如何成熟（而不是盲从）地借用他的榜样修昔底德，见 Kaldellis 2007 (esp. at p. 14)。

47. Benedictow 2004, 26; Audoin-Rouzeau 2003, 50–55。

48. Sebbane et al. 2006; Benedictow 2004。

49. Benedictow 2004; Pechous 2016。

50. 吸收：Butler et al. 1982。

51. 普罗柯比：发烧：Bell. 2.22.15–16; 肿大：Bell. 2.22.17; "当淋巴腺肿块变得非常大"：Bell. 2.22.37; 衰弱：Bell. 2.22.38–39。以弗所的约翰：*Chronicle of Zuqnin*, tr. Witakowski 1996, p. 87。

52. "黑色水疱"：Procopius, Bell. 2.22.30。"不管出现在谁身上"：John of Ephesus, in *Chronicle of Zuqnin*, tr. Witakowski 1996, p. 88。呕血：Procopius, *Bell.* 2.22.31。

53. John of Ephesus, in *Chronicle of Zuqnin*, tr. Witakowski 1996, p. 88。另见 *Hist.* 5.10.4. Sallares 2007b, 235。

54. Evagrius, *Hist. Eccl.* 4.29 (178) 在之后的一次暴发中，提到了喉咙部位的疼痛。医生没有特殊的风险（应该注意到，这与他的楷模，也就是修昔底德的观点直接矛盾）：Procopius, *Bell.* 2.22.23。主要的腹股沟淋巴结炎症状：另见 Allen 1979, 8。Sallares 2007b, 244 指出，肺鼠疫可能比（非医学）资料中显示出的更重要。

55. 两股分支：Procopius, *Bell.* 2.22.6。"完全荒废"：John of Ephesus, in *Chronicle of Zuqnin*, tr. Witakowski 1996, p. 77。"整个巴勒斯坦"：John of Ephesus, in *Chronicle of Zuqnin*, tr. Witakowski 1996, p. 77。"日复一日"：John of Ephesus, in *Chronicle of Zuqnin*, tr. Witakowski 1996, p. 80。

56. "海上的水手"：John of Ephesus, in *Chronicle of Zuqnin*, tr. Witakowski 1996, p. 75。"许多人都看到"：John of Ephesus, in *Chronicle of Zuqnin*, tr. Witakowski 1996, p. 77。"这种疾病总是"：Procopius, *Bell.* 2.22.9, tr. Kaldellis。

57. 河流：McCormick 1998, esp. 59–61。"总是以……移动"：Procopius, *Bell.* 2.22.6–8, tr. Kaldellis. cf, 以及 John of Ephesus, in *Chronicle of Zuqnin*, tr. Witakowski 1996, p. 85–86："消息提前就送到了每个地方，然后天灾降临，像一个收割者，急切、迅速地来到某个城市或村庄，以及附近一、二、三英里内的其他定居点。"

58. 见 Benedictow 2004。"就像被点燃的麦地"：Gregory of Tours, *Hist. Franc.* 9.22, tr. Thorpe。

59. 黑死病时期的穷人：Benedictow 2004。"急切地攻击"：John of Ephesus, in Michael the Syrian, Chronicle, 235–36。"降临在"：John of Ephesus, in *Chronicle of Zuqnin*, tr. Witakowski 1996, p. 74。"人们……各有不同"：Procopius, *Bell.* 2.22.4, tr. Kaldellis。

60. 预言：John Malalas, *Chron.* 18.90, tr. Jeffreys；见第 7 章。"瘟疫才抵达"：John of Ephesus, in *Chronicle of Zuqnin*, tr. Witakowski 1996, p 86。"死亡的危险"：Justinian, Edictum 9.3, tr. Blume。另见 Edict 7 and Novel 117。关于年代，见 Stathakopoulos 2004; McCormick 1998, 52–53。我认为 Meier 2003, 92–93 中的时间并不具有说服力，因为其依据是后期的资料，而且没有采纳普罗柯比的叙述，也没有参考 McCormick 1998。542 年 2 月，耶稣像（Hypapante）被移走（见下一章），这很可能是瘟疫到来之前的一种预防措施。

61. "起初"：Procopius, *Bell.* 2.23.2, tr. Kaldellis。"人们站在"：John of Ephesus, in *Chronicle of Zuqnin*, tr. Witakowski 1996, p. 86–87。黑死病估算：见下文。

62. "一场真正的饥荒"：Procopius, *Bell.* 2.23.19, tr. Kaldellis。"整个城市"：John of Ephesus, in *Chronicle of Zuqnin*, tr. Witakowski 1996, p. 88。"每个人"：John of Ephesus, in *Chronicle of Zuqnin*, tr. Witakowski 1996, p. 93。"一切经历"：Procopius, *Bell.* 2.23.20, tr. Kaldellis。

63. "混乱开始……统治"：Procopius, *Bell.* 2.23.3, tr. Kaldellis。"堆满"：Procopius, *Bell.* 2.23.10, tr. Kaldellis。"被踩踏"：John of Ephesus, in *Chronicle of Zuqnin*, tr. Witakowski 1996, p. 91。"酒榨"：John of Ephesus, in *Chronicle of Zuqnin*, tr. Witakowski 1996, p. 96. Cf. Apoc. 14:19。

64. "整个世界"：Procopius, *Bell.* 2.22.1 and John of Ephesus, in *Chronicle of Zuqnin*, tr. Witakowski 1996, p. 102。波斯人：Procopius, *Bell.* 2.23.21。其他蛮族：Procopius, *Bell.* 2.23.21 and 2.24.5。库什、阿拉伯半岛南部和西方：Michael the Syrian, *Chron.* 9.28, p. 235 and 240。关于西方，见 Little 2007b。

65. 亚历山大里亚：John of Ephesus, in *Chronicle of Zuqnin*, tr. Witakowski 1996, p 93。Michael the Syrian, *Chron.* 9.28, p. 236。耶路撒冷：Michael the Syrian, *Chron.* 9.28, p. 238; Cyril of Scythopolis, *Vit. Kyr.* 10 (229)。埃米萨：Leontios of Neapolis, *Vit. Sym.* 151。安条克：Evagrius, *Hist. Eccl.* 4.29 (177)。阿帕梅亚：Evagrius, *Hist. Eccl.* 4.29 (177)。米拉：*Vita Nich. Sion.* 52。阿弗洛狄西亚斯：Roueche and Reynolds 1989, no. 86（关于大瘟疫的一份不可靠的参考）。

66. Sallares 2007b, 271。

67. 田里的庄稼: John of Ephesus, in Michael the Syrian, *Chron.* 240。西奥多: *Vita Theod. Syk.* 8。安条克: *Vita Sym. Styl. Iun.* 69。耶路撒冷: Cyril of Scythopolis, *Vita Kyriak.* 10 (229)。佐拉瓦（标记在地图 21 中）: Benovitz 2014, 491; Feissel 2006, 267; Koder 1995。埃及: John of Ephesus, *Lives of the Eastern Saints*, 13, vol. 1, p. 212。关于地点，见 Harvey 1990, 79。

68. 非洲: Corippus, *Ioh.* 3.343–389。Victor of Tunnuna, *Chron.* an. 542. 西班牙: *Consularia Caesaraugustana*, 见 Kulikowski 2007. 意大利: Marcellinus Comes, *Chron.* an. 542. 高卢: Gregory of Tours, *Hist. Franc.* 4.5; Gregory of Tours, *Glor. Mart.* 50; Gregory of Tours, *Glor. Conf.* 78（不确定是否为第一波）; Gregory of Tours, *Vit. Patr.* 6.6 and 17.4（可能是第一次暴发）。不列颠诸岛: Maddicott 2007, 174。

69. 阿施海姆: Wagner et al. 2014; Harbeck et al. 2013; Wiechmann and Grupe 2005。关于墓地: Gutsmiedl-Schumann 2010; Staskiewicz 2007; Gutsmiedl 2005。旧埃尔丁: Feldman et al. 2016。中世纪大瘟疫的基因组也已被测序: Bos et al. 2011; Schuenemann et al. 2011; Haensch et al. 2010。

70. McCormick 2016 and 2015。

71. 摩尔人: Corippus, *Ioh.* 3., tr. Shea。突厥人: Theophylact Simocatta 7.8.11, tr. Whitby and Whitby。"麦加和麦地那都没有": Conrad 1981, 151。另见 Little 2007b, 8。Anastasius of Sinai, *Ques. Resp.* 28.9 and 66, tr. Munitiz。

72. 不到 1/1000 : John of Ephesus, in Michael the Syrian, *Chron.* 9.28, p. 240。"瘟疫也暴发了": Procopius, *Anek.* 18.44, tr. Kaldellis。大多数农民: Procopius, *Anek.* 23.20, tr. Kaldellis。"至少有同样多": Procopius, *Anek.* 6.22, tr. Kaldellis。墓碑: I. Palaestina Tertia, Ib, no. 68。另见 nos. 69–70 and Benovitz 2014, 491–92。

73. DeWitte and Hughes-Morey 2012。

74. "黑死病": Green 2014a, 9。Benedictow 2014, 383, Table 38。Campbell 2016, 14 : 到 14 世纪 80 年代，欧洲人口净减少了 50%; 英格兰第一波瘟疫中 40% ~ 45% 的数字，见 p. 310。关于黑死病时期的埃及，见 Borsch 2014。Toubert 2016, 27; DeWitte 2014, 101。

75. "众所周知": Justinian, *Novella* 122 (AD 544)。价格／工资: Harper 2016a。建筑活动: Di Segni 1999, 特别参见关于教会建筑持续性的重要论述。另见第 7 章。大多数研究第一次大瘟疫的学者都认为，这是一个具有划时代意义的事件。Durliat 1989 是唯一一个对大瘟疫的相对重要性提出异议的人，而 Horden 2005 则比较谨慎，Stathakoupolos 2004 也很慎重。那些研究这一时期的学者，有时通常会忽略瘟疫，或者把它的影响降至最低（例如 Wickham 2016, 43–44; Wickham 2005）。Durliat 认为，除了其他一些事情，铭文和纸莎草纸中的证据也不够充足，但这很难证明什么。在这里简要概括一下为什么最小化影响的观点已经变得站不住脚，或许会有帮助：（1）这次瘟疫的病原体（鼠疫杆菌）的生物学特性现在已经得到证实。除非人们在查士丁尼瘟疫的菌株和黑死病菌株之间发现了重大的基因变异——事实似乎是相反的——否则就可以结束了。（2）流行病学研究表明，大瘟疫的影响很广泛。特别是它渗透到农村地区的能力至关重要。在慕尼黑城外两个孤立的墓地发现的瘟疫细菌，是自以弗所的约翰的文字以来最重要的证据。分子证据证实了文献资料。如果瘟疫出现在这里，那么它就会出现在所有地方。（3）生态学上的可信度支撑着关于最大化影响的诠释：人们已经仔细研究了发生大瘟疫的可能性。（4）最小化影响的观点必须要完全忽视文献证据。这需要大胆的信心来主张那些有着完全不同世界观的作家，在帝国境内完全不同的地区，同时决定要夸大一个死亡事件。单是文献证据的一致性就已经令人瞩目。这些观察的质量也非常令人信服。希望在更广阔的视角下，这本书有助于澄清这一点，即古代资料并没有胡乱记录大规模瘟疫。在古罗马时代，有三次拥有详细记录的瘟疫：安东尼瘟疫、西普里安瘟疫和查士丁尼瘟疫。在普通的地方性流行病背景下，每一次瘟疫都显得格外显著。此外，文献证据与物证的一致性非常有力。随着时间推移，我们的古代权威变得越来越可信。（5）不断积累的证据——例如在远离帝国中心的受害者尸骨中发现的瘟疫、显示大规模死亡的铭文、现在发现的大规模集体墓葬——否定了最小化影响的观点。（6）下一章追溯了人口突然收缩的长期影响。我相信，关于人口骤减的灾难如何在2至3代人的时间内结束，以及如何引发国家失败，这一分析提供了一个合理的模型。（7）下一章讲述了大瘟疫的文化反应。正如 Meier 2016 中令人信服的论证，戏剧性的文化转变独立于其他证据，直接暗示了一场深刻的危机。

76. 普罗柯比认为，金币的失败是"过去从未发生过的事情"：*Anek.* 22.38, tr. Kaldellis。Morrison and Sodini 2002, 218。Hahn 2000。关于财政－军事危机，见第 7 章。法律：Sarris 2006, 219; Sarris 2002, 174–75。

77. Evagrius, *Hist. Eccl.* 4.29 (178)。黑死病：Benedictow 1992, 126–45。中国：Li et al.2012。综合论述：Bi 2016。

78 Carmichael 2014; Varlık 2014。基因：Bos et al. 2016; Seifert et al. 2016。

79. 关于它结束的时间，见 McCormick 2007, 292。

80. 关于伊斯坦布尔的角色，比较 Varlık 2015，特别是 24：持久性的生态学研究。

81. "它从未真正停止过"：Agathias, *Hist.* 5.10.1–2, tr. Frendo。"突然倒下然后死去"：Agathias, *Hist.* 5.10.4, tr. Frendo。男性比女性受到的影响更大：Agathias, *Hist.* 5.10.4。见附录 B，第 1 条；Stathakopoulos no. 134, 304–6。

安纳托利亚、叙利亚、美索不达米亚：见附录 B，第 2 条；Stathakopoulos no. 136, 307-9。573—574 年的扩散事件：附录 B，第 3 条；Stathakopoulos no. 145, 315-16。586 年的扩散事件：附录 B，第 7 条；Stathakopoulos no. 150, 319-20。

82. 597—600 年的事件：附录 B，事件第 12-14 条；Stathakopoulos nos. 156, 159-64, 324-34。

83. 附录 B，第 3 条；Stathakopoulos no. 139, 310-11。"在……出现了"：Paul the Deacon, *Hist. Langob.* 2.4, tr. Foulke。

84. 公元 571 年发生在高卢的事件：附录 B，第 4 条。Gregory of Tours, *Hist. Franc.* 4.31-32。Marius of Avenches, an. 571。公元 582-584 年的事件：附录 B，第 6 条。Gregory of Tours, *Hist. Franc.* 6.14 and 6.33。公元 588 年的事件：附录 B，第 8 条。Gregory of Tours, *Hist. Franc.* 9.21-22。

85. 附录 B，第 9-10 条。

86. 附录 B，第 14 条。来自科尔多瓦的墓志铭：*CIL* II 7.677。Homilary：Kulikowski 2007。

87. 附录 B，第 21、25 条。见 Maddicott 2007。老鼠：Reilly 2010。大西洋贸易区：Loveluck 2013, esp. 202-4。

88. 主要参见 Conrad 1981。关于集中在高地：Green 2014a, 18; Varlık 2014, esp. 208; Panzac 1985。关于这个地区的定居点，见 Eger 2015, 202-6。

89. 公元 561—562 年发生在东方的事件：附录 B，第 2 条；Stathakopoulos no. 136, 307-9。公元 592 年的事件：附录 B，第 11 条；Stathakopoulos no. 155, 323-24。Conrad 1994。关于这些事件，主要参见 Conrad 1981。关于第二次大瘟疫时，鼠疫集中于该地区，见 Panzac 1985, 105-8。

90. 三分之一：I. Palaestina Tertia, Ib, no. 68。另见 nos. 69-70 and Benovitz 2014, 491-92。另见 Conrad 1994 中提出的重要的阿拉伯语资料。叙利亚人迈克尔声称，世界上有三分之一的人死于公元 704—705 年的扩散事件：*Chron.* 11.17 (449)。

91. 附录 B，第 38 条。

92. 这次中世纪的反弹当然是 McCormick 2001 中的主题。

93. 灭绝的分支：Wagner et al. 2014。

94. 关于鼠疫后续暴发的死亡率样本，Alfani 2013 有许多信息。关于地中海东部的人口，见 Haldon 2016, 232，其范围与图表 2 中的相似。

95. Gregory the Great, *Dial.* 3.38.3。

第七章 审判日

1. Markus 1997。

2. 元老院：Gregory the Great, *Hom. Ezech.* 2.6.22，以及 Humphries 2007, 23–24 中的谨慎意见。格列高利与帝国：Dal Santo 2013。关于格列高利的思想：Demacopoulos 2015，其中 87–88 有关帝国的认识；Straw 1988。

3. 关于格列高利的末世论：Demacopoulos 2015, esp. 92–93; Kisić 2011; Markus 1997, 51–67; Dagens 1970。589 年至 590 年的流行病：附录 B，第 9 条。Gregory of Tours, *Hist Franc.* 10.1, 10.23; Gregory the Great, *Dial.* 4.18, 4.26, 4.37; Reg. 2.2; Paul the Deacon, *Hist. Langob.* 3.24; Liber pontificalis 65。物理证据另见下文。

4. "我们的痛苦"：Gregory the Great, *Hom. In Ev.* 1.1.1。"我为……而叹息"：Gregory the Great, *Reg.* 9.232, tr. McCormick 2001, 27，有"流行病"的死亡率。关于城市的"空荡"：Demacopoulos 2015, 92–93。

5. "颠倒"：Gregory the Great, *Reg.* 9.232。各种地震：Stiros 2001。地震带来的精神影响：Magdalino 1993, 6; Croke 1981。

6. 关于 6 世纪晚期和 7 世纪的大量末日文献，一般性论述见 Meier 2016; Meier 2003; Reeves 2005; Reinink 2002; Cook 2002; Hoyland 1997, 257–335; Magdalino 1993; Alexander 1985。可以说，末日思想在传染病背景下的微妙作用现在仍然存在：见 Carmichael 2006。

7. Bjornlie 2013, 254–82。

8. 更古老的说法包括（误导性的）"汪达尔极小期"或"黑暗时代寒冷期"。

9. 北大西洋涛动：Baker et al. 2015; Olsen et al. 2012。另见 Brooke 2016 and 2014, 341–42, 352–53。西西里：Sadori et al. 2016。安纳托利亚：见 Izdebski et al. 2016; Haldon et al. 2014; Izdebski 2013。

10. Procopius, *Bell.* 4.14.5–6, tr. Kaldellis. John of Ephesus, in *Chronicle of Zuqnin*, tr. Witakowski 1996, 65。每天有 4 个小时：Michael the Syrian, *Chron.* 9.26 (296) and the *Chronicle of 1234*。在阿加皮奥的编年史中，该事件的持续时间为 14 个月：Agapios, Kitab al-'Unvan, fol. 72v。教皇阿加佩图斯：Pseudo-Zacharias of Mitylene, *Chron.* 9.19, tr. Greatrex。关于这个资料：Brock 1979–80, 4–5。关于公元 536 年事件的书面证据，最全面的论述见 Arjava 2005。

11. John Lydus, De portentis 9c, tr Arjava 2005。它预示着欧洲的不幸，而不是南方和东方的干旱地带（比如印度和波斯），因为只有欧洲发生了"我们所说的水分蒸发，它们聚集在云端，弱化了阳光，使光线无法穿透这层密集的物质，让我们看不到光线"。

12. Bjornlie 2013。

13. Cassiodorus, *Var.* 12.25 (MGH AA 12, 381–82)。我采用了 *Translated Texts for Historians* 中 Barnish 的翻译，并从迈克尔·麦考密克未发表的译文中

受益匪浅。

14. 关于全球背景，见 Gunn 2000 中的文章。

15. Newfield 2016 是个非常有益的概述。NASA: Stothers and Rampino 1993。影响: Keys 1999; Baillie 1999。书面证据: Arjava 2005。

16. Sigl et al. 2015; Baillie and McAneney 2015; Baillie 2008。

17. 关于陨石撞击也促成了当时的昏暗的看法，见 Abbott et al. 2014。

18. Toohey et al. 2016; Kostick and Ludlow 2016; Büntgen et al. 2016; Sigl et al. 2015。

19. Usoskin et al. 2016; Steinhilber et al. 2012。

20. 图表 7.2 的数据来源: ftp://ftp.ncdc.noaa.gov/pub/data/paleo/climate_forcing/solar_variability/steinhilber2009tsi.txt。冰川: Le Roy et al. 2015, esp. Fig. 7 and p. 14; Holzhauser et al. 2005, Fig. 6。塔兰托湾的高清海洋沉积物记录显示，500—750 年是一段更寒冷的时期: Grauel et al. 2013。

21. 最冷的时期: Coldest period: Büntgen 2016。

22. 西西里: Sadori et al. 2016。关于洪水，Squatriti 2010 中有关于文学证据的详尽论述。我们都同意，这些洪水之所以为人所知，在很大程度上是因为格列高利，并且，公元 589 年那一次洪水的意义显然可以被夸大，但一些事实仍不可否认，更大湿度的物证，以及 5 世纪后期到 7 世纪中期意大利大陆的洪水，都具有说服力。Cremonini, Labate, and Curina 2013; Christie 2006, 487; Squatriti 1998, 68; Cremaschi, Marchetti, and Ravazzi 1994。此外，同样重要的是，意大利地貌呈现出的明显模式也符合我们对公元 450—650 年这段时期的重建，即北大西洋涛动的负相机制所主导。负相的北大西洋涛动和意大利洪水之间存在很明显的紧密联系: 见 Benito et al. 2015a; Benito et al. 2015b; Zanchettin, Traverso, and Tomasino 2008; Brunetti 2002。虽然洪水总是局部的，但它也有可能不只是微气候现象。以北大西洋涛动为主的大范围大气模式，具有很大的决定性影响。

23. Haldon et al. 2014, 137; Izdebski 2013, 133–43。贝雷克特盆地: Kaniewski et al. 2007。Nar Gölü: Dean et al. 2013; Woodbridge and Roberts 2011。泰塞尔湖（Tecer Lake）: Kuzucuoğlu et al. 2011。查士丁尼: Procopius, *De aedific.* 5.5.15–20, tr. Dewing。在土耳其东南部，土壤侵蚀的情况表明罗马晚期时极端降水的重要性: Casana 2008。安纳托利亚的综述: Izdebski et al. 2016; Haldon 2016; Haldon et al. 2014; Izdebski 2013。

24. Fentress and Wilson 2016。

25. 托勒密: Procopius, *De aedific.* 7.2.9, tr. Dewing。莱普提斯: Procopius, *De aedific.* 6.4.1, tr. Dewing. Cf. Mattingly 1994, 2。古代晚期的干旱和气候变化: Fareh 2007。

26. 总体论述，见 Avni 2014。

27. 关于北海–里海模式：Kutiel and Türkes 2005; esp. Kutiel and Benaroch 2002。一般性论述，见 Black 2012; Manning 2013, 111–12; Roberts et al. 2012。

28. 自然指示剂：Haldon et al. 2014, 123; Rambeau and Black 2011; Neumann et al. 2010; Leroy 2010（气候在公元 550 年发生改变）; Migowski et al. 2006; Bookman et al. 2004. Issar and Zohar 2004, esp. 211, 特别是 5 世纪到 6 世纪初某个干旱阶段的树木年代学证据。加沙：Choricius, *Ep.* 81。巴勒斯坦的干旱：Stathakopoulos 2004, no. 85, 259–61。叙利亚语资料：Pseudo-Zacharias, *Chron.* 8.4。来访的圣徒：*Vita Theod. Syk.* 50。引水渠：Jones 2007。查士丁尼修复了波斯特拉的引水渠（IGLS 13.9134）。综述，Decker 2009, 8–11。

29. Procopius, *De aedific.* 4.2.12, tr. Dewing。关于查士丁尼与薛西斯的其他比较，见 Kaldellis 2004, 35。

30. "一大堆"：*Vit. Ioh. Eleem.* I.3, tr. Dawes and Baynes。浴池：*Vit. Ioh. Eleem.* II.1。亚历山大里亚：Holum 2005, 99。约翰的高层政治关系：Booth 2013, 51。

31. "教会的两艘"：*Vit. Ioh. Eleem.* II.13, tr. Dawes and Baynes。亚得里亚海的暴风雨：*Vit. Ioh. Eleem.* II.28, tr. Dawes and Baynes。

32. 陶器：Haas 1997, 343–44。粮食供给的终结：McCormick 2001, 110–11。

33. 重要的综述包括 Christie 2011; Ward-Perkins 2005a and 2005b; Wickham 2005; Morrison and Sodini 2002。关于城镇的命运，见 Krause and Witschel 2006; Holum 2005; Lavan and Bowden 2001; Liebeschuetz 2001; Rich 1992。Mitchell 2015, 479–91 试图将考古学置于由鼠疫引起的人口收缩的背景之下，这是最新且最具说服力的尝试。

34. "那里没有城镇"：Ward-Perkins 2000a, 350。今非昔比：Ward-Perkins 2000b, 324。奴隶市场：Gregory the Great, *Reg.* 3.16; 6.10; 6.29; 9.105; 9.124。见 Harper 2011, 498。

35. 总体论述，见 Kulikowski 2004 and 2006。"地中海沿岸"：Wickham 2005, 491。

36. 见 Wickham 2005, esp. 666。

37. Arnold 2014 特别生动地描绘了罗马晚期时，这一时刻的意大利。另见 O'Donnell 2008。关于考古，见 Christie 2011。

38. "我们关心"：Cassiodorus, *Var.* 3.31, tr. Barnish。罗马大竞技场：Christie 2006, 147。转折点：Christie 2006, 459–60："对许多知名的乡村地区来说，拜占庭–哥特战争时期的确标志着可辨认的定居序列中一个明显的截断点。"在 pp. 185 and 250 中："公元 550 年之后的城镇图景，通常有大大小小的宗教建筑群、毁坏和拆毁的古代公共建筑、集中或零散的房屋，以及各种'封闭'和开放的空间。"500 人：见 Christie 2006, 61 中的注解。铭文的减少：见第 5 章的图表 5.2。人口：Morrison and Sodini 2002。

39. 失去对环境的公众控制，以及其他：Christie 2006, 200, 487–89。

40. "村庄和农场"：Barker, Hodges, and Clark 1995, 253。"到七八世纪"：Ward–Perkins 2000a, 355, cf. 325。"很难辨认出"：Christie 2006, 560。一半或四分之一：Ward–Perkins 2005, 138。关于方法论上的风险，见 Witcher 2011。

41. 硬币：Ward–Perkins 2005, 113。陶器：Ward–Perkins 2005, 106。高地：见 Gregory the Great, *Reg.* 2.17, 6.27, 10.13。Christie 2006, 461。伊特鲁里亚人到来之前（Pre-Etruscan）：Ward–Perkins 2005, 88, 120。

42. 4 世纪的城市峰期：Lepelley 2006。Fentress and Wilson 2016, 17。卡塞林（Kasserine）勘察：Hitchner 1988; Hitchner 1989; Hitchner 1990。Cameron 2000b, 558。

43. Decker 2016, 9–11, 17; Whitby 2000, 97–98a。

44. "一直持续"：Wickham 2005, 627。布特林特：Hansen et al. 2013; Bowden, Hodges, and Cerova 2011; Decker 2009, 93。科林斯：Scranton 1957; Brandes 1999。马其顿：Dunn 2004, 579。"相当绝望"：Decker 2009, 131。

45. Decker 2016, 130–34; Pettegrew 2007; Mee and Forbes 1997。

46. 概述见 Haldon 2016 和 Izdebski 2013。"很可能"：Waelkens et al. 2006, 231。

47. Liebeschuetz 2001, esp. at 43, 48–53, 408 中谨慎的论证让我信服。Waelkens 2006; Wickham 2005, 627。破碎：Haldon 2016。农村定居持续保持在较低水平：Vanhaverbeke et al. 2009（被"斩首"的景观）; Vionis et al. 2009。

48. 尼罗河洪水：Procopius, *Bell.* 7.29.6–7, tr. Kaldellis。运河等：Bagnall 1993, 17–18。埃及的黑死病：Borsch 2014; Borsch 2005, 46–47："这个网络的顺利运作不仅取决于精准的时间，它的维护还取决于大量的劳动力和原材料。"

49. "尼罗河泛滥"：Procopius, *Bell.* 7.29.19, tr. Kaldellis。同样值得注意的是，公元 6 世纪时，位于阿拉伯半岛南部的巨大的马里卜大坝（Ma'rib Dam）被淹没了三次，最终倒塌，这表明强烈的季风活动可能已经成了 6 世纪中期的特征。见 Morony 2007, 63。小麦和租金：Harper 2016a。我们的预期是可能租金因为劳动力变少而降低。但是，实际租金可能是习惯性的，因此具有黏性，或者是土地所有者施加了额外的市场力量来压制工人的力量，抑或是现在只有较高质量的土地用于耕种，而劳动力降低的是这些土地的租金。这是一个无法解决的难题。现金租金的确下降了（虽然没有立刻下降），这可能是一种更清晰的市场信号，表明商品价格下跌，而且劳动力成本上升。

50. 见 Hickey 2012; Sarris 2006; Mazza 2001。"痴迷"：Hickey 2012, 88。

51. 总体论述，Decker 2009。优质葡萄酒：*Vit. Ioh. Eleem.* I.10。

52. 城市：Liebeschuetz 2001。

53. Witakowski 2010; Kennedy 2007a; Foss 1997; Tate 1992; Sodini et al. 1980; Tchalenko 1953–58。令人信服的考古证据表明，黎凡特南部的连续性比北方明显，见 Casana 2014, 214。

54. Izdebski 2016; Hirschfeld 2006; Kennedy 2000。教堂建筑是对最后审判的准备：Magdalino 1993, 12。

55. 关于气候变化的影响，见 Hirschfeld 2006, 2004。不过，参见 Avni 2014。"最成功的"：Decker 2009, 196。灌溉：Kamash 2012。Kouki 2013 强调，南约旦的人类定居情况和气候变化并不是步调一致的，并且在六七世纪看到了逐步干旱的迹象。关于对该地区人类和环境的辩证理解的重要性，见 Mikhail 2013。一些定居点位于今天的沙漠之中（东部），因此，那时候的降水量一定更大，关于这一事实，见 Izdebski 2016, esp. 202。关于以前的怀疑观点，见 Rubin 1989。

56. Liebeschuetz 2001, 57; Walmsey 2007, 41。内盖夫：Avni et al. 2006：人类活动"叠加于导致沙漠化的长期自然趋势之上"。瓦迪·费南（Wadi Faynan）：Barker, Gilbertson, and Mattingly 2007。"悄无声息"：Walmsey 2007, 47。Liebeshuetz 2001, 303。

57. Agathias, *Hist.* 5.15.7, tr. Frendo。

58. "罗马帝国的命运"：Agathias, *Hist.* 5.13.5, tr. Frendo。"罗马军队"：Agathias, *Hist.* 5.13.7, tr. Frendo。关于阿加提阿斯与瘟疫，见 Kaldellis 2007, 15–16. Lee 2007, 117–18。

59. "有大量"：Jones 1964, 670。关于征兵的迹象，见 Whitby 2000b, 302–3。关于 7 世纪的转变起源于 6 世纪后期的压力，Haldon 2002 是个有说服力的说明。

60. Procopius *Bell.* P. 166, 399, 404 (7.10.1–2), tr. Kaldellis。

61. 关于公共信贷机构的兴起，见 Edling 2003。"总是拖欠"：Procopius *Anek.* p. 82, tr. Kaldellis。"开始公开……骗走"：Agathias, *Hist.* 5.14.2, tr. Frendo。另见 John Malalas, *Chron.* 18.132。马拉拉斯（Malalas）对查士丁尼统治的描述总体上是肯定的，因此，关于难以支付士兵工资的内容完全可信。边境驻军：Treadgold 1995, 150。总体论述，见 Treadgold 1995, 159–66。

62. Justinian, *Novellae* 147, tr. Blume。

63. "当鼠疫"：Procopius, *Anek.* 23.20–21, tr. Kaldellis。阿佛洛狄托：

Zuckerman 2004, 120 and esp. 215。Barnish, Lee, and Whitby 2000, 185 正确地指出，"证据是复杂且有争议的"。我们还需要更详细的关于 6 世纪财政状况的研究，包括探索大规模人口收缩的可能性。我同意 Van Minnen 2006, 165–66 关于古代晚期税收上升的意见。

64. Justin II, *Novellae* 148, tr. Blume。关于这些豁免，见 Haldon 2016, 182。

65. 提比略二世时期的征兵：Evagrius, *Hist. Eccl.* 5.14; Theophylact Simocatta, *Hist.* 3.12.3–4。莫 里 斯：Michael the Syrian, *Chron.* 11.21 (362); John of Ephesus, *Hist. Eccl.* III.6.14。以 及 Whitby 1995, 81。仍然将大批部队投入战场：Whitby 1995, 100。但"财政是莫里斯统治时期的关键问题"：Whitby 2000a, 99。降 薪：Theophylact Simocatta, *Hist.* 3.1.2 and 7.1.2–9; Evagrius, *Hist. Eccl.* 6.4。用 A. H. M. 琼斯的话说，这些是"危险的节约"：Jones 1964, 678。关于这一时期的罗马军队征募，最好的论述来自 Whitby 1995，不过我还要强调危机的程度，以及人口和财政方面的双重影响。

66. Booth 2013, 44–45。

67. John Moschus, *Prat. Spir.* 131, tr. Wortley。

68. 新教堂：Procopius, De Aedif. 5.6.1。见 Graham 2008; Tsafrir 2000。

69. Cameron 1978。古代晚期时关于马利亚的观念，Pentcheva 2006 尤其有趣。

70. 安条克：Evagrius Scholasticus, *Hist. Eccl.* 4.29 (177)。西奈：Anastasius of Sinai, Ques. Resp. 28.9 and 66。伊斯兰的例子：Conrad 1992, 92–95。

71. 公元 500 年：Magdalino 1993, 4–5。

72. 特别参见 Meier 2003，"进入了狂喜状态"：John Malalas, *Chron.* 18.90, tr. Jeffreys。"依据古老神谕"：Agathias, *Hist.* 5.10.5, tr. Frendo。关于黑死病的公众反应，见 Dols 1974。北欧神话：Graslund and Price 2012，并且注意到 6 世纪时的定居地大量减少。中国：Barrett 2007。

73. "人们"：John of Ephesus, in *Chronicle of Zuqnin*, tr. Witakowski 1996, 87。"对人类的爱"：Justinian, *Novellae* 122 (AD 544)。见 Demacopoulos 2015, 93; Kaldellis 2007, 7。

74. 克莱蒙：Gregory of Tours, *Hist. Franc.* 4.5。东方：Ebied and Young 1972, no. XXX。Little 2007b, 26–27。

75. Gregory of Tours, *Hist. Franc.* 10.1, tr. Thorpe。

76. Brown 2012. See Kaldellis 2007, 9。

77. 埃及：MacCoull 2004–5。建筑：Di Segni 2009 and 1999。另见 Gatier 2011。佩特拉：Frösén et al. 2002, 181–87; with Benovitz 2014, 498。拉文纳：见 Deliyannis 2010, 252–53 中的深刻探讨。马利亚：例如，贾巴尔－哈斯(Jabal Hass) 一座位于 al-Rouhhweyb 的教堂：Trombley 2004, 77; Mouterde and Poidebard, no. 17. Piccirillo 1981, 58：一次以大天使米迦勒为名，在 Um

el-Jimal 的还愿恢复工程。Piccirillo 1981, 84：在里哈布，一座献给马利亚的教堂，祈求"怜悯世界，帮助我们这些作出奉献的人"。Ovadiah 1970, 28–29：6 世纪晚期的贝特沙（Beit Sha'ar），一座献给圣撒迦利亚的长方形基督教堂，提到了解救（SEG 8, no. 238; see TIR, 77）。Ovadiah 1970, 54–55：位于 Ein el-Jadida，一座 6 世纪晚期的教堂为感谢得到拯救而建。Ovadiah 1970, 172–73：为捐赠者寻求帮助的铭文（SEG 8, no. 21）。在内萨那，见 Colt 1962, no. 92（公元 601/602 年），献给圣母马利亚，祈求"帮助和怜悯"。另见 no. 72（一座公元 605 年的无名建筑，为了某些捐赠者获得的救赎而奉献），no. 94（公元 601 年，为了某些捐助者获得的拯救而建），以及 no. 95。Donceel-Voûte 1988, 275：一座 559 年建于 Resafe 的教堂，祈求上帝的仁慈。Donceel-Voûte 1988, 139：公元 568 年在 Houad，为寻求圣乔治的帮助而支付的马赛克费用。另见 See also Donceel-Voûte 1988, 356 (at Jiye) 和 416 (Qabr Hiram)。更多例子，见 Madden 2014。

78. 《新约》的抄本："亚历山大里亚的大主教提摩太，关于大天使圣米迦勒的谈话"，见 Budge 1915, 1028; 我要感谢 Michael Beshay 给我的线索，让我找到了这份参考巨著。"上帝的天使"：Gregory of Tours, *Hist. Franc.* 4.5。关于米迦勒崇拜的传播（在大瘟疫之前就已经开始了），见 Arnold 2013; Rohland 1977。

79. Cameron 1978, 80 and 87（礼拜仪式对社会的强大影响）。主进堂节：*ODB* 961。Allen 2011, 78。值得注意的是，当公元 565 年查士丁二世加冕为皇帝的时候，他在大天使米迦勒的神龛里祈祷，而他的妻子则去了圣母的教堂：Corippus, *In Laud. Iust.* 2，以及 Cameron 1976, 149–50。具有末世意味的礼拜仪式：Magdalino 1993, 15。家用物品：Maguire 2005。《圣母颂》赞美诗：Pentcheva 2006。

80. Cameron 1978。另见 Meier 2005。关于中世纪传说的内容，见 Latham 2015; Wolf 1990, esp. 131–35。

81. 例如，554 年地震之后，明确记载于君士坦丁堡的那种礼拜仪式：Theophanes the Confessor, *Chron.* s.a. 6046; Kaldellis 2007, 7–8。"灾祸"记载在 Gregory of Tours, *Hist. Franc.* 10.1, tr. Thorpe。"没有被完全抛弃"：见 Markus 1997, 63。

82. 关于《启示录》的地位，见 Shoemaker 2016。《启示录》的评述：Hoskier 1928（Oecumenius）; Schmid 1955–56 (Andreas of Caesarea); Primasius, Comm. In Apoc.。见 Meier 2003, 21; 一些先例，见 Podskalsky 1972, 79–80。"尽管权威的神学理论"：Magdalino 1993, 9。

83. 尼古拉斯：*Vit. Nich. Sion.* 50–52。

84. "神圣者": Reeves 2005, 123。一般性论述，见 Himmelfarb 2017; Reeves 2005; van Bekkum 2002; Dagron and Déroche 1991。关于犹太人的政治地位，见 Bowersock 2017。

85. 口令: Theophylact Simocatta, *Hist.* 5.10.4。"心理影响": Drijvers 2002, 175。

86. 归还真十字架: 在 Zuckerman 2013 中，这是一个细节非常复杂的事件，而且引用了早期文献。希拉克略: 特别参见 Reinink and Stolte 2002 中非常有价值的论文集; Magdalino 1993, 19。

87. 伊斯兰征服: Kennedy 2007b; Kaegi 1992。

88. Bowersock 2017; Robin 2012; Conrad 2000; Donner 1989。阿拉伯半岛南部的犹太教: Bowersock 2013, 78–91。君士坦丁堡与穆罕默德: Lecker 2015 和 Bowersock 2017, 108–11。

89. Hoyland 2012; Donner 2010; Cook 2002; Bashear 1993。Casanova 1911 已经勾勒出了伊斯兰世界末日起源的许多关键思想。Al–Azmeh 2014 中有关于古代晚期帝国的一神论框架对伊斯兰教兴起的影响，淡化了末日元素的重要性。

90. "已经临近了": Shoemaker 2012, 120。"警告者": Qur'an 53:57, tr. Asad。"天地的幽玄只是真主的": Qur'an 16:77, tr. Asad。

91. Sophronius, *Sermon on the Epiphany*, tr. Hoyland 1997, 73。关于新教堂（规模宏大，并且消失得如此彻底，直到 20 世纪 70 年代才被发现）被重复利用的看法，见 Nees 2016, 108。

后记　人类的胜利?

1. Malthus 1826, 257。关于《人口论》的知识背景，并强调其全球视角，见 Bashford and Chaplin 2016。

2. McNeill 2015; Livi–Bacci 2012; Klein Goldewijk, Beusen, and Janssen 2010; Maddison 2001; McEvedy and Jones 1978。

3. Pomeranz 2000 最先作出了全球经济发展的同时代对比分析，强调晚至 1800 年，英国与中国部分地区的均等情况。更近期的研究倾向于将"大分流"的时间提前。关于现代中国的马尔萨斯机制，见 Broadberry, Guan, and Li 2014; Chen and Kung 2016。

4. 我们应该补充，马尔萨斯认为存在两种抑制方式——预防性与积极性。预防性抑制通过那些可以调节繁殖力的机制，在灾难到来之前控制人口。积极性抑制则通过死亡控制人口。这些数字来自第 2 条注释中提到的资料，以及本书中展示的死亡率估值。

5. McNeill 2015, 77; Russell 2011。理论上讲，国际地质科学联合会中的国际

地层学委员会掌握着地质时代的命名法，但这个术语具有更广泛的含义，并且仍然是激烈讨论的对象。关于近期的综述，见 Finnéy and Edwards 2016。

6. 一万亿个物种：Locey and Lennon 2016。40 万亿个细胞：Sender, Fuchs, and Milo 2016。1400 种病原体：Woolhouse and Gaunt 2007。关于微生物生态学的优秀概述，见 Yong 2016。

资料来源

一手文献

文字资料

Ach. Tat. = Garnaud, J.-P. ed. 1991, *Le roman de Leucippé et Clitophon*, Paris.

Acta Acacii = Weber, J. ed. 1913, *De actis S. Acacii*, Strassburg.

Aelius Aristides = Behr, C. A. ed. 1981–86, *P. Aelius Aristides: The Complete Works*, 2 vols., Leiden.

Agapios = Vasiliev, A. ed. *Kitab al-'Unvan, Patrologia Orientalis* 5.4 (1910); 7.4 (1911); 8.3 (1912); 11.1 (1915).

Agathias = Keydell, R. ed. 1967, *Historiae*, Berlin.

Translation: Frendo, J. D. 1975, *Agathias: The Histories*, Berlin.

Ambrose = Faller, O. ed. 1968, *Epistulae*, CSEL 82, Vienna.

Translation: Liebeschuetz, J. H. W. G. 2005, *Ambrose of Milan: Political Letters and Speeches*, TTH no. 43, Liverpool.

Ammianus Marcellinus = Seyfarth, W. ed. 1978, *Res gestae*, 2 vols., Leipzig.

Translation: Rolfe, J. C. 1935–39, *Ammianus Marcellinus: Histories*, LCL 300, 315, 331, Cambridge, MA.

Anastasius of Sinai = Munitiz, J. A. and Richard, M. eds. 2006, *Anastasii Sinaitae Questiones et Responsiones*, CCSG 59, Turnhout.

Translation: Munitiz, J. A. 2011, *Questions and Answers*, Turnhout.

Appian = Mendelssohn, L. and Viereck, P. eds. 1986, *Historia Romana*, Leipzig.

Apuleius = Helm, R. ed. 1959, *Florida*, Leipzig.

Aretaeus = Hude, K. ed. 1958, *Aretaeus*, 2nd edn., Berlin.

[Aristotle] = Bekker, I. ed. 1960, *Aristotelis opera*, vol. 2, Berlin: 859a1–967b27.

Augustine = Verheijen, L. ed. 1981, *Confessiones*, CC 27, Turnhout.

= Dekkers, E. and Fraipont, J. eds. 1956, *Enarrationes in Psalmos*, CC 38–40, Turnhout.

Aurelius Victor = Dufraigne, P. ed. 1975, *De Caesaribus*, Paris.

Translation: Bird, H. W. 1994, *Liber de Caesaribus*, TTH 17, Liverpool.

Basil of Caesarea = Courtonne, Y. ed. 1935, *Saint Basile: homélies sur la richesse*, Paris.

Cassiodorus = Fridh, Å. J. ed. 1973, *Magni Aurelii Cassiodori: Variarum libri XII*, CC 96, Turnhout.

Translation: Barnish, S. J. B. 1992, *Cassiodorus: Selected* Variae, TTH 12, Liverpool.

Cassius Dio = Boissevain, U. P. ed. 1955, *Cassii Dionis Cocceiani historiarum Romanarum quae supersunt*, 3 vols., Berlin.

Celsus = Spencer, W. G. 1935–38, *Celsus: De medicina*, LCL 292, 304, 336, Cambridge, MA.

Choricius of Gaza = Foerster, R. and Richtsteig, E. eds. *Choricii Gazaei opera*, Leipzig.

Chronicle of 1234 = Chabot, J.-B. ed. *Anonymi auctoris Chronicon ad annum Christi 1234 pertinens*. CSCO 81, 82, 109; Syr. 36, 37, 56 (Paris, 1916, 1920, 1937).

Chronicle of Zuqnin = Chabot, J.-B. ed. *Chronicon anonymum pseudo-dionysianum vulgo dictum*, CSCO 91, 104; Syr. 43, 53 (Paris 1927, 1933).

Translation: Witakowski, W. 1996, *Chronicle: Known Also As the Chronicle of Zuqnin. Part III*, TTH 22, Liverpool.

Claudian = Hall, J. B. ed. 1985, *Carmina*, Leipzig.

Translation: Platnauer, M. 1922, *Claudian*, LCL 135–36, Cambridge, MA.

Columella = Lundström, V. ed. 1897, *Opera quae extant*, Upssala.

Consularia Caesaraugustana = De Hartmann, C. C. ed. 2001, *Tunnunensis Chronicon cum reliquiis ex Consularibus Caesaraugustanis et Iohannis Biclarensis Chronicon*, Turnhout.

Corippus = Cameron, A. ed. 1976, *In laudem Iustini*, London.

= Diggle, J. and Goodyear, F. R. D. eds., 1970, *Iohannidos seu De bellis Libycis libri VIII*, London.

Translation: Shea, G. W. 1998, *The Iohannis, or, De bellis Libycis*, Lewiston, NY.

Cosmas Indicopleustes = Wolska-Conus, W. ed. 1968–73, *Topographie chrétienne*, SC 141, 159, 197, Paris.

Cyprian = Hartel, G. ed. *S. Thasci Caecili Cypriani Opera Omnia*, 3 vols., CSEL 3.1–3, Vienna.

Pseudo-Cyprian = L. Ciccolini, ed. forthcoming, *De laude martyrii*.

Cyril of Scythopolis = Schwartz, E. 1939, *Kyrillos von Skythopolis*, TU 49.2, Leipzig.

De cerem. = Moffatt, A. and Tall, M. 2012, *Constantine Porphyrogennetos: The Book of Ceremonies, with the Greek Edition of the Corpus Scriptorum Historiae Byzantinae (Bonn, 1829)*, Canberra.

Dio Chrysostom = de Arnim, J. ed. 1896, *Orationes*, 2 vols., Berlin.

Eugippius = Régerat, P. ed. 1991, *Vie de saint Séverin*, SC 374, Paris.

Eusebius = *Historia ecclesiastica*, Bardy, G. ed. 1952–94, SC 31, 41, 55, 73, Paris.

= *Praeparatio evangelica*, Places, É. ed. 1974–91, SC 206, 215, 228, 262, 266, 292, 307, 338, 369, Paris.

= *Vita Constantini*, Winkelmann, F. ed. 1975, *Eusebius Werke*, Band 1.1: *Über das Leben des Kaisers Konstantin*, Berlin.

Eutropius = Dietsch, H. ed. 1850, *Breviarium historiae Romanae*, Leipzig.

Evagrius Scholasticus = *Historia ecclesiastica*, Bidez, J. and Parmentier, L. eds. 1898, *The Ecclesiastical History of Evagrius*, London.

Excerpta Salmasiana = Roberto, U. ed. 2005. *Ioannis Antiocheni Fragmenta ex Historia chronica*, Berlin.

Fronto = van den Hout, M. P. ed. 1988, *M. Cornelii Frontonis Epistulae*, Leipzig.

Galen =

Alim. Fac. = *De alimentorum facultatibus*. Koch, K. et al. eds. 1923, CMG 5.4.2, Leipzig.

Anat. Admin. = *De anatomicis administrationibus*. Garofalo, I. ed., 1986, *Galenus: Anatomicarum administrationum libri quae supersunt novem*, 2 vols., Naples.

Translation: Singer, C. 1956, *On Anatomical Procedures*, London.

Anim. Affect. Dign. = *De animi cuiuslibet affectuum et peccatorum dignotione et curatione*. De Boer, W. ed. 1937, CMG 5.4.1.1, Leipzig.

Atra Bile = *De atra bile*. De Boer, W. ed. 1937, CMG 5.4.1.1, Leipzig.

Translation: Grant, M. 2000, *Galen on Food and Diet*, London.

Bon. Mal. Succ. = *De bonis malisque succis*. Koch, K. et al. eds. 1923, CMG 5.4.2, Leipzig.

Hipp. Artic. = *In Hippocratis librum De articulis commentarius*. Ed. Kühn, C.G. 1829, vol. 18.1, Leipzig: 300–45, 423–767.

Hipp. Epid. 3 = *In Hippocratis librum iii epidemiarum commentarii iii*. Wenkebach, E. 1936, CMG 5.10.2.1, 1–187.

Meth. Med. = *De methodo medendi*. Johnston, I. and Horsley, G. H. R. eds. 2011, *Galen: Method of Medicine*, 3 vols., LCL 516–18, Cambridge, MA.

Morb. Temp. = *De morborum temporibus*. Wille, I. ed. 1960, *Die Schrift Galens Peri tōn en tais nósois kairōn und ihre Überlieferung*, Kiel.

Praecog. = *De praecognitione*. Nutton, V. ed. 1979, CMG 5.8.1, Berlin.

Praes. Puls. = *De praesagitione ex pulsibus*. Kühn, C.G. ed. 1825, vol. 9, Leipzig: 205–430.

Purg. Med. Fac. = *De purgantium medicamentorum facultate*. Ehlert, J. ed. 1959, *Galeni de purgantium medicamentorum facultate*, Göttingen.

Subs. Fac. Nat. = *De Substantia Facultatum Naturalium*. Kühn, C.G. ed. 1822, vol. 4,

Leipzig: 757–766.

Temp. = *De temperamentis.* Helmreich, G. ed. 1904. *Galeni De temperamentis libri III*, Leipzig.

Translation: Singer, P. N. 1997, *Galen: Selected Works*, Oxford.

George Kedrenos = de Boor, C. ed. 1904, *Georgii Monachi Chronicon*, Leipzig.

Gerontius = *Vita Melaniae*, Gorce, D. ed. 1962, SC 90, Paris.

= *Vita Melaniae* (L), Laurence, P. ed. 2002, Jerusalem.

Gregory of Nazianzus = *De pauperum amore*. PG 35: 857–909.

Translation: Vinson, M. 2003, *Selected Orations*, Washington, D.C.

= *Fun. Or. in Laud. Bas.* Boulenger, F. ed. 1908, *Grégoire de Nazianze. Discours funèbres en l'honneur de son frère Césaire et de Basile de Césarée*, Paris: 58–230.

Gregory of Nyssa = *De beneficentia*. van Heck, A. ed. 1967, *Opera*, vol. 9, Leiden.

Translation: Holman 2001.

=*In illud: Quatenus uni ex his fecistis mihi fecistis*. van Heck, A. ed. 1967, *Opera*, vol. 9, Leiden.

= *De vita Gregorii Thaumaturgi*. PG 46: 893–957.

Translation: Slusser, M. 1998, *Saint Gregory Thaumaturgus*, Washington, D.C.

Gregory of Tours = *Gloria confessorum*. Krusch, B. ed. 1885, MGH SS rer. Merov. 1.2, Hannover: 294–370.

Translation: Van Dam, R. 1988, *Glory of the Confessors*, TTH 4, Liverpool.

= *Gloria martyrum*. Krusch, B. ed. 1885, MGH SS rer. Merov. 1.2, Hannover: 34–111.

Translation: Van Dam, R. 1988, *Glory of the Martyrs*, TTH 3, Liverpool.

= *Libri historiarum X*. Krusch, B. and Levison, W. eds. 1937–51, MGH SS rer. Merov. 1.1, Hannover.

Translation: Thorpe, L. 1976, *The History of the Franks*, Harmondsworth.

= *Vitae patrum*. Krusch, B. ed. 1885, MGH SS rer. Merov. 1.2, Hannover: 211–293.

Gregory the Great = *Registrum epistularum*, Norberg, D. ed. 1982, CC 140–40A, Turnhout.

= *Dialogorum libri iv*. de Vogüé, A. ed. 1978–80, SC 251, 260, 265, Paris.

= *Homiliae in evangelia*. Étaix, R. ed. 1999, CCSL 141, Turnhout.

= *Homiliae in Hiezechihelem prophetam*. Adriaen, M. ed. 1971, CCSL 142, Turnhout.

Herodian = Stavenhagen, K. ed. *Herodiani ab excessu divi Marci libri octo*, Leipzig.

Translation: Whittaker, C. 1969–70, *Herodian: History of the Empire*, LCL 454–55, Cambridge, MA.

Historia Augusta = Hohl, H. ed. 1997, 3rd edn., 2 vols., Leipzig.

Historia monachorum in Aegypto = Festugière, A.-J. 1971, Brussels.

Hydatius = Burgess, R. W. 1988, *Hydatius: A Late Roman Chronicler in Post-Roman Spain:*

An Historiographical Study and New Critical Edition of the Chronicle, Oxford.

Isaac of Antioch = Moss, C. 1929–32, "Homily on the Royal City," *Zeitschrift für Semitistik und verwandte Gebiete* 7: 295–306 and 8: 61–72.

Jerome = Helm, R. ed. 1956, *Eusebii Caesariensis Chronicon: Hieronymi Chronicon*, Berlin.

John Chrysostom = De Lazaro. PG 48: 963–1054.

= *In epistulam ad Ephesios*. PG 62: 9–176.

= *In principium Actorum*. PG 51: 65–112.

John Lydus = Wünsch, R. ed. 1898, *Ioannis Lydi liber de mensibus*, Leipzig.

= Wachsmuth, C. ed. 1897, *Ioannis Laurentii Lydi liber de ostentis et calendaria Graeca omnia*, Leipzig.

John Malalas = Thurn, I. ed. 2000, *Ioannis Malalae chronographia*, Berlin.

Translation: Jeffreys, E. et al. 1986, *The Chronicle of Malalas*, Melbourne.

John Moschus = *Pratum spirituale*. PG 87.3: 2582–3112.

= Nissen, T. 1938, "Unbekannte Erzählungen aus dem Pratum Spirituale," *Byzantinische Zeitschrift* 38: 354–372.

Translation: Wortley, J. 1992, *The Spiritual Meadow*, Kalamazoo.

John of Ephesus = Brooks, E. W. ed., 1923–5, *John of Ephesus. Lives of the Eastern Saints*, PO 17, 18, 19, Paris.

= *see also Chronicle of Zuqnin*; Michael the Syrian

John Zonaras = Dindorf, L. ed. 1870, *Ioannis Zonarae epitome historiarum*, Leipzig.

Jordanes = Mommsen, T. ed. 1882, *Getica*, MGH AA 5.1, Hannover: 53–138.

Translation: Mierow, C. C. 1960, *The Gothic History of Jordanes in English Version*, Cambridge.

Josephus = *De bello Judaico*. Niese, B. ed. 1955, *Flavii Iosephi opera*, vol. 6, Berlin: 3–628.

Translation: Whiston, W. 1961, *The Life and Works of Flavius Josephus*, New York.

Joshua the Stylite = Wright, W. ed. 1882, *The Chronicle of Joshua the Stylite Composed in Syriac A.D. 507*, Cambridge.

Lactantius = Creed, J. L. ed. 1984, *De mortibus persecutorum*, Oxford.

Libanius = Foerster, R. ed. 1903–8, *Orationes = Opera*, vols. 1–4, Leipzig.

Liber pontificalis = Mommsen, T. ed. 1898, MGH Gesta Pont. Rom. 1, Hannover.

Lucan = Shackleton Bailey, D. R. ed. *M. Annaei Lucani De bello civili libri X*, Stuttgart.

Lucian = *Alexander*. Harmon, A.M. 1925, *Lucian*, vol. 4, LCL 162, Cambridge, MA: 174–252.

Lucretius = Martin, J. ed. 1963, *De rerum natura*, Leipzig.

Ps.-Macarius = *Sermones*, Berthold, H. ed, 1973, *Makarios/Symeon Reden und Briefe*, 2 vols., Berlin.

Marcellinus Comes = Mommson, T. ed. 1894, *Chronicon ad annum DXVIII*, MGH AA 11, Hannover: 60–108.

Marcus Aurelius = Farquharson, A. S. L. ed. 1944, *The Meditations of the Emperor Marcus Aurelius*, Oxford.

Mart. Areth. = Detoraki, M. ed. 2007, *Le martyre de Saint Aréthas et de ses compagnons (BHG 166)*, Paris.

Menander = Russell, D. and Wilson, N. eds. 1981, *Division of Epideictic Speeches*, Oxford.

Michael the Syrian = Chabot, J.-B. ed. 1899–1924, *Chronique de Michel le Syrien, patriarche jacobite d'Antioche (1166–1199)*, Paris.

Olympiodorus = Blockley, R. C. ed. 1981–3, *The Fragmentary Classicising Historians of the Later Roman Empire: Eunapius, Olympiodorus, Priscus, and Malchus*, Liverpool.

Orac. Sibyll. = Potter, D. W. 1990, *Prophecy and History in the Crisis of the Roman Empire: A Historical Commentary on the Thirteenth Sibylline Oracle*, Oxford.

Oribasius = Raeder, J. ed. 1928–33, *Oribasii collectionum medicarum reliquiae*, CMG 6.1.1–6.2.2, Leipzig.

= Raeder, J. ed. 1926, *Oribasii synopsis ad Eustathium et libri ad Eunapium*, CMG 6.3, Leipzig.

Orosius = *Historia adversos paganos*. Arnaud-Lindet, M.-P. ed. 1990–1, *Histoires: contre les païens*, Paris.

Ovid = Alton, E.H., Wormell, D. E. W, and Courtney, E. eds. 1978, *P. Ovidi Nasonis Fastorum libri sex*, Leipzig.

Palladius = Rodgers, R. ed. 1975, *De insitione*, Leipzig.

Palladius = Butler, C. ed. 1904, *The Lausiac History of Palladius*, 2 vols., Hildesheim.

Ps.-Palladius = Desantis, G. ed. 1992, *Le genti dell'India e i Brahmani*, Rome.

Paul the Deacon = Waits, G. ed. 1878, *Historia Langobardorum*, SS rer. Germ. 48, Hannover.

Translation: Foulke, W. D. 1907, *History of the Langobards*, Philadelphia.

Pausanias　Spiro, F. ed. 1903, *Pausaniae Graeciae descriptio*, 3 vols., Leipzig.

Periplus Mar. Eryth. = Casson, L. 1989, *The Periplus Maris Erythraei: Text with Introduction, Translation, and Commentary*, Princeton.

Philostratus = Jones, C. P. 2006, *Philostratus: Apollonius of Tyana*, LCL 458, Cambridge, MA.

= Kayser, C.L. ed. 1871, *Flavii Philostrati opera*, vol. 2, Leipzig.

Pliny the Elder = Jahn, L., Semi, F. and Mayhoff, C. eds. 1967–80, *C. Plini Secundi*

Naturalis historiae libri XXXVII, Stuttgart.

Pliny the Younger = Schuster, M. ed. 1958, *Epistularum libri novem. Epistularum ad Traianum liber. Panegyricus*, Leipzig.

Plutarch = Paton, W. R. et al. eds. 1925–67, *Plutarchi moralia*, Leipzig.

Pontius = *Vita Cypriani*. Bastiaensen, A. A. R. ed. 1975, *Vite dei santi* III Rome: 4–48.

Primasius = Adams, A. W. ed. 1985, *Commentarius in Apocalypsin*, Turnhout.

Procopius = *Anecdota*. Wirth, G. ed. 1963, *Procopii Caesariensis opera omnia*, vol. 3, Leipzig.

Translation: Kaldellis, A. 2010, *The Secret History: With Related Texts*, Indianapolis.

= *De bellis*. Wirth, G. ed. 1962–3, *Procopii Caesariensis opera omnia*, vols. 1–2, Leipzig.

Translation: Kaldellis, A. [revised and modernized version of translation by H. B. Dewing] 2014, *The Wars of Justinian*, Indianapolis.

= *De aedificiis*. Wirth, G. ed. 1964, *Procopii Caesariensis opera omnia*, vol. 4, Leipzig.

Translation: Dewing, H. B. 1971, *Procopius*, LCL 343, Cambridge, MA.

Prosper of Aquitaine = Santelia, S. ed. 2009, *Ad coniugem suam: in appendice: Liber epigrammatum*, Naples.

Ptolemy = Grasshoff, G. and Stückelberger, A. eds. 2006, *Klaudios Ptolemaios Handbuch der Geographie*, Basel.

Translation: Germanus, N. 1991, *The Geography*, Mineola.

Seneca = *Epistulae morales ad Lucilium*. Hense, O. ed. 1938, Leipzig.

= *De clementia*. Hosius, E. ed. 1914, Leipzig.

Sidonius Apollinaris = *Carmina*. Lütjohann, C. ed. 1887, MGH AA 8, Berlin: 173–264.

Sophronius = *Homilia in nativitatem Christi*. Usener, H. 1886, "Weinachtpredigt des Sophronius," *Rheinisches Museum für Philologie* 41: 501–16.

Soranus = Ilberg, J. ed. 1927, *Sorani Gynaeciorum libri iv*, CMG 4, Leipzig.

Translation: Owsei, T. 1956, *Soranus' Gynecology*, Baltimore.

Statius = *Silvae*. Marastoni, A. ed. 1970, *P. Papini Stati Silvae*, Leipzig.

Strabo = Meineke, A. ed. 1877, *Strabonis geographica*, Leipzig.

Suetonius = Ihm, M. ed. 1958, *De vita Caesarum: Libri VIII*, Stuttgart.

Sulpicius Severus = Halm, C. ed. 1866, *Dialogorum libri ii*, Vienna.

Translation: Hoare, F. R. 1954, *The Western Fathers*, New York.

Symeon the Logothete = Wahlgren, S. ed. 2006, *Symeonis Magistri et Logothetae Chronicon*, Berlin.

Symmachus = Seeck, O. ed. 1883, *Relationes*, MGH AA 6.1, Berlin: 279–317.

Translation: Barrow, R. H. 1973, *Prefect and Emperor: The Relationes of Symmachus, A.D. 384*, Oxford.

Synesius = Garzya, A. ed. 1979, *Epistulae*, Rome.

Translation: Fitzgerald, A. 1926, *The Letters of Synesius of Cyrene*, Oxford.

Tertullian = Waszink, J. H. ed. 2010, *De anima*, Leiden.

Theophanes the Confessor = de Boor, C. ed. 1883, *Theophanis chronographia*, Leipzig.

Theophylact Simocatta = de Boor, C. ed. 1887, *Theophylacti Simocattae historiae*, Leipzig.

Translation: Whitby, M. and Whitby, M. 1986, *The History of Theophylact Simocatta*, Oxford.

Victor of Tunnuna = Mommsen, T. ed. 1894, *Chronica a. CCCCXLIV–DLXVII*, MGH AA 11, Berlin: 184–206.

Vit. Ioh. Eleem. = Dawes, E. and Baynes, N. 1948, *Three Byzantine Saints: Contemporary Biographies of St. Daniel the Stylite, St. Theodore of Sykeon and St. John the Almsgiver*, London.

Vita Nich. Sion. = Sevcenko I. and Sevcenko, N. P. eds. 1984, *The Life of Saint Nicholas of Sion*, Brookline.

Vita Sym. Styl. Iun. = van den Ven, P. ed. 1962, *La vie ancienne de S. Syméon Stylite le jeune (521–592)*, Brussels.

Vita Theod. Syk. = Dawes, E. and Baynes, N. 1948, *Three Byzantine Saints: Contemporary Biographies of St. Daniel the Stylite, St. Theodore of Sykeon and St. John the Almsgiver*, London.

Pseudo-Zacharias of Mitylene = Brooks, E. W. ed. 1919–24, *Historia ecclesiastica Zachariae rhetori vulgo adscripta*, CSCO 83–84/38–39, Paris.

Translated: Greatrex, G. et al. 2011, *The Chronicle of Pseudo-Zachariah Rhetor: Church and War in Late Antiquity*, TTH 55, Liverpool.

Zosimus = Paschoud, F. ed. 1971–89, *Historia nova*, 3 vols., Paris.

铭文

AE = *L'Année épigraphique* (1888–)

CIL = *Corpus Inscriptionum Latinarum* (Berlin, 1863–)

I. Didyma = Rehm, A. ed. 1958, *Didyma*, vol. 2: *Die Inschriften*, Berlin.

I. Ephesos = Wankel, H. et al. eds. 1979–84, *Die Inschriften von Ephesos*, Bonn.

I. Erythrai-Klazomenai = Engelmann, H. and Merkelbach, R. eds. 1972–3, *Die Inschriften von Erythrai und Klazomenai*, Bonn.

I. Palaestina Tertia = Meimaris, Y. and Kritikakou, K. eds. 2005–, *Inscriptions from Palaestina Tertia*, Athens.

I. Priene = Hiller von Gaertringen, F. ed. 1906, *Inschriften von Priene*, Berlin.

I. Sestos = Krauss, J. ed. 1980, *Die Inschriften von Sestos und der thrakischen Chersones*,

Bonn.

ICUR = Silvangi, A. Ferrua, A. et al. eds. 1922–, *Inscriptiones Christianae Urbis Romae. Nova series*, Rome.

IG = *Inscriptiones Graecae*. 1903–, Berlin.

IGLS = *Inscriptions grecques et latines de la Syrie*. 1929–, Paris.

IGRR = Cagnat, R. ed. 1906–27, *Inscriptiones Graecae ad res Romanas pertinentes*, Paris.

ILS = Dessau, H. ed. 1892–1916, *Inscriptiones Latinae Selectae*, Berlin.

ISMDA = Petsas, P et al. eds. 2000, *Inscriptions du sanctuaire de la mère des dieux autochtone de Leukopétra (Macédoine)*, Athens.

MAMA = *Monumenta Asiae Minoris Antiqua*. 1928–.

Merkelbach and Stauber = Merkelbach, R. and Stauber, J. eds. 1998–2004, *Steinepigramme aus dem griechischen Osten*, 5 vols., Munich.

OGIS = Dittenberger, W. ed. 1903–5, *Orientis Graeci Inscriptiones Selectae*. Leipzig.

SEG = *Supplementum Epigraphicum Graecum*.

法律文本

CJ = *Codex Justinianus* = Krueger, P. ed. 1915, *Corpus iuris civilis*, vol. 2, Berlin.

CT = *Codex Theodosianus* = Mommsen, T. and Krueger, P. eds. 1905, *Theodosiani libri XVI cum constitutionibus sirmondianis . . .* Berlin.

Digest = Mommsen, T. and Krueger, P. eds. 1922, *Corpus iuris civilis*, vol. 1, Berlin.

Edictum De Pretiis Rerum Venalium = Lauffer, S. 1971, *Diokletians Preisedikt*, Berlin.

Novellae Justiniani, Kroll, W. and Schöll, R. eds. 1895, *Corpus iuris civilis*, vol. 3, Berlin.

纸草

所有的纸草缩写都采用 "Checklist of Editions of Greek, Latin, Demotic, and Coptic Papyri, Ostraca, and Tablets" 中的标准格式和版本，可以在 papyri.info 上找到。

二手文献

Abbott, A. 2001, "Earliest Malaria DNA Found in Roman Baby Graveyard," *Nature* 412: 847.

Abbott, D. et al. 2014, "What Caused Terrestrial Dust Loading and Climate Downturns between A.D. 533 and 540?" *Geological Society of America Special Papers* 505:

421–38.

Abtew, W. et al. 2009, "El Niño Southern Oscillation Link to the Blue Nile River Basin Hydrology," *Hydrological Processes* 23: 3653–60.

Abulafia, D. 2011, *The Great Sea: A Human History of the Mediterranean*, Oxford.

Achtman, M. 2016, "How Old Are Bacterial Pathogens?" *Proceedings of the Royal Society B* 283: 20160990.

Al-Azmeh, A. 2014, *The Emergence of Islam in Late Antiquity*, Cambridge.

Alchermes, J. 2005, "Art and Architecture in the Age of Justinian," in M. Maas, ed., *The Cambridge Companion to the Age of Justinian*, Cambridge: 343–75.

Alchon, S. A. 2003, *A Pest in the Land: New World Epidemics in a Global Perspective*, Albuquerque.

Aldrete, G. S. 2006, *Floods of the Tiber in Ancient Rome*, Baltimore.

Alexander, P. 1985, *The Byzantine Apocalyptic Tradition*, Berkeley.

Alfani, G. 2013, "Plague in Seventeenth-Century Europe and the Decline of Italy: An Epidemiological Hypothesis," *European Review of Economic History* 17: 408–30.

Alföldy, G. 1974, "The Crisis of the Third Century as Seen by Contemporaries," *Greek Roman and Byzantine Studies* 15: 89–11.

Allen, P. 1979, "The 'Justinianic Plague,'" *Byzantion* 49: 5–20.

Allen, P. 2011, "Portrayals of Mary in Greek Homiletic Literature (6th–7th Centuries)," in L. Brubaker and M. Cunningham, eds., *The Cult of the Mother of God in Byzantium: Texts and Images*, Farnham: 68–88.

Alpert, P. et al. 2006, "Relations between Climate Variability in the Mediterranean Region and the Tropics: ENSO, South Asian and African Monsoons, Hurricanes and Saharan Dust," *Developments in Earth and Environmental Sciences* 4: 149–77.

Alston, R. 1994, "Roman Military Pay from Caesar to Diocletian," *Journal of Roman Studies* 84: 113–23.

———. 1995, *Soldier and Society in Roman Egypt: A Social History*, London.

———. 2001, "Urban Population in Late Roman Egypt and the End of the Ancient World," in W. Scheidel, ed., *Debating Roman Demography*, Leiden: 161–204.

———. 2002, *The City in Roman and Byzantine Egypt*, London.

———. 2009, "The Revolt of the Boukoloi: Geography, History and Myth," in K. Hopwood, ed., *Organized Crime in Antiquity*, London: 129–53.

Alter, G. 2004, "Height, Frailty, and the Standard of Living: Modeling the Effects of Diet and Disease on Declining Mortality and Increasing Height," *Population Studies* 58: 265–79.

Altizer, S. et al. 2006, "Seasonality and the Dynamics of Infectious Diseases," *Ecology*

Letters 9: 467–84.

Ameling, W. 1993, *Karthago: Studien zu Militär, Staat und Gesellschaft*, Munich.

Ando, C. 2000, *Imperial Ideology and Provincial Loyalty in the Roman Empire*, Berkeley.

———. 2012, *Imperial Rome AD 193 to 284: The Critical Century*, Edinburgh.

———. forthcoming, "Forests: The Ancient Mediterranean," in M. Meier, ed., *A Cultural History of the Environment in the Classical Age (3500 BCE–400 CE)*, London.

Andreau, J. 1986, "Declino e morte dei mestieri bancari nel Mediterraneo occidentale (II– IV D.C.)," in A. Giardina, ed., *Società romana e impero tardoantico*, I, Rome: 601–15, 814–18.

———. 1988, "Huit questions pour une histoire financière de l' antiquité tardive," in *Atti dell'Accademia romanistica costantiniana: XII convegno internazionale sotto l'alto patronato del Presidente della republica in onore di Manlio Sargenti*, Naples: 53–63.

———. 1999, *Banking and Business in the Roman World*, Cambridge.

Anisimov, A., Lindler, L., and Pier, G. 2004, "Intraspecific Diversity of *Yersinia pestis*," *Clinical Microbiology Reviews* 17: 434–64.

Arce, J. 1999, "El inventario de Roma: Curiosum y Notitia," in W. V. Harris, ed., *The Transformation of Urbs Roma in Late Antiquity*, Portsmouth: 15–22.

Ari, T. B. et al. 2011, "Plague and Climate: Scales Matter," *PLoS Pathogens* 7: e1002160.

Arjava, A. 1998, "Divorce in Later Roman Law," *Arctos* 22: 5–21.

———. 2005, "The Mystery Cloud of 536 CE in the Mediterranean Sources," *Dumbarton Oaks Papers* 59: 73–94.

Armelagos, G. J. et al. 2005, "Evolutionary, Historical and Political Economic Perspectives on Health and Disease," *Social Science & Medicine* 61: 755–65.

Arnold, J. 2014, *Theoderic and the Roman Imperial Restoration*, New York.

Arnold, J. C. 2013, *The Footprints of Michael the Archangel: The Formation and Diffusion of a Saintly Cult, c. 300–c. 800*, New York.

Atkins, E. M. and Osborne, R. eds. 2006, *Poverty in the Roman World*, Cambridge.

Audoin-Rouzeau, F. 2003, *Les chemins de la peste: le rat, la puce et l'homme*, Rennes.

Avni, G. 2014, *The Byzantine-Islamic Transition in Palestine: An Archaeological Approach*, Oxford.

Avni, G. et al. 2006, "Geomorphic Changes Leading to Natural Desertification Versus Anthropogenic Land Conservation in an Arid Environment, the Negev Highlands, Israel," *Geomorphology* 82: 177–200.

Aiewsakun, P. and Katzourakis, A. 2015, "Endogenous Viruses: Connecting Recent and Ancient Viral Evolution," *Virology* 479–80: 26–37.

Babkin, I. V. and Babkina, I. N. 2012, "A Retrospective Study of the Orthopoxvirus Molecular Evolution," *Infection, Genetics and Evolution* 12: 1597–604.

———. 2015, "The Origin of the Variola Virus," *Viruses* 7: 1100–12.

Bagnall, R. 1982, "Religious Conversion and Onomastic Change," *Bulletin of the American Society of Papyrologists* 19: 105–24.

———. 1985, *Currency and Inflation in Fourth Century Egypt*, Chico.

———. 1987a, "Church, State, and Divorce in Late Roman Egypt," in K.-L. Selig and R. Somerville, eds., *Florilegium Columbianum: Essays in Honor of Paul Oskar Kristeller*, New York: 41–61.

———. 1987b, "Conversion and Onomastics: A reply," *Zeitschrift für Papyrologie und Epigraphik* 69: 243–50.

———. 1988, "Combat ou vide: Christianisme et paganisme dans l'Égypte romaine tardive," *Ktema* 13: 285–96.

———. 1992, "Landholding in Late Roman Egypt: The Distribution of Wealth," *Journal of Roman Studies* 82: 128–49.

———. 1993, *Egypt in Late Antiquity*, Princeton.

———. 1997, "Missing Females in Roman Egypt," *Scripta Classica Israelica* 16: 121–38.

———. 2002, "The Effects of Plague: Model and Evidence," *Journal of Roman Archaeology* 15: 114–20.

Bagnall, R. S. and Frier, B. W. 1994, *The Demography of Roman Egypt*, Cambridge.

Baillie, M. G. L. 1999, *Exodus to Arthur: Catastrophic Encounters with Comets*, London.

———. 2008, "Proposed Re-dating of the European Ice Core Chronology by Seven Years Prior to the 7th century AD," *Geophysical Research Letters* 35: L15813.

Baillie, M. G. L. and McAneney, J. 2015, "Tree Ring Effects and Ice Core Acidities Clarify the Volcanic Record of the First Millennium," *Climate of the Past* 11: 105–14.

Baker, A. et al. 2015, "A Composite Annual-Resolution Stalagmite Record of North Atlantic Climate over the Last Three Millennia," *Scientific Reports* 5: 10307.

Ballais, J.-L. 2004, "Dynamiques environnementales et occupation du sol dans les Aurès pendant la période antique," *Aouras: revue annuelle* 2: 154–68.

Danaji, J. 2007, *Agrarian Change in Late Antiquity: Gold, Labour, and Aristocratic Dominance*, Oxford.

———. 2016, *Exploring the Economy of Late Antiquity: Selected Essays*, Cambridge.

Bang, P. F. 2013, "The Roman Empire II: The Monarchy," in P. F. Bang and W. Scheidel, eds., *Oxford Handbook of the State in the Ancient Near East and Mediterranean*, Oxford: 412–72.

Barker, G., Gilbertson, D. D., Mattingly, D. 2007, *Archaeology and Desertification: The*

Wadi Faynan Landscape Survey, Southern Jordan, Oxford.

Barker, G., Hodges, R., and Clark, G. 1995, *A Mediterranean Valley: Landscape Archaeology and Annales History in the Biferno Valley*, London.

Barnes, T. D. 1982, *The New Empire of Diocletian and Constantine*, Cambridge, MA.

———. 2011, *Constantine: Dynasty, Religion and Power in the Later Roman Empire*, Chichester.

Barnish, S. 1985, "The Wealth of Julius Argentarius: Late Antique Banking and the Mediterranean Economy," *Byzantion* 55: 5–38.

Barnish, S., Lee, A. D., and Whitby, M. 2000, "Government and Administration," in A. Cameron, B. Ward-Perkins, and M. Whitby, eds., *The Cambridge Ancient History*, Vol. 14: *Late Antiquity: Empire and Successors*, Cambridge: 164–206.

Barrett, R. and Armelagos, G. 2013, *An Unnatural History of Emerging Infections*, Oxford.

Barrett, T. H. 2007, "Climate Change and Religious Response: The Case of Early Medieval China," *Journal of the Royal Asiatic Society of Great Britain & Ireland* 17: 139–56.

Barry, J. 2004, *The Great Influenza: The Epic Story of the Deadliest Plague in History*, New York.

Bartsch, S. 2006, *The Mirror of the Self: Sexuality, Self-knowledge, and the Gaze in the Early Roman Empire*, Chicago.

Bashear, S. 1993, "Muslim Apocalypses and the Hour: A Case-Study in Traditional Reinterpretation," in J. L. Kraemer, ed., *Israel Oriental Studies XIII*, Leiden: 75–99.

Bashford, A. and Chaplin, J. 2016, *The New Worlds of Thomas Robert Malthus: Rereading the Principle of Population*, Princeton.

Bastien, P. 1988, *Monnaie et donativa au Bas-Empire*, Wetteren.

Bastien, P. and Metzger, C. 1977, *Le trésor de Beaurains, dit d'Arras*, Wetteren.

Bazin-Tacchela, S., Quéruel, D., and Samama, E. eds. 2001, *Air, miasmes et contagion: les épidémies dans l'Antiquité et au Moyen Age*, Prez-sur-Marne.

Beard, M. 2015, *SPQR: A History of Ancient Rome*, New York.

Becker, M. J. 1992, "Analysis of the Human Skeletal Remains from Osteria dell' Osa," in A. M. Bietti Sestieri, ed., *The Iron Age Community of Osteria dell'Osa: A Study of Socio-Political Development in Central Tyrrhenian Italy*, Cambridge: 53–191.

———. 1993, "Human Skeletons from Tarquinia: A Preliminary Analysis of the 1989 Cimitero Site Excavations with Implications for the Evolution of Etruscan Social Classes," *Studi etruschi* 58: 211–48.

———. 1999, "Calculating Stature from in situ Measurements of Skeletons and from

Long Bone Lengths: An Historical Perspective Leading to a Test of Formicola's Hypothesis at 5th Century BCE Satricum, Lazio, Italy," *Rivista di Antropologia* 77: 225–47.

Beer J. et al. 2006, "Solar Variability Over the Past Several Millennia," *Space Science Reviews* 125: 67–79.

Beer, J., Mende, W., and Stellmacher, R. 2000, "The Role of the Sun in Climate Forcing," *Quaternary Science Reviews* 19: 403–15.

Behr, C. 1968, *Aelius Aristides and the Sacred Tales*, Amsterdam.

Belcastro, M. G. and Guisberti, G. 1997, "La necropoli romano-imperiale di Casalecchio di Reno (Bologna, II–IV sec. d.C.): analisi morfometrica sincronica e diacronica," *Rivista di antropologia* 75: 129–44.

Belich, J., Darwin, J., and Wickham, C. 2016, "Introduction: The Prospect of Global History," in J. Belich et al., eds., *The Prospect of Global History*, Oxford: 3–22.

Beloch, J. 1886, *Die Bevölkerung der griechisch-römischen Welt*, Leipzig.

Belyi, V. et al. 2010, "Unexpected Inheritance: Multiple Integrations of Ancient Bornavirus and Ebolavirus/Marburgvirus Sequences in Vertebrate Genomes," *PLoS Pathogens* 6: 2010–17.

Benedictow, O. 1992, *Plague in the Medieval Nordic Countries: Epidemiological Studies*, Oslo.

———. 2004, *The Black Death, 1346–1353: The Complete History*, Woodbridge.

Benito, G. et al. 2015a, "Recurring Flood Distribution Patterns Related to Short-Term Holocene Climatic Variability," *Scientific Reports* 5: 16398.

Benito, G. et al. 2015b, "Holocene Flooding and Climate Change in the Mediterranean," *Catena* 130: 13–33.

Benovitz, N. 2014, "The Justinianic Plague: Evidence from the Dated Greek Epitaphs of Byzantine Palestine and Arabia," *Journal of Roman Archaeology* 27: 487–98.

Bi, Y. 2016, "Immunology of *Yersinia pestis* Infection," in R. Yang and A. Anisimov, eds., *Yersinia pestis: Retrospective and Perspective*, Dordrecht: 273–92.

Bianucci, R. et al. 2015, "The Identification of Malaria in Paleopathology—An In-depth Assessment of the Strategies to Detect Malaria in Ancient Remains," *Acta Tropica* 152: 176–80.

Biraben, J.-N. 1975, *Les hommes et la peste en France et dans les pays européens et méditerranéens*, Vol. 1: *La peste dans l'histoire*, Paris.

Biraben, J.-N. and Le Goff, J. 1969, "La peste dans le Haut Moyen Age," *Annales ESC* 24: 1484–510.

Birley, A. R. 1987, *Marcus Aurelius: A Biography*, New Haven.

————. 1988, *Septimius Severus: The African Emperor*, New Haven.

————. 1997, *Hadrian: The Restless Emperor*, London.

————. 2000, "Hadrian to the Antonines," in P. Garnsey, D. Rathbone, and A. K. Bowman, eds., *The Cambridge Ancient History,* Vol. 11: *The High Empire, A.D. 70–192*, Cambridge: 132–94.

Bivar, A. D. H. 1970, "Hāritī and the Chronology of the Kuṣāṇas," *Bulletin of the School of Oriental and African Studies* 33: 10–21.

Bjornlie, S. 2013, *Politics and Tradition between Rome, Ravenna and Constantinople: A Study of Cassiodorus and the Variae 527–554*, Cambridge.

Bkhairi, A. and Karray, M. R. 2008, "Les terrasses historiques du basin de Kasserine (Tunisie central)," *Géomorphologie: relief, processus, environment* 14: 201–13.

Black, E. 2012, "The Influence of the North Atlantic Oscillation and European Circulation Regimes on the Daily to Interannual Variability of Winter Precipitation in Israel," *International Journal of Climatology* 32: 1654–64.

Bland, R. 1997, "The Changing Pattern of Hoards of Precious-Metal Coins in the Late Empire," *Antiquité tardive* 5: 29–55.

Bleckmann, B. 1992, *Die Reichskrise des III. Jahrhunderts in der spätantiken und byzantinischen Geschichtsschreibung: Untersuchungen zu den nachdionischen Quellen der Chronik des Johannes Zonaras*, Munich.

————. 2006, "Zu den Motiven der Christenverfolgung des Decius," in K.-P. Johne, T. Gerhardt, and U. Hartmann, eds., *Deleto paene imperio Romano: Transformationsprozesse des Römischen Reiches im 3. Jahrhundert und ihre Rezeption in der Neuzeit*, Stuttgart: 57–71.

Blois, L. de 1976, *The Policy of the Emperor Gallienus*, Leiden.

Blouin, K. 2014, *Triangular Landscapes: Environment, Society, and the State in the Nile Delta under Roman Rule*, Oxford.

Boak, A. E. R. 1955, *Manpower Shortage and the Fall of the Roman Empire in the West*, Ann Arbor.

Boatwright, M. 2000, *Hadrian and the Cities of the Roman Empire*, Princeton.

Boch, R. and Spötl, C. 2011, "Reconstructing Palaeoprecipitation from an Active Cave Flowstone," *Journal of Quaternary Science* 26: 675–87.

Bodel, J. 2008, "From Columbaria to Catacombs: Collective Burials in Pagan and Christian Rome," in L. Brink and D. Green, eds., *Commemorating the Dead: Texts and Artifacts in Context: Studies of Roman, Jewish and Christian Burials*, Berlin: 177–242.

Bogaert, R. 1973, "Changeurs et banquiers chez les Pères de l' Église," *Ancient Society* 4:

239–70.

——. 1994, *Trapezitica Aegyptiaca: recueil de recherches sur la banque en Egypte gréco-romaine*, Florence.

Bond, G. et al. 2001, "Persistent Solar Influence on North Atlantic Climate During the Holocene," *Science* 294: 2130–36.

Bonfiglioli, B., Brasili, P., and Belcastro, M. G. 2003, "Dento-Alveolar Lesions and Nutritional Habits of a Roman Imperial Age Population (1st–4th c. AD): Quadrella (Molise, Italy)," *Homo* 54: 36–56.

Bonneau, D. 1964, *La crue du Nil, divinité égyptienne, à travers mille ans d'histoire (332 av.–641 ap. J.-C.) d'après les auteurs grecs et latins, et les documents des époques ptolémaïque, romaine et byzantine*, Paris.

——. 1971, *Le fisc et le Nil: incidences des irrégularités de la crue du Nil sur la fiscalité foncière dans l'Égypte grecque et romaine*, Paris.

Bonsall, L. A. 2013, *Variations in the Health Status of Urban Populations in Roman Britain: A Comparison of Skeletal Samples from Major and Minor Towns*, diss., University of Edinburgh.

Bookman, R. et al. 2004, "Late Holocene Lake Levels of the Dead Sea," *Geological Society of America Bulletin* 116: 555–71.

Booth, P. 2013, *Crisis of Empire: Doctrine and Dissent at the End of Late Antiquity*, Berkeley.

Borgognini Tarli, S. M. and La Gioia, C. 1977, "Studio antropologico di un gruppo di scheletri di età romana (I a.C –I d.C.) rinvenuti nella necropoli di Collelongo (L' Aquila, Abruzzo)," *Atti della Società toscana di scienze naturali, Memorie. Serie B* 84: 193–226.

Borsch, S. 2005, *The Black Death in Egypt and England: A Comparative Study*, Austin.

——. 2014, "Plague Depopulation and Irrigation Decay in Medieval Egypt," *The Medieval Globe* 1: 125–56.

Bos, K. I. et al. 2011, "A Draft Genome of *Yersinia pestis* from Victims of the Black Death," *Nature* 478: 506–10.

——. 2014, "Pre Columbian Mycobacterial Genomes Reveal Seals as a Source of New World Human Tuberculosis," *Nature* 514: 494–97.

——. 2016, "Eighteenth Century *Yersinia pestis* Genomes Reveal the Long-Term Persistence of an Historical Plague Focus," *eLIFE* 5: e12994.

Boswell, J. 1988, *The Kindness of Strangers: The Abandonment of Children in Western Europe from Late Antiquity to the Renaissance*, New York.

Boudon, V. 2001, "Galien face à la 'peste antonine' ou comment penser l' invisible," in S.

Bazin-Tacchela, D. Quéruel, and E. Samama, eds., *Air, miasmes et contagion: les épidémies dans l'Antiquité et au Moyen Age*, Prez-sur-Marne: 29–54.

Bowden, W., Hodges, R., and Cerova, Y. 2011, *Butrint 3: Excavations at the Triconch Palace*, Oxford.

Bowden, W., Lavan, L., and Machado, C. eds. 2003, *Recent Research on the Late Antique Countryside*, Leiden.

Bowersock, G. W. 1969, *Greek Sophists in the Roman Empire*, Oxford.

———. 2001, "Lucius Verus in the Near East," in C. Evers and A. Tsingarida, eds., *Rome et ses provinces: Hommages à Jean Charles Balty,* Brussels: 73–77.

———. 2009, *From Gibbon to Auden: Essays on the Classical Tradition*, Oxford.

———. 2012, *Empires in Collision in Late Antiquity*, Waltham.

———. 2013, *The Throne of Adulis: Red Sea Wars on the Eve of Islam*, Oxford.

———. 2017, *The Crucible of Islam*, Cambridge.

Bowman, A. K. 1985, "Landholding in the Hermopolite Nome in the Fourth Century A.D.," *Journal of Roman Studies* 75: 137–63.

———. 2005, "Diocletian and the First Tetrarchy, A.D. 294–305," in A. K. Bowman, P. Garnsey, and A. Cameron, eds., *The Cambridge Ancient History,* Vol. 12: *The Crisis of Empire, A.D. 193–337*, Cambridge: 67–89.

———. 2011, "Ptolemaic and Roman Egypt: Population and Settlement," in A. Bowman and A. Wilson, eds., *Settlement, Urbanization, and Population*, Oxford: 317–58.

Bowman, A. and Wilson, A. eds. 2009, *Quantifying the Roman Economy: Methods and Problems*, Oxford.

Brandes, W. 1999, "Byzantine Cities in the Seventh and Eighth Centuries: Different Sources, Different Histories," in G. P. Brogiolo and B. Ward-Perkins, eds., *The Idea and Ideal of the Town between Late Antiquity and the Early Middle Ages*, Leiden: 25–57.

Bransbourg, G. 2015, "The Later Roman Empire," in A. Monson and W. Scheidel, eds., *Fiscal Regimes and the Political Economy of Premodern States*, Cambridge: 258–81.

Brasili Gualandi, P. 1989, "I reperti scheletrici della necropolis di Monte Bibele (IV–II sec. a.C.): Nota Preliminare," in V. Morrone, ed., *Guida al Museo 'L. Fantini' di Monterenzio e all'area archeologica di Monte Bibele*, Bologna: 52–5.

Braudel, F. 1972–73, *The Mediterranean and the Mediterranean World in the Age of Philip II* [2nd rev. ed., orig. 1949] , New York.

Brenot, C. and Loriot, X. eds. 1992, *Trouvailles de monnaies d'or dans l'Occident romain: actes de la Table Ronde tenue à Paris les 4 et 5 décembre 1987*, Paris.

Brent, A. 2010, *Cyprian and Roman Carthage*, Cambridge.

Broadberry, S., Guan, H., and Li, D. D. 2014, "China, Europe, and the Great Divergence: A Study in Historical National Accounting, 980–1850," Economic History Department Paper, London School of Economics.

Brock, S. 1979–80, "Syriac Historical Writing: A Survey of the Main Sources," *Journal of the Iraqi Academy (Syriac Corporation)* 5: 296–326.

Brogiolo, G. and Chavarría Arnau, A. 2005, *Aristocrazie e campagne nell'Occidente da Costantino a Carlo Magno*, Florence.

Brogiolo, G., Gauthier, N., and Christie, N. eds. 2000, *Towns and Their Territories between Late Antiquity and the Early Middle Ages*, Leiden.

Broodbank, C. 2013, *The Making of the Middle Sea: A History of the Mediterranean from the Beginning to the Emergence of the Classical World*, London.

Brooke, J. 2014, *Climate Change and the Course of Global History: A Rough Journey*, New York.

———. 2016, "Malthus and the North Atlantic Oscillation: A Reply to Kyle Harper," *Journal of Interdisciplinary History* 46: 563–78.

Brooks, F. J. 1993, "Revising the Conquest of Mexico: Smallpox, Sources, and Populations," *Journal of Interdisciplinary History* 24: 1–29.

Brosch, R. et al. 2002, "A New Evolutionary Scenario for the Mycobacterium Tuberculosis Complex," *Proceedings of the National Academy of Sciences* 99: 3684–89.

Brown, P. R. L. 1971, *The World of Late Antiquity: From Marcus Aurelius to Muhammad*, London.

———. 2002, *Poverty and Leadership in the Later Roman Empire*, Hanover.

———. 2012, *Through the Eye of a Needle: Wealth, the Fall of Rome, and the Making of Christianity in the West, 350–550 AD*, Princeton.

———. 2016, *Treasure in Heaven: The Holy Poor in Early Christianity*, Charlottesville.

Brun, A. 1992, "Pollens dans les séries marines du Golfe de Gabès et du plateau des Kerkennah (Tunisie): signaux climatiques et anthropiques," *Quaternaire* 3: 31–39.

Brunetti, M. et al. 2002, "Droughts and Extreme Events in Regional Daily Italian Precipitation Series," *International Journal of Climatology* 22: 543–58.

Brunt, P. A. 1987, *Italian Manpower, 225 B.C.–A.D. 14*, Oxford.

Bruun, C. 2003, "The Antonine Plague in Rome and Ostia," *Journal of Roman Archaeology* 16: 426–34.

———. 2007, "The Antonine Plague and the 'Third-Century Crisis,'" in O. Hekster, G. de Kleijn, and D. Slootjes, eds., *Crises and the Roman Empire: Proceedings of the Seventh Workshop of the International Network Impact of Empire, Nijmegen, June*

20–24, 2006, Leiden: 201–18.

———. 2012, "La mancanza di prove di un effetto catastrofico della "peste antonina" (dal 166 d.C. in poi)," in E. Lo Cascio, ed., *L'impatto della "peste antonina"*, Bari: 123–65.

———. 2016, "Tracing Familial Mobility: Female and Child Migrants in the Roman West," in L. de Ligt and L. E. Tacoma, eds., *Migration and Mobility in the Early Roman Empire*, Leiden: 176–204.

Buccellato, A. et al. 2003, "Il comprensorio della necropoli di Via Basiliano (Roma): un' indagine multidisciplinare," *Mélanges de l'École Française de Rome Antiquité* 115: 311–76.

———. 2008, "La nécropole de Collatina," *Les dossiers d'archéologie* 330: 22–31.

Buell, D.K. 2005, *Why This New Race: Ethnic Reasoning in Early Christianity*, New York.

Büntgen, U. et al. 2011, "2500 Years of European Climate Variability and Human Susceptibility," *Science* 311: 578–82.

Büntgen, U. et al. 2016, "Cooling and Societal Change during the Late Antique Little Ice Age from 536 to around 660 AD," *Nature Geoscience* 9: 231–36.

Buraselis, K. 1989, *Theia dōrea: das göttlich-kaiserliche Geschenk: Studien zur Politik der Severer und zur Constitutio Antoniniana*, Athens.

Burroughs, W. J. 2005, *Climate Change in Prehistory: The End of the Reign of Chaos*, Cambridge.

Butcher, K. 2004, *Coinage in Roman Syria: Northern Syria, 64 BC–AD 253*, London.

Butcher, K. and Ponting, M. 2012, "The Beginning of the End? The Denarius in the Second Century," *Numismatic Chronicle* 172: 63–83.

Butler, T. et al. 1982, "Experimental *Yersinia pestis* Infection in Rodents after Intragastric Inoculation and Ingestion of Bacteria," *Infection and Immunity* 36: 1160–67.

Buttrey, T. V. 2007, "Domitian, the Rhinoceros, and the Date of Martial' s 'Liber De Spectaculis,'" *Journal of Roman Studies* 97: 101–12.

Butzer, K. W. 2012, "Collapse, Environment, and Society," *Proceedings of the National Academy of Sciences* 109: 3632–39.

Caldwell, J. C. 2004, "Fertility Control in the Classical World: Was There an Ancient Fertility Transition?" *Journal of Population Research* 21: 1–17.

Callu, J.-P. 1969, *La politique monétaire des empereurs romains, de 238 à 311*, Paris.

Callu, J.-P. and Loriot, X. eds. 1990, *La dispersion des aurei en Gaule romaine sous l'Empire*, Paris.

Cameron, A. 1970, *Claudian: Poetry and Propaganda at the Court of Honorius*, Oxford.

Cameron, A. ed. 1976, *In laudem Iustini Augusti minoris*, London.

————. 1978, "The Theotokos in Sixth-Century Constantinople: A City Finds Its Symbol," *Journal of Theological Studies* 29: 79–108.

————. 1985, *Procopius and the Sixth Century*, Berkeley.

————. 2000a, "Justin I and Justinian," in A. Cameron, B. Ward-Perkins, and M. Whitby, eds., *The Cambridge Ancient History*, Vol. 14: *Late Antiquity: Empire and Successors*, Cambridge: 63–85.

————. 2000b, "Vandal and Byzantine Africa," in A. Cameron, B. Ward-Perkins, and M. Whitby, eds., *The Cambridge Ancient History*, Vol. 14: *Late Antiquity: Empire and Successors*, Cambridge: 552–69.

————. 2005, "The Reign of Constantine, A.D. 306–337," in A. K. Bowman, P. Garnsey, and A. Cameron, eds., *The Cambridge Ancient History*, Vol. 12: *The Crisis of Empire, A.D. 193–337*, Cambridge: 90–109.

Cameron, C. M., Kelton, P., and Swedlund, A.C. eds. 2015, *Beyond Germs: Native Depopulation in North America*, Tucson.

Camilli, L. and Sorda, S. eds. 1993, *L'"inflazione" nel quarto secolo d.C.: atti dell'incontro di studio, Roma 1988*, Rome.

Campbell, B. 2005a, "The Severan Dynasty," in A. K. Bowman, P. Garnsey, and A. Cameron, eds., *The Cambridge Ancient History*, Vol. 12: *The Crisis of Empire, A.D. 193–337*, Cambridge: 1–27.

————. 2005b, "The Army," in A. K. Bowman, P. Garnsey, and A. Cameron, eds., *The Cambridge Ancient History*, Vol. 12: *The Crisis of Empire, A.D. 193–337*, Cambridge: 110–30.

————. 2010, "Nature as Historical Protagonist: Environment and Society in Pre-Industrial England," *Economic History Review* 63: 281–314.

————. 2016, *The Great Transition: Climate, Disease and Society in the Late-Medieval World*, Cambridge.

Camuffo, D. and Enzi, S. 1996, "The Analysis of Two Bi-Millennial Series: Tiber and Po River Floods," in P. D. Jones, R. S. Bradley, and J. Jouzel, eds., *Climactic Variations and Forcing Mechanisms of the Last 2000 Years*, I: 433–50.

Cantor, N. 2001, *In the Wake of the Plague: The Black Death and the World It Made*, New York.

Capasso, L. 2001, *I fuggiaschi di Ercolano: paleobiologia delle vittime dell'eruzione vesuviana del 79 d.C.*, Rome.

Capitanio, M. 1974, "La necropolis di Potenzi (Macerata), di epoca romana: notizie antropologiche," *Archivio per l'antropologia e la etnologia* 104: 179–209.

————. 1981, "Anthropologische Bemerkungen über die spätrömischer Bestatteten von

Pfatten-Laimburg (Vadena) bei Bozen," *Der Schlern* 55: 189–96.

———. 1985, "Gli scheletri umani di epoca barbarica rinvenuti al Dossello di Offanengo (Cremona)," *Insula fulcheria: rassegna di studi e documentazioni di Crema e del cremasco a cura del Museo civico di Crema*, Crema: 59–79.

———. 1986–87, "Esame antropologica degli inumati di Valeggio sul Mincio (Verona) d'epoca romana (I sec a.C.–I sec. d.C.)," *Atti e memorie dell'Accademia d'agricoltura scienze e lettere di Verona*: 159–98.

Cappers, R. 2006, *Roman Foodprints at Berenike: Archaeobotanical Evidence of Subsistence and Trade in the Eastern Desert of Egypt*, Los Angeles.

Carandini, A. 2011, *Rome: Day One*, Princeton.

Carmichael, A. G. 2006, "Infectious Disease and Human Agency: An Historical Overview," *Scripta Varia* 106: 3–46.

———. 2014, "Plague Persistence in Western Europe: A Hypothesis," *The Medieval Globe* 1: 157–91.

Carmichael, A. and Silverstein, A. 1987, "Smallpox in Europe before the Seventeenth Century: Virulent Killer or Benign Disease?" *Journal of the History of Medicine and Allied Sciences* 42: 147–68.

Carra, R. M. B. 1995, *Agrigento: la necropoli paleocristiana sub divo*, Rome.

Carrié, J.-M. 1994, "Dioclétien et la fiscalité," *Antiquité tardive* 2: 34–64.

———. 2003, "Solidus et crédit: qu'est-ce que l'or a pu changer?" in E. Lo Cascio, ed., *Credito e moneta nel mondo romano*, Bari: 265–79.

———. 2005, "Developments in Provincial and Local Administration," in A. K. Bowman, P. Garnsey, and A. Cameron, eds., *The Cambridge Ancient History*, Vol. 12: *The Crisis of Empire, A.D. 193–337*, Cambridge: 269–312.

———. 2007, "Les crises monétaires de l'Empire romain tardif," in B. Théret, ed., *La monnaie dévoilée par ses crises*, Vol. 1. Paris: 131–63.

Carrié, J.-M. and Rousselle, A. 1999, *L'Empire romain en mutation: des Sévères à Constantin, 192–337*, Paris.

Carter, J. C. ed. 1998, *The Chora of Metaponto: The Necropoleis*, Austin.

Casana, J. 2008, "Mediterranean Valleys Revisited: Linking Soil Erosion, Land Use and Climate Variability in the Northern Levant," *Geomorphology* 101: 429–42.

———. 2014, "The Late Roman Landscape of the Northern Levant: A View from Tell Qarqur and the Lower Orontes River Valley," *Oxford Journal of Archaeology* 33: 193–219.

Casanova, G. 1984, "Epidemie e fame nella documentazione greca d'Egitto," *Aegyptus* 64: 163–201.

Casanova, P. 1911, *Mohammed et la fin du monde: étude critique sur l'Islam primitive*, Paris.

Casson, L. 1989, *The Periplus Maris Erythraei: Text with Introduction, Translation, and Commentary*, Princeton.

———. 1990, "New Light on Maritime Loans: P. Vindob. G 40822," *Zeitschrift für Papyrologie und Epigraphik* 84: 195–206.

Catalano, P. et al. 2001a, "Le necropolis di Roma—Die Nekropolen Roms: il contributo dell'antropologia—der Beitrag der Anthropologie," *Mitteilungen des deutschen archeologischen Instituts* 108: 353–81.

———. 2001b, "Le necropoli romane di età imperiale: un contributo all'interpretazione del popolamento e della qualità della vita nell'antica Roma," L. Quilici and S. Quilici Gigli, eds., *Urbanizzazione delle campagne nell'Italia antica*, Rome: 127–37.

Cavanaugh, D. C. 1971, "Specific Effect of Temperature upon Transmission of the Plague Bacillus by the Oriental Rat Flea, *Xenopsylla cheopis*," *American Journal of Tropical Medicine and Hygiene* 20: 264–73.

Cavanaugh, D. C. and Marshall, J. D. 1972, "The Influence of Climate on the Seasonal Prevalence of Plague in the Republic of Vietnam," *Journal of Wildlife Diseases* 8: 85–94.

Cerati, A. 1975, *Caractère annonaire et assiette de l'impôt foncier au Bas-Empire*, Paris.

Chabal, L. 2001, "Les potiers, le bois et la forêt à l' époque romaine, à Sallèles d'Aude (Ier– IIIe s. ap. J.-C.)," in F. Laubenheimer, ed., *20 ans de recherches à Sallèles d'Aude. Colloque des 27–28 septembre 1996 (Sallèles d'Aude)*, Besançon: 93–110.

Chain, P. S. G. et al. 2004, "Insights into the Evolution of *Yersinia pestis* through Whole-Genome Comparison with *Yersinia pseudotuberculosis*," *Proceedings of the National Academy of Sciences* 101: 13826–31.

Chavarría, A. and Lewit, T. 2004, "Archaeological Research on the Late Antique Countryside: A Bibliographical Essay," in W. Bowden, L. Lavan, and C. Machado, eds., *Recent Research on the Late Antique Countryside*, Leiden: 3–51.

Chen, F.-H. et al. 2010, "Moisture Changes over the Last Millennium in Arid Central Asia: A Review, Synthesis and Comparison with Monsoon Region," *Quaternary Science Reviews* 29: 1055–68.

Chen, S. and Kung, J. K. 2016, "Of Maize and Men: The Effect of a New World Crop on Population and Economic Growth in China," *Journal of Economic Growth* 21: 71–99.

Cherian, P. J. 2011, *Pattanam Excavations: Fifth Season Field Report*, Trivandrum.

Choat, M. 2007, "The Archive of Apa Johannes: Notes on a Proposed New Edition," in J.

Frösén, T. Purola, and E. Salmenkivi, eds., *Proceedings of the 24th International Congress of Papyrology, Helsinki, 1–7 August, 2004*, Helsinki: 175–83.

Christie, N. 2006, *From Constantine to Charlemagne: An Archaeology of Italy, AD 300–800*, Aldershot.

——. 2011, *The Fall of the Western Roman Empire: An Archaeological and Historical Perspective*, London.

Christol, M. 1982, *Les reformes de Gallien et la carriere senatoriale*, Rome.

——. 1986, *Essai sur l'évolution des carrières sénatoriales dans la seconde moitié du IIIe siècle ap. J.C.*, Paris.

Clark, E. 1984, *The Life of Melania the Younger: Introduction, Translation, Commentary*, New York.

Cline, E. 2014, *1177 B.C.: The Year Civilization Collapsed*, Princeton.

Colt, H. D. 1962, *Excavations at Nessana*, London.

Comas, I. et al. 2013, "Out-of-Africa Migration and Neolithic Coexpansion of Mycobacterium Tuberculosis with Modern Humans," *Nature Genetics* 45: 1176–82.

Conheeney, J. 1997, "The Human Bone," in T. W. Potter and A. C. King, eds., *Excavations at the Mola di Monte Gelato: A Roman and Medieval Settlement in South Etruria*, Rome: 119–70.

Conrad, L. I. 1981, *The Plague in the Early Medieval Near East*, diss., University of Princeton.

——. 1992, "Epidemic Disease in Formal and Popular Thought in Early Islamic Society," in T. Ranger and P. Slack, eds., *Epidemics and Ideas: Essays on the Historical Perception of Pestilence*, Cambridge: 77–99.

——. 1994, "Epidemic Disease in Central Syria in the Late Sixth Century: Some New Insights from the Verse of Hassān ibn Thābit," *Byzantine and Modern Greek Studies* 18: 12–59.

——. 2000, "The Arabs," in A. Cameron, B. Ward-Perkins and M. Whitby, eds., *The Cambridge Ancient History*, Vol. 14: *Late Antiquity: Empire and Successors*, Cambridge: 678–700.

Cook, D. 2002, *Studies in Muslim Apocalyptic*, Princeton.

Cook, E. 2013, "Megadroughts, ENSO, and the Invasion of Late-Roman Europe by the Huns and Avars," in W. V. Harris, ed., *The Ancient Mediterranean Environment between Science and History*, Leiden: 89–102.

Cooper, D. and Kiple, K. F. 1993, "Yellow Fever," in K. F. Kiple, ed., *The Cambridge World History of Human Disease*, New York: 1100–7.

Coppa, A. et al. 1987, "Gli inumati dell'Età del Ferro di Campovalano (Abruzzo, area Medio-Adriatica)," *Rivista di antropologia* 65: 105–38.

Corbier, M. 2001, "Child Exposure and Abandonment," in S. Dixon, ed., *Childhood, Class and Kin in the Roman World*, London: 52–73.

———. 2005a, "Coinage and Taxation: The State's Point of View, A.D. 193–337," in A. K. Bowman, P. Garnsey, and A. Cameron, eds., *The Cambridge Ancient History*, Vol. 12: *The Crisis of Empire, A.D. 193–337*, Cambridge: 327–92.

———. 2005b, "Coinage, Society and Economy," in A. K. Bowman, P. Garnsey, and A. Cameron, eds., *The Cambridge Ancient History*, Vol. 12: *The Crisis of Empire, A.D. 193–337*, Cambridge: 393–439.

Corcoran, S. 2000, *The Empire of the Tetrarchs: Imperial Pronouncements and Government, AD 284–324*, rev. ed., Oxford.

Cornelis, G. R. and Wolf-Watz, H. 1997, "The Yersinia Yop Virulon: A Bacterial System for Subverting Eukaryotic Cells," *Molecular Microbiology* 23: 861–67.

Corrain, C. 1971, "Dati osteometrici su resti umani antichi del territoria Atestino (Padova)," in *Oblatio: Raccolta di studi di antichità ed arte in onore di Aristide Calderini*, Como: 247–86.

Corrain, C. and Capitanio, M. 1967, "I resti scheletrici umani del 'Dos dell'Arca', Valcamonica," *Bollettino del Centro camuno di studi preistorici* 3: 149–73.

———. 1969, "I resti scheletrici umani della necropoli di Sirolo (Numana) nelle Marche," in *Scritti sul quaternario in onore de Angelo Pasa*, Verona: 207–27.

———. 1972, "I resti scheltrici della necropoli di Fermo, nelle Marche," *Homo 23*: 19–36.

———. 1988, "I resti scheletrici della necropolis tardo-romana e alto-medievale di Mont Blanc (Aosta)," *Quaderni di scienze antropologiche* 14: 79–235.

Corrain, C., Capitanio, M., and Erspamer, G. 1972, "I resti scheletrici della necropoli di Salapia (Cerignola), secoli IX–III a.C.," *Atti e memorie dell'Academia Patavina di Scienze, Lettere ed Arti* 84: 75–103.

———. 1977, "I resti scheltrici della necropoli picena di Camerano, nelle Marche (secoli VI–III a.C.)," *Archivio per l'antropologia e la etnologia* 107: 81–153.

———. 1982, "Alcune necropoli romane delle Marche," *Archivio per l'antropologia e la etnologia* 112: 151–225.

———. 1986, "I resti scheletrici umani della necropolis tardo-romana e alto-medievale di Mont-Blanc (Aosta): Nota riassuntiva," *Archivio per l'antropologia e la etnologia* 116: 215–19.

Corrain, C. and Nalin, G. 1965, "Resti scheletrici umani della necropoli protostorica di Monte Saraceno presso Mattinata (Gargano)," *Atti della X. Riunione scientifica In memoria di Francesco Zorzi: Verona, 21–23 novembre 1965*, Verona: 309–38.

Cosme, P. 2007, "À propos de l'Édit de Gallien," in O. Hekster, G. de Kleijn, and D. Slootjes, eds., *Crises and the Roman Empire*, Leiden: 97–109.

Cotton, H. 1993, "The Guardianship of Jesus Son of Babatha: Roman and Local Law in the Province of Arabia," *Journal of Roman Studies* 83: 94–113.

Craig, O. E. et al. 2009, "Stable Isotopic Evidence for Diet at the Imperial Roman Coastal Site of Velia (1st and 2nd Centuries AD) in Southern Italy," *American Journal of Physical Anthropology* 139: 572–83.

Crawford, D. H. 2007, *Deadly Companions: How Microbes Shaped Our History*, Oxford.

Cremaschi, M. et al. 2006, "Cupressus dupreziana: a Dendroclimatic Record for the Middle-Late Holocene in the Central Sahara," *The Holocene* 16: 292–303.

Cremaschi, M., Marchetti, M., and Ravazzi, C. 1994, "Geomorphological Evidence for Land Surfaces Cleared from Forest in the Central Po Plain (Northern Italy) during the Roman Period," in B. Frenzel, ed., *Evaluation of Land Surfaces Cleared from Forests in the Mediterranean Region during the Time of the Roman Empire*, Stuttgart: 119–32.

Cremaschi, M. and Zerboni, A. 2010, "Human Communities in a Drying Landscape: Holocene Climate Change and Cultural Response in the Central Sahara," in I. P. Martini and W. Chesworth, eds., *Landscapes and Societies: Selected Cases*, Dordrecht: 67–89.

Cremonini, S., Labate, D., and Curina, R. 2013, "The Late-antiquity Environmental Crisis in Emilia Region (Po River Plain, Northern Italy): Geoarchaeological Evidence and Paleoclimatic Considerations," *Quaternary International* 316: 162–78.

Croke, B. 1981, "Two Early Byzantine Earthquakes and Their Liturgical Commemoration," *Byzantion* 51: 122–47.

———. 2005, "Justinian's Constantinople," in M. Maas, ed., *The Cambridge Companion to the Age of Justinian*, Cambridge: 60–86.

Cronon, W. 1983, *Changes in the Land: Indians, Colonists, and the Ecology of New England*, New York.

Crosby, A. W. 1986, *Ecological Imperialism: The Biological Expansion of Europe, 900–1900*, Cambridge.

Crow, J. 2012, "Water and Late Antique Constantinople: 'It Would Be Abominable for the Inhabitants of This Beautiful City to Be Compelled to Purchase Water,'" in L. Grig and G. Kelly, eds., *Two Romes: Rome and Constantinople in Late Antiquity*, Oxford: 116–35.

Cucina, A. et al. 2006, "The Necropolis of Vallerano (Rome, 2nd–3rd Century

AD): An Anthropological Perspective on the Ancient Romans in the *Suburbium*," *International Journal of Osteoarchaeology* 16: 104–117.

Cui, Y. et al. 2013, "Historical Variations in Mutation Rate in an Epidemic Pathogen, *Yersinia pestis*," *Proceedings of the National Academy of Sciences* 110: 577–82.

Cummings, C. 2009, "Meat Consumption in Roman Britain: The Evidence from Stable Isotopes," in M. Driessen, et al., eds., *TRAC 2008: Proceedings of the Eighteenth Annual Theoretical Roman Archaeology Conference, Amsterdam 2008*, Oxford: 73–83.

Curran, J. 1998, "From Jovian to Theodosius," in A. Cameron and P. Garnsey, eds., *The Cambridge Ancient History*, Vol. 13: *The Late Empire, A.D. 337–425*, Cambridge: 78–110.

Currás, A. et al. 2012, "Climate Change and Human Impact in Central Spain During Roman Times: High-Resolution Multi-Proxy Analysis of a Tufa Lake Record (Somolinos, 1280 m asl)," *Catena* 89: 31–53.

Cutler, A. 1985, *The Craft of Ivory: Sources, Techniques, and Uses in the Mediterranean World, A.D. 200–1400*, Washington, D.C.

Dagens, C. 1970, "La fin des temps et l'Église selon Saint Grégoire le Grand," *Recherches de science religieuse* 58: 273–88.

Dagron, G. 1984, *Naissance d'une capitale: Constantinople et ses institutions de 330 à 451*, Paris.

Dagron, G. and Déroche, V. 1991, "Juifs et chrétiens dans l'Orient du VIIe siècle," *Travaux et Mémoires* 11: 17–46.

Dal Santo, M. 2013, "Gregory the Great, the Empire and the Emperor," in B. Neil and M. Dal Santo, eds., *A Companion to Gregory the Great*, Cambridge: 57–82.

Darley, R. 2013, *Indo-Byzantine Exchange, 4th to 7th Centuries: A Global History*, diss., University of Birmingham.

———. 2015, "Self, Other and the Use and Appropriation of Late Roman Coins in South India and Sri Lanka (4th–7th centuries A.D.)," in H. Ray, ed., *Negotiating Cultural Identity: Landscapes in Early Medieval South Asian History*, London: 60–84.

Dark, P. 2000, *The Environment of Britain in the First Millennium AD*, London.

Daube, D. 1966–67, "The Marriage of Justinian and Theodora: Legal and Theological Reflections," *Catholic University Law Review* 16: 380–99.

Davies, T. J. et al. 2011, "The Influence of Past and Present Climate on the Biogeography of Modern Mammal Diversity," *Philosophical Transactions of the Royal Society, B* 366: 2526–35.

de Blois, L. 1976, *The Policy of the Emperor Gallienus*, Leiden.

De Callataÿ, F. 2005, "The Graeco-Roman Economy in the Super Long-Run: Lead, Copper, and Shipwrecks," *Journal of Roman Archaeology* 18: 361–72.

De Greef, G. 2002, "Roman Coin Hoards and Germanic Invasions AD 253–269: A Study of the Western Hoards from the Reigns of Valerian, Gallienus and Postumus," *Revue belge de numismatique et de sigillographie* 148: 41–100.

de la Vaissière, E. 2003, "Is There a 'Nationality of the Hephtalites'?" *Bulletin of the Asia Institute* 17: 119–32.

———. 2005a, *Sodgian Traders: A History*, Leiden.

———. 2005b, "Huns et Xiongnu," *Central Asiatic Journal* 49: 3–26.

———. 2015, "The Steppe World and the Rise of the Huns," in M. Maas, ed., *The Cambridge Companion to the Age of Attila*, Cambridge: 175–92.

De Ligt, L. 2012, *Peasants, Citizens and Soldiers: Studies in the Demographic History of Roman Italy 225 BC–AD 100*, Cambridge.

De Ligt, L. and Tacoma, R. eds. 2016, *Migration and Mobility in the Early Roman Empire*, Leiden.

De Putter, T. et al. 1998, "Decadal Periodicities of Nile River Historical Discharge (A.D. 622–1470) and Climatic Implications," *Geophysical Research Letters* 25: 3193–96.

De Romanis F. and Tchernia, A. eds. 1997, *Crossings: Early Mediterranean Contacts with India*, New Delhi.

———. 2015, "Comparative Perspectives on the Pepper Trade," in F. De Romanis and M. Maiuro, eds., *Across the Ocean: Nine Essays on Indo-Roman Trade*, Leiden: 127–50.

De Ste. Croix, G. E. M. 1981, *The Class Struggle in the Ancient Greek World*, Ithaca.

Dean, J. et al. 2013, "Palaeo-seasonality of the Last Two Millennia Reconstructed from the Oxygen Isotope Composition of Carbonates and Diatom Silica from Nar Gölü, Central Turkey," *Quaternary Science Reviews* 66: 35–44.

Decker, M. 2009, *Tilling the Hateful Earth: Agricultural Production and Trade in the Late Antique East*, Oxford.

———. 2016, *The Byzantine Dark Ages*, London.

Deliyannis, D. M. 2010, *Ravenna in Late Antiquity*, Cambridge.

Demacopoulos, G. 2015, *Gregory the Great: Ascetic, Pastor, and First Man of Rome*, Notre Dame.

Demandt, A. 1984, *Der Fall Roms. Die Auflösung des römischen Reiches im Urteil der Nachwelt*, Munich﹝2nd edition, 2014﹞.

Deng, K. 2004, "Unveiling China's True Population Statistics for the Pre-Modern Era with Official Census Data," *Population Review* 43: 1–38.

Depauw, M. and Clarysse, W. 2013, "How Christian Was Fourth Century Egypt? Onomastic Perspectives on Conversion," *Vigiliae Christianae* 67: 407–35.

Dermody, B. J. et al. 2011, "Revisiting the Humid Roman Hypothesis: Novel Analyses Depict Oscillating Patterns," *Climate of the Past Discussions* 7: 2355–89.

Dermody, B. J. et al. 2014, "A Virtual Water Network of the Roman World," *Hydrology and Earth System Sciences* 18: 5025–40.

Detriche, S. et al. 2008, "Late Holocene Palaeohydrology of Lake Afourgagh (Middle-Atlas, Morocco) from Deposit Geometry and Facies," *Bulletin de la Société Géologique de France* 179: 41–50.

DeWitte, S. and Hughes-Morey, G. 2012, "Stature and Frailty during the Black Death: The Effect of Stature on Risks of Epidemic Mortality in London, A.D. 1348–1350," *Journal of Archaeological Science* 39: 1412–19.

DeWitte, S. 2014, "The Anthropology of Plague: Insights from Bioarchaeological Analyses of Epidemic Cemeteries," *The Medieval Globe* 1: 97–123.

Di Cosmo, N. 2002, *Ancient China and Its Enemies: The Rise of Nomadic Power in East Asian History*, Cambridge.

Di Segni, L. 1999, "Epigraphic Documentation on Building in the Provinces of Palaestina and Arabia, 4th–7th c.," in J. H. Humphrey, ed., *The Roman and Byzantine Near East II*, Portsmouth: 149–78.

———. 2009, "Greek Inscriptions in Transition from the Byzantine to the Early Islamic Period," in H. Cotton et al., eds., *From Hellenism to Islam: Cultural and Linguistic Change in the Roman Near East*, Cambridge: 352–73.

Di Stefano, G. 2009, "Nuove ricerche sulle cisterne de La malga," in M. al-Waṭanī lil-Turāth, ed., *Contrôle et distribution de l'eau dans le Maghreb antique et medieval*, Rome: 1000–22.

Diamond, J. 1997, *Guns, Germs, and Steel: The Fates of Human Societies*, New York.

Dols, M. W. 1974, "The Comparative Communal Responses to the Black Death in Muslim and Christian Societies," *Viator* 5: 269–00.

Donceel-Voûte, P. 1988, *Les pavements des églises byzantines de Syrie et du Liban: décor, archéologie et liturgie*, Louvain-la-Neuve.

Donner, F. M. 1989, "The Role of Nomads in the Near East in Late Antiquity (400–800 C.E.)," in F. M. Clover and R. S. Humphreys, eds., *Tradition and Innovation in Late Antiquity*, Madison: 73–85.

———. 2010, *Muhammad and the Believers: At the Origins of Islam*, Cambridge, MA.

Donoghue, H. D. et al. 2015, "A Migration-Driven Model for the Historical Spread of Leprosy in Medieval Eastern and Central Europe," *Infection, Genetics and Evolution* 31: 250–56.

Downie, J. 2013, *At the Limits of Art: A Literary Study of Aelius Aristides' Hieroi Logoi*, Oxford.

Dragoni, W. 1998, "Some Considerations on Climatic Changes, Water Resources and Water Needs in the Italian Region South of 43° N," in A. S. Issar and N. Brown, eds., *Water, Environment and Society in Times of Climate Change*, Dordrecht: 241–71.

Drancourt, M. et al. 1998, "Detection of 400-year Old *Yersinia pestis* DNA in Human Dental Pulp: An Approach to the Diagnosis of Ancient Septicemia," *Proceedings of the National Academy of Sciences* 95: 12637–40.

Drinkwater, J. 1987, *The Gallic Empire: Separatism and Continuity in the North-Western Provinces of the Roman Empire, A.D. 260–274*, Wiesbaden.

———. 2005, "Maximinus to Diocletian and the 'Crisis,'" in A. K. Bowman, P. Garnsey, and A. Cameron, eds., *The Cambridge Ancient History*, Vol. 12: *The Crisis of Empire, A.D. 193–337*, Cambridge: 28–66.

Drijvers, J. W. 2002, "Heraclius and the Restitutio Crucis: Notes on Symbolism and Ideology," in G. J. Reinink and H. Stolte, eds., *The Reign of Heraclius (610–641): Crisis and Confrontation*, Groningen: 175–90.

Duggan, A. et al. 2016, "17th Century Variola Virus Reveals the Recent History of Smallpox," *Current Biology* 26: 3407–12.

Duncan-Jones, R. P. 1982, *The Economy of the Roman Empire: Quantitative Studies*, 2nd ed., Cambridge.

———. 1990, *Structure and Scale in the Roman Economy*, Cambridge.

———. 1996, "The Impact of the Antonine Plague," *Journal of Roman Archaeology* 9: 108–93.

———. 2004, "Economic Change and the Transition to Late Antiquity," in S. Swain and M. Edwards, eds., *Approaching Late Antiquity: The Transformation from Early to Late Empire*, Oxford: 20–52.

Dunn, A. 2004, "Continuity and Change in the Macedonian Countryside from Gallienus to Justinian," in W. Bowden, L. Lavan, and C. Machado, eds., *Recent Research on the Late Antique Countryside*, Leiden: 535–86.

Dunn, R. et al. 2010, "Global Drivers of Human Pathogen Richness and Prevalence," *Proceedings of the Royal Society B* 277: 2587–95.

DuPont, H. L. 1993, "Diarrheal Diseases," in K. Kiple, ed., *The Cambridge World History of Human Disease*, Cambridge: 676–80.

Durliat, J. 1989, "La peste du VIe siècle. Pour un nouvel examen des sources byzantines," in J. Lefort and J. Morrisson, eds., *Hommes et richesses dans l'empire byzantin*, Vol. 1: *IVe–VIIe siècle*, Paris: 107–19.

——. 1990, *De la ville antique à la ville byzantine: le problème des subsistances*, Rome.

Ebied, R. Y. and Young, M. J. L. 1972, "A Treatise in Arabic on the Nestorian Patriarchs," *Le Muséon* 87: 87–113.

Eck, W. 2000a, "Emperor, Senate, and Magistrates," in P. Garnsey, D. Rathbone, and A. K. Bowman, eds., *The Cambridge Ancient History*, Vol. 11: *The High Empire, A.D. 70–192*, Cambridge: 214–37.

——. 2000b, "The Growth of Administrative Posts," in P. Garnsey, D. Rathbone, and A. K. Bowman, eds., *The Cambridge Ancient History*, Vol. 11: *The High Empire, A.D. 70–192*, Cambridge: 238–65.

——. 2012, "Die Seuche unter Mark Aurel: ihre Auswirkungen auf das Heer," in E. Lo Cascio, ed., *L'impatto della "peste antonina,"* Bari: 63–77.

Eckstein, A. 2006, *Mediterranean Anarchy, Interstate War, and the Rise of Rome*, Berkeley.

Eddy, J. J. 2015, "The Ancient City of Rome, Its Empire, and the Spread of Tuberculosis in Europe," *Tuberculosis* 95: 23–28.

Edling, M. 2003, *A Revolution in Favor of Government: Origins of the U.S. Constitution and the Making of the American State*, New York.

Eger, A. A. 2015, *The Islamic-Byzantine Frontier: Interaction and Exchange among Muslim and Christian Communities*, London.

Eisen, R., Dennis, D., and Gage, K. 2015, "The Role of Early-Phase Transmission in the Spread of *Yersinia pestis*," *Journal of Medical Entomology* 52: 1183–92.

Eisen, R. and Gage, K. 2009, "Adaptive Strategies of *Yersinia pestis* to Persist during Inter-epizootic and Epizootic Periods," *Veterinary Research* 40: 01.

——. 2012, "Transmission of Flea-Borne Zoonotic Agents," *Annual Review of Entomology* 57: 61–82.

Elliott, C. 2016, "The Antonine Plague, Climate Change and Local Violence in Roman Egypt," *Past & Present* 231: 3–31.

Eltahir, E. 1996, "El Niño and the Natural Variability in the Flow of the Nile River," *Water Resources Research* 32: 131–37.

Elton, H. 1996, *Warfare in Roman Europe, AD 350–425*, Oxford.

——. 2015, "Military Developments in the Fifth Century," in M. Maas, ed., *The Cambridge Companion to the Age of Attila*, Cambridge, 125–39.

Enscore, R. E. et al. 2002, "Modeling Relationships between Climate and the Frequency of

Human Plague Cases in the Southwestern United States, 1960–1997," *American Journal of Tropical Medicine and Hygiene* 2: 186–96.

Erdkamp, P. 2005, *The Grain Market in the Roman Empire: A Social, Political and Economic Study*, Cambridge.

Erspamer, G. 1985, "Analisi antropologica sui resti scheletrici di otto tombe di epoca tardo-romana (IV sec. dC) rinvenute in area Sacripanti a Civitanova marche (Macerata)–Scavo del 1977," *Quaderni di scienze antropologiche* 11: 12–22.

Essefi, E. et al. 2013, "Record of the Climatic Variability and the Sedimentary Dynamics during the Last Two Millennia at Sebkha Dkhila, Eastern Tunisia," *ISRN Geology* 2013: 936198.

Estiot, S. 1996, "Le troisième siècle et la monnaie: crises et mutations," in J.-L. Fiches, ed., *Le IIIe siècle en Gaule Narbonnaise. Données régionales sur la crise de l'Empire*, Sophia Antipolis: 33–70.

Evans Grubbs, J. 1995, *Law and Family in Late Antiquity: The Emperor Constantine's Marriage Legislation,* Oxford.

Facchini, F. 1968, "I resti scheletrici del sepolcreto gallico di S. Martino in Gattara (Ravenna)," *Studi etruschi* 36: 73–90.

Facchini, F. and Evangelisti, M. C. 1975, "Scheletri etruschi della Certosa di Bologna," *Studi etruschi* 41: 161–95.

Facchini, F. and Brasili Gualandi, P. 1977–79a, "I reperti scheletrici di età arcaica della necropolis di Castiglione (Ragusa), VII–VI sec. a.C.," *Rivista di antropologia* 60: 113–42.

———. 1977–79b, "Reperti antropologici di epoca romana provenienti dalla necropolis di 'Le Palazzette' (Ravenna) (I–III sec. d.C.)," *Rivista di antropologia* 60: 159–69.

———. 1980, "Reperti scheletrici della necropolis arcaica di Monte Cassaia (Ragusa) (VII–VI secolo a.C.)," *Studi etruschi* 48: 253–76.

Facchini, F. and Stella Guerra, M. 1969, "Scheletri della necropolis romana di Bagnacavallo (Ravenna)," *Archivio per l'antropologia e l'etnologia* 99: 25–54.

Farah, K. O. et al. 2004, "The Somali and the Camel: Ecology, Management and Economics," *Anthropologist* 6: 45–55.

Faraone, C. A. 1992, *Talismans and Trojan Horses: Guardian Statues in Ancient Greek Myth and Ritual*, New York.

Fareh, H. 2007, "L'Afrique face aux catastrophes naturelles: l'apport de la documentation," in A. Mrabet and J. Rodríguez, eds., *In Africa et in Hispania: études sur l'huile africaine*, Barcelona: 145–66.

Faust, D. et al. 2004, "High-resolution Fluvial Record of Late Holocene Geomorphic

Change in Northern Tunisia: Climatic or Human Impact?" *Quaternary Science Reviews* 23: 1757–75.

Faust, C. and Dobson, A. P. 2015, "Primate Malarias: Diversity, Distribution and Insights for Zoonotic Plasmodium," *One Health* 1: 66–75.

Feissel, D. 1995, "Aspects de l'immigration à Constantinople d'après les épitaphes protobyzantines," in C. Mango and G. Dagron, eds., *Constantinople and Its Hinterland: Papers from the Twenty-Seventh Spring Symposium of Byzantine Studies, Oxford, April 1993*, Aldershot: 367–77.

———. 2006, *Chroniques d'épigraphie byzantine: 1987–2004*, Paris.

Feldman, M. et al. 2016, "A High-Coverage *Yersinia pestis* Genome from a 6th-century Justinianic Plague Victim," *Molecular Biology and Evolution*: 2911–23.

Feldmann, H. and Geisbert, T. W. 2011, "Ebola Haemorrhagic Fever," *The Lancet* 377: 849–62.

Fenn, E. A. 2001, *Pox Americana: The Great Smallpox Epidemic of 1775–82*, New York.

Fenner, F. 1988, *Smallpox and Its Eradication*, Geneva.

Fentress, L. et al. 2004, "Accounting for ARS: Fineware and Sites in Sicily and Africa," in S. Alcock and J. Cherry, eds., *Side-by-Side Survey: Comparative Regional Studies in the Mediterranean World*, Oxford: 147–62.

Fentress, L. and Wilson, A. I. 2016, "The Saharan Berber Diaspora and the Southern Frontiers of Byzantine North Africa," in S. Stevens and J. Conant, eds., *North Africa under Byzantium and Early Islam*, Washington D.C.: 41–63.

Ferguson, J. and Keynes, M. 1978, "China and Rome," *Aufstieg und Niedergang der römischen Welt* 2.9.2: 581–603.

Ferrari, G. and Livi Bacci, M. 1985, "Sulle relazioni fra temperatura e mortalità nell'Italia unita, 1861–1914," in Società Italiana di Demografia Storica, *La Popolazione italiana nell'Ottocento: continuità e mutamenti: relazioni e comunicazioni presentate al convegno tenuto ad Assisi nei giorni 26–28 aprile 1983*, Bologna: 273–98.

Ferrill, A. 1986, *The Fall of the Roman Empire: The Military Explanation*, New York.

Ferrua, A. 1978, "L'epigrafia cristiana prima di Costantino," *Atti del IX congresso internazionale di archeologia cristiana*, Vatican City: 583–613.

Fine, P. 2015, "Ecological and Evolutionary Drivers of Geographic Variation in Species Diversity," *Annual Review of Ecology, Evolution, and Systematics* 46: 369–92.

Finné, M. et al. 2011, "Climate in the Eastern Mediterranean, and Adjacent Regions, During the Past 6000 Years—A Review," *Journal of Archaeological Science* 38: 3153–73.

Finné, M. et al. 2014, "Speleothem Evidence for Late Holocene Climate Variability and

Floods in Southern Greece," *Quaternary Research* 81: 213–27.

Finney, S. and Edwards, L. 2016, "The 'Anthropocene' Epoch: Scientific Decision or Political Statement?" *GSA Today* 26: 4–10.

Fiocchi Nicolai, V. and Guyon, J. 2006, *Origine delle catacombe romane: atti della giornata tematica dei Seminari di archeologia cristiana (Roma, 21 marzo 2005)*, Vatican City.

Fleitmann, D. et al. 2009, "Timing and Climate Impact of Greenland Interstadials Recorded in Stalagmites from Northern Turkey," *Geophysical Research Letters* 36: L19707.

Floud, R. et al. 2011, *The Changing Body: Health, Nutrition, and Human Development in the Western World Since 1700*, Cambridge.

Folke, C. 2006, "Resilience: The Emergence of a Perspective for Social–Ecological Systems Analyses," *Global Environment Change* 16: 253–67.

Foss, C. 1997, "Syria in Transition, AD 550–750: An Archaeological Approach," *Dumbarton Oaks Papers* 51: 189–269.

Fowden, G. 2005, "Polytheist Religion and Philosophy," in A. Cameron and P. Garnsey, eds., *The Cambridge Ancient History,* Vol. 13: *The Late Empire, A.D. 337–425*, Cambridge: 538–60.

Foxhall, L. 1990, "The Dependent Tenant: Land Leasing and Labour in Italy and Greece," *Journal of Roman Studies* 80: 97–114.

Frankfurter, D. 2014, "Onomastic Statistics and the Christianization of Egypt: A Response to Depauw and Clarysse," *Vigiliae Christianae* 68: 284–89.

Frankopan, P. 2015, *The Silk Roads: A New History of the World*, New York.

Fraser, P. M. 1951, "A Syriac 'Notitia Urbis Alexandrinae,'" *Journal of Egyptian Archaeology* 37: 103–8.

Fredouille, J.-C. 2003, *Cyprien de Carthage: A Démétrien*, Paris.

Frier, B. W. 1982, "Roman Life Expectancy: Ulpian's Evidence," *Harvard Studies in Classical Philology* 86: 213–51.

———. 1983, "Roman Life Expectancy: The Pannonian Evidence," *Phoenix* 37: 328–44.

———. 1994, "Natural Fertility and Family Limitation in Roman Marriage," *Classical Philology* 89: 318–33.

———. 2000, "Demography," in P. Garnsey, D. Rathbone, and A. K. Bowman, eds., *The Cambridge Ancient History,* Vol. 11: *The High Empire, A.D. 70–192*, Cambridge: 787–816.

———. 2001, "More Is Worse: Some Observations on the Population of the Roman Empire," in W. Scheidel, ed., *Debating Roman Demography*, Leiden: 139–59.

Frier, B. W. and Kehoe, D. P. 2007, "Law and Economic Institutions," in W. Scheidel, I.

Morris, and R. P. Saller, eds., *The Cambridge Economic History of the Greco-Roman World*, Cambridge: 113–43.

Fries, H. 1994, *Historische Inschriften zur römischen Kaiserzeit: von Augustus bis Konstantin*, Darmstadt.

Frisia, S. et al. 2005, "Climate Variability in the SE Alps of Italy Over the Past 17,000 Years Reconstructed from a Stalagmite Record," *Boreas* 34: 445–55.

Frösén, J. et al. 2002, *Petra: A City Forgotten and Rediscovered*, Helsinki.

Frye, R. 2005, "The Sasanians," in A. K. Bowman, P. Garnsey, and A. Cameron, eds., *The Cambridge Ancient History*, Vol. 12: *The Crisis of Empire, A.D. 193–337*, Cambridge: 461–80.

Gage, K. et al. 2008, "Climate and Vectorborne Diseases," *American Journal of Preventive Medicine* 35: 436–50.

Gage, K. and Kosoy, M. 2005, "Natural History of Plague: Perspectives from More Than a Century of Research," *Annual Review of Entomology* 50: 505–28.

Gaertner, M. A. et al. 2001, "The Impact of Deforestation on the Hydrological Cycle in the Western Mediterranean: An Ensemble Study with Two Regional Climate Models," *Climate Dynamics* 17: 857–73.

Galloway, P. R. 1986, "Long-Term Fluctuations in Climate and Population in the Preindustrial Era," *Population and Development Review* 12: 1–24.

Garnsey, P. 1988, *Famine and Food Supply in the Graeco-Roman World: Responses to Risk and Crisis*, Cambridge.

———. 1998, *Cities, Peasants, and Food in Classical Antiquity: Essays in Social and Economic History*, Cambridge.

———. 1999, *Food and Society in Classical Antiquity*, Cambridge.

———. 2004, "Roman Citizenship and Roman Law in the Late Empire," in S. Swain and M. Edwards, eds., *Approaching Late Antiquity: The Transformation from Early to Late Empire*, Oxford: 133–55.

Garrett, L. 1994, *The Coming Plague: Newly Emerging Diseases in a World Out of Balance*, New York.

Gates, L. D. and Ließ, S. 2001, "Impacts of Deforestation and Afforestation in the Mediterranean Region as Simulated by the MPI Atmospheric GCM," *Global and Planetary Change* 30: 309–28.

Gatier, P.-L. 2011, "Inscriptions grecques, mosaïques et églises des débuts de l'époque islamique au Proche-Orient (VIIe–VIIIe s.)," in A. Borrut, ed., *Le Proche-Orient de Justinien aux abbassides: peuplement et dynamiques spatiales: actes du Colloque "Continuités de l'occupation entre les périodes byzantine et abbasside au Proche-Orient, VIIe–IXe siècles,"* Paris, 18–20 octobre 2007, Turnhout: 7–28.

Giannecchini, M. and Moggi-Cecchi, J. 2008, "Stature in Archeological Samples from Central Italy: Methodological Issues and Diachronic Changes," *American Journal of Physical Anthropology* 135: 284–92.

Gibbon, E. 1776–89. *The History of the Decline and Fall of the Roman Empire*, 6 vols. London.

Gilbertson, D. 1996, "Explanations: Environment as Agency," in G. Barker et al., eds., *Farming the Desert: The UNESCO Libyan Valleys Archaeological Survey,* Vol. 1: *Synthesis*, Paris: 291–318.

Gilliam, J. F. 1961, "The Plague Under Marcus Aurelius," *American Journal of Philology* 94: 225–51.

Ginkel, J. J. van. 1995, *John of Ephesus: A Monophysite Historian in Sixth-century Byzantium*, diss. University of Groningen.

Gitler, H. 1990, "Numismatic Evidence on the Visit of Marcus Aurelius to the East," *Israel Numismatic Journal* 11: 36–51.

Gitler, H. and Ponting, M. 2003, *The Silver Coinage of Septimius Severus and His Family, 193–211 A.D.: A Study of the Chemical Composition of the Roman and Eastern Issues*, Milan.

Göktürk, O. M. 2011, *Climate in the Eastern Mediterranean through the Holocene Inferred from Turkish Stalagmites*, diss., University of Bern.

Goldstone, J. A. 2002, "Efflorescences and Economic Growth in World History: Rethinking the 'Rise of the West' and the Industrial Revolution," *Journal of World History* 13: 323–89.

Goldstone, J. A., and Haldon, J. F. 2009, "Ancient States, Empires, and Exploitation: Problems and Perspectives," in I. Morris and W. Scheidel, eds., *The Dynamics of Ancient Empires: State Power from Assyria to Byzantium*, Oxford: 3–29.

Goldsworthy, A. 2003, *The Complete Roman Army*, New York.

Goudsmit, J. 2004, *Viral Fitness: The Next SARS and West Nile in the Making*, Oxford.

Gourevitch, D. 2005, "The Galenic Plague: A Breakdown of the Imperial Pathocoenosis and *Longue Durée*," *History and Philosophy of the Life Sciences* 27: 57–69.

Gowland, R. and Garnsey, P. 2010, "Skeletal Evidence for Health, Nutrition and Malaria in Rome and the Empire," in H. Eckardt, ed., *Roman Diasporas: Archaeological Approaches to Mobility and Diversity in the Roman Empire*, Portsmouth: 131–56.

Gowland R. and Walther, L. forthcoming, "Tall Stories: The Bioarchaeological Study of Growth and Stature in the Roman Empire," in W. Scheidel, ed., *The Science of Roman History*, Princeton.

Graf, F. 1992, "An Oracle against Pestilence from a Western Anatolian Town," *Zeitschrift für Papyrologie und Epigraphik* 92: 267–79.

Graham, S. L. 2008, "Justinian and the Politics of Space," in J. L. Berquist and C. V. Camp, eds., *Constructions of Space II: The Biblical City and Other Imagined Spaces*, New York: 53–77.

Gräslund, B. and Price, N. 2012, "Twilight of the Gods? The 'Dust Veil Event' of AD 536 in Critical Perspective," *Antiquity* 86: 428–43.

Grassly, N. and Fraser, C. 2006, "Seasonal Infectious Disease Epidemiology," *Proceedings of the Royal Society of London B: Biological Sciences* 273: 2541–50.

Grauel, A.-L. et al. 2013, "What Do SST Proxies Really Tell Us? A High-resolution Multiproxy (UK'37, TEXH86 and Foraminifera δ 18O) Study in the Gulf of Taranto, Central Mediterranean Sea," *Quaternary Science Reviews* 73: 115–31.

Gray, L. J. et al. 2010, "Solar Influences on Climate," *Review of Geophysics* 48: 1–53.

Greatrex, G. 2005, "Byzantium and the East in the Sixth Century," in M. Maas, ed., *The Cambridge Companion to the Age of Justinian*, Cambridge: 477–509.

Green, M. 2014a, "Taking 'Pandemic' Seriously: Making the Black Death Global," *The Medieval Globe* 1: 27–61.

——. ed. 2014b, *Pandemic Disease in the Medieval World: Rethinking the Black Death*, Kalamazoo, MI.

——. 2017, "The Globalizations of Disease," in N. Boivin et al., eds., *Human-Dispersals and Species Movement*, Cambridge: 494–520.

Greenberg, J. 2003, "Plagued by Doubt: Reconsidering the Impact of a Mortality Crisis in the 2nd c. A.D.," *Journal of Roman Archaeology* 16: 413–25.

Greene, K. 2000, "Industry and Technology," in A. K. Bowman, P. Garnsey, and D. W. Rathbone, eds., *The Cambridge Ancient History*, Vol. 11: *The High Empire, A.D. 70–192*, Cambridge: 741–68.

Griffin, M. 2000, "Nerva to Hadrian," in A. K. Bowman, P. Garnsey, and D. Rathbone, eds., *The Cambridge Ancient History*, Vol. 11: *The High Empire, A.D. 70–192*, Cambridge: 84–131.

Grig, L., and Kelly, G. eds. 2012, *Two Romes: Rome and Constantinople in Late Antiquity*, Oxford.

Grout-Gerletti, D. 1995, "Le vocabulaire de la contagion chez l'évêque Cyprien de Carthage (249–258): de l'idée à l'utilisation," in C. Deroux, ed., *Maladie et maladies dans les textes latins antiques et médiévaux*, Brussels: 228–46.

Grove, A. T., and Rackham, O. 2001, *The Nature of Mediterranean Europe: An Ecological History*, New Haven.

Gruppioni, G. 1980, "Prime osservazioni sui resti scheletrici del sepolcreto di Monte Bibele (Bologna) (IV–II sec. a.C.)," *Atti della societa dei naturalisti e matematici di Modena. Serie VI* 111: 1–17.

Guasti, L. 2007, "Animali per Roma," in E. Papi, ed., *Supplying Rome and the Empire: The Proceedings of an International Seminar Held in Siena–Certosa di Pontignano on May 2–4, 2004, on Rome, the Provinces, Production and Distribution*, Portsmouth, RI: 138–152.

Guernier, V. et al. 2004, "Ecology Drives the Worldwide Distribution of Human Diseases," *PLoS Biology* 2: 740–6.

Gunn, J. ed. 2000, *The Years without Summer: Tracing A.D. 536 and Its Aftermath*, Oxford.

Gutsmiedl, D. 2005, "Die justinianische Pest nördlich der Alpen? Zum Doppelgrab 166/167 aus dem frühmittelalterlichen Reihengräberfeld von Aschheim-Bajuwarenring," in B. Päffgen, E. Pohl, and M. Schmauder, eds., *Cum grano salis. Beiträge zur europäischen Vor- und Frühgeschichte. Festschrift für Volker Bierbrauer zum 65. Geburtstag*, Friedberg: 199–208.

Gutsmiedl-Schümann, D. 2010, *Das frühmittelalterliche Gräberfeld Aschheim-Bajuwarenring*, Kallmünz.

Haas, C. 1997, *Alexandria in Late Antiquity: Topography and Social Conflict*, Baltimore.

Hadas, G. 1993, "Where Was the Harbour of 'Ein Gedi Situated?" *Israel Exploration Journal* 43: 45–49.

Haeberli, W. et al. 1999, "On Rates and Acceleration Trends of Global Glacier Mass Changes," *Geografiska Annaler:* Series A, *Physical Geography* 81: 585–91.

Haensch, S. et al. 2010, "Distinct Clones of *Yersinia pestis* Caused the Black Death," *PLoS Pathogens* 6: e1001134.

Hahn, W. R. O. 2000, *Money of the Incipient Byzantine Empire: (Anastastius I–Justinian I, 491–565)*, Vienna.

Haines, M. R., Craig, L. E., and Weiss, T. 2003, "The Short and the Dead: Nutrition, Mortality, and the 'Antebellum Puzzle' in the United States," *Journal of Economic History* 63: 382–413.

Haklai-Rotenberg, M. 2011, "Aurelian's Monetary Reform: Between Debasement and Public Trust," *Chiron* 41: 1–39.

Haldon, J. 2002, "The Reign of Heraclius: A Context for Change?" in G. J. Reinink and H. Stolte, eds., *The Reign of Heraclius (610–641): Crisis and Confrontation*, Groningen: 1–16.

———. 2005, "Economy and Administration: How Did the Empire Work?" in M. Maas, ed., *The Cambridge Companion to the Age of Justinian*, Cambridge: 28–59.

————. 2016, *The Empire That Would Not Die: The Paradox of Eastern Roman Survival, 640–740*, Cambridge, MA.

Haldon, J. et al. 2014, "The Climate and Environment of Byzantine Anatolia: Integrating Science, History, and Archaeology," *Journal of Interdisciplinary History* 45: 113–61.

Halfmann, H. 1986, *Itinera principum: Geschichte und Typologie der Kaiserreisen im römischen Reich*, Stuttgart.

Han, B. A., Kramer, A. M., and Drake, J. M. 2016, "Global Patterns of Zoonotic Disease in Mammals," *Trends in Parasitology* 32: 565–77.

Hansen, I., Hodges, R., and Leppard, S. 2013, *Butrint 4: The Archaeology and Histories of an Ionian Town*, Oxford.

Hanson, C. et al. 2012, "Beyond Biogeographic Patterns: Processes Shaping the Microbial Landscape," *Nature Reviews: Microbiology* 10: 497–506.

Hanson, J. W. 2016, *An Urban Geography of the Roman World, 100 BC to AD 300*, Oxford.

Harbeck, M. et al. 2013, "*Yersinia pestis* DNA from Skeletal Remains from the 6th Century AD Reveals Insights into Justinianic Plague," *PLoS Pathogens* 9: e1003349.

Harkins, K. M. and Stone, A. C. 2015, "Ancient Pathogen Genomics: Insights into Timing and Adaptation," *Journal of Human Evolution* 79: 137–49.

Harper, K. 2011, *Slavery in the Late Roman World, AD 275–425*, Cambridge.

————. 2012, "Marriage and Family in Late Antiquity," in S. F. Johnson, ed., *The Oxford Handbook of Late Antiquity*, Oxford: 667–714.

————. 2013a, *From Shame to Sin: The Christian Transformation of Sexual Morality in Late Antiquity*, Cambridge.

————. 2013b, "L'ordine sociale costantiniano: schiavitù, economia e aristocrazia," in *Costantino I: Enciclopedia Costantiniana sulla figura e l'immagine dell'imperatore del cosidetto editto di Milano, 313–2013*, vol. 1, Rome: 369–86.

————. 2015a, "Pandemics and Passages to Late Antiquity: Rethinking the Plague of c. 249–270 Described by Cyprian," *Journal of Roman Archaeology* 28: 223–60.

————. 2015b, "Landed Wealth in the Long Term: Patterns, Possibilities, Evidence," in P. Erdkamp, K. Verhoven, and A. Zuiderhoek, eds., *Ownership and Exploitation of Land and Natural Resources in the Roman World, Oxford*: 43–61.

————. 2015c, "A Time to Die: Preliminary Notes on Seasonal Mortality in Late Antique Rome," in C. Laes, K. Mustakallio, and V. Vuolanto, eds., *Children and Family in Late Antiquity. Life, Death and Interaction*, Leuven: 15–34.

————. 2016a, "People, Plagues, and Prices in the Roman World: The Evidence from Egypt," *Journal of Economic History* 76: 803–39.

———. 2016b, "The Environmental Fall of the Roman Empire," *Daedalus* 145 (2): 101–11.

———. 2016c, "Another Eye-witness to the Plague Described by Cyprian and Notes on the 'Persecution of Decius,'" *Journal of Roman Archaeology* 29: 473–76.

———. forthcoming, "Invisible Environmental History: Infectious Disease in Late Antiquity," in A. Izdebski and M. Mulryan, eds., *Environment and Society in the Long Late Antiquity*.

Harper, K., and McCormick, M. forthcoming, "Reconstructing the Roman Climate," in W. Scheidel, ed., *The Science of Roman History*, Princeton.

Harper, K. N. and Armelagos, G. J. 2013, "Genomics, the Origins of Agriculture, and Our Changing Microbe-scape: Time to Revisit Some Old Tales and Tell Some New Ones," *American Journal of Physical Anthropology* 152: 135–152.

Harries, J. 2012, *Imperial Rome AD 284 to 363: The New Empire*, Edinburgh.

Harris, W. V. 1985, *War and Imperialism in Republican Rome, 327–70 B.C.*, Oxford.

———. 1994, "Child-Exposure in the Roman Empire," *Journal of Roman Studies* 84: 1–22.

———. 1999a, "Demography, Geography, and the Sources of Roman Slaves," *Journal of Roman Studies* 89: 62–75.

———. ed. 1999b, *The Transformations of Urbs Roma in Late Antiquity*, Portsmouth.

———. 2000, "Trade," in A. K. Bowman, P. Garnsey, and D. W. Rathbone, eds., *The Cambridge Ancient History*, Vol. 11: *The High Empire, A.D. 70–192*, Cambridge: 710–40.

———. ed. 2005, *The Spread of Christianity in the First Four Centuries: Essays in Explanation*, Leiden.

———. 2006, "A Revisionist View of Roman Money," *Journal of Roman Studies* 96: 1–24.

———. ed. 2008, *The Monetary Systems of the Greeks and Romans*, Oxford.

———. 2011, "Bois et déboisement dans la Méditerranée antique," *Annales. Histoire, Sciences Sociales* 66: 105–40.

———. 2012, "The Great Pestilence and the Complexities of the Antonine-Severan Economy," in E. Lo Cascio, ed., *L'impatto della "peste antonina"*, Bari: 331–338.

———. ed. 2013a, *The Ancient Mediterranean Environment between Science and History*, Leiden.

———. 2013b, "Defining and Detecting Mediterranean Deforestation, 800 BCE to 700 CE," in W. V. Harris, ed., *The Ancient Mediterranean Environment between Science and History*, Leiden: 173–94.

———. 2016, *Roman Power: A Thousand Years of Empire*, New York.

Harris, W. V. and Holmes, B. eds. 2008, *Aelius Aristides between Greece, Rome, and the*

Gods, Leiden.

Harvey, Susan Ashbrook. 1990, *Asceticism and Society in Crisis: John of Ephesus and the Lives of the Eastern Saints*, Berkeley.

Hassall, M. 2000, "The Army," in P. Garnsey, D. Rathbone, and A. K. Bowman, eds., *The Cambridge Ancient History*, Vol. 11: *The High Empire, A.D. 70–192*, Cambridge: 320–43.

Hassan, F. 2007, "Extreme Nile Floods and Famines in Medieval Egypt (AD 930–1500) and Their Climatic Implications," *Quaternary International* 173–74: 101–12.

Hatcher, J. 2003, "Understanding the Population History of England 1450–1750," *Past & Present* 180: 83–130.

Hays, J. N. 1998, *The Burdens of Disease: Epidemics and Human Response in Western History*, New Brunswick.

Heather, P. 1995, "The Huns and the End of the Roman Empire in Western Europe," *English Historical Review* 110: 4–41.

———. 1998a, "Goths and Huns, *c.* 320–425," in A. Cameron and P. Garnsey, eds., *The Cambridge Ancient History*, Vol. 13: *The Late Empire, A.D. 337–425*, Cambridge: 487–515.

———. 1998b, "Senators and Senates," in A. Cameron and P. Garnsey, eds., *The Cambridge Ancient History*, Vol. 13: *The Late Empire, A.D. 337–425*, Cambridge: 184–210.

———. 2006, *The Fall of the Roman Empire: A New History of Rome and the Barbarians*, Oxford.

———. 2010, *Empires and Barbarians: The Fall of Rome and the Birth of Europe*, New York.

———. 2015, "The Huns and Barbarian Europe," in M. Maas, ed., *The Cambridge Companion to the Age of Attila*, Cambridge: 209–229.

Heide, A. 1997, *Das Wetter und Klima in der römischen Antike im Westen des Reiches*, diss., University of Mainz.

Hekster, O., de Kleijn, G., and Slootjes, D. eds. 2007, *Crises and the Roman Empire*, Leiden.

Henneberg, M. and Henneberg, R. 2002, "Reconstructing Medical Knowledge in Ancient Pompeii from the Hard Evidence of Bones and Teeth," in J. Renn and G. Castagnetti, eds., *Homo Faber: Studies on Nature, Technology, and Science at the Time of Pompeii*, Rome: 169–87.

Hermansen, G. 1978, "The Population of Imperial Rome: The Regionaries," *Historia* 27: 129–68.

Hickey, T. 2012, *Wine, Wealth, and the State in Late Antique Egypt: The House of Apion at Oxyrhynchus*, Ann Arbor.

Himmelfarb, M. 2017, *Jewish Messiahs in a Christian Empire: A History of the Book of Zerubbabel*, Cambridge, MA.

Hin, S. 2013, *The Demography of Roman Italy: Population Dynamics in an Ancient Conquest Society, 201 BCE–14 CE*, Cambridge.

Hinnebusch, B. J. et al. 2002, "Role of Yersinia Murine Toxin in Survival of *Yersinia pestis* in the Midgut of the Flea Vector," *Science* 296: 733–35.

Hinnebusch, B. J. et. al. 2017, "Comparative Ability of *Oropsylla montana* and *Xenopsylla cheopis* Fleas to Transmit *Yersinia pestis* by Two Different Mechanisms," *PLOS Neglected Tropical Diseases* 11: e0005276.

Hinnebusch, B. J., Chouikha, I., and Sun, Y.-C. 2016, "Ecological Opportunity, Evolution, and the Emergence of Flea-Borne Plague," *Infection and Immunity* 84: 1932–40.

Hirschfeld, Y. 2006, "The Crisis of the Sixth Century: Climatic Change, Natural Disasters and the Plague," *Mediterranean Archaeology and Archaeometry* 6: 19–32.

Hitchner, B. 1988, "The Kasserine Archaeological Survey, 1982–86," *Antiquités africaines* 24: 7–41.

———. 1989, "The Organization of Rural Settlement in the Cillium-Thelepte Region (Kasserine, Central Tunisia)," *L'Africa Romana* 6: 387–402.

———. 1990, "The Kasserine Archaeological Survey: 1987," *Antiquités africaines* 26: 231–60.

Hobson, B. 2009, *Latrinae et Foricae: Toilets in the Roman World*, London.

Hobson, D. W. 1984, "P. VINDOB. GR. 24951 + 24556: New Evidence for Tax-Exempt Status in Roman Egypt," *Atti del XVII Congresso internazionale di papirologia*, 847–64.

Hoelzle, M. et al. 2003, "Secular Glacier Mass Balances Derived from Cumulative Glacier Length Changes," *Global and Planetary Change* 36: 295–306.

Hoffman, D. 1969–70, *Das Spätrömische Bewegungsheer und die Notitia dignitatum*, Düsseldorf.

Holman, S. R. 2001, *The Hungry Are Dying: Beggars and Bishops in Roman Cappadocia*, Oxford.

———. ed. 2008, *Wealth and Poverty in Early Church and Society*, Grand Rapids.

Holleran, C. and Pudsey, A. eds. 2011, *Demography and the Graeco-Roman World: New Insights and Approaches*, Cambridge.

Holloway, K. L. et al. 2011, "Evolution of Human Tuberculosis: A Systematic Review and Meta-Analysis of Paleopathological Evidence," *Homo* 62: 402–58.

Holloway, R. R. 1994, *The Archaeology of Early Rome and Latium*, London.

Holum, K. 2005, "The Classical City in the Sixth Century: Survival and Transformation," in M. Maas, ed., *The Cambridge Companion to the Age of Justinian*, Cambridge: 87–112.

Holzhauser, H. et al. 2005, "Glacier and Lake-Level Variations in West-Central Europe Over the Last 3500 Years," *Holocene* 15: 789–801.

Honoré, T. 1978, *Tribonian*, Ithaca.

———. 2002, *Ulpian: Pioneer of Human Rights*, Oxford.

———. 2010, *Justinian's Digest: Character and Compilation*, Oxford.

Hopkins, C. 1972, *Topography and Architecture of Seleucia on the Tigris*, Ann Arbor.

Hopkins, D. R. 2002, *The Greatest Killer: Smallpox in History, with a New Introduction*, Chicago.

Hopkins, K. 1980, "Taxes and Trade in the Roman Empire (200 B.C.–A.D. 400)," *Journal of Roman Studies* 70: 101–25.

———. 1998, "Christian Number and Its Implications," *Journal of Early Christian Studies* 6: 185–226.

———. 2009a, "The Political Economy of the Roman Empire," in I. Morris and W. Scheidel, eds., *The Dynamics of Ancient Empires: State Power from Assyria to Byzantium*, Oxford: 178–204.

———. 2009b, *A World Full of Gods: The Strange Triumph of Christianity*, New York.

Horden, P. 2005, "Mediterranean Plague in the Age of Justinian," in M. Maas, ed., *The Cambridge Companion to the Age of Justinian*, Cambridge: 134–60.

Horden, P. and Purcell, N. 2000, *The Corrupting Sea: A Study of Mediterranean History*, Oxford.

Hoskier, H. C. 1928, *The Complete Commentary of Oecumenius on the Apocalypse: Now Printed for the First Time from Manuscripts at Messina, Rome, Salonika, and Athos*, Ann Arbor.

Howgego, C., Butcher, K., Ponting, M. et al. 2010, "Coinage and the Roman Economy in the Antonine Period: The View from Egypt." *Oxford Roman Economy Project: Working Papers*.

Hoyland, R. G. 1997, *Seeing Islam as Others Saw It: A Survey and Evaluation of Christian, Jewish, and Zoroastrian Writings on Early Islam*, Princeton.

———. 2012, "Early Islam as a Late Antique Religion," in S. F. Johnson, ed., *The Oxford Handbook of Late Antiquity*, Oxford: 1053–77.

Hughes, D. J. 1994, *Pan's Travail: Environmental Problems of the Ancient Greeks and Romans*, Baltimore.

———. 2011, "Ancient Deforestation Revisited," *Journal of the History of Biology* 44: 43–57.

Humfress, C. 2005, "Law and Legal Practice in the Age of Justinian," in M. Maas, ed., *The Cambridge Companion to the Age of Justinian*, Cambridge: 161–84.

Humphries, M. 2000, "Italy, A.D. 425–605," in A. Cameron, B. Ward-Perkins, and M. Whitby, eds., *The Cambridge Ancient History*, Vol. 14: *Late Antiquity: Empire and Successors*, Cambridge: 525–51.

———. 2007, "From Emperor to Pope? Ceremonial, Space, and Authority at Rome from Constantine to Gregory the Great," in K. Cooper and J. Hillner, eds., *Religion, Dynasty, and Patronage in Early Christian Rome, 300–900*, Cambridge: 21–58.

Huntington, E. 1917, "Climatic Change and Agricultural Exhaustion as Elements in the Fall of Rome," *Quarterly Journal of Economics* 31: 173–208.

Hurrell, J. W. et al. 2003, "An Overview of the North Atlantic Oscillation," in J. W. Hurrell, ed., *The North Atlantic Oscillation: Climatic Significance and Environmental Impact*, Washington, D.C.: 1–35.

Hyams, E. 1952, *Soil and Civilization*, London.

Ibbetson, D. 2005, "High Classical Law," in A. K. Bowman, P. Garnsey, and A. Cameron, eds., *The Cambridge Ancient History*, Vol. 12, *The Crisis of Empire, A.D. 193–337*, Cambridge: 184–99.

Ieraci Bio, A. M. ed. 1981, *De bonis malisque sucis*, Naples.

Inskip, S. A. et al. 2015, "Osteological, Biomolecular and Geochemical Examination of an Early Anglo-Saxon Case of Lepromatous Leprosy," *PLoS One* 10: 1–22.

Isaac, B. 1992, *The Limits of the Empire: The Roman Army in the East*, rev. ed., Oxford.

Israelowich, I. 2012, *Society, Medicine and Religion in the Sacred Tales of Aelius Aristides*, Leiden.

Issar, A. and Zohar, M. 2004, *Climate Change: Environment and Civilization in the Middle East*, Berlin.

Ivleva, T. 2016, "Peasants into Soldiers: Recruitment and Military Mobility in the Early Roman Empire," in L. de Ligt and L. E. Tacoma, eds., *Migration and Mobility in the Early Roman Empire*, Leiden: 158–75.

Izdebski, A. 2013, *A Rural Economy in Transition: Asia Minor from Late Antiquity into the Early Middle Ages*, Warsaw.

Izdebski, A. et al. 2015, "Realising Consilience: How Better Communication Between Archaeologists, Historians and Natural Scientists Can Transform the Study of Past Climate Change in the Mediterranean," *Quaternary Science Reviews* 30: 1–18.

Izdebski, A. et al. 2016, "The Environmental, Archaeological and Historical Evidence for Regional Climatic Changes and Their Societal Impacts in the Eastern Mediterranean in Late Antiquity," *Quaternary Science Reviews* 136: 189–208.

Jablonski, D. et al. 2017, "Shaping the Latitudinal Diversity Gradient: New Perspectives from a Synthesis of Paleobiology and Biogeography," *American Naturalist* 189: 1–12.

Jaouadi, S. et al. 2016, "Environmental Changes, Climate, and Anthropogenic Impact in South-east Tunisia during the Last 8 kyr," *Climate of the Past* 12: 1339–59.

Jaritz, H. and Carrez-Maratray, J.-Y. 1996, *Pelusium: prospection archéologique et topographique de la région de Kana'is: 1993 et 1994*, Stuttgart.

Jenkins, C. et al. 2013, "Global Patterns of Terrestrial Vertebrate Diversity and Conservation," *Proceedings of the National Academy of Sciences* 110: E2602–E2610.

Jennison, G. 1937, *Animals for Show and Pleasure in Ancient Rome*, Manchester.

Jiang, J. et al. 2002, "Coherency Detection of Multiscale Abrupt Changes in Historic Nile Flood Levels," *Geophysical Research Letters* 29: 1271.

Johnson, S. F. 2016, *Literary Territories: Cartographical Thinking in Late Antiquity*, Oxford.

Johnston, D. 2005, "Epiclassical Law," in A. K. Bowman, P. Garnsey, and A. Cameron, eds., *The Cambridge Ancient History*, Vol. 12: *The Crisis of Empire, A.D. 193–337*, Cambridge: 200–11.

Jones, A. H. M. 1957, "Capitatio and Iugatio," *Journal of Roman Studies* 47: 88–94.

———. 1964, *The Later Roman Empire, 284–602: A Social, Economic, and Administrative Survey*, Norman.

Jones, C. P. 1971, "A New Letter of Marcus Aurelius to the Athenians," *Zeitschrift für Papyrologie und Epigraphik* 8: 161–63.

———. 1972, "Aelius Aristides, ΕΙ Σ ΒΑ Σ Ι#gLEA," *Journal of Roman Studies* 62: 134–52.

———. 2005, "Ten Dedications 'To the Gods and Goddesses' and the Antonine Plague," *Journal of Roman Archaeology* 18: 293–301.

——— 2006, "Addendum to JRA 18 (2005): Cosa and the Antonine Plague?" *Journal of Roman Archaeology* 19: 368–69.

———. 2007, "Procopius of Gaza and the Water of the Holy City," *Greek, Roman, and Byzantine Studies* 47: 455–67.

———. 2008, "Aristides' First Admirer," in W. V. Harris and B. Holmes, eds., *Aelius Aristides between Greece, Rome and the Gods*, Leiden: 253–62.

———. 2011, "The Historian Philostratus of Athens," *Classical Quarterly* 61: 320–22.

———. 2012a, "Galen's Travels," *Chiron* 42: 399–419.

———. 2012b, "Recruitment in Time of Plague: The Case of Thespiae," in E. Lo Cascio, ed., *L'impatto della "peste Antonina"*, Bari: 79–85.

———. 2013, "Elio Aristide e i primi anni di Antonino Pio," in P. Desideri and F. Fontanella, eds., *Elio Aristide e la legittimazione greca dell'impero di Roma*, Bologna: 39–67.

———. 2014, *Between Pagan and Christian*, Cambridge, MA.

———. 2016, "An Amulet from London and Events Surrounding the Antonine Plague," *Journal of Roman Archaeology* 29: 469–72.

Jones, D. S. 2003, "Virgin Soils Revisited," *William and Mary Quarterly* 60: 703–42.

Jones, K. E. et al. 2008, "Global Trends in Emerging Infectious Diseases," *Nature* 451: 990–994.

Jongman, W. M. 2007, "The Early Roman Empire: Consumption," in W. Scheidel, I. Morris, and R. P. Saller, eds., *The Cambridge Economic History of the Greco-Roman World*, Cambridge: 592–618.

———. 2012, "Roman Economic Change and the Antonine Plague: Endogenous, Exogenous, or What?" in E. Lo Cascio, ed., *L'impatto della "peste Antonina"*, Bari: 253–63.

Juliano, A. and Lerner, J. 2001, *Monks and Merchants: Silk Road Treasures from Northwest China*, New York.

Kaegi, W. 1992, *Byzantium and the Early Islamic Conquests*, Cambridge.

Kaldellis, A. 2004, *Procopius of Caesarea: Tyranny, History, and Philosophy at the End of Antiquity*, Philadelphia.

———. 2007, "The Literature of Plague and the Anxieties of Piety in Sixth-Century Byzantium," in F. Mormando and T. Worcester, eds., *Piety and Plague: From Byzantium to the Baroque*, Kirksville: 1–22.

Kamash, Z. 2012, "Irrigation Technology, Society and Environment in the Roman Near East," *Journal of Arid Environments* 86: 65–74.

Kaniewski, D. et al. 2007, "A High-Resolution Late Holocene Landscape Ecological History Inferred from an Intramontane Basin in the Western Taurus Mountains, Turkey," *Quaternary Science Reviews* 26: 2201–18.

Karlen, A. 1995, *Man and Microbes: Disease and Plagues in History and Modern Times*, New York.

Kausrud, K. et al. 2010, "Modeling the Epidemiological History of Plague in Central Asia: Palaeoclimatic Forcing on a Disease System over the Past Millennium," *BioMed Central Biology* 8: 112.

Keenan, J. G. 1973, "The Names Flavius and Aurelius as Status Designations in Later Roman Egypt," *Zeitschrift für Papyrologie und Epigraphik* 11: 33–63.

———. 1974, "The Names Flavius and Aurelius as Status Designations in Later Roman Egypt," *Zeitschrift für Papyrologie und Epigraphik* 13: 283–304.

———. 2003, "Deserted Villages: From the Ancient to the Medieval Fayy ū m," *Bulletin of the American Society of Papyrologists* 40: 119–39.

Kehoe, D. P. 1988, *The Economics of Agriculture on Roman Imperial Estates in North Africa*, Göttingen.

———. 2007, *Law and the Rural Economy in the Roman Empire*, Ann Arbor.

Kelly, C. 1998, "Emperors, Government, and Bureaucracy," in A. Cameron and P. Garnsey, eds., *The Cambridge Ancient History*, Vol. 13: *The Late Empire, A.D. 337–425*, Cambridge: 138–83.

———. 2006, "Bureaucracy and Government," in N. Lenski, ed., *The Cambridge Companion to the Age of Constantine*, Cambridge: 183–204.

———. 2015, "Neither Conquest Nor Settlement: Attila's Empire and Its Impact," in M. Maas, ed., *The Cambridge Companion to the Age of Attila*, Cambridge: 193–208.

Kennedy, H. N. 2000, "Syria, Palestine and Mesopotamia," in A. Cameron, B. Ward-Perkins, and M. Whitby, eds., *The Cambridge Ancient History*, Vol. 14: *Late Antiquity: Empire and Successors*, Cambridge: 588–611.

———. 2007a, "Justinianic Plague in Syria and the Archaeological Evidence," in L. K. Little, ed., *Plague and the End of Antiquity: The Pandemic of 541–750*, New York: 87–95.

———. 2007b, *The Great Arab Conquests: How the Spread of Islam Changed the World We Live In*, Philadelphia.

Keys, D. 2000, *Catastrophe: An Investigation into the Origins of the Modern World*, New York.

Killgrove, K. 2010a, *Migration and Mobility in Imperial Rome*, diss., University of North Carolina.

———. 2010b, "Response to C. Bruun's Water, Oxygen Isotopes and Immigration to Ostia-Portus," *Journal of Roman Archaeology* 23: 133–36.

———. 2014. "Bioarchaeology in the Roman Empire," in C. Smith, ed., *Encyclopedia of Global Archaeology*, New York: 876–82.

King, A. 1999, "Diet in the Roman World: A Regional Inter-Site Comparison of the Mammal Bones," *Journal of Roman Archaeology* 12: 168–202.

Kirbihler, F. 2006, "Les émissions de monnaies d'homonoia et les crises alimentaires en asie sous Marc-Aurèle," *Revue des études anciennes* 108: 613–40.

Kisić, R. 2011, *Patria caelestis: die eschatologische Dimension der Theologie Gregors des Grossen*, Tübingen.

Klein Goldewijk, G. and Jacobs, J. 2013, "The Relation Between Stature and Long Bone Length in the Roman Empire," Research Institute SOM, Faculty of Economic and Business, University of Groningen.

Klein Goldewijk, K., Beusen, A. and Janssen, P. 2010, "Long-term Dynamic Modeling of Global Population and Built-Up Area in a Spatially Explicit Way: HYDE 3.1," *The Holocene* 20: 565–73.

Knapp, A. B. and Manning, S. 2016, "Crisis in Context: The End of the Late Bronze Age in the Eastern Mediterranean," *American Journal of Archaeology* 120: 99–149.

Koder, J. 1995, "Ein inschriftlicher Beleg zur 'justinianischen' Pest in Zora (Azra'a)," *Byzantinoslavica* 56: 12–18.

Koepke, N. and Baten, J. 2005, "The Biological Standard of Living in Europe During the Last Two Millennia," *European Review of Economic History* 9: 61–95.

Kolb, F. 1977, "Der Aufstand der Provinz Africa Proconsularis im Jahr 238 n. Chr.: Die wirtschaftlichen und sozialen Hintergründe," *Historia: Zeitschrift für Alte Geschichte* 26: 440–78.

Koloski-Ostrow, A. O. 2015, *The Archaeology of Sanitation in Roman Italy: Toilets, Sewers, and Water Systems*, Chapel Hill.

Kominko, M. 2013, *The World of Kosmas: Illustrated Byzantine Codices of the Christian Topography*, Cambridge.

Komlos, J. 2012. "A Three-Decade History of the Antebellum Puzzle: Explaining the Shrinking of the U.S. Population at the Onset of Modern Economic Growth," *Journal of the Historical Society* 12: 395–445.

Körner, C. 2002, *Philippus Arabs: Ein Soldatenkaiser in der Tradition des Antoninisch-Severischen Prinzipats*, Berlin.

Kostick, C. and Ludlow, F. 2015, "The Dating of Volcanic Events and Their Impact upon European Society, 400–800 CE," *Post-Classical Archaeologies* 5: 7–30.

Kouki, P. 2013, "Problems of Relating Environmental History to Human Settlement in the Classical and Late Classical Periods—The Example of Southern Jordan," in W. V. Harris, ed., *The Ancient Mediterranean Environment between Science and History*, Leiden: 197–211.

Krause, J. and Pääbo, S. 2016, "Genetic Time Travel," *Genetics* 203: 9–12.

Krause, J.-U. 1994, *Witwen und Waisen im römischen Reich*, Stuttgart.

Krause, J.-U. and Witschel, C. eds. 2006, *Die Stadt in der Spätantike: Niedergang oder Wandel?: Akten des internationalen Kolloquiums in München am 30. und 31. Mai*

2003, Stuttgart.

Krebs, C. 2013, *Population Fluctuations in Rodents*, Chicago.

Krishnamurthy, R. 2007, *Late Roman Copper Coins from South India: Karur, Madurai and Tirukkoilur*, Chennai.

Krom, M. D. et al. 2002, "Nile River Sediment Fluctuations over the Past 7000 yr and Their Key Role in Sapropel Development," *Geology* 30: 71–74.

Kron, G. 2005, "Anthropometry, Physical Anthropology, and the Reconstruction of Ancient Health, Nutrition, and Living Standards," *Historia: Zeitschrift für alte Geschichte* 54: 68–83.

———. 2012, "Nutrition, Hygiene and Mortality. Setting Parameters for Roman Health and Life Expectancy Consistent with Our Comparative Evidence," in E. Lo Cascio, ed., *L'impatto della "peste Antonina"*, Bari: 193–252.

Kulikowski, M. 2004, *Late Roman Spain and Its Cities*, Baltimore.

———. 2006, "The Late Roman City in Spain," in J.-U. Krause and C. Witschel, eds., *Die Stadt in der Spätantike: Niedergang oder Wandel?: Akten des internationalen Kolloquiums in München am 30. und 31. Mai 2003*, Stuttgart: 129–49.

———. 2007, "Plague in Spanish Late Antiquity," in L. K. Little, ed., *Plague and the End of Antiquity: The Pandemic of 541–750*, New York: 150–70.

———. 2012, "The Western Kingdoms," in S. F. Johnson, ed., *The Oxford Handbook of Late Antiquity*, Oxford: 31–59.

———. 2016, *The Triumph of Empire: The Roman World from Hadrian to Constantine*, Cambridge.

Kutiel, H. and Benaroch, Y. 2002, "North Sea-Caspian Pattern (NCP)—An Upper Level Atmospheric Teleconnection Affecting the Eastern Mediterranean: Identification and Definition," *Theoretical and Applied Climatology* 71: 17–28.

Kutiel, H. and Türkeş, M. 2005, "New Evidence for the Role of the North Sea — Caspian Pattern on the Temperature and Precipitation Regimes in Continental Central Turkey," *Geografiska Annaler: Series A, Physical Geography* 87: 501–13.

Kuzucuoğlu, C. et al. 2011, "Mid- to Late-Holocene Climate Change in Central Turkey: The Tecer Lake Record," *The Holocene* 21: 173–88.

Lafferty, K. 2009, "Calling for an Ecological Approach to Studying Climate Change and Infectious Diseases," *Ecology* 90: 932–33.

Lamb, H. H. 1982, *Climate, History, and the Modern World*, London.

Landers, J. 1993, *Death and the Metropolis: Studies in the Demographic History of London, 1670–1830*, Cambridge.

Lane Fox, R. 1987, *Pagans and Christians*, New York.

Larsen, C. S. 2015, *Bioarchaeology: Interpreting Behavior from the Human Skeleton*, Cambridge.

Latham, J. 2015, "Inventing Gregory 'the Great' : Memory, Authority, and the Afterlives of the Letania Septiformis," *Church History* 84: 1–31.

Launaro, A. 2011, *Peasants and Slaves: The Rural Population of Roman Italy (200 BC to AD 100)*, Cambridge.

Lavan, L. and Bowden, W. eds. 2001, *Recent Research in Late-Antique Urbanism*, Portsmouth.

Lavan, M. 2016, "The Spread of Roman Citizenship, 14–212 CE: Quantification in the Face of High Uncertainty," *Past & Present* 230: 3–46.

Lazer, E. 2009, *Resurrecting Pompeii*, London.

Le Bohec, Y. 1994, *The Imperial Roman Army*, London.

Le Roy, M. et al. 2015, "Calendar-Dated Glacier Variations in the Western European Alps During the Neoglacial: The Mer de Glace Record, Mont Blanc Massif," *Quaternary Science Reviews* 108: 1–22.

Le Roy Ladurie, E. 1973, "Un concept: L'unification microbienne du monde (XIVe–XVIIe siècles)," *Schweizerische Zeitschrift für Geschichte* 23: 627–96.

Lechat, M. 2002, "The Paleoepidemiology of Leprosy: An Overview," in C. Roberts, M. Lewis, and K. Manchester, eds., *Past and Present of Leprosy: Archaeological, Historical, Paleopathological, and Clinical Approaches: Proceedings of the International Congress on the Evolution and Palaeoepidemiology of the Infectious Diseases 3 (ICEPID), University of Bradford, 26th–31st July 1999*, Oxford: 460–70.

Lecker, M. 2015, "Were the Ghassānids and the Byzantines behind Muḥammad's *hijra*?" in D. Genequand and C. J. Robin, eds., *Les Jafnides. Des rois arabes au service de Byzance (VIe siècle de l'ère chrétienne)*, Paris: 277–93.

Lee, A. D. 1998, "The Army," in A. Cameron and P. Garnsey, eds., *The Cambridge Ancient History, Vol. 13: The Late Empire, A.D. 337–425*, Cambridge: 211–37.

———. 2007, *War in Late Antiquity. A Social History*, Malden.

Lee H. F., Fok, L., and Zhang, D. 2008, "Climatic Change and Chinese Population Growth Dynamics over the Last Millennium," *Climatic Change* 88: 131–56.

Lehoux, D. 2007, *Astronomy, Weather, and Calendars in the Ancient World: Parapegmata and Related Texts in Classical and Near-Eastern Studies*, Cambridge.

Lenski, N. ed. 2006, *The Cambridge Companion to the Age of Constantine*, Cambridge.

———. 2016, *Constantine and the Cities: Imperial Authority and Civic Politics*, Philadelphia.

Leone, A. 2012, "Water Management in Late Antique North Africa: Agricultural Irrigation," *Water History* 4: 119–33.

Lepelley, C. 2006, "La cité africaine tardive, de l'apogée du IVe siècle à l'effondrement du VIIe siècle," in J.-U. Krause and C. Witschel, eds., *Die Stadt in der Spätantike: Niedergang oder Wandel?: Akten des internationalen Kolloquiums in München am 30. und 31. Mai 2003*, Stuttgart: 13–32.

Leroy, S. A. G. 2010, "Pollen Analysis of Core DS7-1SC (Dead Sea) Showing Intertwined Effects of Climatic Change and Human Activities in the Late Holocene," *Journal of Archaeological Science* 37: 306–16.

Leveau, P. 2014, "Évolution climatique et construction des ouvrages hydrauliques en Afrique romaine," in F. Baratte, C. J. Robin, and E. Rocca, eds., *Regards croisés d'Orient et d'Occident les barrages dans l'Antiquité tardive*, Paris: 125–38.

Levick, B. 2000a, "Greece and Asia Minor," in A. K. Bowman, P. Garnsey, and D. Rathbone, eds., *The Cambridge Ancient History*, Vol. 11: *The High Empire, A.D. 70–192*, Cambridge: 604–34.

———. 2000b, *The Government of the Roman Empire: A Sourcebook*, 2nd ed., London.

———. 2014, *Faustina I and II: Imperial Women of the Golden Age*, Oxford.

Lewis, M. E. 2007, *The Early Chinese Empires: Qin and Han*, Cambridge.

Lewis-Rogers, N. and Crandall, K. A. 2010, "Evolution of Picornaviridae: An Examination of Phylogenetic Relationships and Cophylogeny," *Molecular Phylogenetics and Evolution* 54: 995–1005.

Lewit, T. 2004, *Villas, Farms and the Late Roman Rural Economy, Third to Fifth Centuries AD*, Oxford.

Li, B. et al. 2012, "Humoral and Cellular Immune Responses to *Yersinia pestis* Infection in Long-Term Recovered Plague Patients," *Clinical and Vaccine Immunology* 19: 228–34.

Li, Y. et al. 2007. "On the Origin of Smallpox: Correlating Variola Phylogenetics with Historical Smallpox Records," *Proceedings of the National Academy of Sciences* 104: 15787–92.

Lieberman, V. 2003, *Strange Parallels: Southeast Asia in Global Context*, New York.

Liebeschuetz, J. H. W. G. 2000, "Administration and Politics in the Cities of the Fifth to the Mid Seventh Century: 425–640," in A. Cameron, B. Ward-Perkins, and M. Whitby, eds., *The Cambridge Ancient History*, Vol. 14: *Late Antiquity: Empire and Successors*, Cambridge: 207–37.

———. 2001, *The Decline and Fall of the Roman City*, Oxford.

Lintott, A. 1999, *The Constitution of the Roman Republic*, Oxford.

Lionello, P. ed. 2012, *The Climate of the Mediterranean Region: From the Past to the Future*, London.

Little, L. K. ed. 2007a, *Plague and the End of Antiquity: The Pandemic of 541–750*, New York.

———. 2007b, "Life and Afterlife of the First Plague Pandemic," in L. K. Little, ed., *Plague and the End of Antiquity: The Pandemic of 541–750*, New York: 3–32.

Littman, R. J. 2009, "The Plague of Athens: Epidemiology and Paleopathology," *Mount Sinai Journal of Medicine* 76: 456–67.

Littman, R. J. and Littman M. L. 1973, "Galen and the Antonine Plague," *American Journal of Philology* 94: 243–55.

Livi Bacci, M. 2006, "The Depopulation of Hispanic America after the Conquest," *Population and Development Review* 32: 199–232.

———. 2012, *A Concise History of World Population*, 5th ed., Oxford.

Lo Cascio, E. 1986, "Teoria e politica monetaria a Roma tra III e IV d.C.," in A. Giardina, ed., *Società romana e impero tardoantico*, I, Rome: 535–57, 779–801.

———. 1991, "Fra equilibrio e crisi," in A. Schiavone, ed., *Storia di Roma*, vol. 2.2, Turin: 701–31.

———. 1993, "Prezzo dell'oro e prezzi delle merci," in L. Camilli, and S. Sorda, eds., *L'"inflazione" nel quarto secolo d.C.: atti dell'incontro di studio, Roma 1988*, Rome: 155–88.

———. 1994, "The Size of the Roman Population: Beloch and the Meaning of the Augustan Census Figures," *Journal of Roman Studies* 84: 23–40.

———. 1995, "Aspetti della politica monetaria nel IV secolo," in *Atti dell'Accademia romanistica costantiniana: X Convegno internazionale in onore di Arnaldo Biscardi*, Naples: 481–502.

———. 1998, "Considerazioni su circolazione monetaria, prezzi e fiscalità nel IV secolo," in *Atti dell'Accademia romanistica costantiniana: XII convegno internazionale sotto l'alto patronato del Presidente della repubblica in onore di Manlio Sargenti*, Naples: 121–36.

———. 2005a, "The New State of Diocletian and Constantine: From the Tetrarchy to the Reunification of the Empire," in A. K. Bowman, P. Garnsey, and A. Cameron, eds., *The Cambridge Ancient History*, Vol. 12: *The Crisis of Empire, A.D. 193–337*, Cambridge: 170–83.

———. 2005b, "General Developments," in A. K. Bowman, P. Garnsey, and A. Cameron, eds., *The Cambridge Ancient History*, Vol. 12: *The Crisis of Empire, A.D. 193–337*, Cambridge: 131–36.

————. 2005c, "The Government and Administration of the Empire in the Central Decades of the Third Century," in A. K. Bowman, P. Garnsey, and A. Cameron, eds., *The Cambridge Ancient History*, Vol. 12: *The Crisis of Empire, A.D. 193–337*, Cambridge: 156–69.

————. 2006, "Did the Population of Imperial Rome Reproduce Itself?" in G. Storey, ed., *Urbanism in the Preindustrial World: Cross-Cultural Approaches*, Tuscaloosa: 52–68.

. 2009, *Crescita e declino. studi di storia dell'economia romana*, Roma.

————. 2012, ed. *L'impatto della "peste Antonina"*, Bari.

————. 2016, "The Impact of Migration on the Demographic Profile of the City of Rome: A Reassessment," in L. de Ligt and L. E. Tacoma, eds., *Migration and Mobility in the Early Roman Empire*, Leiden: 23–32.

Lo Cascio, E. and Malanima, P. 2005, "Cycles and Stability. Italian Population Before the Demographic Transition (225 B.C.–A.D.1900)," *Rivista di storia economica* 21: 5–40.

Locey, K. and Lennon, J. 2016, "Scaling Laws Predict Global Microbial Diversity," *Proceedings of the National Academy of Sciences* 113: 5970–5.

Loveluck, C. 2013, *Northwest Europe in the Early Middle Ages, c. AD 600–1150: A Comparative Archaeology*, Cambridge.

Loy, D. E. et al. 2016, "Out of Africa: Origins and Evolution of the Human Malaria Parasites *Plasmodium falciparum* and *Plasmodium vivax*," *International Journal for Parasitology* 47: 87–97.

Luijendijk, A. 2008, *Greetings in the Lord: Early Christians and the Oxyrhynchus papyri*, Cambridge, MA.

Lusnia, S. 2014, *Creating Severan Rome*, Brussels.

Luterbacher, J. et al. 2013, "A Review of 2000 Years of Paleoclimatic Evidence in the Mediterranean," in P. Lionello, ed., *The Climate of the Mediterranean Region from the Past to the Future*, London: 87–185.

Luttwak, E. 2009, *The Grand Strategy of the Byzantine Empire*, Cambridge, MA.

————. 2016, *The Grand Strategy of the Roman Empire: From the First Century CE to the Third*, rev. ed. (orig. 1976), Baltimore.

Maas, M. 1992. *John Lydus and the Roman Past: Antiquarianism and Politics in the Age of Justinian*, London.

————. 2005, "Roman Questions, Byzantine Answers: Contours of the Age of Justinian," in M. Maas, ed., *The Cambridge Companion to the Age of Justinian*, Cambridge: 3–27.

————. 2015, "Reversals of Fortune: An Overview of the Age of Attila," in M. Maas, ed., *The Cambridge Companion to the Age of Attila*, Cambridge: 3–25.

Maat, G. J. R. 2005, "Two Millennia of Male Stature Development and Population Health and Wealth in the Low Countries," *International Journal of Osteoarchaeology* 15: 276–90.

MacCoull, L. 2004–5, "The Antaiopolite Estate of Count Ammonios: Managing for This World and the Next in a Time of Plague," *Analecta Papyrologica* 16–17: 109–116.

MacKinnon, M. 2006, "Supplying Exotic Animals for the Roman Amphitheatre Games: New Reconstructions Combining Archaeological, Ancient Textual, Historical and Ethnographic Data," *Mouseion* 6: 1–25.

————. 2007, "Osteological Research in Classical Archaeology," *American Journal of Archaeology* 111: 473–504.

Macklin, M. G. et al. 2015, "A New Model of River Dynamics, Hydroclimatic Change and Human Settlement in the Nile Valley Derived from Meta-Analysis of the Holocene Fluvial Archive," *Quaternary Science Reviews* 130: 109–23.

MacMullen, R. 1976, *Roman Government's Response to Crisis, A.D. 235–337*, New Haven.

————. 1982, "The Epigraphic Habit in the Roman Empire," *American Journal of Philology* 103: 233–46.

————. 1984, *Christianizing the Roman Empire (A.D. 100–400)*, New Haven.

Madden, A. M. 2014, *Corpus of Byzantine Church Mosaic Pavements from Israel and the Palestinian Territories*, Leuven.

Maddicott, J. 2007, "Plague in Seventh-Century England," in L. K. Little, ed., *Plague and the End of Antiquity: The Pandemic of 541–750*, New York: 171–214.

Maddison, A. 2001, *The World Economy: A Millennial Perspective*, Paris.

Maenchen-Helfen, O. 1973, *The World of the Huns: Studies in their History and Culture*, Berkeley.

Magdalino, P. 1993, "The History of the Future and Its Uses: Prophecy, Policy and Propaganda," R. Beaton and C. Roueché, eds., *The Making of Byzantine History: Studies Dedicated to Donald M. Nicol*, Aldershot: 3–34.

Magny, M. et al. 2012a, "Contrasting Patterns of Precipitation Seasonality During the Holocene in the South- and North-Central Mediterranean," *Journal of Quaternary Science* 27: 290–96.

————. 2012b, "Holocene Palaeohydrological Changes in the Northern Mediterranean Borderlands as Reflected by the Lake-Level Record of Lake Ledro, Northeastern Italy," *Quaternary Research* 77: 382–96.

Magny, M. et al. 2007, "Holocene Climate Changes in the Central Mediterranean as Recorded by Lake-Level Fluctuations at Lake Accesa (Tuscany, Italy)," *Quaternary Science Reviews* 26: 13–14.

Maguire, H. 2005, "Byzantine Domestic Art as Evidence for the Early Cult of the Virgin," in M. Vassilaki, ed., *Images of the Mother of God: Perceptions of the Theotokos in Byzantium*, Aldershot: 183–94.

Malanima, P. 2013, "Energy Consumption and Energy Crisis in the Roman World," in W. V. Harris, ed., *The Ancient Mediterranean Environment between Science and History*, Leiden: 13–36.

Mallegni, F., Fornaciari, G., and Tarabella, N. 1979, "Studio antropologico dei resti scheletrici della necropoli dei Monterozzi (Tarquinia)," *Atti della Societa toscana di scienze naturali, Memorie. Serie B* 86: 185–221.

Mallegni, F. et al. 1998, "Su alcuni gruppi umani del territorio piemontese dal IV al XVIII secolo: aspetti di paleobiologia," *Archeologia in Piemonte* 3: 233–61.

Malthus, T. R. 1826, *An Essay on the Principle of Population, or, A View of Its Past and Present Effects on Human Happiness*, 6th ed.〔orig. 1798〕, London.

Manders, E. 2011, "Communicating Messages through Coins: A New Approach to the Emperor Decius," *Jaarboek Munt- en Penningkunde* 98: 1–22.

———. 2012, *Coining Images of Power: Patterns in the Representation of Roman Emperors on Imperial Coinage, A.D. 193–284*, Leiden.

Mangini, A., Spötl, C., and Verdes, P. 2005, "Reconstruction of Temperature in the Central Alps During the Past 2000 yr from a δ18O Stalagmite Record," *Earth and Planetary Science Letters* 235: 741–51.

Mango, C. 1986, "The Development of Constantinople as an Urban Centre," in *The 17th International Byzantine Congress: Major Papers*, New Rochelle: 117–36.

Manning, S. W. 2013, "The Roman World and Climate: Context, Relevance of Climate Change, and Some Issues," in W. V. Harris, ed., *The Ancient Mediterranean Environment between Science and History*, Leiden: 103–70.

Mansvelt Beck, B. J. 1986, "The Fall of Han," in D. Twitchett and M. Loewe, eds., *The Cambridge History of China*, Vol. 1: *The Ch'in and Han Empires, 221 BC–AD 220*, Cambridge: 317–76.

Manzi, G. 1999, "Discontinuity of Life Conditions at the Transition from the Roman Imperial Age to the Early Middle Ages: Example from Central Italy Evaluated by Pathological Dento-Alveolar Lesions," *American Journal of Human Biology* 11: 327–41.

Marciniak, S. et al. 2016, "*Plasmodium falciparum* Malaria in 1st–2nd Century CE Southern Italy," *Current Biology* 26: R1205–25.

Marcone, A. 2002, "La peste antonina: Testimonianze e interpretazioni," *Rivista storica italiana* 114: 803–19.

Marcozzi, V. and Cesare, B. M., 1969, "Le ossa lunghe della città di Spina," *Archivio per l'antropologia e l'etnologia* 99: 1–24.

Marino, A. 2012, "Una rilettura delle fonti storico-letterarie sulla peste di età antonina," in E. Lo Cascio, ed., *L'impatto della "peste antonina"*, Bari: 29–62.

Mariotti, A. et al. 2005, "Decadal Climate Variability in the Mediterranean Region: Roles of Large-Scale Forcings and Regional Processes," *Climate Dynamics* 38: 1129–45.

Mark, S. 2002, "Alexander the Great, Seafaring, and the Spread of Leprosy," *Journal of the History of Medicine and Allied Sciences* 57: 285–311.

Marks, R. 2012, *China: Its Environment and History*, Lanham.

Markus, R. A. 2007, *Gregory the Great and His World*, Cambridge.

Marquer, B. 2008, *Les romans de la Salpêtrière: réception d'une scénographie clinique: Jean-Martin Charcot dans l'imaginaire fin-de-siècle*, Geneva.

Marriner, N. et al. 2012, "ITCZ and ENSO-like Pacing of Nile Delta Hydro-Geomorphology during the Holocene," *Quaternary Science Reviews* 45: 73–84.

———. 2013, "Tracking Nile Delta Vulnerability to Holocene Change," *PLOS ONE* 8: e69195.

Marshall, J. et al. 2001, "North Atlantic Climate Variability: Phenomena, Impacts and Mechanisms," *International Journal of Climatology* 21: 1863–98.

Martín-Chivelet, J. et al. 2011, "Land Surface Temperature Changes in Northern Iberia Since 4000 yr BP, Based on δ 13C of Speleothems," *Global and Planetary Change* 77: 1–12.

Martín-Puertas, C. et al. 2009, "The Iberian–Roman Humid Period (2600–1600 cal yr BP) in the Zoñar Lake Varve Record (Andalucía, Southern Spain)," *Quaternary Research* 71: 108–20.

Martiny, J. et al. 2006, "Microbial Biogeography: Putting Microorganisms on the Map," *Nature Reviews: Microbiology* 4: 102–12.

Martuzzi Veronesi, F. and Malacarne, G. 1968, "Note antropologiche su reperti romani e medioevali del territorio di Classe (Ravenna)," *Archivio per l'antropologia e l'etnologia* 98: 147–64.

Marty, A. M. et al. 2006, "Viral Hemorrhagic Fevers," *Clinics in Laboratory Medicine* 2: 345–86.

Mattern, S. P. 1999, *Rome and the Enemy: Imperial Strategy in the Principate*, Berkeley.

———. 2013, *The Prince of Medicine: Galen in the Roman Empire*, Oxford.

Matthews, J. 1975, *Western Aristocracies and Imperial Court, A.D. 364–425*, Oxford.

————. 2010, *Roman Perspectives: Studies in the Social, Political and Cultural History of the First to Fifth Centuries*, Swansea.

Mattingly, D. 1994, *Tripolitania*, Ann Arbor.

————. 2006, *An Imperial Possession: Britain in the Roman Empire, 54 BC–AD 409*, London.

————. ed. 2003–13, *The Archaeology of the Fazzān*, London.

Mayerson, P. 1993, "A Confusion of Indias: Asian India and African India in the Byzantine Sources," *Journal of the American Oriental Society* 113: 169–74.

Mayewski, P. A. et al. 2004, "Holocene Climate Variability," *Quaternary Research* 62: 243–55.

Mazza, M. 2001, *L'Archivio degli Apioni: terra, lavoro e proprietà senatoria nell'Egitto tardoantico*, Bari.

McAnany, P. A. and Yoffee, N. eds. 2010, *Questioning Collapse: Human Resilience, Ecological Vulnerability, and the Aftermath of Empire*, Cambridge.

McCormick, M. 1986, *Eternal Victory: Triumphal Rulership in Late Antiquity, Byzantium, and the Early Medieval West*, Cambridge.

————. 1998, "Bateaux de vie, bateaux de mort. Maladie, commerce, transports annonaires et le passage économique du bas-empire au moyen âge," *Settimane di studio— Centro Italiano di studi alto medioevo* 45: 35–118.

————. 2001, *Origins of the European Economy: Communications and Commerce, A.D. 300–900*, Cambridge.

————. 2003, "Rats, Communications, and Plague: Toward an Ecological History," *Journal of Interdisciplinary History* 34: 1–25.

————. 2007, "Toward a Molecular History of the Justinianic Pandemic," in L. K. Little, ed., *Plague and the End of Antiquity: The Pandemic of 541–750*, New York: 290–312.

————. 2011, "History's Changing Climate: Climate Science, Genomics, and the Emerging Consilient Approach to Interdisciplinary History," *Journal of Interdisciplinary History* 42: 251–73.

————. 2012, "Movements and Markets in the First Millennium. Information, Containers, and Shipwrecks," in C. Morrisson, ed., *Trade and Markets in Byzantium*, Washington, D.C.: 51–98.

————. 2013a, "Coins and the Economic History of Post-Roman Gaul: Testing the Standard Model in the Moselle, ca. 400–750," in J. Jarnut and J. Strothman, eds., *Die Merowingischen Monetarmünzen als Quelle zum Verständnis des 7. Jahrhunderts in Gallien*, Paderborn: 337–76.

————. 2013b, "What Climate Science, Ausonius, Nile Floods, Rye, and Thatch Tell Us about the Environmental History of the Roman Empire," in W. V. Harris, ed., *The Ancient Mediterranean Environment between Science and History*, Leiden: 61–88.

————. 2015, "Tracking Mass Death during the Fall of Rome's Empire (I)," *Journal of Roman Archaeology* 28: 325–57.

————. 2016, "Tracking Mass Death during the Fall of Rome's Empire (II): A First Inventory of Mass Graves," *Journal of Roman Archaeology* 29: 1004–46

McCormick, M. et al. 2012, "Climate Change During and After the Roman Empire: Reconstructing the Past from Scientific and Historical Evidence," *Journal of Interdisciplinary History* 43: 169–220.

McCormick, M., Harper, K., More, A.F., and Gibson, K. 2012, "Historical Evidence on Roman and Post-Roman Climate, 100 BC to 800 AD," DARMC Scholarly Data Series 2012-1. darmc.harvard.edu

McDermott, F. 2004, "Palaeo-Climate Reconstruction from Stable Isotope Variations in Speleothems: A Review," *Quaternary Science Reviews* 23: 901–18.

McDermott, F. et al. 2011, "A First Evaluation of the Spatial Gradients in δ 18O Recorded by European Holocene Speleothems," *Global and Planetary Change* 79: 275–87.

McEvedy, C. and Jones, R. 1978, *Atlas of World Population History*, Harmondsworth.

McGinn, T. A. J. 1999, "The Social Policy of Emperor Constantine in Codex Theodosianus 4, 6, 3," *Legal History Review* 67: 57–73.

McKeown, T. 1988, *The Origins of Human Disease*, Oxford.

McLaughlin, R. 2010, *Rome and the Distant East: Trade Routes to the Ancient Lands of Arabia, India and China*, London.

McMichael, A. J. 2010, "Paleoclimate and Bubonic Plague: A Forewarning of Future Risk?" *BioMed Central: Biology* 8: 108.

————. 2015, "Extreme Weather Events and Infectious Disease Outbreaks," *Virulence* 6: 543–47.

McNally, A. et al., 2016, "'Add, Stir and Reduce': Yersinia spp. as Model Bacteria for Pathogen Evolution," *Nature Reviews Microbiology* 14: 177–90.

McNeill, J. 2010, *Mosquito Empires: Ecology and War in the Greater Caribbean, 1620– 1914*, New York.

————. 2015, "Energy, Population, and Environmental Change since 1750: Entering the Anthropocene," in J. R. McNeill and K. Pomeranz, eds., *The Cambridge World History*, Vol. 7: *Production, Destruction, and Connection, 1750–Present, Part 1: Structures, Spaces, and Boundary Making*, Cambridge: 51–82.

McNeill, W. H. 1976, *Plagues and Peoples*, Garden City.

Mee, C. and Forbes, H. 1997, *A Rough and Rocky Place: The Landscape and Settlement History of the Methana Peninsula, Greece: Results of the Methana Survey Project*, Liverpool.

Meier, M. 2003, *Das andere Zeitalter Justinians: Kontingenzerfahrung und Kontingenzbewältigung im 6. Jahrhundert n. Chr.*, Göttingen.

———. 2005, "'Hinzu kam auch noch die Pest . . .' Die sogenannte Justinianische Pest und ihre Folgen," in M. Meier, ed., *Pest—Die Geschichte eines Menschheitstraumas*, Stuttgart, 86–107, 396–400.

———. 2016, "The 'Justinianic Plague' : The Economic Consequences of the Pandemic in the Eastern Roman Empire and Its Cultural and Religious Effects," *Early Medieval Europe* 24: 267–92.

Meiggs, R. 1982, *Trees and Timber in the Ancient Mediterranean World*, Oxford.

Memmer, M. 2000, "Die Ehescheidung im 4. und 5. Jahrhundert n. Chr," in M. Schermaier, et al., eds., *Iurisprudentia universalis: Festschrift für Theo Mayer—Maly zum 70. Geburtstag*, Cologne: 489–510.

Mezzabotta, M. R. 2000, "Aspects of Multiculturalism in the *Mulomedicina* of Vegetius," *Akroterion* 45: 52–64.

Miarinjara, A. et al. 2016, "*Xenopsylla brasiliensis* Fleas in Plague Focus Areas, Madagascar," *Emerging Infectious Diseases* 22: 2207–8.

Migowski, C. et al. 2006, "Holocene Climate Variability and Cultural Evolution in the Near East from the Dead Sea Sedimentary Record," *Quaternary Research* 66: 421–31.

Mikhail, A. ed. 2012, *Water on Sand: Environmental Histories of the Middle East and North Africa*, New York.

Millar, F. 2004, *Rome, the Greek World, and the East*, Vol. 2: *Government, Society, and Culture in the Roman Empire*, H. Cotton and G. M. Rogers, eds., Chapel Hill.

Miller, S. S. 1992, "R. Hanina bar Hama at Sepphoris," in L. Levine, ed., *The Galilee in Late Antiquity*, New York: 175–200.

Mitchell, J. 1992, *Up in the Old Hotel and Other Stories*, New York.

Mitchell, P. D. 2017, "Human Parasites in the Roman World: Health Consequences of Conquering an Empire," *Parasitology* 144: 48–58.

Mitchell, S. 2015, *A History of the Later Roman Empire, AD 284–641*, 2nd ed., Malden.

Modrzejewski, J. 1970, "La règle de droit dans l'Égypte romaine," in *Proceedings of the xIIth International Congress of Papyrology*, Toronto: 317–77.

Monot, M. et al. 2005, "On the Origin of Leprosy," *Science* 308: 1040–42.

Morens, D. M. and Littman, R. J. 1992, "Epidemiology of the Plague of Athens," *Transactions of the American Philological Association* 122: 271–304.

Morley, N. 1996, *Metropolis and Hinterland: The City of Rome and the Italian Economy, 200 B.C.–A.D. 200*, Cambridge.

———. 2007, *Trade in Classical Antiquity*, Cambridge.

———. 2011, "Population Size: Evidence and Estimates," in P. Erdkamp, ed., *The Cambridge Companion to Ancient Rome*, Cambridge: 29–44.

Morony, M. G. 2007, "'For Whom Does the Writer Write?' : The First Bubonic Plague Pandemic according to Syriac Sources," in L. K. Little, ed., *Plague and the End of Antiquity: The Pandemic of 541–750*, New York: 58–86.

Morris, I. 2010, *Why the West Rules—For Now: The Patterns of History, and What They Reveal About the Future*, London.

———. 2013, *The Measure of Civilization: How Social Development Decides the Fate of Nations*, Princeton.

Morrison, C. and Sodini, J.-P. 2002, "The Sixth-Century Economy," in A. Laiou, ed., *The Economic History of Byzantium: From the Seventh through the Fifteenth Century*, Washington, D.C.: 171–220.

Morrisson, C. et al. 1985, *L'or Monnayé, Purification et altération de Rome à Byzance*, Paris.

Mossner, E. C. 1980, *The Life of David Hume*, Oxford.

Mouritsen, H. 2013, "The Roman Empire I: The Republic," in P. F. Bang and W. Scheidel, eds., *Oxford Handbook of the State in the Ancient Near East and Mediterranean*, Oxford: 383–411.

Mouterde, R. and Poidebard, A. 1945, *Le limes de Chalcis: organisation de la steppe en haute Syrie romaine*, Paris.

Moy, C. M. et al. 2002, "Variability of El Niño/Southern Oscillation Activity at Millennial Timescales during the Holocene Epoch," *Nature* 420: 162–65.

Muldner, G. and Richards, M. P. 2007, "Stable Isotope Evidence for 1500 Years of Human Diet at the City of York, UK," *American Journal of Physical Anthropology* 133: 682–97.

Mulligan, B. 2007, "The Poet from Egypt? Reconsidering Claudian's Eastern Origin," *Philologus* 151: 285–310.

Müller, R. et al. 2014, "Genotyping of Ancient *Mycobacterium tuberculosis* Strains Reveals Historic Genetic Diversity," *Proceedings of the Royal Society, B* 281: 20133236.

Musurillo, H. 1972, *The Acts of the Christian Martyrs*, Oxford.

Nappo, D. 2015, "Roman Policy on the Red Sea in the Second Century CE," in F. De Romanis and M. Maiuro, eds., *Across the Ocean: Nine Essays on Indo-Roman Trade*, Leiden: 55–72.

Needham, J. et al. 2000, *Science and Civilisation in China*, Vol. 6: *Biology and Biological Technology*, Part VI: *Medicine*, Cambridge.

Nees, L. 2016, *Perspectives on Early Islamic Art in Jerusalem*, Leiden.

Neri, V. 1998, *I marginali nell'Occidente tardoantico: poveri, "infames" e criminali nella nascente società cristiana*, Bari.

Neumann, F. et al. 2010, "Vegetation History and Climate Fluctuations on a Transect along the Dead Sea West Shore and Their Impact on Past Societies over the Last 3500 Years," *Journal of Arid Environments* 74: 756–64.

Newfield, T. 2015, "Human-Bovine Plagues in the Early Middle Ages," *Journal of Interdisciplinary History* 46: 1–38.

———. 2016, "The Global Cooling Event of the Sixth Century: Mystery No Longer?" *Historical Climatology Blog*: www.historicalclimatology.com/blog/something-cooled-the-world-in-the-sixth-century-what-was-it. Accessed August 8, 2016.

Nicholson, S. and Kim, J. 1997, "The Relationship of the El Nino–Southern Oscillation to African Rainfall," *International Journal of Climatology* 17: 117–35.

Nordh, A. 1949, *Libellus de Regionibus Urbis Romae*, Lund.

Noreña, C. 2011, *Imperial Ideals in the Roman West*, Cambridge.

Nutton, V. 1973, "The Chronology of Galen's Early Career," *Classical Quarterly* 23: 158–71.

Ober, J. 2015, *The Rise and Fall of Classical Greece*, Princeton.

Oberhänsli, H. et al. 2007, "Climate Variability during the Past 2,000 years and Past Economic and Irrigation Activities in the Aral Sea Basin," *Irrigation and Drainage Systems* 21: 167–83.

———. 2011, "Variability in Precipitation, Temperature and River Runoff in W. Central Asia during the Past ~2000 yrs," *Global and Planetary Change* 76: 95–104.

O'Donnell, J. 2008, *The Ruin of the Roman Empire*, New York.

Oesterheld, C. 2008, *Göttliche Botschaften für zweifelnde Menschen: Pragmatik und Orientierungsleistung der Apollon-Orakel von Klaros und Didyma in hellenistischrömischer Zeit*, Göttingen.

Oldstone, M. B. A. 2010, *Viruses, Plagues, and History: Past, Present, and Future*, Oxford.

Olsen, J. et al. 2012, "Variability of the North Atlantic Oscillation over the Past 5,200 Years," *Nature Geoscience* 5: 808–12.

Orland, I. J. et al. 2009, "Climate Deterioration in the Eastern Mediterranean as Revealed by Ion Microprobe Analysis of a Speleothem That Grew from 2.2 to 0.9 ka in Soreq Cave, Israel," *Quaternary Research* 71: 27–35.

O'Sullivan, L. et al. 2008, "Deforestation, Mosquitoes, and Ancient Rome: Lessons for

Today," *BioScience* 58: 756–60.

Ovadiah, A. 1970, *Corpus of Byzantine Churches in the Holy Land*, Bonn.

Paine R. R. and Storey, G. R. 2012, "The Alps as a Barrier to Epidemic Disease during the Republican Period: Implications for the Dynamic of Disease in Rome," in E. Lo Cascio, ed., *L'impatto della "peste antonina"*, Bari: 179–91.

Pannekeet, C. G. J. 2008, *Vier eeuwen keizers/munten*, Slootdorp.

Panzac, D. 1985, *La peste dans l'Empire Ottoman, 1700–1850*, Leuven.

Pardini, E. et al. 1982, "Gli inumati di Pontecagnano (Salerno) (V–IV secolo a.c.)," *Archivio per l'antropologia e la etnologia* 112: 281–329.

Pardini, E. and Manucci, P. 1981, "Gli Etruschi di Selvaccia (Siena): studio antropologico," *Studi etruschi* 49: 203–15.

Parke, H. W. 1985, *The Oracles of Apollo in Asia Minor*, London.

Parker, G. 2008, *The Making of Roman India*, Cambridge.

Parker, G. 2013, *Global Crisis: War, Climate Change and Catastrophe in the Seventeenth Century*, New Haven.

Parkin, T. G. 1992, *Demography and Roman Society*, Baltimore.

Parkin, T. G. and Pomeroy, A. 2007, *Roman Social History: A Sourcebook*, London.

Patlagean, E. 1977, *Pauvreté économique et pauvreté sociale à Byzance, 4e–7e siècles*, Paris.

Peachin, M. 1991, "Philip's Progress: From Mesopotamia to Rome in A.D. 244," *Historia: Zeitschrift für Alte Geschichte* 40: 331–42.

Pearce-Duvet, J. M. C. 2006, "The Origin of Human Pathogens: Evaluating the Role of Agriculture and Domestic Animals in the Evolution of Human Disease," *Biological Review* 81: 369–82.

Pechous, R. D. 2016, "Pneumonic Plague: The Darker Side of Yersinia pestis," *Trends in Microbiology* 24: 190–7.

Peck, J. J. 2009, *The Biological Impact of Culture Contact: A Bioarchaeological Study of Roman Colonialism in Britain*, diss., Ohio State University.

Pentcheva, B. V. 2006, *Icons and Power: The Mother of God in Byzantium*, University Park.

Percoco, M. 2013, "The Fight against Disease: Malaria and Economic Development in Italian Regions," *Economic Geography* 89: 105–25.

Perdrizet, P. 1903, "Une inscription d'Antioche qui reproduit un oracle d'Alexandre d'Abonotichos," *Comptes rendus des séances de l'Académie des Inscriptions et Belles-Lettres* 47: 62–66.

Pérez-Sanz, A. et al. 2013, "Holocene Climate Variability, Vegetation Dynamics and Fire Regime in the Central Pyrenees: The Basa de la Mora Sequence (NE

Spain)," *Quaternary Science Reviews* 73: 149–69.

Pergola, P. 1998, *Le catacombe romane: storia e topografia*, Rome.

Perry, R. T. and Halsey, N. A., 2004, "The Clinical Significance of Measles: A Review," *Journal of Infectious Diseases* 189: 4–16.

Petit, P. 1957, "Les sénateurs de Constantinople dans l'oeuvre de Libanius," *L'Antiquité classique* 26: 347–82.

Petrucci, A. 1998, "Persistenza di negozi bancari nelle fonti giuridiche tra la fine del III e i primi decenni del V secolo D.C.," in *Atti dell'Accademia romanistica costantiniana: XII convegno internazionale sotto l'alto patronato del Presidente della repubblica in onore di Manlio Sargenti*, Naples: 223–50.

Pettegrew, D. K. 2007, "The Busy Countryside of Late Roman Corinth: Interpreting Ceramic Data Produced by Regional Archaeological Surveys," *Hesperia* 76: 743–84.

Pflaum, H.-G. 1976, "Zur Reform des Kaisers Gallienus," *Historia: Zeitschrift für Alte Geschichte* 25: 109–17.

Phillips, C., Villeneuve, F., and Facey, W. 2004, "A Latin Inscription from South Arabia," *Proceedings of the Seminar for Arabian Studies* 34: 239–50.

Piccirillo, M. 1981, *Chiese e mosaici della Giordania settentrionale*, Jerusalem.

Pieri, D. 2005, *Le commerce du vin oriental à l'époque byzantine, Ve–VIIe siècles: le témoignage des amphores en Gaule*, Beirut.

Pighi, G. 1967, *De ludis saecularibus populi romani quiritium*, Chicago.

Pinault, J. 1992, *Hippocratic Lives and Legends*, Leiden.

Piso, I. 2014, "Zur Reform des Gallienus anläßlich zweier neuer Inschriften aus den Lagerthermen von Potaissa," *Tyche: Beiträge zur Alten Geschichte, Papyrologie und Epigraphik* 29: 125–46.

Pitts, M. and Versluys, M. J. eds. 2015, *Globalisation and the Roman World: World History, Connectivity and Material Culture*, Oxford.

Podskalsky, G. 1972, *Byzantinische Reichseschatologie: die Periodisierung der Weltgeschichte in den vier Grossreichen (Daniel 2 und 7) und dem tausendjährigen Friedensreiche (Apok. 20) Eine motivgeschichtliche Untersuchung*, Munich.

Pomeranz, K. 2000, *The Great Divergence: China, Europe, and the Making of the Modern World Economy*, Princeton.

Popper, W. 1951, *The Cairo Nilometer: Studies in Ibn Taghri Birdi's Chronicles of Egypt: I*, Berkeley.

Potter, D. S. 1990, *Prophecy and History in the Crisis of the Roman Empire: A Historical Commentary on the Thirteenth Sibylline Oracle*, Oxford.

————. 2004, *The Roman Empire at Bay: AD 180–395*, London.

————. 2013, *Constantine the Emperor*, Oxford.

————. 2015, *Theodora: Actress, Empress, Saint*, New York.

Power, T. 2012, *The Red Sea from Byzantium to the Caliphate: AD 500–1000*, Cairo.

Prowse, T. 2016, "Isotopes and Mobility in the Ancient Roman World," in L. de Ligt and L. E. Tacoma, eds., *Migration and Mobility in the Early Roman Empire*, Leiden: 205–33.

Prowse, T. et al. 2004, "Isotopic Paleodiet Studies of Skeletons from the Imperial Roman-Age Cemetery of Isola Sacra, Rome, Italy," *Journal of Archaeological Science* 31: 259–72.

————. 2007, "Isotopic Evidence for Age-Related Immigration to Imperial Rome," *American Journal of Physical Anthropology* 132: 510–19.

————. 2008, "Isotopic and Dental Evidence for Infant and Young Child Feeding Practices in an Imperial Roman Skeletal Sample," *American Journal of Physical Anthropology* 137: 294–308.

Purcell, N. 1985, "Wine and Wealth in Ancient Italy," *Journal of Roman Studies* 75: 1–19.

————. 2000, "Rome and Italy," in P. Garnsey, D. Rathbone, and A. K. Bowman, eds., *The Cambridge Ancient History*, Vol. 11: *The High Empire, A.D. 70–192*, Cambridge: 405–43.

————. 2016, "Unnecessary Dependences: Illustrating Circulation in Pre-Modern Large-Scale History," in J. Belich et al., eds., *The Prospect of Global History*, Oxford: 65–79.

Quammen, D. 2012. *Spillover: Animal Infections and the Next Human Pandemic*, New York.

————. 2014, *Ebola: The Natural and Human History of a Deadly Virus*, New York.

Rambeau, C. and Black, S. 2011, "Palaeoenvironments of the Southern Levant 5,000 BP to Present: Linking the Geological and Archaeological Records," in S. Mithen and E. Black, eds., *Water, Life and Civilisation: Climate, Environment and Society in the Jordan Valley*, Cambridge: 94–104.

Raoult, D. et al. 2000, "Molecular Identification by 'Suicide PCR' of Yersinia pestis as the Agent of Medieval Black Death," *Proceedings of the National Academy of Sciences* 97: 12800–3.

Raschke, M. G. 1978, "New Studies in Roman Commerce with the East," *Aufstieg und Niedergang der römischen Welt* 2.9.2: 604–1361.

Rasmussen, S. et al. 2015, "Early Divergent Strains of Yersinia pestis in Eurasia 5,000 Years Ago," *Cell* 163: 571–582.

Rathbone, D. W. 1990, "Villages, Land and Population in Graeco-Roman Egypt," *Proceedings of the Cambridge Philological Society* 36: 103–42.

———. 1991, *Economic Rationalism and Rural Society in Third-Century A.D. Egypt: The Heroninos Archive and the Appianus Estate*, Cambridge.

———. 1996, "Monetisation, Not Price-inflation, in Third-century AD Egypt?," in C. E. King and D. G. Wigg, eds., *Coin Finds and Coin Use in the Roman World: The Thirteenth Oxford Symposium on Coinage and Monetary History, 25.–27.3.1993*, Berlin: 321–39.

———. 1997, "Prices and Price Formation in Roman Egypt," *Economie antique. Prix et formation des prix dans les economies antiques*, Saint-Bertrand-de-Comminges: 183–244.

———. 2000, "The 'Muziris' Papyrus (SB XVIII 13167): Financing Roman Trade with India," in M. El-Abbadi et al., eds., *Alexandrian Studies II in Honour of Mostafa El Abbadi*, Alexandria: 39–50.

———. 2007, "Roman Egypt," in W. Scheidel, I. Morris, and R. Saller, eds., *The Cambridge Economic History of the Greco-Roman World*, Cambridge: 698–719.

Rathbone, D. W. and Temin, P. 2008, "Financial Intermediation in 1st-century AD Rome and 18th-century England," in K. Verboven, K. Vandorpe, and V. Chankowski, eds., *Pistoi dia tèn technèn: Bankers, Loans, and Archives in the Ancient World: Studies in Honour of Raymond Bogaert*, Leuven: 183–244.

Rathbone, D. W. and von Reden, S. 2015, "Mediterranean Grain Prices in Classical Antiquity," in R. J. Van der Spek, J. Luiten, and B. van Zanden, eds., *A History of Market Performance: From Ancient Babylonia to the Modern World*, London: 149–235.

Ratovonjato, J. et al. 2014, "*Yersinia pestis* in *Pulex irritans* Fleas during Plague Outbreak, Madagascar," *Emerging Infectious Diseases* 20: 1414–15.

Rea, J. R. 1997, "Letter of a Recruit: P. Lond. III 982 Revised," *Zeitschrift für Papyrologie und Epigraphik* 115: 189–93.

Reale, O. and Dirmeyer, P. 2000, "Modeling the Effects of Vegetation on Mediterranean Climate During the Roman Classical Period, Part I: Climate History and Model Sensitivity," *Global and Planetary Change* 25: 163–84.

Reale, O. and Shukla, J. 2000, "Modeling the Effects of Vegetation on Mediterranean Climate During the Roman Classical Period, Part II: Model Simulation," *Global and Planetary Change* 25: 185–214.

Rebillard, É. 2009, *The Care of the Dead in Late Antiquity*, Ithaca.

Redfern, R. C. et al. 2015, "Urban–Rural Differences in Roman Dorset, England: A

Bioarchaeological Perspective on Roman Settlements," *American Journal of Physical Anthropology* 157: 107–20.

Redfern, R. C. and DeWitte, S. N. 2011a, "A New Approach to the Study of Romanization in Britain: A Regional Perspective of Cultural Change in Late Iron Age and Roman Dorset Using the Siler and Gompertz–Makeham Models of Mortality," *American Journal of Physical Anthropology* 144: 269–85.

Redfern, R. C. and DeWitte, S. N. 2011b, "Status and Health in Roman Dorset: The Effect of Status on Risk of Mortality in Post–Conquest Populations," *American Journal of Physical Anthropology* 146: 197–208.

Reeves, J. C. 2005, *Trajectories in Near Eastern Apocalyptic: A Postrabbinic Jewish Apocalypse Reader*, Atlanta.

Reff, D. 2005, *Plagues, Priests, and Demons: Sacred Narratives and the Rise of Christianity in the Old World and New*, Cambridge.

Reilly, K. 2010, "The Black Rat," in T. O'Connor and N. Sykes, eds., *Extinctions and Invasions: A Social History of British Fauna*, Oxford: 134–45.

Reinink, G. J. 2002, "Heraclius, the New Alexander: Apocalyptic Prophecies during the Reign of Heraclius," in G. J. Reinink and H. Stolte, eds., *The Reign of Heraclius (610–641): Crisis and Confrontation*, Groningen: 81–94.

Reinink, G. J. and Stolte, H. eds. 2002, *The Reign of Heraclius (610–641): Crisis and Confrontation*, Groningen.

Rey, E. and Sormani, G. 1878, "Statistica delle cause di morte," in *Monografia della città di Roma e della campagna romana*, Rome: 121–48.

Reynolds, D. W. 1996, *Forma Urbis Romae: The Severan Marble Plan and the Urban Form of Ancient Rome*, diss., University of Michigan.

Rich, J. ed. 1992, *The City in Late Antiquity*, London.

Rickman, G. 1980, *The Corn Supply of Ancient Rome*, Oxford.

Riley, J. C. 2010, "Smallpox and American Indians Revisited," *Journal of the History of Medicine and Allied Sciences* 65: 445–77.

Ritterling, E. 1904, "Epigraphische Beiträge zur römischen Geschichte," *Rheinisches Museum für Philologie* 59: 186–99.

Ritti, T., Şimşek, C., and Yıldız, H. 2000, "Dediche e KATAGRAPHAI dal Santuario Frigio di Apollo Lairbenos," *Epigraphica Anatolica* 32: 1–87.

Rives, J. B. 1999, "The Decree of Decius and the Religion of Empire," *Journal of Roman Studies* 89: 135–54.

Roberts, C. A. 2002, "The Antiquity of Leprosy in Britain: The Skeletal Evidence," in C. A. Roberts, M. Lewis, and K. Manchester, eds., *Past and Present of Leprosy: Archaeological, Historical, Paleopathological, and Clinical Approaches: Proceedings of the International Congress on the Evolution and Palaeoepidemiology of the Infectious Diseases 3 (ICEPID), University of Bradford, 26th–31st July 1999*, Oxford: 213–22.

———. 2015, "Old World Tuberculosis: Evidence from Human Remains with a Review of Current Research and Future Prospects," *Tuberculosis* 95: 117–21.

Roberts, C. A. and Buikstra, J. 2003, *The Bioarchaeology of Tuberculosis: A Global View on a Reemerging Disease*, Gainesville.

Roberts, C. A. and Cox, M. 2003, *Health & Disease in Britain: From Prehistory to the Present Day*, Stroud.

Roberts, C. A., Lewis, M., and Manchester, K. eds. 2002, *Past and Present of Leprosy: Archaeological, Historical, Paleopathological, and Clinical Approaches: Proceedings of the International Congress on the Evolution and Palaeoepidemiology of the Infectious Diseases 3 (ICEPID), University of Bradford, 26th–31st July 1999*, Oxford.

Roberts, M. 1992, "Barbarians in Gaul: The Response of the Poets," in J. Drinkwater and H. Elton, eds., *Fifth-Century Gaul: A Crisis of Identity?*, Cambridge: 97–106.

Roberts, N. et al. 2012, "Paleolimnological Evidence for an East-West Climate See-Saw in the Mediterranean since AD 900," *Global and Planetary Change* 84–5: 23–34.

Robin, C. 1992, "Guerre et épidémie dans les royaumes d'Arabie du Sud, d'après une inscription datée (IIe s. de l'ère chrétienne)," *Comptes rendus des séances de l'Académie des Inscriptions et Belles-Lettres* 136: 215–34.

———. 2012, "Arabia and Ethiopia," in S. F. Johnson, ed., *The Oxford Handbook of Late Antiquity*, Oxford: 247–332.

Rogers, G. 1991, *The Sacred Identity of Ephesus: Foundation Myths of a Roman City*, London.

Rohland, J. 1977, *Der Erzengel Michael, Arzt und Feldherr: zwei Aspekte des vor- und frühbyzantinischen Michaelskultes*, Leiden.

Roselaar, S. T. 2016, "State-Organized Mobility in the Roman Empire: Legionaries and Auxiliaries," in L. de Ligt and L. E. Tacoma, eds., *Migration and Mobility in the Early Roman Empire*, Leiden: 138–57.

Rosen, W. 2007, *Justinian's Flea: Plague, Empire, and the Birth of Europe*, New York.

Rossignol, B. 2012, "Le climat, les famines et la guerre: éléments du contexte de la peste antonine," in E. Lo Cascio, ed., *L'impatto della "peste antonina"*, Bari: 87–122.

Rossignol, B. and Durost, S. 2007, "Volcanisme global et variations climatiques de courte durée dans l'histoire romaine (Ier s. av. J.-C.–IVème s. ap. J.-C.): leçons d'une archive glaciaire (GISP2)," *Jahrbuch des römisch-germanischen Zentralmuseums Mainz* 54: 395–438.

Røstvig, M. S. 1962, *The Happy Man: Studies in the Metamorphoses of a Classical Ideal*, Oslo.

Roucaute et al. 2014, "Analysis of the Causes of Spawning of Large-Scale, Severe Malarial Epidemics and Their Rapid Total Extinction in Western Provence, Historically a Highly Endemic Region of France (1745–1850)," *Malaria Journal* 13: 1–42.

Roueché, C. and Reynolds, J. 1989, *Aphrodisias in Late Antiquity: The Late Roman and Byzantine Inscriptions Including Texts from the Excavations at Aphrodisias Conducted by Kenan T. Erim*, London.

Rowlandson, J. 1996, *Landowners and Tenants in Roman Egypt: The Social Relations of Agriculture in the Oxyrhynchite Nome*, Oxford.

Rubin, R. 1989, "The Debate over Climate Changes in the Negev, Fourth–Seventh Centuries C.E.," *Palestine Exploration Quarterly* 121: 71–78.

Rubini, M. et al. 2014, "Paleopathological and Molecular Study on Two Cases of Ancient Childhood Leprosy from the Roman and Byzantine Empires," *International Journal of Osteoarchaeology* 24: 570–82.

Ruddiman, W. F. 2001, *Earth's Climate: Past and Future*, New York.

———. 2005, *Plows, Plagues, and Petroleum: How Humans Took Control of Climate*, Princeton.

Russell, E. 2011, *Evolutionary History: Uniting History and Biology to Understand Life on Earth*, Cambridge.

Rutgers, L. V. et al 2009, "Stable Isotope Data from the Early Christian Catacombs of Ancient Rome: New Insights into the Dietary Habits of Rome's Early Christians," *Journal of Archaeological Science* 36: 1127–34.

Sadao, N. 1986, "The Economic and Social History of Former Han," in D. Twitchett and M. Loewe, eds., *The Cambridge History of China*, Vol. 1: *The Ch'in and Han Empires, 221 BC–AD 220*, Cambridge: 545–607.

Sadori, L. et al. 2016, "Climate, Environment and Society in Southern Italy during the Last 2000 Years: A Review of the Environmental, Historical and Archaeological Evidence," *Quaternary Science Reviews* 136: 173–88.

Sage, M. M. 1975, *Cyprian*, Cambridge, MA.

Said, R. 1993, *The River Nile: Geology, Hydrology, and Utilization*, Oxford.

Sallares, R. 1991, *The Ecology of the Ancient Greek World*, New York.

———. 2002, *Malaria and Rome: A History of Malaria in Ancient Italy*, Oxford.

———. 2004, "The Spread of Malaria to Southern Europe in Antiquity: New Approaches to

Old Problems," *Medical History* 48: 311–28.

———. 2007a, "Ecology," in W. Scheidel, I. Morris, and R. Saller, eds., *The Cambridge Economic History of the Greco-Roman World*, Cambridge: 15–37.

———. 2007b, "Ecology, Evolution, and Epidemiology of Plague," in L. K. Little, ed., *Plague and the End of Antiquity: The Pandemic of 541–750*, New York: 231–89.

Sallares, R. et al. 2003, "Identification of a Malaria Epidemic in Antiquity Using Ancient DNA," in K. R. Brown, ed., *Archaeological Sciences 1999. Proceedings of the Archaeological Sciences Conference, University of Bristol, 1999*, Oxford, 120–5.

Saller, R. P. 1982, *Personal Patronage under the Early Empire*, Cambridge.

———. 1994, *Patriarchy, Property and Death in the Roman Family*, Cambridge.

———. 2000, "Status and Patronage," in P. Garnsey, D. Rathbone, and A. K. Bowman, eds., *The Cambridge Ancient History*, Vol. 11: *The High Empire, A.D. 70–192*, Cambridge: 817–54.

Santelia, S. ed. 2009, *Ad coniugem suam: in appendice: Liber epigrammatum*, Naples.

Sarris, P. 2002, "The Justinianic Plague: Origins and Effects," *Continuity and Change* 17: 169–82.

———. 2006, *Economy and Society in the Age of Justinian*, Cambridge.

Scattarella, V. and De Lucia, A. 1982, "Esame antropologico dei resti scheletrici della necropoli classica di Purgatorio presso Rutigliano (Bari)," *Taras* 2: 137–47.

Scheffer, M. 2009, *Critical Transitions in Nature and Society*, Princeton.

Scheidel, W. 1996, *Measuring Sex, Age and Death in the Roman Empire*, Ann Arbor.

———. 1999, "Emperors, Aristocrats, and the Grim Reaper: Towards a Demographic Profile of the Roman Élite," *Classical Quarterly* 49: 254–81.

———. 2001a, *Death on the Nile: Disease and the Demography of Roman Egypt*, Leiden.

———. ed. 2001b, *Debating Roman Demography*, Leiden.

———. 2001c, "Roman Age Structure: Evidence and Models," *Journal of Roman Studies* 91: 1–26.

———. 2002, "A Model of Demographic and Economic Change in Roman Egypt after the Antonine Plague," *Journal of Roman Archaeology* 15: 97–114.

———. 2003, "Germs for Rome," in C. Edwards and G. Woolf, eds., *Rome the Cosmopolis*, Cambridge: 158–76.

———. 2007, "Marriage, Families, and Survival: Demographic Aspects," in P. Erdkamp, ed., *A Companion to the Roman Army*, Oxford: 417–34.

———. 2009, "In Search of Roman Economic Growth," *Journal of Roman Archaeology* 22: 46–70.

———. 2012, *The Cambridge Companion to the Roman Economy*, Cambridge.

———. 2013, "The First Fall of the Roman Empire," Ronald Syme Lecture, Wolfson College, University of Oxford, October 31, 2013.

———. 2014, "The Shape of the Roman World: Modelling Imperial Connectivity," *Journal of Roman Archaeology* 27: 7–32.

———. ed. 2015a, *State Power in Ancient China and Rome*, Oxford.

———. 2015b, "State Revenue and Expenditure in the Han and Roman Empire," in W. Scheidel, ed., *State Power in Ancient China and Rome*, Oxford: 150–80.

———. 2017, *The Great Leveler: Violence and the History of Inequality from the Stone Age to the Twenty-First Century*, Princeton.

———. ed. forthcoming, *The Science of Roman History*, Princeton.

Scheidel, W. and Friesen, S. J. 2009, "The Size of the Economy and the Distribution of Income in the Roman Empire," *Journal of Roman Studies* 99: 61–91.

Scheidel W. and Monson, A. eds. 2015, *Fiscal Regimes and the Political Economy of Premodern States*, Cambridge.

Schlange-Schöningen, H. 2003, *Die römische Gesellschaft bei Galen: Biographie und Sozialgeschichte*, Berlin.

Schmid, J. 1955–56, *Studien zur Geschichte des griechischen Apokalypse-Textes*, Munich.

Schneider, H. 2007, "Technology," in W. Scheidel, I. Morris, and R. P. Saller, eds., *The Cambridge Economic History of the Greco-Roman World*, Cambridge: 144–174.

Schor, A. M. 2009, "Conversion by the Numbers: Benefits and Pitfalls of Quantitative Modelling in the Study of Early Christian Growth," *Journal of Religious History* 33: 472–98.

———. 2011. *Theodoret's People: Social Networks and Religious Conflict in Late Roman Syria*, Berkeley.

Schuenemann, V. J. et al. 2011, "Targeted Enrichment of Ancient Pathogens Yielding the pPCP1 Plasmid of Yersinia pestis from Victims of the Black Death," *Proceedings of the National Academy of Sciences* 108: E746–52.

Schuenemann, V. J. et al. 2013, "Genome-Wide Comparison of Medieval and Modern *Mycobacterium leprae*," *Science* 341: 179–83.

Scobie, A. 1986, "Slums, Sanitation, and Mortality in the Roman World," *Klio* 68: 399–433.

Scranton, R. 1957, *Mediaeval Architecture in the Central Area of Corinth*, Princeton.

Sebbane, F. et al. 2006, "Role of the Yersinia pestis Plasminogen Activator in the Incidence of Distinct Septicemic and Bubonic Forms of Flea-Borne Plague," *Proceedings of the National Academy of Sciences* 103: 5526–30.

Seifert, L. et al. 2016, "Genotyping Yersinia pestis in Historical Plague: Evidence for Long-

Term Persistence of Y. pestis in Europe from the 14th to the 17th Century," *PLoS ONE* 11: e0145194.

Seland, E. H. 2007, "Ports, Ptolemy, Periplus and Poetry — Romans in Tamil South India and on the Bay of Bengal," in E. H. Seland, ed., *The Indian Ocean in the Ancient Period: Definite Places, Translocal Exchange*, Oxford: 69–82.

———. 2012, "The Liber Pontificalis and Red Sea Trade of the Early to Mid 4th Century AD," in D. Agius, et al., eds., *Navigated Spaces, Connected Places: Proceedings of the Fifth International Conference on the People of the Red Sea, Exeter 2010*, Oxford: 117–26.

———. 2014, "Archaeology of Trade in the Western Indian Ocean, 300 BC–AD 700," *Journal of Archaeological Research* 22: 367–402.

Selinger, R. 2002, *The Mid-third Century Persecutions of Decius and Valerian*, Frankfurt.

Sender, R., Fuchs, S., and Milo, R. 2016, "Revised Estimates for the Number of Human and Bacteria Cells in the Body," *PLOS Biology* 14(8): e1002533.

Shah, S. 2010, *The Fever: How Malaria Has Ruled Humankind for 500,000 Years*, New York.

———. 2016, *Pandemic: Tracking Contagions, from Cholera to Ebola and Beyond*, New York.

Shanzer, D. 2002, "*Avulsa a Latere Meo*: Augustine's Spare Rib—Confessions 6.15.25," *Journal of Roman Studies* 92: 157–76.

Sharpe, P. 2012, "Explaining the Short Stature of the Poor: Chronic Childhood Disease and Growth in Nineteenth-Century England," *Economic History Review* 65: 1475–94.

Shaw, B. D. 1987, "The Age of Roman Girls at Marriage: Some Reconsiderations," *Journal of Roman Studies* 77: 30–46.

———. 1995, *Environment and Society in Roman North Africa*, Aldershot.

———. 1996, "Seasons of Death: Aspects of Mortality in Imperial Rome," *Journal of Roman Studies* 86: 100–38.

———. 2000, "Rebels and Outsiders," in P. Garnsey, D. Rathbone, and A. K. Bowman, eds., *The Cambridge Ancient History*, Vol. 11: *The High Empire, A.D. 70–192*, Cambridge: 361–403.

———. 2015, *Bringing in the Sheaves: Economy and Metaphor in the Roman World*, Toronto.

Shchelkunov, S. 2009, "How Long Ago Did Smallpox Virus Emerge?" *Archives of Virology* 154: 1865–71.

Shelton, J. 2015, "Creating a Malaria Test for Ancient Human Remains," *YaleNews*, news. yale.edu, Accessed August 8, 2016.

Sheridan, M. 2015, "John of Lykopolis," in G. Gabra and H. Takla, eds., *Christianity and Monasticism in Middle Egypt*, Cairo: 123–32.

Shindell, D. T. 2001, "Solar Forcing of Regional Climate Change During the Maunder Minimum," *Science* 294: 2149–52.

Shindell, D. T. et al. 2003, "Volcanic and Solar Forcing of Climate Change during the Preindustrial Era," *Journal of Climate* 16: 4094–107.

Shoemaker, S. 2012, *Death of a Prophet: The End of Muhammad's Life and the Beginnings of Islam*, Philadelphia.

———. 2016, "The Afterlife of the Apocalypse of John in Byzantium," in D. Krueger and R. Nelson, eds., *The New Testament in Byzantium*, Washington D.C.: 301–16.

Sidebotham, S. E. 2011, *Berenike and the Ancient Maritime Spice Route*, Berkeley.

Sigl, M. et al. 2015, "Timing and Climate Forcing of Volcanic Eruptions for the Past 2,500 Years," *Nature* 523: 543–62.

Singh, P. et al. 2015, "Insight into the Evolution and Origin of Leprosy Bacilli from the Genome Sequence of *Mycobacterium lepromatosis*," *Proceedings of the National Academy of Sciences* 112: 4459–64.

Sirks, A. J. B. 1991, *Food for Rome: The Legal Structure of the Transportation and Processing of Supplies for the Imperial Distributions in Rome and Constantinople*, Amsterdam.

Six, D. and Vincent, C. 2014, "Sensitivity of Mass Balance and Equilibrium-Line Altitude to Climate Change in the French Alps," *Journal of Glaciology* 60: 867–78.

Slack, P. 2012, *Plague: A Very Short Introduction*, Oxford.

Slim, H. 2004, *Le littoral de la Tunisie: étude géoarchéologique et historique*, Paris.

Sodini, J.-P. et al. 1980, "Déhès (Syrie du nord): campagnes I–III (1976–1978)," *Syria* 57: 1–308.

Soren, D. and Soren, N. 1999, *A Roman Villa and a Late Roman Infant Cemetery: Excavation at Poggio Gramignano, Lugnano in Teverina*, Rome.

Sorrel, P. et al. 2007, "Climate Variability in the Aral Sea Basin (Central Asia) during the Late Holocene Based on Vegetation Changes," *Quaternary Research* 67: 357–70.

Southern, P. 2006, *The Roman Army: A Social and Institutional History*, Santa Barbara.

Speidel, M. A. 2007, "Ausserhalb Des Reiches? Zu neuen römischen Inschriften aus Saudi Arabien und zur Ausdehnung der römischen Herrschaft am Roten Meer," *Zeitschrift für Papyrologie und Epigraphik* 163: 296–306.

———. 2014, "Roman Army Pay Scales Revisited: Responses and Answers," in M. Reddé, ed., *De l'or pour les braves!: soldes, armées et circulation monétaire dans le monde romain: actes de la table ronde organisée par l'UMR 8210 (AnHiMa) à l'Institut national d'histoire de l'art (12–13 septembre 2013)*, Bordeaux: 53–62.

Spera, L. 2003, "The Christianization of Space along the Via Appia: Changing Landscape in the Suburbs of Rome," *American Journal of Archaeology* 107: 23–43.

Sperber, D. 1974, "Drought, Famine and Pestilence in Amoraic Palestine," *Journal of the Economic and Social History of the Orient* 17: 272–98.

Spurr, M. 1986, *Arable Cultivation in Roman Italy, c. 200 B.C.–c. A.D. 100*, London.

Squatriti, P. 1998, *Water and Society in Early Medieval Italy: AD 400–1000*, Cambridge.

———. 2010, "The Floods of 589 and Climate Change at the Beginning of the Middle Ages: An Italian Microhistory," *Speculum* 85: 799–826.

Stark, R. 1996, *The Rise of Christianity: A Sociologist Reconsiders History*, Princeton.

Staskiewicz, A. 2007, "The Early Medieval Cemetery at Aschheim-Bajuwarenring—A Merovingian Population under the Influence of Pestilence?" in G. Grupe and J. Peters, eds., *Skeletal Series and Their Socio-Economic Context*, Rahden: 35–56.

Stathakopoulos, D. 2000, "The Justinianic Plague Revisited," *Byzantine and Modern Greek Studies* 24: 256–76.

———. 2004, *Famine and Pestilence in the Late Roman and Early Byzantine Empire: A Systematic Survey of Subsistence Crises and Epidemics*, Burlington.

Steckel, R. H. 2013, "Biological Measures of Economic History," *Annual Review of Economics* 5: 401–23.

Steger, F. 2016, *Asklepios: Medizin und Kult*, Stuttgart.

Stein, E. 1968, *Histoire du Bas-Empire*, Amsterdam.

Steinhilber, F., Beer, J., and Fröhlich, C. 2009, "Total Solar Irradiance during the Holocene," *Geophysical Research Letters* 36(19).

Steinhilber, F. et al. 2012, "9,400 Years of Cosmic Radiation and Solar Activity from Ice Cores and Tree Rings," *Proceedings of the National Academy of Sciences* 109: 5967–71.

Stephens, P. et al. 2016, "The Macroecology of Infectious Diseases: A New Perspective on Global-Scale Drivers of Pathogen Distributions and Impacts," *Ecology Letters* 19: 1159–71.

Stevenson, A. C. et al. 1993, "The Palaeosalinity and Vegetational History of Garaet el Ichkeul, Northwest Tunisia," *Holocene* 3: 201–10.

Stiros, S. 2001, "The AD 365 Crete Earthquake and Possible Seismic Clustering during the Fourth to Sixth Centuries AD in the Eastern Mediterranean: A Review of Historical and Archaeological Data," *Journal of Structural Geology* 23: 545–62.

Stone, A. C. et al. 2009, "Tuberculosis and Leprosy in Perspective," *Yearbook of Physical Anthropology* 52: 66–94.

Stothers, R. B. and Rampino, M. R. 1983, "Volcanic Eruptions in the Mediterranean before A.D. 630 from Written and Archaeological Sources," *Journal of Geophysical Research: Solid Earth* 88: 6357–71.

Strauch, I. ed. 2012, *Foreign Sailors on Socotra: The Inscriptions and Drawings from the Cave Hoq*, Bremen.

Straw, C. 1988, *Gregory the Great: Perfection in Imperfection*, Berkeley.

Strobel, K. 1993, *Das Imperium Romanum im "3. Jahrhundert": Modell einer historischen Krise?: Zur Frage mentaler Strukturen breiterer Bevölkerungsschichten in der Zeit von Marc Aurel bis zum Ausgang des 3. Jh. n. Chr.*, Stuttgart.

Swain, S. 2007, "Introduction," in S. Swain, S. Harrison, and J. Elsner, eds., *Severan Culture*, Cambridge: 1–28.

Swain, S. and Edwards, M. eds. 2004, *Approaching Late Antiquity: The Transformation from Early to Late Empire*, Oxford.

Swain, S., Harrison, S., and Elsner, J. eds. 2007, *Severan Culture*, Cambridge.

Syme, R. 1971, *Emperors and Biography: Studies in the 'Historia Augusta'*, Oxford.

———. 1983, *Historia Augusta Papers*, Oxford.

———. 1984, *Roman Papers III*, Oxford.

Tacoma, L. E. 2006, *Fragile Hierarchies: The Urban Elites of Third-Century Roman Egypt*, Leiden.

———. 2016, *Moving Romans: Migration to Rome in the Principate*, Oxford.

Tate, G. 1992, *Les campagnes de la Syrie du Nord du II au VII siècle: un exemple d'expansion démographique et économique à la fin de l'antiquité*, Paris.

Taylor, D. J. et al. 2010, "Filoviruses Are Ancient and Integrated into Mammalian Genomes," *BMC Evolutionary Biology* 10: 193.

Taylor, G. M., Young, D. B., and Mays, S. A. 2005, "Genotypic Analysis of the Earliest Known Prehistoric Case of Tuberculosis in Britain," *Journal of Clinical Microbiology* 2005: 2236–40.

Taylor, K. C. et al. 1993, "The 'Flickering Switch' of Late Pleistocene Climate Change," *Nature* 7: 432–36.

Tchalenko, G. 1953–58, *Village antiques de la Syrie du Nord, I–III*, Paris.

Tchernia, A. 1986, *Le vin de l'Italie romaine*, Rome.

Telel ē s, I. 2004, *Meteōrologika phainomena kai klima sto Byzantio: symboles stēn ereuna tēs hellēnikēs kai latinikēs grammateias*, Athens.

Temin, P. 2004, "Financial Intermediation in the Early Roman Empire," *Journal of Economic History* 64: 705–33.

———. 2013, *The Roman Market Economy*, Princeton.

Thompson, E. A. 1958, "Early Germanic Warfare," *Past & Present* 14: 2–29.

———. 1996, *The Huns*, Oxford.

Thurmond, D. L. 1994, "Some Roman Slave Collars in CIL," *Athenaeum* 82: 459–93.

Tiradritti, F. 2014, "Of Kilns and Corpses: Theban Plague Victims," *Egyptian Archaeology* 44: 15–18.

Todd, M. 2005, "The Germanic Peoples and Germanic Society," in A. K. Bowman, P. Garnsey, and A. Cameron, eds., *The Cambridge Ancient History*, Vol. 12: *The Crisis of Empire, A.D. 193–337*, Cambridge: 440–60.

Tomber, R. 2008, *Indo-Roman Trade: From Pots to Pepper*, London.

———. 2012, "From the Roman Red Sea to Beyond the Empire: Egyptian Ports and Their Trading Partners," *British Museum Studies in Ancient Egypt and Sudan* 18: 201–15.

Tomlin, R. S. O. 2014, "'Drive Away the Cloud of Plague': A Greek Amulet from Roman London," in R. Collins and F. McIntosh, eds., *Life in the Limes: Studies of the People and Objects of the Roman Frontiers Presented to Lindsay Allason-Jones on the Occasion of Her Birthday and Retirement*, Oxford: 197–205.

Toner, J. P. 2014, *The Day Commodus Killed a Rhino: Understanding the Roman Games*, Baltimore.

Toohey, M. et al. 2016, "Climatic and Societal Impacts of a Volcanic Double Event at the Dawn of the Middle Ages," *Climatic Change* 136: 401–12.

Toubert, P. 2016, "La Peste Noire (1348), entre Histoire et biologie moléculaire," *Journal des savants*: 17–31.

Touchan, R. et al. 2016, "Dendroclimatology and Wheat Production in Algeria," *Journal of Arid Environments* 124: 102–10.

Treadgold, W. 1995, *Byzantium and Its Army, 284–1081*, Stanford.

Treggiari, S. 1991, *Roman Marriage: Iusti Coniuges from the Time of Cicero to the Time of Ulpian*, Oxford.

Treme, J. and Craig, L. A. 2013, "Urbanization, Health and Human Stature," *Bulletin of Economic Research* 65: 130–41.

Trombley, F. R. 2004, "Epigraphic Data on Village Culture and Social Institutions: An Interregional Comparison (Syria, Phoenice Libanensis, and Arabia)," *Late Antique Archaeology* 2: 73–101.

Trouet, V. et al. 2009, "Persistent Positive North Atlantic Oscillation Mode Dominated the Medieval Climate Anomaly," *Science* 324: 78–80.

Trueba, G. 2014, "The Origin of Human Pathogens," in A. Yamada et al., eds., *Confronting Emerging Zoonoses: The One Health Paradigm*, Tokyo: 3–11.

Tsafrir, Y. 2000, "Justinian and the Nea Church," *Antiquité tardive* 8: 149–64.

Tsiamis, C., Poulakou-Rebelakou, E., and Petridou, E. 2009, "The Red Sea and the Port of Clysma: A Possible Gate of Justinian's Plague," *Gesnerus* 66: 209–17.

Turner, P. 1989, *Roman Coins from India*, London.

Usoskin, I. G. et al. 2016, "Solar Activity During the Holocene: The Hallstatt Cycle and Its Consequence for Grand Minima and Maxima," *Astronomy and Astrophysics* 27295: 1–10.

Usoskin, I. G. and Kromer, B. 2005, "Reconstruction of the 14C Production Rate from Measured Relative Abundance," *Radiocarbon* 47: 31–37.

Valtuena, A. A. et al., forthcoming. "The Stone Age Plague: 1000 Years of Persistence in Eurasia," bioRxiv 094243.

van Bekkum, W. J. 2002, "Jewish Messianic Expectations in the Age of Heraclius," in G. J. Reinink and H. Stolte, eds., *The Reign of Heraclius (610–641): Crisis and Confrontation*, Groningen: 95–112.

Van Dam, R. 1982, "Hagiography and History: The Life of Gregory Thaumaturgus," *Classical Antiquity* 1: 272–308.

———. 2007, *The Roman Revolution of Constantine*, New York.

———. 2010, *Rome and Constantinople: Rewriting Roman History during Late Anti-quity*, Waco.

van der Vliet, J. 2015, "Snippets from the Past: Two Ancient Sites in the Asyut Region: Dayr al-Gabrawi and Dayr al- 'Izam," in G. Gabra and H. Takla, eds., *Christianity and Monasticism in Middle Egypt*, Cairo: 161–88.

van Minnen, P. 1995, "Deserted Villages: Two Late Antique Town Sites in Egypt," *Bulletin of the American Society of Papyrologists* 32: 41–56.

———. 2001, "P. Oxy. LXVI 4527 and the Antonine Plague in the Fayyum," *Zeitschrift für Papyrologie und Epigraphik* 135: 175–177.

———. 2006, "The Changing World of Cities in Later Roman Egypt," in J.-U. Krause and C. Witschel, eds., *Die Stadt in der Spätantike: Niedergang oder Wandel?: Akten des internationalen Kolloquiums in München am 30. und 31. Mai 2003*, Stuttgart: 153–79.

Van Tilburg, C. 2015, *Streets and Streams: Health Conditions and City Planning in the Graeco-Roman World*, Leiden.

Vanhaverbeke, H. et al. 2009, "What Happened after the 7th Century AD? A Different Perspective on Post-Roman Anatolia," in T. Vorderstrasse and J. Roodenberg, eds., *Archaeology of the Countryside in Medieval Anatolia*, Leiden: 177–90.

Varlik, N. 2014, "New Science and Old Sources: Why the Ottoman Experience of Plague

Matters," *The Medieval Globe* 1: 193–227.

———. 2015, *Plague and Empire in the Early Modern Mediterranean World: The Ottoman Experience, 1347–1600*, New York.

Verjbitski, D. T., Bannerman, W. B., and Kápadiâ, R. T. 1908, "Reports on Plague Investigations in India," *Journal of Hygiene* 8: 161–308.

Vionis, A. K., Poblome, J., and Waelkens, M. 2009, "Ceramic Continuity and Daily Life in Medieval Sagalassos, SW Anatolia (ca. 650–1250 AD)," in T. Vorderstrasse and J. Roodenberg, eds., *Archaeology of the Countryside in Medieval Anatolia*, Leiden: 191–213.

Visbeck, M. H. et al. 2001, "The North Atlantic Oscillation: Past, Present, and Future," *Proceedings of the National Academy of Sciences* 98: 12876–77.

Vollweiler, N. et al. 2006, "A Precisely Dated Climate Record for the Last 9 Kyr from Three High Alpine Stalagmites, Spannagel Cave, Austria," *Geophysical Research Letters* 33: L20703.

Vonmoos, M., Beer, J., and Muscheler, R. 2006, "Large Variations in Holocene Solar Activity: Constraints from 10Be in the Greenland Ice Core Project Ice Core," *Journal of Geophysical Research* 111: 1–14.

Waelkens, M. et al. 1999, "Man and Environment in the Territory of Sagalassos, a Classical City in SW Turkey," *Quaternary Science Reviews* 18: 697–709.

———. 2006, "The Late Antique to Early Byzantine City in Southwest Anatolia. Sagalassos and Its Territory: A Case Study," in J.-U. Krause and C. Witschel, eds., *Die Stadt in der Spätantike: Niedergang oder Wandel?: Akten des internationalen Kolloquiums in München am 30. und 31. Mai 2003*, Stuttgart: 199–255.

Wagner, D. M. et al. 2014, "Yersinia pestis and the Plague of Justinian 541–543 AD: A Genomic Analysis," *Lancet Infectious Diseases* 14: 319–26.

Walburg, R. 2008, *Coins and Tokens from Ancient Ceylon*, Wiesbaden.

Walker, D.R. 1976, *The Metrology of the Roman Silver Coinage*, Oxford.

Walker, M. J. C. et al. 2012, "Formal Subdivision of the Holocene Series/Epoch: A Discussion Paper by a Working Group of INTIMATE (Integration of Ice-Core, Marine and Terrestrial Records) and the Subcommission on Quaternary Stratigraphy (International Commission on Stratigraphy)," *Journal of Quaternary Science* 27: 649–59.

Walmsley, A. 2007, *Early Islamic Syria: An Archaeological Assessment*, London.

Wanner, H. et al. 2008, "Mid- to Late Holocene Climate Change: An Overview," *Quaternary Science Reviews* 27: 1791–828.

Ward-Perkins, B. 2000a, "Specialized Production and Exchange," in A. Cameron, B. Ward-

Perkins, and M. Whitby, eds., *The Cambridge Ancient History*, Vol. 14: *Late Antiquity: Empire and Successors*, Cambridge: 346–91.

———. 2000b, "Land, Labour and Settlement," in A. Cameron, B. Ward-Perkins, and M. Whitby, eds., *The Cambridge Ancient History*, Vol. 14: *Late Antiquity: Empire and Successors*, Cambridge: 315–45.

———. 2005, *The Fall of the Rome: And the End of Civilization*, Oxford.

Ware, C. 2012, *Claudian and the Roman Epic Tradition*, Cambridge.

Watts, E. 2015, *The Final Pagan Generation*, Oakland.

Wertheim, J. O. and Pond, S. L. K. 2011, "Purifying Selection Can Obscure the Ancient Age of Viral Lineages," *Molecular Biology and Evolution* 28: 3355–65.

Weinreich, O. 1913, "Heros Propylaios und Apollo Propylaios," *Mitteilungen des deutschen archäologischen Instituts, athenische Abteilung* 38: 62–72.

Whitby, M. 1985, "Justinian's Bridge over the Sangarius and the Date of Procopius' de Aedificiis," *Journal of Hellenic Studies* 105: 129–48.

———. 1995, "Recruitment in Roman Armies from Justinian to Heraclius (ca. 565–615)," in A. Cameron, ed., *The Byzantine and Early Islamic Near East III: States, Resources and Armies*, Princeton: 61–124.

———. 2000a, "The Successors of Justinian," in A. Cameron, B. Ward-Perkins, and M. Whitby, eds., *The Cambridge Ancient History*, Vol. 14: *Late Antiquity: Empire and Successors*, Cambridge: 86–111.

———. 2000b, "The Army, c. 420–602," in A. Cameron, B. Ward-Perkins, and M. Whitby, eds., *The Cambridge Ancient History*, Vol. 14: *Late Antiquity: Empire and Successors*, Cambridge: 288–314.

———. 2004, "Emperors and Armies, AD 235–395," in S. Swain and M. Edwards, eds., *Approaching Late Antiquity: The Transformation from Early to Late Empire*, Oxford: 156–86.

White S. 2011, *The Climate of Rebellion in the Early Modern Ottoman Empire*, New York.

White, T. C. R. 2008, "The Role of Food, Weather and Climate in Limiting the Abundance of Animals," *Biological Reviews* 83: 227–48.

Whitewright, J. 2009, "The Mediterranean Lateen Sail in Late Antiquity," *International Journal of Nautical Archaeology* 38: 97–104.

Whittaker, C. R. 1994, *Frontiers of the Roman Empire: A Social and Economic Study*, Baltimore.

Wickham, C. 2005, *Framing the Early Middle Ages: Europe and the Mediterranean 400–800*, Oxford.

———. 2016, *Medieval Europe*, New Haven.

Wiechmann, I. and Grupe, G. 2005, "Detection of Yersinia pestis DNA in Two Early Medieval Skeletal Finds from Aschheim (Upper Bavaria, 6th Century AD)," *American Journal of Physical Anthropology* 126: 48–55.

Wilkes, J. 1996, *The Illyrians*, Oxford.

———. 2005a, "Provinces and Frontiers," in A. K. Bowman, P. Garnsey, and A. Cameron, eds., *The Cambridge Ancient History,* Vol. 12: *The Crisis of Empire, A.D. 193–337*, Cambridge: 212–68.

———. 2005b, "The Roman Danube: An Archaeological Survey," *Journal of Roman Studies* 95: 124–225.

Wilson, A. I. 1998, "Water-supply in Ancient Carthage," in J. J. Rossiter, et al., eds., *Carthage Papers: The Early Colony's Economy, Water Supply, a Private Bath and the Mobilization of State Olive Oil*, Portsmouth: 65–102.

———. 2002, "Machines, Power and the Ancient Economy," *Journal of Roman Studies* 92: 1–32.

———. 2007, "Urban Development in the Severan Empire," in S. Swain, S. Harrison, and J. Elsner, eds., *Severan Culture*, Cambridge: 290–326.

———. 2009, "Indicators for Roman Economic Growth: A Response to Walter Scheidel," *Journal of Roman Archaeology* 22: 71–82.

———. 2011, "City Sizes and Urbanization in the Roman Empire," in A. Bowman and A. Wilson, eds., *Settlement, Urbanization, and Population*, Oxford: 161–95.

———. 2012, "Saharan Trade in the Roman Period: Short-, Medium- and Long-Distance Trade Networks," *Azania: Archaeological Research in Africa* 47: 409–49.

———. 2013, "The Mediterranean Environment in Ancient History: Perspectives and Prospects," in W. V. Harris, ed., *The Ancient Mediterranean Environment between Science and History*, Leiden: 259–76.

———. 2015, "Red Sea Trade and the State," in F. De Romanis and M. Maiuro, eds., *Across the Ocean: Nine Essays on Indo-Mediterranean Trade*, Leiden: 13–32.

Wilson, E. O. 1998, *Consilience: The Unity of Knowledge*, New York.

Wipszycka, E. 1986, "La valeur de l'onomastique pour l'histoire de la christianisation de l'Égypte. À propos d'une étude de R.S Bagnall," *Zeitschrift für Papyrologie und Epigraphik* 62: 173–81.

———. 1988. "La christianisation de l'Égypte aux IV e–VI e siècles. Aspects sociaux et ethniques," *Aegyptus* 68: 117–65.

Witakowski, W. tr. 1996, *Pseudo-Dionysius of Tel-Mahre, Chronicle: Known Also as the Chronicle of Zuqnin. Part III*, Liverpool.

———. 2010, "Why Are the So-called Dead Cities of Northern Syria Dead?" in P. Sinclair et al., eds., *The Urban Mind: Cultural and Environmental Dynamics*, Uppsala: 295–309.

Witcher, R. E. 2011, "Missing Persons? Models of Mediterranean Regional Survey and Ancient Populations," in A. Bowman and A. I. Wilson, eds., *Settlement, Urbanization and Population*, Oxford, 36–75.

Witschel, C. 1999, *Krise, Rezession, Stagnation?: der Westen des römischen Reiches im 3. Jahrhundert n. Chr.*, Frankfurt am Main.

Wolf, G. 1990, *Salus populi Romani: die Geschichte römischer Kultbilder im Mittelalter*, Weinheim.

Wolfe, N. D., Dunavan, C. P., and Diamond, J. 2007, "Origins of Major Human Infectious Diseases," *Nature* 447: 279–283.

Wolska-Conus, W. 1962, *La Topographie chrétienne de Cosmas Indicopleustès. Théologie et science au VIe siècle*, Paris.

———. ed. 1968–73, *Topographie chrétienne*, Paris.

Woodbridge, J. and Roberts, N. 2011, "Late Holocene Climate of the Eastern Mediterranean Inferred from Diatom Analysis of Annually-Laminated Lake Sediments," *Quaternary Science Reviews* 30: 3381–92.

Woolf, G. 1998, *Becoming Roman: The Origins of Provincial Civilization in Gaul*, Cambridge.

Woolhouse, M. and Gaunt, E. 2007, "Ecological Origins of Novel Human Pathogens," *Critical Reviews in Microbiology* 33: 231–42.

Wrigley, E. A. 1988, *Continuity, Chance and Change: The Character of the Industrial Revolution in England*, Cambridge.

Xoplaki, E. 2002, *Climate Variability Over the Mediterranean*, diss., University of Bern.

Xu, L. et al. 2014, "Wet Climate and Transportation Routes Accelerate Spread of Human Plague," *Proceedings of the Royal Society of London B: Biological Sciences* 281: 20133159.

———. 2015, "The Trophic Responses of Two Different Rodent–Vector–Plague Systems to Climate Change," *Proceedings of the Royal Society of London B: Biological Sciences* 282: 20141846.

Ying-Shih, Y. 1986, "Han Foreign Relations," in D. Twitchett and M. Loewe, eds., *The Cambridge History of China*, Vol. 1: *The Ch'in and Han Empires, 221 BC–AD 220*, Cambridge: 377–462.

Yong, E. 2016, *I Contain Multitudes: The Microbes within Us and a Grander View of Life*, New York.

Zanchetta, G. et al. 2012, "Multiproxy Record for the Last 4500 Years from Lake Shkodra

(Albania/Montenegro)," *Journal of Quaternary Science* 27: 780–9.

Zanchettin, D., Traverso, P., and Tomasino, M. 2008, "Po River Discharges: A Preliminary Analysis of a 200-Year Time Series," *Climate Change* 89: 411–33.

Zehetmayer, M. 2011, "The Continuation of the Antebellum Puzzle: Stature in the US, 1847–1894," *European Review of Economic History* 15: 313–27.

Zelener, Y. 2003, *Smallpox and the Disintegration of the Roman Economy after 165 AD*, diss., Columbia University.

———. 2012, "Genetic Evidence, Density Dependence and Epidemiological Models of the 'Antonine Plague,'" in E. Lo Cascio, ed., *L'impatto della "peste antonina,"* Bari: 167–78.

Zhang, Z. et al. 2007, "Relationship between Increase Rate of Human Plague in China and Global Climate Index as Revealed by Cross-Spectral and Cross-Wavelet Analyses," *Integrative Zoology* 2: 144–53.

Zimbler, D. L. et al. 2015, "Early Emergence of Yersinia pestis as a Severe Respiratory Pathogen," *Nature Communications* 6: 1–10.

Zocca, E. 1995, "La '*senectus mundi*' : Significato, fonti, e fortuna di un tema ciprianeo," *Augustinianum* 35: 641–77.

Zuckerman, C. 1995, "The Hapless Recruit Psois and the Mighty Anchorite, Apa John," *Bulletin of the American Society of Papyrologists* 32: 183–94.

———. 2004, *Du village à l'empire: autour du registre fiscal d'Aphroditô, 525–526*, Paris.

———. 2013, "Heraclius and the Return of the Holy Cross," *Travaux et Mémoires* 17: 197–218.

出版后记

罗马的衰亡是人类历史上最惊心动魄的一幕。一个管理良好的庞大帝国在几百年间逐渐崩溃，这在历史上屡见不鲜。然而惊人的是，在罗马帝国行政管理系统崩溃的同时，文明本身也倒退了几百年。在整个西地中海地区，文明几乎完全消失了，引水渠、罗马大道、斗兽场、公共浴室，这些罗马文明的标志性设施全部被废弃，罗马的货币体系也逐渐消亡，日常的经济交往回复到以物易物的状态，帝国许多地区的发展水平甚至回复到了罗马人到来之前的水平。

自英国历史学家爱德华·吉本于 18 世纪出版《罗马帝国衰亡史》以来，这一主题就吸引了无数人的注意力，相关著作用汗牛充栋来形容也不为过。凯尔·哈珀的《罗马的命运：气候、疾病和帝国的终结》是研究罗马帝国衰亡史的最前沿著作，哈珀结合了关于自然气候、疾病史和经济史的最新研究成果，说明罗马文明的衰亡不仅仅是人类活动的结果，也是自然和人类互动的结果，人类在改造自然的同时，也影响了自然运作的规律，释放了巨大的能量。在某种意义上，本书讲述的是自然报复人类的故事。

服务热线：133-6631-2326　188-1142-1266

服务信箱：reader@hinabook.com

后浪出版公司

2019 年 5 月

图书在版编目（CIP）数据

罗马的命运：气候、疾病和帝国的终结/（美）凯尔·哈珀著；李一帆译. -- 北京：北京联合出版公司，2019.6（2024.8重印）

ISBN 978-7-5596-3038-4

Ⅰ.①罗… Ⅱ.①凯… ②李… Ⅲ.①罗马帝国—历史 Ⅳ.① K126

中国版本图书馆 CIP 数据核字 (2019) 第 047902 号

地图审图号：GS（2018）6267 号

罗马的命运：气候、疾病和帝国的终结

著　　者：［美］凯尔·哈珀
译　　者：李一帆
出 品 人：赵红仕
选题策划：**后浪出版公司**
出版统筹：吴兴元
特约编辑：史文轩
责任编辑：夏应鹏
营销推广：ONEBOOK
装帧制造：墨白空间·陈威伸

北京联合出版公司出版
（北京市西城区德外大街 83 号楼 9 层　100088）
北京盛通印刷股份有限公司印刷　新华书店经销
字数 392 千字　889 毫米 ×1194 毫米　1/32　17.5 印张
2019 年 6 月第 1 版　2024 年 8 月第 7 次印刷
ISBN 978-7-5596-3038-4
定价：96.00 元

后浪出版咨询（北京）有限责任公司　版权所有，侵权必究
投诉信箱：editor@hinabook.com　fawu@hinabook.com
未经书面许可，不得以任何方式转载、复制、翻印本书部分或全部内容。
本书若有印、装质量问题，请与本公司联系调换，电话：010-64072833